Cheryl Benard/Edit Schlaffer

Der Mann auf der Straße

Über das merkwürdige Verhalten von Männern in ganz alltäglichen Situationen

rororo
Rowohlt

1.–18. Tausend Januar 1980
19.–25. Tausend April 1980
26.–30. Tausend Mai 1980
31.–45. Tausend Juli 1980
46.–63. Tausend April 1981

Originalausgabe
Veröffentlicht im Rowohlt Taschenbuch Verlag GmbH,
Reinbek bei Hamburg, Januar 1980
Redaktion Beate Menzel
Umschlagentwurf Manfred Waller
(Foto: E. Benard/Tom Maxwell)

Satz Times (Linotron 404)
Gesamtherstellung Clausen & Bosse, Leck
Printed in Germany
680-ISBN 3 499 17305 0

Ein Mann, ein (Vor-)Wort

Dieses Buch handelt von einem Phantom.

Denn den «Mann auf der Straße», den gibt es nicht, oder vielmehr, es gibt ihn nur in den Mythen unserer Vorstellung. In den Mythen unserer Vorstellung gibt es den Menschen, der zwei Kinder, eine Ehefrau und ein kleines Heim hat, der bei den Wahlen seine Stimme abgibt und in Kriegen sein Leben, der den Rasen mäht, eine Wochenkarte für die Straßenbahn besitzt und ein guter Bürger, ein guter Mensch, ein guter Nachbar ist.

Er blickt voll der mitleidigen Verachtung auf die Schwachen, die am Leben scheitern. Seine Einstellungen sind gesund, manchmal irrig, aber immer mit einem Kern von Lebensnähe. Den Sumpf des städtischen Nachtlebens kennt er nur aus Erzählungen und aus jugendlichen Abenteuern, Teil seines Reifungsprozesses. Er ist aufrecht, männlich-resolut, gutherzig gegenüber Kleintieren, kampflustig gegenüber Schwiegermüttern und feindlichen Fußballmannschaften, ein Vorbild für seine Kinder, manchmal bigott, manchmal unbeherrscht, trinkt manchmal ein Bier zuviel vor dem Fernseher oder in der Kneipe, aber insgesamt ein richtiger Mann, ein Familienvater, ein . . . Phantom.

Der Mann auf der Straße ist zugleich überall und nirgends. Meinungsforscher berufen sich auf ihn, um Tendenzwenden anzudrohen. Dokumentarfilme werden über ihn gedreht. In den Nachrichten wird er zitiert. Modemacher und Volkshelden beschwören ihn. Und dennoch gibt es ihn nicht. Wir haben ihn überall gesucht, und wir können es mit Zuversicht sagen.

Dieses sollte nicht ein Buch über Männer ganz allgemein werden, denn das wäre ja vermessen, sie in ihrer Vielfalt auf 250 Seiten bannen zu wollen. Vielmehr sollte es eine Beschreibung der Normalität werden. Des normalen Mannes, wie er arbeitet und spricht, singt und lacht, geht und steht. Wir mußten jedoch feststellen: den Mann auf der Straße, den Durchschnittsmann, den Mann als solchen, gibt es gar nicht. Den Mann gibt es, sozusagen, nur als Idee. Nicht als wirkliche, lebende Person. Es gibt Menschen, die sich gerne so verhalten möchten, wie es sich für Einen Mann gebührt, aber Den Mann gibt es nur als unzulängliches Imitat und als Sagengestalt. Es gibt ihn höchstens als Mitglied einer Gruppe – fast möchte man sagen – eines Ordens, eines Glaubenssystems, mit eigenen Kultpraktiken und einem großen Netz an Laienbrüdern. Die Anhänger dieses Ordens beschrieb Hedwig Dohm schon zur Jahrhundertwende:

«Sie treiben einen Gedanken-Ahnenkultus, die Taktik jener alten Spanier befolgend, die den toten Cid*, aufrecht aufs Pferd gebunden, mit in die Schlacht führten, um mit dem Glauben an seine siegende Kraft den Feind zu schlagen.»[1]

In diesem Buch begegnen wir dem Phantom der Männlichkeit, das, von den Gläubigen aufrecht aufs Pferd gebunden, überallhin mitgenommen wird. Denn wenn er auch ein Phantom ist, dieser stolze und aufrechte (tote) Cid, er läßt sich doch an die Leine legen und mitnehmen, in die Sitzungssäle, in die Büros, in die Verhandlungsräume, in die Wohnzimmer. Wo immer mit Fäusten auf Tische geknallt wird, da nickt im Hintergrund der tote Volksheld. Wo immer mit gegenseitigen Verbeugungen zwei Funktionäre ihre Krawatten kampfbereit zurechtrücken, da wird eine Geste der Ehrerbietung vor dem Schutzpatron geleistet. Und so wurde unser Buch zu einem metaphysischen Buch, denn es berichtet vom Geist der Männlichkeit, wie er über allem Seienden schwebt.

Im Alltag sind Frauen und Männer unentwegt konfrontiert mit den irrationalen Ordnungssystemen sexueller Zuweisung. Sätze drücken anscheinend Selbstverständlichkeiten aus, die einem überlegten Nachdenken nicht standhalten, sich aber trotzdem in jedem Dialog wiederholen und in jedem Streit durchsetzen. Die Interaktionen zwischen Männern und Frauen laufen in vorgegebenem Rahmen ab, selbst dann, wenn sie aus dem Rahmen fallen. Als uns Frauen und Männer ihre alltäglichen Erfahrungen erzählten, drängte sich die Feststellung auf: jeder Fall fällt aus dem Rahmen, ist ein Extremfall. Die gesellschaftlichen Vorstellungen über den Alltag, über die Normalität, über den Umgang mit Mitmenschen entsprechen nicht der Realität und lassen sich nur aufrechterhalten, solange die einzelnen nicht offen miteinander reden. Jedesmal, wenn etwas geschieht, was eigentlich nicht geschehen sollte , was nicht den gesellschaftlichen Vorstellungen entspricht, jedesmal, wenn eine Krise eintritt, jedesmal, wenn es zu Entgleisungen kommt, glaubt man: dies ist eine Ausnahme. Ein Unfall. Man hat sich falsch verhalten. Man hat es irgendwie herausgefordert. Man hat versagt.

Wenn man die Erfahrungen vieler Leute sammelt und ansieht, kommt man jedoch zur Schlußfolgerung: die Ausnahmen bestätigen nicht die Regel, sie sind die Regel.

Sehr viele Leute, sowohl Frauen als auch Männer, glauben, daß sie allein und nur sie aus dem wohlfunktionierenden System gutangepaßter Personen herausfallen. Sie sprechen mit keinem anderen Menschen über dieses Gefühl der Unangepaßtheit, weil sie nicht noch mehr als nö-

* Spanischer Nationalheld (1043–1099)

tig die Aufmerksamkeit der Umwelt auf ihr vermeintliches Herausfallen aus den Standards lenken wollen.

Dadurch bleibt das Mißverständnis unaufgeklärt.

Was wir feststellten, ist folgendes: die Normalität gibt es nicht. Sie existiert als Befehl, als Vorschrift, in den Vorstellungen der einzelnen. Sie versuchen, ihr gerecht zu werden, und fühlen sich meist nicht besonders zufrieden dabei.

Wir kannten zu Beginn unserer Recherchen mindestens eine existentielle Aussage: Ich denke, also bin ich. Doch wenn Descartes in seiner Suche nach der Wahrheit alles Zweifelhafte erst einmal wegstrich, bis er schließlich diesen Kernsatz aufstellen konnte, so war er zu bescheiden. Denn wenn auch alles andere in Zweifel steht, so kennt man in der Regel immerhin noch das Geschlecht dieses denkenden Ichs. Und man weiß schon sehr früh, daß daraus eine ganze Menge folgt. Daß sich dieses für einen schickt und jenes nicht. Daß man Mitglied einer Gruppe ist, der eine andere Gruppe gegenübersteht. Dieses Wissen vertieft sich im Lauf der Jahre.

Von dieser Tatsache ausgehend, beschlossen wir, die Zusammensetzung des normalen Selbstbilds, der normalen Verhaltensweisen in normalen Situationen, der normalen Existenz des normalen Mannes zu untersuchen und zu beschreiben.

Die ersten Ergebnisse waren überraschend.

Zunächst dachten wir, daß es schwierig sein würde, unbefangene Männer zu Beobachtungszwecken zu finden. Wir näherten uns sorgsam und leise, wie bei der Suche nach einem besonders raren Schmetterling. Diese Vorsicht erwies sich als unbegründet. Die von uns angesprochenen Männer waren alle sehr bereit, über sich zu sprechen.

Schwierig gestaltete es sich hingegen, Männer in bestimmten Kategorien zusammenzufassen. Jeder Mann, und wenn er auf den ersten Blick noch so unscheinbar und harmlos gewirkt hatte, erwies sich als Besitzer eines (mindestens) Doppellebens. Nehmen wir als Beispiel den Herrn T., 42, höherer Angestellter. Kaum hatte man seine Lebensgeschichte und seine Selbstdarstellung erfaßt, kam schon seine Sekretärin und schilderte einen ganz anderen Herrn T.: einen Herrn T., der randalierend durchs Büro zog, wenn auf einem getippten Brief das Wasserzeichen oben statt unten am Papier sichtbar wurde, wenn man es gegen ein Licht hielt. Und wiederum einen vollständig anderen Herrn T. beschrieben uns Frau T. und Willi T. (Junior): die eine einen lieben, schüchternen Melancholiker, der bei Berufsstreß immer Migräne bekommt und Sonntagnacht aus Angst vor einer erneuten Bürowoche kaum schlafen kann; der andere einen abweisenden, distanzierten Fremden, der kaum zu Hause ist und dann, wenn er es ist, ihn (Willi) unter Drohungen zwingt, seinen (Herrn T.s) Anteil der Hausarbeit zu verrichten.

Ganz anders die Schilderung des Chefs von Herrn T., der diesen als «g'standenen Burschen» beschrieb und ihm jovial eine Zukunft als Manager voraussagte.

Noch verwirrender jedoch waren die Aussagen unserer Informanten im Bereich des Nachtlebens. Wir hatten natürlich erwartet, daß der Mann auf der Straße nachts nicht mehr auf derselben, sondern im familiären Kreis zu Hause sein würde. Falsch. Wir hatten gedacht, daß in den gewissen Etablissements vorwiegend die Dekadenz der Männlichkeit verkehrt, die eher herabgekommenen Gestalten. Falsch. In den Beschreibungen auskunftsgebender Prostituierter erkannten wir zu unserem Erstaunen viele bekannte Gesichter, ja, auch allgemein bekannte Persönlichkeiten. Fast gewannen wir den Eindruck, daß der resolute und knallharte Manager, der gewandte und imposante Politiker direkt von Vorstands- oder Parlamentssitzung zu Elfi S. hasten, um sich für 2000 Schilling von dieser sachgerecht fesseln und schlagen zu lassen. Denn Masochismus, so beteuerten unsere Auskunftspersonen verschiedentlich, ist in den Kreisen der mächtigen Männer ein weit verbreitetes Amüsement. Unsere Konfusion angesichts dieser Information müssen wir dem geneigten Leser nicht weiter schildern.

Wir beschlossen, uns dem Gegenstand erneut und von verschiedenen Seiten zu nähern. Wir ließen Töchter, Söhne, Ehefrauen, Geliebte jeweils ihre eigene Skizze vom Mann anfertigen. Wir verglichen. Wir stellten gegenüber. Wir bemühten uns, die Bereiche der männlichen Existenz, soweit sie uns zugänglich waren, zu beleuchten: die Straße, den Arbeitsplatz, gesellige Zusammenkünfte, Klubs. Wir suchten die Männer überall, bei Tag und bei Nacht; von den Roulette-Tischen des Playboy-Klubs bis zu den Schulbänken ihrer Söhne beschatteten wir jede ihrer Bewegungen. Wir lasen, was sie lesen, von politischen Kommentaren über SALT-Gipfeltreffen bis zu Folterungsszenen in «Geschichte der O».

Wir bewegten uns bei unseren Ermittlungen vorwiegend auf Neuland. Denn die traditionelle Sozialwissenschaft untersucht zwar pausenlos Männer, und vorwiegend Männer, aber nicht *als* Männer, sondern als: Staatsbürger. Arbeitnehmer. Umweltschützer. Daß in all diesen Bevölkerungskategorien zwei Geschlechter vertreten sind, blieb ihnen dabei unbekannt. Sie untersuchten Frauen niemals als: Staatsbürger. Arbeitnehmer. Umweltschützer. Sondern immer als Frauen. «Das Wahlverhalten von Frauen.» «Berufsaussichten von Frauen.» «Frauen in der Alternativbewegung.» Denn der normale Mensch ist männlich, der Spezialfall weiblich.

Und so kommt es, daß wir hier, am Beginn unserer Untersuchung über den Mann, ratlos stehen und von der Sozialwissenschaft keine Hilfe und keine Informationen erhalten. Über den Mann weiß die Sozialwissenschaft nichts. Nur sehr gelegentlich kamen Männer als eigene Kategorie vor, und dann verhielten sich die verantwortlichen Soziologen wie die Hofmaler absolutistischer Monarchen, die um ihren Kopf fürchten mußten, wenn der Prinz auf dem Gemälde nicht in strahlender Schönheit, sondern in realitätsgetreuer Mittelmäßigkeit zu sehen war. Sie beschrieben nicht und analysierten nicht, sondern lächelten verständnisvoll und retuschierten großzügig. Die Porträts von Dorfältesten, Männervereinen in französischen Dörfern und sogar Zuhältern, die von unseren männlichen Kollegen angefertigt worden sind, sind nicht sehr lebensgetreu.

Die Porträts, die wir im Lauf unserer Erhebungen sammelten, waren von sehr unterschiedlicher Art. Viele waren Selbstporträts, andere wurden angefertigt von Frau und Kindern. Soziale Beschreibungen hängen dabei vom Standpunkt des Betrachters ab, wie bei Fotografien. Nicht jede Perspektive ist in gleichem Maße ansprechend. Bei Profilaufnahmen sieht man das Doppelkinn. Wenn man unverhofft fotografiert wird, sieht man anders aus, als wenn man sich in Positur wirft. Aber wir haben schon so viele Bilder von uniformiert posierenden Männern, da dachten wir, daß ein paar Schnappschüsse aus anderen Gesichtswinkeln als Ergänzung, als Abrundung ganz interessant sein müßten.

Die Männlichkeit, stellten wir immer mehr fest, ist im wesentlichen keine Eigenschaft, sondern eher eine Ausrüstung. Sie ist nicht nur ein toter Cid, an die Leine genommen. Sie ist auch eine japanische, eine balinesische, eine afrikanische Maske. Sie ist ein Schattenspiel und ein Drama. Der Mann auf der Straße ist ein Laiendarsteller. Er ist engagiert worden, um sich selbst zu spielen; jemand hat ihm nicht einen, sondern viele verschiedene Texte in die Hand gedrückt, und er liest sie vor, manchmal zu den passenden und manchmal zu den unpassenden Gelegenheiten. Auf der Bühne wirkt er manchmal etwas unbeholfen. Er ist nicht immer sehr professionell. Er vergißt seinen Text. Er vergißt die Rolle, die er spielen soll, und winkt zwischendurch freundlich zur Tante Martha herunter. Das stört seinen Auftritt als stolzer Napoleon empfindlich.

Vor allem aber, er versäumt seinen Abgang. Denn das Stück spielt schon unendlich lange. Es ist staatlich subventioniert. Es spielt immer nur, unabhängig von Saison, Besetzung oder Publikum, dieselbe alte Männlichkeit.

Die Schauspieler fühlen sich in ihren Rollen nicht wohl. Das spricht für sie. Sie sind nicht eins mit ihrer Rolle. Spricht man z. B. die Männer direkt an, die einem auf der Straße nachpfeifen, dann sind sie blitzartig höflich, freundlich und hilfsbereit. Wenn man sie nach ihrem kurz zuvor manifestierten Verhalten befragt, ist ihnen dies peinlich. Nur die Anonymität der Szene («Drei Männer begegnen einer Frau») hat es ihnen möglich gemacht, in dieser Weise aggressiv zu sein, zudringlich, anstößig. Nur die Vorstellung eines männlichen Publikums, dem sie durch ihr Vorgehen imponieren können, hat sie motiviert. Stehen sie der Frau gegenüber, die sie unaufgefordert geduzt, als «Mitzi» angesprochen und zu intimen Beschäftigungen eingeladen haben, sind sie schlagartig wieder zurückverwandelt in den Harry, den Robert, den Richard, der sie sonst sind; der mit seinen Mitmenschen meist freundlich und korrekt verkehrt, der keine Gewalttaten verübt und der eher schüchtern ist.

Der aber dazu bewegt wurde, kurz ein Phantom darzustellen. Das Phantom des Draufgängers. Das Phantom des Erfolgsmannes. Das Phantom des Helden. Das Phantom des verehrten und geachteten, ein wenig gefürchteten Familienvaters. Das Phantom des hart verhandelnden, scharf denkenden Karrieremannes. Das Phantom der Männlichkeit. In diesem Buch zeichnen wir Szenen auf, in denen Männer als Männer auftreten, als das Phantombild vom Mann auf der Straße. Unsere Fahndung lief mit vollem Einsatz.

Das Männerbild vieler Frauen ist ausgesprochen unerfreulich. Noch schlimmer, es beruht auf unerfreulichen Erfahrungen, stützt sich auf eine Tradition überlieferter unerfreulicher Erzählungen und fügt sich zu einer Theorie über das andere Geschlecht zusammen, die insgesamt wenig attraktiv ist. Das Männerbild vieler Frauen kann man wie folgt charakterisieren: resigniertes, nicht einmal mehr enttäuschtes Abfinden damit, daß einem diejenigen, mit denen man am engsten zusammenlebt, immer fremd sind und bleiben.

Echte Kommunikation wird deshalb ersetzt durch ein Repertoire an Verhaltensweisen und Signalen, die zur Vermeidung von Konflikten und zur Erreichung der gewünschten Ziele beitragen sollen.

Gerade das leisten diese Verhaltensweisen und Signale häufig nicht. Doch selbst das Scheitern trägt noch zur Beibehaltung der Muster bei. Wir, Frauen und Männer, haben einander konditioniert wie experimentelle Kleintiere; wir reagieren auf die Signale nicht mit den gewünschten, aber doch mit den erwarteten Verhaltensweisen.

Frauen, z. B., glauben folgendes: wenn man einen Mann in die Wohnung mitnimmt, wird man bedrängt. Wenn man das nicht will und ihm das sagt, wird er es nicht glauben. Wenn man es hingegen auch will, kann man es nicht sofort sagen, denn dann bekommt man einen schlechten Ruf, die Männer erzählen einander davon, und der betroffene Mann selbst verliert etwas, was als «Achtung» bezeichnet wird. (Den Anspruch auf Achtung verliert man also dann, wenn man sich so verhält wie die Männer selbst?)

Die Männer glauben folgendes: wenn eine Frau einen in die Wohnung mitnimmt, ist ihre Aussage eindeutig. Sie mag das noch so sehr abstreiten, es handelt sich bei diesen Beteuerungen nur um rituelle Demonstrationen weiblicher Tugendhaftigkeit, die den Wert der dann doch folgenden Episode steigern sollen.

Und Frauen glauben folgendes: wenn man einen Mann kritisiert, nimmt er nicht nur die Kritik wahr, sondern auch die Tatsache, daß sie von einer Frau kommt. Das ist ein solcher Schlag, daß er in seinem Schock manchmal die Inhalte der Kritik selbst vergißt.

Und Männer glauben folgendes: Ein (reales oder hypothetisches) männliches Gremium beobachtet ihren Umgang mit Frauen, selbst wenn sie mit diesen allein sind, und urteilt über ihre Haltung. Versagen sie, so wird ihnen die Männlichkeit abgesprochen. Sie wird aberkannt wie der akademische Grad dem sittlich verderbten Professor.

Und Frauen glauben über Männer: auf dem langen Kommunikationsweg zwischen den Geschlechtern gehen viele Bedeutungen verloren, nicht nur die manifesten, sondern vor allem auch die subtileren Feinheiten der Intonation. Das muß man beim Sprechen schon mitberechnen; wenn man A mitteilen will, muß man möglicherweise C rufen, und der Mann hört dann wahrscheinlich B. Lautstärke, Formulierung und Gesichtsausdruck müssen sorgfältig komponiert werden zu einer Choreographie der Mitteilung, und selbst dann ist die Verständigung schwierig. Und Männer glauben über Frauen: dasselbe.

Ach, sagt seufzend, aber nicht unzufrieden die Frauenrunde, mit Männern kann man über solche Dinge ja nicht reden. Ach, mein Mann interessiert sich für so etwas überhaupt nicht. Ach, mein Mann hat ja nur seine Arbeit im Kopf. Ach, die sind schon wieder am Sportplatz. Ja ja, sagt zustimmend und verächtlich die Männerrunde, davon verstehen die Weiber nichts.

In manchen Kreisen sind die Formulierungen weniger kraß, in manchen sind sie gar nicht nötig; z. B. in wissenschaftlichen, wo die Abwesenheit des weiblichen, oder in sekretäriellen, wo das Nichtvorhandensein des männlichen Geschlechts von so großer Selbstverständlichkeit ist, daß nichts vermerkt oder diskutiert werden muß.

Männer und Frauen werden darauf vorbereitet, sich aufeinander hin zu bewegen, jedoch scheint die vorbereitete Bewegung eher auf eine frontale Kollision zuzusteuern, oder man verfehlt sich um mehrere Meter. Solange man nicht darüber nachdenkt, daß es auch anders sein könnte, erscheint einem die Disharmonie als naturgegeben; sobald man darüber nachdenkt, fragt man sich, wo sie ihre Ursache hat. Wo ihren Nutznießer.

Die Gespräche mit Gleichgeschlechtlichen haben häufig einen anderen Charakter, sie sind geruhsamer, selbst dort, wo sie von Rivalitäten,

Feindseligkeiten und Bosheit geprägt sind; was vielleicht fehlt, ist die Enttäuschbarkeit. Die Botschaften sind halbwegs klar.

Die Beziehungen zwischen den Geschlechtern sind durch Ungleichheit gekennzeichnet und auf Macht begründet. Wo immer es den Menschen schlecht geht, geht es den Frauen unter ihnen noch um einiges schlechter als den Männern. Gegenüber ihren eigenen Frauen haben selbst die armen, die unterdrückten, die ausgebeuteten Männer, selbst die Männer, die infolge ihrer rassischen oder ethnischen Herkunft selber Opfer von Vorurteilen sind, noch Anspruch auf gewisse Privilegien, auf ein Gefühl der Überlegenheit. Die Männer profitieren von der Unterordnung der Frauen, zumindest auf den Oberflächen ihres Selbstgefühls. Es gibt immerhin noch jemanden, der etwas tiefer steht, dem man sich überlegen fühlen kann; das hebt die Selbstzufriedenheit und macht den Alltag erträglicher. Wenn sich also viele Männer (waghalsig könnten wir an dieser Stelle auch schreiben: alle Männer) in irgendeiner Weise in Alltag, Arbeitswelt und Privatleben an der symbolischen oder faktischen, der verbalen oder materiellen Bestätigung und Festigung des relativen Stellenwertes von Frauen und Männern beteiligen, dann können wir gleich dazu sagen: dies liegt in ihrem Interesse.

Auf den eigenen Nutzen zu achten ist eine verbreitete Eigenschaft der Menschen. Denn scheinbar liegt es immer in unserem Interesse, daß uns andere Menschen untergeordnet sind. Sie müssen die Arbeiten verrichten, die wir selbst ablehnen. Sie müssen uns geben, was wir wollen. Aus den Kolonien kamen Tee, Zucker und Gewürze. Gastarbeiter. Sie machen die schmutzige, schlecht bezahlte und unangenehme Arbeit. Als Hitler damit begann, die Juden zu verfolgen, zur Flucht zu zwingen und in Lager zu schicken, wurden ihre Wohnungen und ihre beruflichen Positionen frei. Darüber freuten sich die Deutschen und Österreicher, die ihre Plätze einnahmen.

Das schlechte Gewissen, das dabei erzeugt wird, muß besänftigt und beruhigt werden mit Erklärungen. Hier zeigte sich der menschliche Geist stets sehr erfindungsreich. Eine Vielfalt von Theorien, Glaubenssystemen, Fakten und Erörterungen kann unweigerlich aufgeboten werden, um zu zeigen, warum gerade diese Form der Ungleichheit eine natürliche, eine richtige, eine notwendige, ja eine gottgewollte, eine fortschrittsdienende, eine begrüßenswerte, zumindest aber eine unausweichliche, eine bedauernswerterweise, aber zu diesem historischen Zeitpunkt unvermeidbare ist.

Ein Glanzstück dieser intellektuellen Akrobatik waren stets die Werke zur «Stellung der Frau». In unermüdlicher Arbeit wurden Begründungen für weibliche Unterordnung angesammelt. Die mittlerweile generell bekannte Tatsache, daß Frauen nicht deshalb gesellschaftlich benachteiligt sind, weil sie a) den Hinausschmiß aus dem Paradies maßgeblich verschuldeten, indem sie die Willensschwäche ihres männlichen Komplizen ausnutzten und die Erbsünde verursachten (Verführung willensmäßig Minderbemittelter als biblisches Delikt der Frau), weil sie b) von den männlichen Hordenmitgliedern vor Dinosauriern und randalierenden Nomadenbanden beschützt werden müssen, oder weil c) die weiblichen Angehörigen diverser Vogelgattungen von den männlichen Mitgliedern der Spezies dominiert werden, hat lediglich anderen, nicht viel sinnigeren Erklärungen Platz gemacht.

Die Verbreitung solcher Denk- und Verhaltensweisen in Raum und Zeit läßt ein Komplott vermuten, eine Art patriarchalische Internationale, die sich auf die Gemeinsamkeit von Interessen begründet. Verschwörungstheorien sind jedoch immer problematisch. Auch die Erklärung sozialer Muster durch den Verweis auf Interessenslagen macht häufig den Fehler, kurzschlüssig im Kreis zu argumentieren. Denn sicherlich versuchen einzelne und Gruppen, ihre Interessen durchzusetzen, auch auf Kosten ihrer Umgebung. Daraus folgt aber noch nicht, daß ein anderes Arrangement als das der Unterdrückung nicht für *alle* Beteiligten sinnvoller, befriedigender, adäquater wäre. Die absolute Intelligenz des Unterdrückers ist merkwürdiges Postulat sowohl konservativer als auch linker Theorien. Wir glauben: nicht nur aus dämonischer Bosheit, totalisierter Selbstsucht und imperialistischer Charakterstruktur verhalten sich die Übergeordneten unterdrückerisch, sondern auch: aus Angst. Aus Kurzsicht. Aus mangelnder Phantasie. Weil sie es so gelernt haben. Weil sie keine anderen Möglichkeiten sehen. Weil sie sich vor Veränderungen fürchten. Aus Unsicherheit. Weil ihre Umgebung, ihre Vorgesetzten, der Staat es von ihnen verlangen.

Die Männlichkeit ist im wesentlichen ein Handlungsimperativ. Der Gedanke, kein «richtiger Mann» zu sein oder nicht für einen solchen gehalten zu werden, versetzt große Bevölkerungsteile (bzw.: fast die Hälfte) in Panik. Bei dem Gedanken daran stehen sie vor dem Abgrund des Nichts; ohne Identität und staatenlos, als Vertriebene, als Verstoßene, stünden sie einer feindlichen Welt gegenüber. Sie brauchen einen alttestamentarischen Gott hinter sich, einen (toten) Cid, zumindest aber ihre Zugehörigkeit zu einer mächtigen und überlegenen hypothetischen Bevölkerungsgruppe.

Diese Männlichkeit, glauben wir, ist ein Relikt, archäologisch interessant, wenngleich die Fossilien nach wie vor unter uns weilen. Sie ist überholt, wie die französische Fremdenlegion, nur daß letztere sich konsequenzhaft auflöste. Ob sie jemals funktional war, können wir an anderer Stelle diskutieren. Jetzt, so glauben wir, ist sie es nicht mehr.

Liebe Brüder, Freunde, Männer: die Zeiten, in denen es angebracht war, sich von den Lianen zu schwingen, sind vorüber. Es ist nunmehr möglich, eine Frau zu bekommen, ohne sie dem Nachbarstamm zu entführen. Legt euer Fell ab, die Temperaturen sind milder geworden. Stürzt die Götzenbilder der Männlichkeit, das Goldene Kalb, in diesem Fall wohl eher den Goldenen Stier.

Legt den toten Cid in ein unmarkiertes Grab.

Niemand wird ihn betrauern.

Not am Mann – erste Begegnungen mit dem starken Geschlecht

Leider gibt es nicht nur gute Menschen, sondern auch böse.
Deshalb:

1. Laß dir von Leuten, die du nicht kennst, keine Süßigkeiten schenken!
2. Laß dich von ihnen in keine Konditorei einladen!
3. Geh mit niemanden in eine fremde Wohnung, in einen Neubau, ein Gebüsch oder in einen Wald!
4. Steig in kein fremdes Auto! Geh mit keinem fremden Menschen, der dir etwas verspricht oder zeigen will, mit!
5. Hilf keinem Unbekannten etwas suchen!
6. Fange mit unbekannten Menschen keine Gespräche an!
7. Laß keinen Fremden in die Wohnung, wenn du allein zu Hause bist!
8. Laß dich von niemanden angreifen!
9. Bei Einbruch der Dunkelheit mußt du immer daheim sein!
10. Wenn etwas Besonderes war, erzähle es auf jeden Fall deinen Eltern!

Merkblatt «Wie warne ich mein Kind»
Kirchenzeitung der Diözese Eisenstadt, Juni 1978
(Lehrstoff der ersten Schulklasse)

Vor Männern wird gewarnt.

Für viele von uns ist das eine der ersten Informationen, die wir über das andere Geschlecht erhalten.

Dieses Geschlecht ist durchsetzt von bösen und gefährlichen Gestalten. Es ist ihnen nicht zu trauen. Sie bieten einem Bonbons, Autofahrten und Zirkusbesuche an, alles nur mit dem Ziel, einem Böses zuzufügen. Niemals darf man einem fremden Mann trauen. Das prägen einem Eltern und Verwandte, Lehrer und wohlmeinende Ratgeber ein.

Zwischen dem lieben Onkel, der Schokolade bringt, und dem bösen Onkel, der einen mit ähnlicher Schokolade ins Unglück locken will, bestehen keine erkennbaren Unterschiede. Der einzige Schutz liegt darin, mißtrauisch zu sein. Wovor, wird nicht sehr präzise erklärt. Das grauenhafte Schicksal der Kinder, die von fremden Männern verschleppt werden, bleibt mysteriös in vernebelter Schrecklichkeit. Genauere Informationen erhält man hingegen über die geradezu unglaubliche taktische Geschicklichkeit, mit der diese bösen Männer ihre kleinen Opfer einfangen. So erzählen sie z. B. den Kindern, daß ihre Eltern sie geschickt haben, oder sogar, daß ihre Mutter im Krankenhaus ist und sie beauftragt worden sind, sie zu ihr zu bringen; sie warten nach der Schule auf ihre ahnungslosen Opfer, und man darf ihnen nichts glauben. Man hört auch gelegentlich Ausrufe der Empörung und des Entsetzens über einen Zeitungsbericht; diese Schweine gehören aufgehängt, ruft dann oft ein Erwachsener.

Auch später erhält man häufig den Rat, Männern kein einziges Wort zu glauben. Sie lügen, erzählen Eltern und andere Ratgeber, sie sagen, daß sie einen lieben, und kein Wort davon ist wahr; sie wollen alle nur ihr Ziel erreichen, und wenn man das nicht verhindert, bekommt man später keinen guten Mann. Auch hier ist die Trennungslinie zwischen guten Männern und bösen, lügenden Männern schwer erkennbar, es werden einem keine Kriterien oder Merkmale mit auf den Weg gegeben. Die ersten Jugendfreunde jedenfalls sind nicht den guten Männern zuzuordnen; in der Regel werden sie von den Eltern für Idioten gehalten, für mopedfahrende Kretins, zukunftslose Versager und skrupellose Verführer. (Wehe, man macht sich jedoch später diese Einschätzungen des männlichen Geschlechts zu eigen, wie man sie von Kindheit auf serviert bekommt, dann ist man eine männerhassende Feministin, die keinen gekriegt hat.)

Die Unterscheidung ist schwierig. Das System scheint nicht ganz einsichtig. Wie ist das nun wirklich, mit den guten Männern und den bösen Männern?

Wenn ein berühmter Rennfahrer auf den Titelseiten der Boulevardblätter umherstolziert, demonstrativ nichts im Kopf hat als schnelle Maschinen und blonde Mädchen im Disco-Look, dann ist er ein klasse Typ, und die Herzen der Nation hängen an ihm. Kommt man mit einem ähnlichen, allerdings nicht so berühmten Exemplar nach Hause, spricht der entsetzte Vater von Rockern, schlechtem Umgang und Hausarrest.

«Daß du uns ja kein Kind nach Hause bringst», rufen viele Eltern ihren zu einem Rendezvous gehenden Töchtern nach, häufig ohne jemals erläutert zu haben, wie man in den Besitz dieses unerwünschten Guts kommt, das einem offenbar nachlaufen kann wie ein herrenloser Hund oder in einem Moment der Unüberlegtheit angenommen werden kann wie ein geschenkter Goldhamster.

Das herzhafte Lachen der häuslichen Männerrunde verstummt vor weiblichem Publikum; Damen ist solcher Humor nicht zuzumuten, und nur mehr der Funken eines konspiratorischen Amusements bleibt zurück; verbindende Anflüge eines Lachens. Schon gar nicht dürfen Mädchen und Frauen ein derart fragwürdiges Vokabular benutzen. Die Schonung jedoch ist sehr lückenhaft; Tageszeitungen und Zeitschriften füllen ihre Seiten mit Witzen, Illustrationen und Andeutungen, Wortspielen, Ratschlägen und Berichten, die auch ohne feministische Empfindsamkeit als frauenfeindlich und häufig als aggressiv gegen den weiblichen Körper oder die weibliche Sexualität erkannt werden müssen. Dumme Sekretärinnen, grauenhafte Schwiegermütter, unerträgliche Ehefrauen und abstoßende Frauenspersonen jeder Alters- und Berufsgruppe bevölkern die Witzblätter, wo ihnen stets das gerechte Schicksal des Spotts, Versagens oder Niedergangs zugeteilt wird. Dumm wie Untermenschen, schrecklich wie Furien; diese Leitbilder geben Aufschluß darüber, daß die männliche Phantasie in hohem Maße extrem und irrational, weil angstbesetzt auf Frauen reagiert.

Im Alter von 12, 14, 16, je nach Kulturkreis und Wachstumstempo, macht man plötzlich eine meist unliebsame, immer aber unerwartete Entdeckung. Die Regeln der Interaktion, des alltäglichen Umgangs mit anderen Menschen, die man bisher gelernt hat, verlieren plötzlich ihre allgemeine Gültigkeit. Sie bestehen zwar fort, und man muß sich weiterhin an sie halten, aber unter ihnen eröffnet sich plötzlich eine Schicht anderer Umgangsformen, von zunächst überraschenden, dann aber sich immer wiederholenden, zu einem System werdenden Verstößen gegen diese Regeln. Die Höflichkeiten, die Anredeformen, Haltungen, Begrüßungen, die man gelernt hat, die sorgfältigen Unterscheidungen zwischen Du und Sie und zwischen Bekannten, Fremden, guten Freunden, die Personenkategorien, jeweils mit dazugehörigen Erwartungen an Gesprächsabläufen und Themen, die jeweils angemessene Distanz zwischen Personen in der Gesellschaft, die jeweils korrekte Einschätzung von Zugehörigkeiten, bildeten bisher ein mehr oder minder vertrautes Terrain. Man weiß, daß man in bestimmten Situationen reden soll und in anderen nicht, aufstehen oder sitzenbleiben soll, daß man anderen in der erwarteten Weise begegnen muß, weil es sonst Probleme gibt; Vorwürfe, Kritik, Strafen.

In diesem System von manchmal lästigen und nicht ganz einsichtigen, immerhin aber wohlvertrauten Umgangsweisen treten plötzlich Störungen auf, verwirrend und unverständlich. Man muß, das hat man gelernt, in Anwesenheit des anderen Geschlechts in einer bestimmten Weise sitzen, auf bestimmte Bedeckungen achten, man nähert sich ihnen in geselligen Zusammentreffen lächelnd, man wird in der Schule regelmäßig von ihnen getrennt, vor allem, wenn die Gefahr besteht, daß visuell oder berührungsmäßig Barrieren und Regeln übertreten werden könnten, z. B. im Turnunterricht. Ähnliche Vorsichtsmaßnahmen gelten meist auch in der Familie, wo sie schwieriger aufrechtzuerhalten sind, was ihre Notwendigkeit eindrucksvoll unterstreicht; in der Regel bemühen sich verschiedengeschlechtliche Verwandte, einander nur in bekleidetem Zustand zu begegnen. In dieses geordnete Universum brechen sehr unerwartet Zwischenfälle ein.

Drei Jugendliche drücken einen gegen eine Hauswand und fassen einen an, sie lachen dabei wie im Fernsehen die stereotypen Nazis bei einer Durchsuchung oder wie die stereotypen dicken amerikanischen Südländer bei Lynchaktionen gegen die Neger; plötzlich sieht man sich selbst sekundenlang mit schreckgeweiteten Augen in paralysierten Haltungen gegen die Wand gedrückt, sie lachen, sie laufen davon; hat das wirklich stattgefunden, am selben Samstagnachmittag, an dem man Onkel Ludwig die Hand gibt und hört, wie groß man schon geworden ist?

Das erste Mal ist man vielleicht noch unbefangen wütend, man beschwert sich und erlebt die Irrealität der Reaktion; die Beschwerdestelle ist nicht empört, sondern peinlich berührt; sie überlegt, ob man sich falsch verhalten hat, auf der falschen Straße ging, falsch angezogen war, auf dem Heimweg getrödelt hat, ob man die «jungen Männer» herausfordernd angelächelt hat oder herausfordernd ignoriert hat oder sie gar nicht sah, was wiederum als Herausforderung interpretiert wird. Das nächste Mal beschwert man sich nicht mehr, um diesen peinlichen Überlegungen zu entgehen.

Bei diesen Ereignissen, die aus dem Rahmen des öffentlich anerkannten Verhaltens fallen, spürt man Emotionen und nimmt Mitteilungen wahr, die insgesamt beunruhigend sind. Man erlebt Aggression, wie sie sonst nicht erlaubt ist, aber von anderen mit Betretenheit übergangen wird. Man erlebt Spott, der unentrinnbar wird, da er sowohl die Einhaltung als auch die Nichteinhaltung der Regeln weiblichen Verhaltens zu seinem Gegenstand hat; sowohl die gelernten Sittsamkeiten als auch ihre Mißachtung fordern ihn heraus. Diese Paradoxie ist universaler Bestandteil der weiblichen Erfahrung und in erstaunlichem Maße übertragbar über kulturelle Grenzen hinweg. So erzählt z. B. Badr al-Moluk Bamdad von ihrer Jugendzeit in Persien, als Mädchen und Frauen auf der Straße angepöbelt und zurechtgewiesen wurden, wenn ihre Schleier nach Ansicht irgendwelcher zufällig vorbeigehender Männer nicht ordnungsgemäß zurechtgezogen waren; daß aber andrerseits verschleierte Mädchen von Buben und jungen Männern verspottet wurden, die ihnen auf der Straße nachriefen, sie «sähen in den schwarzen Tüchern aus wie schwarze Raben oder Tintenfässer».[2]

Die Heimlichkeit und Peinlichkeit der Aggressionen ist um so verstörender, weil in ihnen eine Vierschichtigkeit von Bedeutung enthalten ist:

- eine Abwertung der weiblichen Personen, die Gegenstände dieses Verhaltens sind;
- eine Bestätigung ihrer weiblichen Attraktivität, denn – so lautet der

Konsens – restlos unattraktive Frauen können nicht einmal hoffen, zu Gegenständen sexuellen Spotts zu werden;

- der Wunsch nach einer männlichen Person, die sich infolge einer stabileren Beziehung verpflichtet sieht, dieses Verhalten selbst nicht auszuüben und bei anderen Männern zu unterbinden;
- das sich daraus ergebende Klima von Abneigung, Ressentiment und Notwendigkeit gegenüber den Männern, die als Gruppe solches Verhalten zeigen, als einzelne wissen, daß es gestattet ist, und die mit uns leben in den Ambivalenzen und Verlogenheiten der Erklärungen, die den Zustand von Aggression und Attraktion definieren sollen.

Wir haben sechzig Studentinnen, Sozialarbeiterinnen, Hausfrauen und Sekretärinnen nach ihren Erinnerungen und Empfindungen in diesem Bereich gefragt; die Ähnlichkeit der Erlebnisse und Formulierungen war überraschend. Fast jede Frau konnte sich an mütterliche Warnungen vor «fremden Männern» erinnern, und die meisten beeindruckten diese unklaren Gefahren zutiefst. Eine 20jährige Studentin schildert die Warnungen, nicht mit fremden Männern mitzugehen:

> «Es hieß, die tun mir sonst ‹was›. Später, als ich dieses WAS aufgrund meines Wissens schon deuten konnte, war mir diese Warnung immer sehr unangenehm, da sie in mir auch gleich ein Schuldgefühl auslöste: wenn ich mitgehe, bin ich selbst schuld, daß mir was passiert; wenn mich also auch so – wenn ich bloß auf der Straße gehe – Männer anzüglich ansprechen, bin ich wohl selbst auch irgendwie schuld . . .»

Und eine 24jährige Sekretärin erinnerte sich an das Gefühl,

> «durch die widersprüchlichen Anforderungen irgendwie paralysiert zu sein. Denn einerseits stand man unter Druck, ‹herzig› zu wirken, auf die Blödeleien von männlichen Verwandten freundlich und fast im Flirt-Ton zu erwidern, andrerseits hatte man aber das Gefühl, damit in einen gefährlichen und unvorteilhaften Bereich abzusinken. Es kam einem irgendwie unaufrichtig vor, dieses harmlose und naive Mädchen zu spielen, das dann ja doch nur ein Opfer für die Schauergeschichten in ‹XY› abgeben könnte.»

Das Straßenverhalten von Männern wurde von allen Frauen als «Verstoß» – gegen das bisher gewohnte Verhalten, gegen die Alltagsroutine, gegen das sonst so vorsichtig eingehaltene Berührungsverbot, gegen ihr Wohlbefinden und ihr Selbstgefühl – wahrgenommen. Das Unbehagen enthielt immer ein Moment der Unsicherheit: war man wirklich zu sensibel, vielleicht zu prüde? Sollte man sich vielleicht, wie andere Frauen es angeblich taten, durch diese aggressiven und unerwünschten Aufmerksamkeiten gar geschmeichelt fühlen? Hatte man den Überfall provoziert? War man minderwertig, weil man sich weder dagegen wehren noch auf allgemeines Verständnis hoffen konnte? Keiner der Frauen, mit denen wir sprachen, waren solche Erwägungen erspart geblieben.

Die berufstätigen Frauen empfanden oft den krassen Widerspruch in ihrer Situation, daß sie am Arbeitsplatz noch eine halbwegs sachliche Behandlung erfuhren, als kompetente Individuen geschätzt wurden und auf dem Heimweg beliebig als verfügbares Objekt kommentiert und angefaßt wurden. Jüngere Mädchen gaben an, öfters Beklemmungszustände zu bekommen, wenn sie sich plötzlich einer aggressiv-witzelnden Männergruppe gegenübersahen und wußten, daß sie ohne «Behandlung» nicht entkommen würden.

Eine Studentin schrieb,

> «Es passiert mir so gut wie jedesmal, wenn ich auf der Straße gehe (allein), daß ich von fremden Männern angesprochen werde. Und das, obwohl ich keineswegs ein Weibchen-Typ bin oder eine ‹Sexbombe›. Zumeist halte ich dann den Mund, da ich schon sehr schlechte Erfahrungen damit gemacht habe, meine Würde (soweit ich als Frau halt eine habe!) auch nur verbal zu verteidigen.»

In den Antworten kam meist eine – notgedrungen unterdrückte – Wut der Frauen zum Ausdruck. Viele berichteten von gescheiterten Versuchen, sich zu wehren; die Erfahrung, daß die Zudringlichkeit der Männer bei einer defensiven Reaktion der Frau in Aggressivität umschlägt, während sie meist «sich zwar beleidigt fühlen, aber nicht gefährdet» sind, wenn sie das Verhalten der Männer ignorieren oder dulden, führt bei vielen Frauen zu äußerlich passiven Haltungen, aber auch zu tiefen Ressentiments. Eine 21jährige Studentin der Soziologie schreibt, daß sie «fast jeden Tag irgendein Erlebnis dieser Art hat». Sie hat gelernt,

> «äußerlich nicht darauf zu reagieren, aber innerlich würde ich am liebsten vor Wut über diese Gemeinheit und meine Schwäche zerspringen. Manchmal bin ich danach lange deprimiert».

Eine andere Studentin beschrieb einen typischen Zwischenfall:

> «Ich gehe in die Universität. Ich habe gerade meine Seminararbeit fertiggeschrieben und trage zwei Einkaufsnetze voll von Büchern in die Bibliothek zurück. Ich gehe die Währingerstraße hinunter, es ist Sommer. Plötzlich wankt ein Mann aus einer Bar heraus, hält mich am Arm fest umklammert und besteht darauf, daß ich mit ihm ‹einen Drink› nehme. Ich versuche, weiterzugehen, aber er hält mich freundlich, aber bestimmt, fest und redet auf mich ein, mit betrunkener Entschlossenheit. Die vorübergehenden Leute wenden peinlich berührt die Blicke ab. Es scheint, als wäre er bereit, den ganzen Nachmittag so stehen zu bleiben, auf mich einzureden, taub gegen meine Wider-

reden. Ich bin durch die Einkaufstaschen mit den Büchern nicht kampffähig, will sie aber nicht abstellen, um nicht den Eindruck des Verweilens zu vermitteln. Lassen Sie mich gehen, sage ich. Ich muß in die Universität. Hilfesuchend schaue ich zu den Passanten, aber alle sehen gezielt weg. Sie werden denken, daß ich seine Freundin bin, und wollen sich nicht einmischen, denke ich. Schließlich wird er des Redens müde und läßt mich gehen. In den darauffolgenden Wochen ärgere ich mich immer wieder über diese Szene. Ich ärgere mich darüber, daß ich ein Ziel angeben mußte, ehe ich losgelassen wurde. Ich ärgere mich, daß ich dazu bereit war.»

Die Reaktion richtet sich oftmals nach innen; eine 27jährige Sozialarbeiterin schrieb:

«Ich spüre, wie sich mein ganzer Körper verkrampft, manchmal schon in der Erwartung auf den verbalen Angriff. Man wird irgendwie total unsicher, denn wenn einen ein Mann auf einer unbelebten Straße anspricht, weiß man nicht, ob er nach einer Adresse fragen will oder ob er etwas Ordinäres sagen wird. Dadurch bekommt man schon eine defensiv abwartende Haltung, und das ist ja auch wiederum unakzeptabel.»

Nach typischen Erlebnissen dieser Art gefragt, zählten die Frauen deprimierende Listen auf; bei den Schilderungen kam der Ärger und häufig auch die Verwirrung über diese stetigen Angriffe während des Alltags deutlich zum Ausdruck.

«Von der Einladung ‹auf einen Kaffee› bis zur Aufforderung ‹gemma pudern› kommt so ziemlich alles, was frau sich zu diesem Thema *nicht* vorstellen kann. Aufgrund der Häufigkeit müßte ich es als normal empfinden, daß z. B. Straßenarbeiter, Männer auf dem Bau (Männer in Gruppen) meinen Körper lautstark kommentieren. Ich fühle mich ausgeliefert und hilflos.»

«Einmal wartete ich am Abend auf die Straßenbahn. Da kam ein Mann und hat mir Geld angeboten, wenn ich mit ihm schlafen würde. Einmal fragte mich ein Mann auf der Straße, ob ich bei einem Pornofilm mitwirken wolle. Manchmal denke ich, ob an mir etwas nicht stimmt, weil sich immer solche Individuen auf mich stürzen.»

Die meisten Frauen können sich gar nicht daran erinnern, wann ihnen solche Erfahrungen zuerst zuteil wurden; sie sind Bestandteil ihres Erwachsenwerdens und reichen in die frühe Jugendzeit zurück. «Als junges Mädchen ist es mir oft passiert», schreibt eine Studentin. «Es hat mich Männern gegenüber sehr verunsichert.»

«Es war so unvorhersehbar», schreibt eine Sekretärin,

«als ich ungefähr 16 oder 17 war, bekam ich manchmal Angstzustände gegenüber Männern, z. B. in der U-Bahn oder im Aufzug, denn manchmal kam es vor, daß sie einen dort lang und herausfordernd anstarrten, daß sie einen bewußt musterten von oben bis unten. Es war ein Gefühl, als ob sie einen körperlich angefaßt hätten; es war wie ein Überfall, nur zusätzlich sehr peinlich. Ich war wütend und ich schämte mich zugleich, irgendwie haben diese beiden Gefühle sich gegenseitig aufgewogen und mich ganz gelähmt.»

Eine Studentin schrieb,

«Soweit ich mich zurückerinnern kann und seitdem ich mich langsam mit meinem Geschlecht identifizierte, habe ich diese Erlebnisse auf der Straße gehabt. Ich fühl(t)e mich gedemütigt und ohnmächtig, ich haßte mich selbst für meine eigene Unzulänglichkeit, die sich darin ausdrückte, mich gegen diese entwürdigende Behandlung nicht zur Wehr setzen zu können.»

Wir fragten die Frauen auch, ob sie sich vorstellen können, was sich ein Mann während einer solchen Szene denkt. Fast alle Frauen glaubten, daß Männer diese Konfrontationen entweder nur als unpersönliches Amusement oder als Bestätigung ihrer Macht, nicht aber als sexuelle Interessensbekundung verstehen. Auch in diesen Antworten kam eine deutliche Wut zum Ausdruck. «Ich glaube nicht, daß die Männer sehr viel darüber nachdenken» und «sie denken sich gar nichts dabei» waren häufige Formulierungen. Es hieß z. B.,

«Ich glaube, viele Männer denken nicht dabei, sondern behandeln Frauen nach dem Grundsatz, ‹der Stärkere (= Muskeln) hat immer recht›. Sie empfinden Frauen als Objekte, die sie eben auch wie Dinge behandeln. Ausschlaggebend für den Kaufwert sind die Fähigkeiten, am besten die männlichen Bedürfnisse zu befriedigen.»

«Eigentlich ist dieses Verhalten sehr kindisch», meinte eine andere. «Sie sind wie die Kinder, die im Supermarkt alles anfassen müssen und anfangen zu weinen und zu schreien, wenn sie es nicht haben können.»

Als weitere Beweise für männliche Gedankenlosigkeit, für eine fast unbewußte Aggression gegenüber Frauen, sehen viele der befragten Frauen die männliche Gewohnheit, abwertende Bemerkungen oder Witze auf Kosten von Frauen zu machen. Das «kommt überall vor, in der Uni, in Lokalen, in der Straßenbahn, im ‹Freundeskreis›», merkte eine Studentin an. Einige gaben an, in diesen Situationen «Bewußtseinsarbeit» im kleinen zu leisten, mit gemischtem Erfolg. «In meinem Bekanntenkreis kommt das oft vor. Ich reagiere meist wütend und beleidigt und versuche sie von der Unnötigkeit und Frechheit dieser Witze zu überzeugen. Meistens sehen sie es auch ein.» Sie fügt hinzu: «Ich glaube, sie denken sich nichts dabei, denn als denkender Mensch kann man so nicht reden.» Die meisten Frauen vermuteten hinter diesen Witzen eine bewußte oder unbewußte Verachtung, sogar eine gewisse Feindseligkeit. Sie bedauerten diese Erfahrungen nicht nur deshalb, weil sie sich dadurch beleidigt oder verletzt fühlten, sondern auch, weil sie sahen, daß ihre eigenen Einstellungen zu Männern und ihre Verhaltensweisen in Beziehungen negativ durch solche Erlebnisse geprägt wurden.

Denn es handelt sich nicht um «einmalige» unangenehme Erlebnisse; diese Erfahrungen werden charakteristisch dadurch, daß sie sich regelmäßig wiederholen und jederzeit stattfinden können. Die häufige Konfrontierung mit Bedrohungen und mit Situationen, die nach allgemeinen Vorstellungen über gesellschaftliches Zusammenleben eigentlich nicht vorkommen sollten, macht diese Ereignisse so beunruhigend.

Eine 27jährige Sekretärin:

> «Diese Erfahrungen hinterließen bei mir ein Gefühl der Unsicherheit, auch gegenüber meinem Körper. In manchen dieser Situationen versuchte ich, Nichtbetroffenheit zu demonstrieren. Wenn die Männer mich aggressiv ansprachen oder Kommentare über mein Aussehen austauschten, tat ich so, als hätte ich mit der Situation (und mit meinem Körper) gar nichts zu tun. Ich versuchte, nichts zu hören, oder zumindest diesen Eindruck zu vermitteln. Wenn ich es gehört hätte, hätte ich ja irgendwie reagieren müssen. Das hätte ich nicht einfach unerwidert lassen können, es war ja doch beleidigend, wie sie mit mir redeten. Aber erwidern konnte ich auch nicht. Das wäre vielleicht riskant gewesen.»

Eine 25jährige Sozialarbeiterin:

> «Jetzt ist es nicht mehr so, aber ein paar Jahre lang, als ich so 14 oder 15 war, kam alles auf einmal zusammen, um mich zu verunsichern. In meinen Kleidern fühlte ich mich gar nicht wohl. Es war ihnen nicht zu trauen, man konnte nie wissen, ob sie z. B. im Sonnenlicht plötzlich durchsichtig wurden. Wenn man von einem Mann angequatscht oder belästigt wurde, kontrollierte man immer zuerst, ob an dem Kleid irgend etwas nicht stimmte. Zu kurz, Stoff zu dünn, etc. Früher hatte ich beim Gehen immer vor mich hingeträumt. Jetzt mußte ich ständig an meine Garderobe denken.»

Das Gefühl, auf die Aggressivitäten oder Zudringlichkeiten, auf die Verletzungen der Privatsphäre nicht reagieren zu können, wurde von vielen Frauen als besonders ärgerlich empfunden. Eine 30jährige Verlagsassistentin schrieb,

«Als junges Mädchen passierte es mir mehrmals, daß ich von einer Gruppe von Männern herumgestoßen oder abgetatscht wurde. Ich habe das gehaßt, ich fühlte mich dabei wütend und hilflos zugleich. Ich habe es nie jemandem erzählt, weder mit Freundinnen noch mit meiner Mutter habe ich eigentlich jemals darüber gesprochen. Vielleicht war es mir peinlich, es ist schwer zu sagen. Ich hatte das Gefühl, daß man ‹darüber nicht spricht›. Einmal ging ich mit meiner Großmutter die Straße entlang, ich war damals 16 und sie war schon 80. Zwei Männer kamen uns entgegen und haben wie üblich so dahergeredet, wie süß und komm doch mit uns . . . Weil ich nicht allein war, fühlte ich mich sicherer als sonst, vielleicht hatte ich auch das Gefühl, vor einer ‹Zeugin› etwas unternehmen zu müssen gegen diese Behandlung, ich habe sie also angeschrien, sie sollen mich loslassen und verschwinden. Und meine Großmutter hat mitgeschimpft, sie hat sich noch nach ihnen umgedreht und ihnen nachgeflucht. Die waren ganz sprachlos vor Überraschung. Mir hat das etwas gegeben, auch wenn sich in der Folge nichts geändert hat und ich weiterhin solche Szenen erlebte, ohne mich jemals wieder zu wehren.»

Daß es jedoch klüger sein kann, sich im Zweifel nicht zu wehren, lernten viele Frauen aus der Erfahrung. Eine 22jährige Studentin schrieb,

«Ich ging mit meiner Freundin Babs in einer Seitenstraße von der Fußgängerzone spazieren. 2 Männer sprachen uns an, machten Witze, griffen nach unserem Arm und wollten uns wo hinziehen. Babs hat ihnen gesagt, sie sollen uns loslassen. Da hat der eine sie gegen die Mauer gedrückt und geschüttelt, er hat sie gegen die Mauer gestoßen, mehrere Male. Dann sind sie schimpfend und fluchend weitergegangen. Es sind Leute auf der Straße gewesen, es war Nachmittag, niemand hat etwas gesagt. Ich war damals 17. Sicher habe ich daraus gelernt, daß es besser ist, wenn man die Episode ignoriert, als wenn man es auf einen Konflikt ankommen läßt. Wenn man so tut, als würde man sie (die Männer) gar nicht beachten, lassen sie einen meist nach kurzer Zeit weitergehen. Jetzt finde ich diese Überlegung eigentlich sehr schlimm.»

Viele Frauen konnten sich daran erinnern, ähnliche Erlebnisse gehabt zu haben, die aus dem gleichmäßigen Maß an «alltäglichen» Zwischenfällen noch herausragten. Karin S., Dolmetscherin bei einer internationalen Organisation, erinnerte sich an eine Reihe von «Episoden», die «für mein inneres Gleichgewicht sicherlich nicht sehr zuträglich waren». Sie rekonstruierte:

«Ich bin 11 Jahre alt. Meine Eltern haben 3 befreundete Ehepaare eingeladen, ich darf noch kurz dabeisein. Wie bei solchen Zusammenkünften üblich, wird mäßig getrunken; wie bei Hans T. üblich, konsumiert er die dreifache Menge und verschwindet kurz ins Schlafzimmer, um sich ein wenig auszuruhen. Nach einer halben Stunde werde ich entsandt, um nach seinem Zustand zu sehen. ‹Wie fühlen Sie sich?› frage ich. Er sitzt am Rand des Betts, sieht mich an. ‹Du kannst doch ruhig Hans zu mir sagen›, sagt er. ‹Du mußt nicht Herr T. sagen.› Diese Information bewegt mich nicht sonderlich. ‹Kommen Sie jetzt hinaus oder soll ich den anderen sagen, daß Sie sich noch ausruhen wollen?› frage ich. Er zieht mich am Arm zu sich, klopft mir väterlich auf die Schulter und murmelt etwas über mein erstaunliches Groß-Werden. Ich ziehe mich zurück, aber nicht sehr abrupt, sondern höflich. Er murmelt noch immer, in einem zwar ruhigen und freundlichen, trotzdem irgendwie beunruhigenden Ton. Ich denke mir, daß er sehr betrunken ist. Er schiebt seine Hand unter meinen Pullover und fährt meinen Rücken hinauf von der Taille bis zu den Schultern. Das kann doch nichts sein als Freundlichkeit, denke ich mir in einer kalten, etwas neugierigen Analytik, die mir jetzt rückblickend überraschend vorkommt; ich kenne ihn seit Jahren, und er bewohnt bei mir die Kategorie der Erwachsenen, der onkelähnlichen Freunde meines Vaters. Seine Hand bewegt sich weiter, verschafft mir Klarheit. Ich springe auf und laufe hinaus. Ich sage in der Folge nie Hans zu ihm, sondern immer Herr T., aber ich erzählte niemandem etwas. Er fährt geschäftlich nach Japan und bringt mir eine Perle auf einer Kette mit. Meine Mutter findet das nett, aber sie findet es komisch, daß er meiner kleinen Schwester nichts mitbringt. Ich schenke die Kette meiner Freundin.»

«Ich bin 15 und gehe manchmal mit Robert aus. Wir kennen uns seit 7 Jahren, sind eigentlich mehr wie Geschwister. Seit kurzem ist er verändert, in seiner Freundesgruppe haben die meisten schon ‹eine Freundin›, und er möchte, daß ich mich auch in diese Kategorie einfüge, damit er hineinpaßt. Ein paarmal gehe ich mit seiner Clique mit, mehr ihm zuliebe, aber ich falle aus dem Rahmen. Die anderen Mädchen, die echte Freundinnen sind und nicht nur Jugendfreundschaften, hängen an den Armen ihrer Freunde, lachen aufmerksam über ihre Witze, während Robert und ich den kameradschaftlichen Umgang unserer früheren Jahre demonstrieren und auffällig unverliebt sind. Am Wochenende nach einem solchen Ausflug in ein Tanzlokal gehen wir im Schnee spazieren und streiten in altgewohnter Manier, bewerfen uns mit Schnee, stoßen uns herum. Irgendwie wird der Streit ernster. Worum es ging, weiß ich heute nicht mehr. Plötzlich hält er mich fest, hält meinen Kopf fest in einem Würgegriff und küßt mich. Es ist kein Begehren dabei, er könnte mir genausogut, wie früher, einen Schneeball nachwerfen, es ist eine Kraftdemonstration. Ich kann mich nicht bewegen, stehe in regungsloser Verachtung da. Das freut ihn; nun? sagt er herausfordernd und hält mich fest. Er küßt mich, weil er zwei Köpfe größer und verärgert ist. Sobald er mich losläßt, drehe ich mich um und gehe nach Hause. Wir sprechen nie darüber. Es ist das Ende unserer Freundschaft.»

«Ich bin 17 und habe ein Stipendium, um ein Jahr in einem lateinamerikanischen Land Spanisch zu studieren. Es ist Sommer, und es ist kurz vor dem politischen Zusammenbruch der Regierung. Am Wochenende ist die Stadt wie ausgestorben, besonders in den Geschäftsvierteln, die um die Universität liegen. Ich bin mit meinem Freund in der Bibliothek verabredet, besuche vorher noch eine Freundin in der Stadt und gehe dann zur Universität zurück. Aus Rücksicht auf kulturelle Unterschiede habe ich ein langes Baumwollkleid mit kurzen Ärmeln an; ärmellose Touristinnen in Shorts oder kurzen Röcken erregen selbst in der liberaleren Hauptstadt noch die Gemüter. Drei Straßen vor dem Universitätsgelände sehe ich, daß mir drei Männer nachgehen. Sie sprechen mich an, rufen mir zu, daß ich mit ihnen in ihre Wohnung kommen soll, sie geben mir dort einen Drink. Ich gehe etwas schneller und beachte sie nicht. Sie holen mich ein, wiederholen ihre Aufforderung, sie umkreisen mich, so daß ich nicht mehr so tun kann, als würde ich nichts hören und sehen. Nein danke, sage ich. Lassen Sie mich bitte in Ruhe, und ärgere mich über das bitte. Sie schieben mich in einen Hauseingang, drücken mich gegen die Wand, machen die Tür zur Straße zu, fassen mich an, lachen. Sie sagen, ich soll besser freiwillig mitkommen. Ich kann nicht klar denken, versuche, die Situation einzuschätzen. Mein Hauptgedanke: das ist jetzt ernst. Zum erstenmal befinde ich mich in einer ernsten Situation. Mein zweiter Gedanke ist: drei zu eins ist ungerecht. Am schlimmsten ist ihr Lachen, wenn sie nicht lachen würden, wäre es irgendwie nicht so beängstigend. Ich löse mich aus einer kurzen Lähmung und beginne mich zu wehren. Ein altes Ehepaar im ersten Stock kommt in den Gang, entweder durch Zufall oder weil sie etwas gehört haben, die Männer treten einen Moment zurück, und ich laufe davon, ich laufe zur Universität und setze mich auf die Steinstufen vor dem Eingang. Ich sitze in der Sonne und denke an überhaupt nichts, aber ich zittere zwischendurch. Später hole ich mein Buch heraus und versuche zu lesen, aber alle paar Seiten schlage ich es zu und warte, bis das Zittern vorübergeht. Mein Freund kommt, er fragt mich, was mir fehlt, aber ich erzähle es ihm nicht. Erstens, weil er mir vielleicht in der üblichen Reaktion irgendwelche Vorwürfe machen wird, warum bin ich allein gegangen, warum bin ich gerade durch dieses Viertel gegangen, warum bin ich nicht vorsichtiger. Zweitens, weil er sich verpflichtet fühlen wird, mich überallhin zu begleiten. Drittens, weil mir im Augenblick der Unterschied zwischen den drei Männern im Hausflur und den vielen Männern bei abendlichen Rendezvous entfallen ist, die einen auch gegen Wände drücken und auch anfassen, wenn man nicht will, und auch lachen. Wir lesen gemeinsam unsere Aufgabe für das Seminar der nächsten Woche, Wittfogel, Die orientalische Despotie. Der Titel kommt mir irgendwie bezeichnend vor für meine Situation, ich weiß nicht genau warum, im Buch geht es um Kanalisierungen und ihre Regelung. Ja, vielleicht doch passend. Und um Machtverhältnisse. Ich sitze unter einer Hecke aus Oleander und denke mir, daß der Wittfogel, den ich lese, noch leicht zitternd und wütend, und der Wittfogel, den mein Freund liest, seelenruhig und aufmerksam, niemals derselbe Wittfogel sein wird. Es erscheint mir unmöglich, daß auf den Seiten unserer Bücher dieselben Worte stehen.»

«Ich bin 14. Auf dem Schulweg begegnet mir, in klassischer Manier, ein Exhibitionist. Ich sehe ihn aus dem Augenwinkel schon ein paar Meter, bevor ich zu der Hecke komme, an der ich vorbei muß. Daher bleibe ich stehen und suche nach einem Ausweg; zwar ist es Vormittag und die Straße gegenüber ist relativ belebt, aber der Park ist leer, und ich will nicht an ihm vorüber. Während ich zögere, kommt er hervor und auf mich zu, er flüstert mir mit gerötetem Gesicht etwas zu, ich sehe zwar weg, aber es entgeht mir nicht, daß er in unmißverständlicher Weise an sich herumfummelt. Als er auf mich zukommt, drehe ich mich um und laufe auf die Straße hinaus, ich will auf die andere Seite, wo andere Menschen sind. ‹Vorsicht›, ruft er ganz erschrocken, ‹paß auf die Autos auf.› Bremsen quietschen, Autofahrer fluchen. Plötzlich kommt mir die Episode absurd vor, ich würde sie gerne sofort vergessen, aber er ist noch immer hinter mir, er geht knapp hinter mir und flüstert friedlich, aber obszön, seine Wünsche, ich gehe schneller, laufe eigentlich schon, denke darüber nach, daß er sich Gedanken über meine Sicherheit gemacht hat und mich jetzt nach wie vor verfolgt, ich überlege, ob ich jemanden anhalten und um Intervention bitten soll, aber mir fällt keine Formulierung ein, entschuldigen Sie, dieser Mann hier ist Exhibitionist und sagt mir dauernd Dinge in einem beunruhigenden und ordinären Vokabular. Dann sehe ich in der Ferne einen Polizisten, wie er gemächlichen Schrittes unrechtmäßig geparkte Autos besichtigt, ich überlege, ob ich ihn rufen soll, der Mann ist immer noch hinter mir, redet pausenlos pornographisch auf mich ein, ich laufe, statt den Polizisten zu rufen, in ein Lebensmittelgeschäft auf dem nächsten Straßeneck und bleibe dort lange vor den Regalen stehen, bevor ich den Blick auf die Straße wage, der

Mann scheint weg zu sein, ich warte noch einmal sehr lange und gehe dann vorsichtig, mich sehr oft umdrehend, weiter. Während der nächsten 3 Monate bewege ich mich ausschließlich auf Hauptstraßen. Ich gehe umständlich auf Umwegen in die Schule und trage bis in den Sommer hinein einen Mantel. Ich werfe mir vor, gegenüber anderen Frauen schuldig zu sein, weil ich den Polizisten nicht eingeschaltet und damit den Tätigkeiten des Mannes freien Lauf gelassen habe. Wenn er mir nicht die Warnung beim Straßenüberkreuzen zugerufen hätte, könnte ich ihn vergessen, aber statt dessen verfolgt es mich, daß er mich zuerst vor die Autos jagen und sich dann Sorgen um mich machen kann. Er zwingt mich damit, ihn als Person zu sehen, statt als ‹den Exhibitionisten im Park›. Ich entwerfe alternative Szenen, in denen ich besser abschneide, mich klüger verhalte; in denen ich z. B. zu ihm sage, daß er krank ist und ich das verstehe und ihm rate, einen Arzt aufzusuchen.»

Die Frau eines mittleren Angestellten schreibt:

«Ich war 12, als mich meine Eltern das erste Mal davor warnten, ein Kind nach Hause zu bringen. Ich habe lange darüber nachgedacht, wie ich in diese Situation kommen könne, und habe schließlich meine Mutter gefragt. Ich erfuhr bei der Gelegenheit, daß dieses Ereignis eintritt, wenn man einen Mann oder einen Burschen liebt. Ich habe mir geschworen, das nie zu tun. Von diesem Moment der umfassenden Aufklärung hatte ich einen panischen Schrecken, im Schulbus neben einem Buben stehen zu müssen, ich klammerte mich verzweifelt an meine Freundinnen und entwickelte richtige Berührungsängste in bezug auf das andere Geschlecht.

Mit 13 habe ich in einem Abbruchhaus gespielt, mit den älteren Jugendlichen Räuber und Gendarm spielen zu dürfen, war für mich der Inbegriff von Glück. Die 15-, 16jährigen Buben machten sich einen Spaß daraus, die Mädchen zu fangen, und so bin auch ich schließlich gefangengenommen worden. Ich konnte mich aber nicht wie bei früheren Spielen wieder befreien, die Buben legten mich aufs Wellblechdach und versprachen mir 2 Schillinge, wenn ich freiwillig meine Hose ausziehe. Ich hatte dabei immer die Stimme meiner Mutter im Ohr, die sagte, man zeigt ‹das› nicht her. Über mögliche Konsequenzen war ich mir nicht im klaren, weil ich keine Ahnung hatte, was mir bei dieser Aktion passieren könnte. Man wollte mich – offensichtlich unter dem literarischen Einfluß von Karl May – ‹foltern›, aufgrund meines entschlossenen Widerstands wurde ich nach einiger Zeit, die mir endlos erschien, schließlich ‹entlassen›. Die Situation und die Akteure waren mir unangenehm, in späteren Jahren habe ich erst begriffen, was eigentlich vorgefallen ist, als meine Aufklärung durch die Zwänge des Alltags rapide Fortschritte machte.

Ich studierte Jus, ein Fach, das mehr und mehr auch von Frauen belegt wird. Zu meinen männlichen Studienkollegen hatte ich seit dem Semester, in dem praktische Fälle diskutiert wurden, ein gebrochenes Verhältnis. Der Professor hat mit aller Ausführlichkeit Sexualdelikte vorgetragen, oft mit ‹cleveren› Anmerkungen versehen, oft mit einigen Scherzen begleitet, die sich in der Regel gegen die betroffenen Frauen richteten, und ließ es an der angebrachten Sachlichkeit, um die er sich auf den Gebieten des Pfand- und Wechselrechts stets sehr bemühte, völlig ermangeln. Als er zur Erheiterung seines Publikums wieder einmal mit einer genußvollen Fallschilderung begann, empörte ich mich in meiner Kollegengruppe, mit der ich öfters lernte; die einzige Reaktion war: ‹Ziemlich prüde für dein Alter. Laß dem Alten seinen Spaß.›

Ich habe früh geheiratet, um von zu Hause wegzukommen, den Normen und Ansprüchen einer Tochter aus gutem Haus nicht mehr gerecht werden zu müssen. Die traditionsverbundene Einstellung meiner Eltern hatte auch gewisse Vorteile, ich bekam eine Mitgift und konnte mir eine Wohnung leisten. Jeden Mann hätte ich natürlich nicht genommen, aber sehr überlegt war meine Ehe nicht. Es war nicht gerade eine Liebesheirat, und am Anfang sah meine Ehe recht kritisch aus. Es ist ja auch eine riskante Methode: Man nimmt sich einen Mann, um von daheim wegzukommen, und kann damit total einfahren. Aber die Beziehung hat sich eingependelt, oft habe ich das Gefühl, irgendwie Glück gehabt zu haben, ‹den Männern› durch diese Form des Arrangements entronnen zu sein.»

Da es so oft heißt, Frauen empfänden diese Zudringlichkeiten als Beweis ihrer Attraktivität positiv und fühlten sich dadurch geschmeichelt, achteten wir besonders auf Anzeichen solcher Einschätzungen. Weder in den Antworten der befragten Frauen noch in der Literatur konnten wir jedoch Entsprechendes finden. Nach langem Suchen fanden wir eine einzige Textstelle, die in diese Richtung ging. Es handelt sich dabei um eine Publikation der Missionsdruckerei eines katholischen Ordens, um das «Missions-Magazin Mariannhill» (ja, so gründlich sind wir in unseren Recherchen). Die Zeitschrift, die inhaltlich im wesentlichen über aktuelle und prinzipielle Fragen des Katholizismus berichtet (Die Philosophie Mutter Teresas, afrikanische religiöse Kunst, Missionsarbeit bei Leprakranken etc.), lockert ihren Text mit Frauenreportagen auf, wie ihre linkeren Mediengeschwister «Pardon» oder «Stern». Unter dem Titel «Eine hübsche Äthiopierin im Zigeuner-Look» können die Abonnenten der Zeitschrift sich über das «schicke Persönchen» «Fräulein Debebe» informieren. Die Relevanz ihrer Lebensgeschichte und ihrer fünf Fotos ist zwar nicht ganz einsichtig, da es weder um Christentum noch um Politisches, noch um Aktuelles geht, der Verfasser des Beitrags jedoch schildert mit Begeisterung ihre «braune Manchesterhose, hochgekrempelt, damit die rotbraunen Stiefelchen besser zu sehen sind». Und diese Elizabeth Debebe berichtet ihm nun im Lauf des Gesprächs, daß sie während ihrer Studienzeit in Rom vor allem auch das Verhalten der Männer auffallend fand: «Sie sind mitunter schon lästig, belästigen einen, hängen sich an die Fersen wie klebrige Kletten – bis in den Petersdom hinein verfolgen einen . . .» Der Reporter interpretiert ihre Aussage für die Leser folgendermaßen: «Aber im Grund ist das ja auch wunderschön für ein Mädchen . . .»[3]

Belästigungen bis in den Petersdom hinein und die Interpretation eines Missionsblattes war der einzige Beleg für die Behauptung, daß Frauen die Zudringlichkeiten als angenehm empfänden.

In der Berliner Sommeruniversität diskutierten wir auch lange darüber, ob Männer dieses Erlebnis, und das Gefühl der Ungerechtigkeit, der Kränkung, die man ohne Möglichkeit einer Erwiderung hinnehmen muß, würden nachvollziehen können. Die Arbeitsgruppe bezweifelte es. Welcher Mann kann die Irritierung nachvollziehen, die entsteht, wenn man auf dem Weg in ein Seminar von drei grinsenden Freunden, die lässig die Straßen entlangschlendern, am Arm gepackt und mit «Ja Servus, Miezi» aufgehalten wird. Man versucht, weiterzugehen, eine Diskussion ist sinnlos, ein Protest möglicherweise gefährlich, auf jeden Fall verlängert er nur eine unangenehme Situation, ohne ihre Wiederholung zu verhindern; «Du bist aber nicht sehr freundlich», sagen in pädagogischem Ton die drei Männer und lachen. «Warum ist sie denn so unfreundlich?» fragt der dritte, der weniger mutig ist und sich hinter den beiden anderen aufgestellt hat, jetzt aber Courage gefaßt hat. Die anderen lachen beistimmend, was ihm vermutlich Antrieb gibt.

Kann das ein Mann, dem es nie passiert ist und nie passieren wird, verstehen? Die Erlebnisse sind unterschiedlich, manche sind unangenehmer, beleidigender und bedrohlicher als andere. Manche sind nur lästig, manche sind einem gleichgültig, manche nimmt man überhaupt nicht mehr wahr.

Die von uns befragten Frauen brachten zum Ausdruck, daß sie diese Erlebnisse als beleidigend und verunsichernd empfanden. Meldungen über diese weibliche Reaktion kommen von allen Seiten. So berichtete z. B. die indische Soziologin Kamla Bhasin von den Auswirkungen solcher Situationen auf Frauen:

«Wenn eine junge Frau täglich im Autobus von Männern herumgestoßen wird, wenn sie auf der Straße von pfeifenden jungen Männern belästigt und irritiert wird, und wenn sie sich abends auf den Straßen unsicher fühlt, dann beginnt sie wahrzuhaben, daß ihr gesellschaftlicher Status dem eines Mannes nicht gleich ist.»[4]

Und die in den 30er Jahren sehr berühmte amerikanische Autorin Evelyn Scott, die mit ihrem Mann und ihrer kleinen Tochter einige Jahre in Rio de Janeiro verbrachte, notierte in ihrem Tagebuch:

«Wenn ich mich allein auf die Straßen der Stadt wage, kommt es immer zu einem unangenehmen Zwischenfall. Vielleicht weil ich nur 20 Jahre alt bin. Vielleicht weil meine Kleider nicht elegant genug sind. Denn ich weiß, daß ich nicht besonders hübsch bin. Innerlich verkrampfe ich mich dann immer und bin von einem Gefühl der Kälte und der diffusen Angst überwältigt, aber ich zwinge mich, den Männern, die mich in dieser Weise verletzen und belästigen, direkt in die Augen zu sehen. Ich wünsche mir, daß sie sich schämen, mich so entwürdigend behandelt zu haben. Vielleicht ist das lächerlich von mir . . . Vielleicht sollte ich die ganze Sexualität und die Liebe weniger wichtig nehmen und mich amüsieren über die Blödheit dieser Individuen, die ja letztlich nicht wirklich eine Bedrohung darstellen.»*

Die Aggressivität dieser Konfrontationen leitet sich aus der Anonymität der Beteiligten ab, sobald die Betroffenen aufhören, die vorgegebenen Muster zu spielen und die Szene wahrnehmen, ist sie undurchführbar. Eine Studentin erzählt:

«Wir gehen zu dritt die Himmelpfortgasse entlang. Drei junge Männer, vielleicht Studenten, rufen uns von einem Hauseingang aus Bemerkungen zu, unaufgeforderte Zärtlichkeiten. Wir haben einen langen Tag hinter uns und sind reizbar, wir drehen uns um und zischen ihnen ein paar Bissigkeiten zu. Sie schauen erschrocken, einen Moment erstarren wir alle zu einem etwas lächerlichen Tableau. Wir sehen uns plötzlich selbst in unserer eigenartigen Konfrontation. Sie lachen. Wir lachen. Wir gehen weiter.»

* Übersetzt aus: Moffat, Mary Jane/Painter, Charlotte (Hg.): Diaries of Women, N. Y. 1974, Seite 101–102

Stammhalter – und ist er nicht schon ein richtiger kleiner Mann?

«Mein Vater ist bei Maschinen in einer Fabrik. Diese Fabrik ist sehr groß. Meine Mutter ist in einer Reinigungsfirma angestellt. Sie geht um 3 Uhr 30 von auser Haus kommt 8 Uhr abends nach Haus. Meine Mutter muß den Haushalt machen vormittag kocht sie. Ich hilf meiner Mutter meistens ich wasche Geschirr ab. Wenn sie morgens aufsteht richt sie uns Frühstück her, geht 8 Uhr Einkaufen, dan kocht sie und nacher gehts sie wieder in die Arbeit sie hat fast garnichts vom Tag. Meine Eltern führen eine gute Ehe, sie kommt mit dem Papa zufrieden. Sie vertragen sich immer gut. Manchmal sind sie einander böse. Wenn meine Mutter von der Arbeit nach Hause kommt bekommt sie immer ein Küßchen. Meine Mutter bringt meinem Vater immer die Abendzeitung. Und er sieht sich den Sport an.»

Johannes, 13 ½

«Ich möchte gerne Maler und Anstreicher werden, und dabei viel Geld verdienen. Ich will, daß die Frau zuhause bleibt, und daß ich arbeiten gehe. Wir werden zwei Kinder haben. Meine Frau wird den Haushalt halten, und Einkaufen gehen. Manchmal werde ich sie einkaufen führen und mitgehen.»

Gerd, 12

Was normal ist und richtig und wahr, muß man erst lernen. Welche Kategorien von Menschen gibt es, worin sie sich unterscheiden und was daraus folgt, wer welche Art von Arbeit leistet und welche Art von Entscheidungen trifft, was wichtig ist, wie man zu leben hat, und mit wem, und wie lange, das bestimmt sich in verschiedenen Gesellschaften und Zeitaltern verschieden. Was für den außenstehenden Betrachter beliebig und austauschbar aussieht, ist für die Beteiligten jedoch alles andere als das; es ist festgelegt und selbstverständlich. Inhaltlich nur vage definierte persönliche oder gesellschaftliche Katastrophen stehen bevor, wenn man davon abweicht.

Wir sind bereit, das Muster an Selbstverständlichkeiten bei anderen Gesellschaften zu hinterfragen, besonders wenn es sich dabei um die sogenannten «primitiven» Völker handelt, nicht aber bei unserer eigenen. Überlegen lächelnd wissen wir, daß die Afrikaner nichts als Aberglauben demonstrieren mit ihrer Angst vor der Flußgöttin, die Mißernten und Kriegsniederlagen senden wird, wenn der Stamm von den vorgeschriebenen Regeln abweicht. Weniger amüsant finden wir jedoch die Abweichungen von unseren eigenen Vorstellungen von Normalität. Unsere Angst vor den katastrophalen Folgen ist zwar oft ebenso exotisch, sie beruht genauso auf Glauben und hält den konkreten Beweisen und der Vernunft genausowenig stand, aber sie sitzt dafür um so tiefer.

Als besonders gefährdeter Bereich gilt dabei oft die Familie und das Zusammenleben zwischen den Geschlechtern. Um das Chaos abzuwehren, müssen die genau festgelegten Regeln befolgt werden. Wie die Geschlechter und die Familienangehörigen miteinander sprechen, essen, arbeiten und leben, unterliegt präzisen Erwartungen, Verboten und Routinen. Die Betroffenen müssen sich dabei einer bestimmten Ausdrucksweise, bestimmter Gesten und Handlungsrituale bedienen.

Leider gibt es keine afrikanischen Stämme, die Ethnologen ausbilden und nach Europa entsenden, um Forschungsprojekte über Lebens- und Glaubensweisen durchzuführen, denn so entgeht uns ein wichtiges Wissenschaftsfeld. Sie könnten z. B. dokumentieren, daß bestimmte Bevölkerungsgruppen zu bestimmten Tageszeiten und in einer festgelegten und standardisierten Reihenfolge bestimmte Arbeiten leisten, und daß niemand so recht sagen kann, warum gerade diese Menschen und nicht andere dafür zuständig sind. Daß bei diesen Regelungen nicht ausschlaggebend ist, ob sie logisch und sinnvoll sind, sondern etwas anderes, würden sie sehr bald feststellen.

Wird das Brauchtum hinterfragt, so reagieren die Eingeborenen aller Kontinente, des mitteleuropäischen nicht weniger als des afrikanischen, ängstlich. Weitere Nachfragen über die Gründe und die erwarteten Sanktionen werden als Bedrängung empfunden und heftig abgewehrt. «Es ist eben so» und «so ist es normal» und «ich finde es richtig», gehören zu den typischen Aussagen. Kaum einer kann nähere Informationen erteilen. Erste Antworten nehmen Bezug auf funktional-pragmatische Erklärungen, z. B.: Die Pfeile des Regengottes müssen in das blaue Tuch gebunden werden, weil sonst eine Dürrezeit folgt. Hierbei dürfen nur erwachsene Männer des Stammes anwesend sein, denn, als in Urzeiten die Frauen einmal der Zeremonie beiwohnten, kehrten sich die Jahreszeiten um, und fast alle Stammesmitglieder mußten verhungern. Forscht man weiter, so ergänzen andere Beobachtungen dieses Bild. Man kann eine Priesterklasse erkennen, die nicht nur Pfeile und blaue Tücher verwaltet, sondern auch Getreide, Saatgut und Macht. Man stellt fest, daß die Frauen nicht nur bei dieser Zeremonie abwesend sein müssen, sondern auch bei Beratungen und Verhandlungen über Familien- und Stammesangelegenheiten. Man entdeckt weitere Regelungen über Arbeitszuständigkeiten und die Verteilung der Erträge.

Sehr ähnlich würde es unseren afrikanischen Ethnologen ergehen. Warum verrichten Frauen die Hausarbeit, würden sie z. B. fragen. Die ersten Antworten, wenn es ihnen gelänge, über die Beteuerungen der Selbstverständlichkeit und Richtigkeit einer solchen Arbeitseinteilung hinwegzukommen, wären eher pragmatisch: weil die Männer währenddessen eine andere Arbeit verrichten, für die sie besser geeignet sind. In ihren Ermittlungen müßten sie sich dann mit der Richtigkeit solcher Angaben beschäftigen. Sie würden feststellen, daß hinter der Einteilung mehr steckt als Pragmatik. Daß die «Arbeitsteilung» eigentlich eher eine Statuszuweisung ist, und daß die Arbeit nicht so sehr geteilt wird als verordnet, bei der die sozial schwächere Seite nicht diejenigen Aufgaben erhält, für die sie besser geeignet ist, sondern diejenigen, die unangenehmer, schmutziger, langweiliger und monotoner sind, daß sie mehr arbeitet und dafür weniger bekommt. Daß die Stärkeren sich die angenehmere, weiterführende Arbeit reservieren und ihre eigenen Kompetenzen und Leistungen höher bewerten. Und daß dieses System aufrechterhalten wird mit Drohungen und Befürchtungen, die nicht weniger auf Aberglauben beruhen als das Exotischste, was Afrika zu bieten hat. Ein Mann, der «Frauenarbeit» leistet, ist kein richtiger Mann mehr.

Um die gängigen Vorstellungen, Erwartungen und Gegebenheiten im Bereich von Familie und Arbeit bei den Eingeborenen Mitteleuropas zu beleuchten, haben wir eine Bevölkerungsgruppe um Auskunft gebeten, die von Soziologen in der Regel nicht befragt wird, nämlich Kinder. Methodisch ist dazu kurz anzumerken, daß die Auslassung von Kindern als Auskunftspersonen bedauerlich ist, da Kinder häufig über Informationen verfügen und eine Sichtweise besitzen, die gerade für Sozialwissenschaftler sehr weiterführend wäre. Kinder fragen viel häufiger als Erwachsene, *warum* gerade eine bestimmte Verhaltensart oder Einteilung die richtige ist. Sie sind gerade damit beschäftigt, die Regeln der Gesellschaft zu lernen, und sie finden diese Regeln häufig nicht so selbstverständlich und einleuchtend wie ihre älteren Mitbürger. Sie beobachten, sie bilden sich ein Urteil, und sie denken über ihre zukünftige und gegenwärtige Situation nach.

In diesem Kapitel legen wir Beschreibungen des Normalzustands vor, die von 11- und 12jährigen Hauptschülern getroffen wurden. 64 Schüler und Schülerinnen einer Wiener Stadtrandsiedlung wurden von ihrer Lehrerin* gebeten, in einem Aufsatz zu drei Themen Stellung zu beziehen: zur Arbeitsverteilung in ihrer eigenen Familie, zu der Situation in ihrer Umgebung und zu ihren eigenen Vorstellungen über Rollenverteilung und Zukunftswünsche. Die Aufsätze wurden in der Klasse geschrieben und waren jeweils ein bis zwei Seiten lang.

* Wir danken Frau Maria Schickermüller für ihre Mitarbeit und ihr engagiertes Interesse.

Sie berichten, wer was tut und wer was zu tun hat und was sie selbst einmal tun wollen. Unsere Gewährsmänner sind Söhne von Arbeitern und kleineren Angestellten. (Außerdem sind sie Söhne von Arbeiterinnen und kleineren Angestellten und Hausfrauen. Die Mütter wirkten ebenfalls an der Produktion mit, und wir möchten ihnen hier danken, danke! Für die Mitwirkung hinter den Kulissen.) Sie werden einmal Männer werden, und sie wissen, was das heißt.

Wir haben auch Gewährsfrauen (Schülerinnen) aufgefordert, Beschreibungen zu geben.

Zuerst jedoch: der hoffnungsvolle männliche Nachwuchs.

Zweiunddreißig Schüler schilderten uns ihr Familienleben, das Familienleben ihrer Umgebung und ihre eigenen Vorstellungen und Wünsche für die Zukunft. 59,3% der Mütter unserer Hauptschüler sind berufstätig; d. h., daß weibliche Berufstätigkeit zumindest im statistischen Sinn für diese Gruppe normal ist; aus den Schichthinweisen geht hervor, daß der Lohn der Frauen für die betroffenen Familien einen notwendigen finanziellen Beitrag darstellt. Die häufigsten Berufe der Mütter sind Kellnerin, Verkäuferin und Bedienerin. Trotz der Tatsache, daß berufstätige Mütter keine Ausnahmeerscheinung in der Gruppe sind, sondern die Mehrheit darstellen, empfinden viele Kinder dies als Sondersituation. «Meine Mutti ist 30 Jahre alt», berichtet z. B. der 11jährige Thomas und schildert mit Bedauern seine häusliche Situation. «Sie arbeitet als Kellnerin, aber ich hätte lieber, daß sie zu Hause ist. Mein Papa ist 35 Jahre alt. Er arbeitet als Taxifahrer. Oft ist meine Mutti nicht zu Hause, dann muß ich mit meiner 14jährigen Schwester Katja das Essen wärmen und den Haushalt führen.» Thomas' kritische Einschätzung seiner Situation geht von einem Idealbild getrennter Zuständigkeiten und Aufgaben aus, von klaren Vorstellungen darüber, wie es sein sollte: «Meine Mutter müßte normalerweise zu Hause bleiben und den Haushalt führen. Mein Vater geht in die Arbeit. Ich und meine Schwestern müßten nur in die Schule gehen.» Thomas hat sein Normalitätsbild auch stets vor Augen: «Die Nachbarin», schreibt er, «geht nicht in die Arbeit. Sie macht den Haushalt. Ihr Mann geht arbeiten. Ihre Kinder gehen in die Schule.» Thomas stellt zwei Zustände einander gegenüber, seinen eigenen, der zugleich der der Mehrheit seiner Mitschüler ist, und das stereotype Familienbild, das im Alltagsbewußtsein, in der Werbung, in Schulbüchern als «Normalzustand» dargestellt wird.[5] Sein Problembewußtsein vollzieht sich in den vorgegebenen Ursache-Folge-Mustern und schließt, daß die Überlastungen und Probleme im häuslichen Bereich auf die Fehleinteilung seiner Eltern zurückzuführen sind.

Das Nebeneinander verschiedener Bilder, das der tatsächlichen Normalität einerseits und das Schablonenbild Vater/Mutter/Kind, Arbeit/Heim/Schule, Geld/Liebe/Noten etc. andrerseits, erzeugt in vielen Kindern jedoch ein Gefühl der Unschlüssigkeit. Die auch durch die Frauenbewegung bewußtgemachte Tatsache, daß Hausarbeit auch Arbeit ist und es eine grobe Verzerrung der Lebensrealität darstellt, zu sagen, eine «Hausfrau» sei eine Person, die «nicht arbeitet», nur weil sie für ihre Arbeit keinen Lohn bekommt, gehört längst zur Wahrnehmung der Kinder. Sie wissen vielleicht besser als alle anderen Gesellschaftsmitglieder, wieviel Zeitaufwand und Kraft die Haushaltstätigkeit ihrer Mutter erfordert, denn sie sind Zeugen dieser Arbeit, die sonst in der Wahrnehmung der Öffentlichkeit unsichtbar bleibt. Der 11jährige Stefan kommt daher auch in ein großes Dilemma, wenn er versucht, die Tätigkeiten seiner Eltern zu beschreiben. Beim Vater geht es leicht: «Mein Vater ist gelernter Glaser», doch bei der Mutter tut er sich schwer. «Meine Mutter hat keine Arbeit», schreibt er und streicht das dann durch, wahrscheinlich weil er merkt, daß dieser Satz den Tatsachen nicht entspricht. «Meine Mutter arbeitet nicht», versucht er beim zweiten Anlauf und streicht auch diesen Satz durch. Schließlich findet er die Lösung, die in Gegenüberstellung zum Alltagsvokabular des restlichen Aufsatzes etwas gespreizt wirkt, aber den Autor befriedigt: «Sie ist im Haushalt tätig.» Und bei der älteren Schwester, die als Zimmermädchen im Hotelgewerbe wahrscheinlich objektiv die gleiche Arbeit leistet wie ihre Mutter, ergeben sich auch keine Formulierungsprobleme, da sie einen Lohn erhält: «Meine Schwester arbeitet in einem Hotel als Zimmermädchen.» Der 12jährige Dieter trägt der Vielfalt von Tätigkeiten Rechnung und schreibt versöhnlich: «Meine Mutter führt wie fast alle Frauen den Haushalt und geht auch halbtags arbeiten, auch mein Vater geht arbeiten. Ich werde es genauso machen wie meine Eltern. Denn ich finde, es ist so richtig.»

Die Schilderungen vermitteln in knappen Worten ein klares Bild von der häuslichen Arbeitsteilung. Der 12jährige Robert schreibt: «Meine Mutter macht den Haushalt und mein Vater macht zuhause alles was kaputt ist.» Daß Frauen verantwortlich für den Ablauf des Haushalts sind, während Männer eine Zusatz- oder Sonderleistungsfunktion erfüllen, nimmt Robert auch für seine eigene Situation in Anspruch, denn er führt an, daß er seiner 10jährigen Schwester bei ihrer Arbeit im Haushalt öfters «helfen» muß. So sieht er auch die Zukunft klar: «Ich möchte Flugzeugkapitän oder Lokfahrer werden. Meine Frau soll den Haushalt machen.»

Der männliche Beitrag zum Haushalt ist in den Schilderungen der Schüler erstaunlich einheitlich: die Leistungen der Väter sind genau festgesetzt, haben Ausnahme- und Freiwilligkeitscharakter und beschränken sich auf die Peripherie der erforderlichen Arbeiten; Einkaufen am Wochenende, Frühstück machen am Sonntag, Haushalt versorgen bei Krankheit der Mutter. Männliche Arbeit im Haushalt ist nicht von zentraler Bedeutung, auch wenn sie regelmäßig ist. Der 11jährige Sebastian schreibt: «Manchmal wenn mein Vater Nachtschicht hat, kocht er auch das Mittagessen. Am Sonntag machen ich und mein Bruder das Frühstück.» Das Thema Rollenverteilung kommentiert er gelassen: «Mir ist es egal, ob ich abwasche oder wer anderer.»

Der Vater des 12jährigen Andreas «kocht am Montag, wo er frei hat, das Essen. An den übrigen Tagen macht das meine Mutter. Sie arbeitet in der Firma H.»

Der 11jährige Hans berichtet bündig: «Typisch für die Frau ist der Haushalt. Typisch für den Mann ist die Arbeit.»

Der 12jährige Jonas hingegen fühlt sich verpflichtet, die Rollenverteilung sachlich zu begründen: «In meiner Familie», schreibt er über seine Zukunft, «werde ich für uns sorgen, denn ich will nicht, daß meine Frau arbeiten muß. Denn ich sehe, meine Mutti kommt manchmal so müde nach Hause, daß sie sich am liebsten hinlegen möchte, aber das kann sie nicht, denn sie muß noch den Haushalt machen. Darum möchte ich nicht, daß meine Frau arbeiten geht.»

Jonas sieht sich als aufgeschlossener Ehemann, wenn er auch nicht daran zweifelt, daß die Entscheidungsgewalt bei ihm liegen wird: «Aber wenn meine Frau arbeiten gehen will, kann sie natürlich schon», fügt er tolerant hinzu.

Auch der 12jährige Luis weiß, daß er einmal als Herr des Hauses das bestimmende Wort zu sprechen haben wird, und bereitet sich auf die Verantwortung seiner Position gedanklich vor: «Ich möchte, daß meine Frau arbeiten geht, aber Vormittag, weil da geht das Kind in den Kindergarten, und ich bin einverstanden.»

Bedrückend in den Aufsätzen ist die sachliche Schilderung familiärer Zusammenbrüche; die Beschreibung von Leiden, die auf keine Wirkung zielt und gerade deshalb besonders aussagekräftig ist. Die Schüler schildern, welche Auswirkungen die Familienkrisen auf ihr eigenes Leben oder auf die Lebensumstände ihrer Mütter und Geschwister haben, und versuchen, für sich selbst Schlüsse daraus zu ziehen, damit zurechtzukommen. Der 12jährige Holger, Sohn einer Friseurin und eines Konzerthausinspeziers, schreibt: «Als mein Vater und meine Mutter sich scheiden ließen, war ich sehr traurig, aber jetzt bin ich es schon gewohnt, in der Früh alleine aufstehen und mir allein das Essen machen und wenn ich einmal heirate, lasse ich mich nicht scheiden.»

Der 11jährige Alexander teilt sein Unglück knapp und einprägsam mit, in Formulierungen, die Betroffenheit auslösen müssen. «Meine Mutter», schreibt er, «geht arbeiten und muß alleine das Geld herschaffen für Strom, Wasser . . . Meine Eltern sind geschieden, mein Vater kümmert sich nicht um mich, deswegen habe ich oft Schwierigkeiten in der Schule, denn meine Mutter hat keine Zeit und mein Vater kümmert sich nicht um mich. Den Haushalt führen ich und meine Geschwister, wenn meine Mutter nach Hause kommt, ist sie müde und dadurch grantig, so bestraft sie mich oft ohne Grund, was mir natürlich ans Herz geht, meine Mutter hat eine schwere Arbeit.»

Die Funktion des Vaters in der Familie geht aus den Aufsätzen nicht hervor. In fast allen Berichten wird eingangs knapp die Arbeit des Vaters geschildert, manchmal wird noch sein Beitrag zur Hausarbeit angeführt (am Wochenende führt er uns einkaufen, am Sonntag kocht er das Essen usf.); den weitaus größeren Anteil der Berichte nimmt jedoch die Mutter ein. Väter werden im Zusammenhang mit Freizeit insgesamt viermal genannt (Wenn mein Vater frei hat, geht er mit uns eislaufen), sonst aber nur in Verbindung mit Krisen, Problemen und Scheitern. Ihre Rolle in der Familie ist nach den Schilderungen sekundär und steht in engem Zusammenhang mit ihrem finanziellen Beitrag. Frauen ohne Mann als Hauptverdiener können ihr Leben kaum bewältigen, das haben diese Schüler aus ihrem Umkreis oder aus eigener Erfahrung gelernt. Der 11jährige Werner erzählt: «Die Freundin meiner Mutter ließ sich scheiden, da sie geschlagen wurde. Sie lebt nun mit drei unnormalen Kindern. Sie muß den Haushalt führen, zusammenräumen, denn die Kinder machen eine Wirtschaft und muß noch von 9 Uhr bis 6 Uhr am Abend arbeiten gehen, um Geld zu verdienen. Leider weiß ich den Beruf nicht, außerdem schreien die Kinder sie an und machen Wirbel. Nun würde sie gern einen Mann haben, um mit der Arbeit und den Kindern fertig zu werden. Vor einigen Tagen hat sie auch schon jemanden gefunden und kommt nun wesentlich besser voran.» Nicht nur bei der Frage der Pflichten im Haushalt, sondern überhaupt im Familienbild der Schüler, nimmt der Vater eine Randposition ein; er gehört der Außenwelt an, ist notwendig und manchmal beeindruckend, die Zentralfigur der Familie ist jedoch die Mutter. «Mein Vater geht zeitig weg und kommt erst wieder am Abend», schreibt der 11jährige Silvio. «Meine Mutter ist verheiratet. Sie hat drei Kinder bekommen.» «Meine Mutter führt eine gute Ehe», schreibt der 13jährige Hans zunächst, überlegt dann offenbar, streicht den angefangenen Satz durch und schreibt darunter: «Meine Eltern führen eine gute Ehe», erläutert aber, «sie kommt mit dem Papa zufrieden.»

Kein einziges Mal wird berichtet, ob der Vater mit seiner Arbeit zufrieden ist. Mitteilsamer in dieser Hinsicht sind offenbar die Mütter: so weiß der 11jährige Karli: «Früher hat meine Mutti als Kellnerin gearbeit, hat ihr aber nicht gefallen. Meine Mutter will jetzt den Führerschein machen.»

Die Zukunftsvorstellungen der Schüler sind erstaunlich konkret. Fast alle angeführten Berufswünsche sind realistisch, man könnte sogar sagen, sie zeugen von bedrückendem Realitätssinn bei 12jährigen. Die Buben wollen Elektriker, Maler und Anstreicher, Glaser, Busfahrer oder Verkäufer werden, und die Motivation für die Berufswahl ist oft, «weil man da gut verdienen kann» oder sogar, «weil man dann im Pfusch viel verdienen kann». Ein einziger will aus Liebe einen bestimmten Beruf ergreifen; er will Automechaniker werden, damit seine «Tante Dora nicht immer in die Werkstatt gehen muß». Ein anderer möchte Koch werden, «weil dann kann ich mich ernähren».

Die Fremdeinflüsse und die häusliche Steuerung machen sich bemerkbar; mehrere Buben geben an, sie hätten zum Geburtstag oder zu Weihnachten berufsorientierte Werkzeuge oder «Spielzeug-Sets» erhalten, z. B. Elektronik-Werkkästen u. ä. Die 11jährigen nehmen auch bereits Anteil am pädagogischen Grundwissen der Gesellschaft; sie wollen einmal zwei Kinder haben, sagen sie, «weil es nicht gut ist, als Einzelkind aufzuwachsen». Auch die Angabe, Kinder zu wollen, «weil ich Kinder sehr liebe», wirkt bei dieser Altersgruppe wenig überzeugend und läßt auf taktisches Beantworten der Lehrerfragen schließen. Interessant am Rande ist die Beobachtung, daß sich die Kinder von dieser offensichtlich fremd-suggerierten Antwort innerlich distanzieren und diese Ablehnung auch visuell vermitteln. Bei 2 Buben stand der Satz «weil ich Kinder liebe» oder «weil ich Kinder gerne habe» in Klammern, bei 2 weiteren war er in einer anderen Tintenfarbe dazugeschrieben, und bei mehreren war die Handschrift anders als beim übrigen Schriftstück (kleiner, unordentlicher, etc.).

Immerhin 26 % der Buben erklären dezidiert, nicht heiraten zu wollen, und können ihren Entschluß auch begründen. Der 11jährige Heinrich z. B. erklärt: «Ich möchte nicht heiraten. Denn mit einer Frau und Familie muß man eine große Verantwortung haben. Und auch keine Kinder. Denn wenn man fortgehen will, muß man sich immer jemanden zum Aufpassen suchen.» Sein Freund Harald meint dazu: «Ich wünsche mir keine Ehe und kein uneheliches Kind. Weil ich die Kinder nicht leiden kann, weil sie den ganzen Tag schrein. Ich will keine Frau.»

Etwas ominös die Begründung des 12jährigen Roman: «Ich möchte keine Familie und keine Ehe. Ich möchte alleine sein. Da kann ich meinen ungewöhnlichen Hobbys nachgehen.»

Willi möchte alleine bleiben, weil er dann bei seinen Eltern wohnen und mehr Geld sparen kann, und Michael, 11 Jahre alt, meint nur lakonisch: «Ich möchte nicht heiraten, weil ich Junggeselle bleiben will.»

Die Aufsätze der Mädchen sind ausführlicher, im Durchschnitt artikulierter und problembewußter als die der Buben; trotzdem teilen sie häufig, zumindest prinzipiell, die Normalitätsauffassung der männlichen

Schüler. Susanne, 12 Jahre alt und Tochter einer Sozialarbeiterin und eines Lieferanten, schreibt: «Wenn ich später einmal ausgelernt habe und dann arbeiten gehe, möchte ich gerne heiraten und ein bis zwei Kinder haben. Ich möchte gerne, wenn ich verheiratet bin, daß mein Mann auch einmal mir helf beim Einkaufen und auch manchmal beim Haushalt. Ich mache natürlich den Haushalt.»

Brigitte möchte Keramikerin werden, weil sie dann vormittags arbeiten kann und «nachmittags den Haushalt führen kann». Ihr Gerechtigkeitssinn äußert sich in bescheidenem Ausmaß: «Mein Mann sollte nicht so faul sein, wie manche Männer, die behaupten, Einkaufen ist Frauenarbeit. Sondern er sollte am Sonntag den Haushalt führen. Da ich ja die ganze Woche den Haushalt führen muß und ihn bediene, wenn er von seiner Arbeit nach Hause kommt. Mein Mann soll am Nachmittag arbeiten gehen und am Vormittag bin ich im Betrieb und mein Mann paßt auf die Kinder auf!»

In den Zukunftsvorstellungen der Mädchen drückt sich eine starke Unsicherheit und Ambivalenz aus; auf die Schilderungen ihrer Berufswünsche folgt oft, phrasenhaft und stereotyp, eine Beteuerung wie «wenn ich eine Familie habe, dann werde ich meinen Beruf aufgeben und meinen Mann in die Arbeit schicken, daß ich voll und ganz meiner Familie zur Verfügung stehe» (Sybille, 11).

Birgit, die Lehrerin werden möchte, schreibt: «Außerdem werde ich meinen Beruf aufgeben, sobald ich Kinder habe. Damit ich genug Zeit habe, mich mit meinen Kindern zu beschäftigen. Und sie sinnvoll erziehen kann. Ich finde, daß der Vater Einkaufen gehen kann und die Wohnung aufräumt und die Mutter das Geld nach Hause bringt. Aber wenn kleine Kinder im Haus sind, sollte besser die Frau zu Hause bleiben, weil sie meiner Ansicht nach mehr Geduld mit kleinen Kindern hat. Und mehr Verständnis dafür, wenn die Kinder ununterbrochen schreien.»

Die «Natürlichkeit», die Selbstverständlichkeit der Verteilung von Pflichten und Eigenschaften findet in den Aufsätzen ihre offizielle Anerkennung, so z. B. bei Andrea, die zwar erklärt, «Vati hilft meiner Mutti fast jeden Tag beim Abtrocknen und am Samstagvormittag staubt er ab und Staubsaugen tut er auch. Ich finde es so eigentlich richtig», dann aber meint: «Ich möchte zu Hause sein. Nur hätte ich gerne, daß mein Mann mit mir Einkaufen geht, natürlich nur am Wochenende.»

Dieses «natürlich» wird in vielen anderen Aufsätzen relativiert, wobei eine sehr kritische Haltung gegenüber der Lebenspraxis und des Verhaltens ihrer Väter zum Ausdruck kommt. Die 11jährige Sylvia schildert mit diskretem Zynismus den Alltagsablauf: «Mein Papa kommt von der Arbeit heim. Er ist Elektriker. Es wird meistens ziemlich spät. Zuerst hat er Hunger und dann will er die Zeitung zum Lesen. Er hilft nicht im

Haushalt, sondern er ruht sich aus. Den Haushalt führt nur meine Mama und ich helfe ihr dabei. Mein Bruder Johann (14 Jahre) und meine Geschwister Ingo (9 Jahre) und Monika (4 Jahre) spielen sich. Ich finde, der Eheman müßte, zumindest wenn seine Frau z. B. kocht, das Baby wickeln können.»

«Mein Vater hilft wenig beim Haushalt», erzählt Maria, «darum gibt es manchmal Streit.» Diese Auseinandersetzung hat auch, wie sie erklärt, Folgen für die Geschwister, denn was der Vater nicht macht und die berufstätige Mutter nicht leisten kann, bleibt an den Kindern haften: «Meine Schwester ist 15 Jahre. Sie hat am Nachmittag Schule. Darum muß sie am Vormittag den Haushalt machen, denn meine Mutter geht, wenn sie arbeiten geht um 6 Uhr 15 fort. Ich und mein Bruder (13 Jahre) müssen verschieden mit dem Mistkübel gehen.»

Konflikte wegen Arbeitsteilung zwischen den Ehepartnern werden oft gelöst, indem die Kinder zum Einsatz herangezogen werden und der Vater sich von ihnen «vertreten» läßt. Die 11jährige Elke schreibt: «Mein Vater streikt, wenn meine Mutter zu ihm sagt, ‹Tu Abwaschen!› So führen meine Schwester und ich und Mutti den Haushalt. Mein Vater schläft sich dabei aus.» Die Organisation des Haushalts funktioniert, wie Elke erklärt, mit Planung und Effizienz («Wir haben einen Stundenplan. Der gehört dazu, daß man sich nicht streitet, wer beim Bettmachen und Abwaschen drankommt.»), hinterläßt aber Ressentiments bei denen, die sich nicht wie der Vater den Notwendigkeiten entziehen können.

Die 11jährige Martina zieht aus ihren Beobachtungen der häuslichen Situation daher auch strikte Konsequenzen: «Meine Mutter hat keinen richtigen Beruf. Sie ist Hausfrau. Ich möchte gerne Krankenschwester werden. Der Beruf gefällt mir sehr. Meine Mutti war früher Köchin. Ich möchte das keinesfalls werden. Meine Mutti bekam vier Kinder. Ich möchte keine Kinder haben. Ich möchte gerne ich möchte nicht heiraten. Ich will mein Leben ausnützen. Ich will nicht herumkommandiert werden und andauernd in der Küche stehen. Ich möchte gerne ein Haus mit zwei Hunde haben.»

Auch Karin, 12 Jahre alt, lehnt den Ehestand ab: «Ich möchte, wenn ich größer nicht heiraten. Da ich viel zu tun habe.»

Die 11jährige Paula fügt sich zwar ihrem Schicksal, nicht aber ohne ihren Gerechtigkeitssinn walten zu lassen, und erklärt: «Ich möchte arbeiten gehen und auch den Haushalt halten. Mein Mann soll bis am Abend arbeiten.»

Manuela, 11 Jahre, wäre von einer solchen Lösung nicht befriedigt und erklärt, daß sie «*nicht* (dick mit Bleistift unterstrichen) heiraten» will, da sie dann den Haushalt führen müßte und «wenn der Ehemann streiten würde, könnte ich ihn aus der Wohnung nicht hinausschmeißen, da die Wohnung ja auch ihm gehört auch».

Die Berufswünsche der Mädchen sind, von der bereits genannten Ambivalenz abgesehen, eher realistisch; es prädominieren die Berufe der Friseurin, der Verkäuferin, der Kindergärtnerin. Die 11jährige Doris hält sich alle Wege noch offen; sie möchte in derselben Firma arbeiten wie jetzt ihr Vater, und zwar entweder als «Ingenieurin oder als Sekretärin». Die Notwendigkeit der Ehe erkennt sie prinzipiell an: «Ich möchte einen Mann und Kinder haben. Ich finde, daß eine Ehe wichtig ist. Der Mann kann einem im Haushalt helfen. Als wenn man allein zu Hause sitzt. Die Kinder können auch einmal mit im Haushalt helfen.»

Die emotionale, aber auch rationale Orientierung an der Mutter ist bei den Mädchen mindestens ebenso ausgeprägt wie bei den Buben; in noch höherem Ausmaß erscheinen die Väter als selten auftretende Randfiguren oder als kritikwürdige Störfaktoren. Die Sätze «meine Mutter hat drei Kinder» oder «meine Mutter ist verheiratet und hat zwei Kinder» kommen wiederholt vor. Die Mutter wird bedauert oder bewundert, aber keiner Kritik unterzogen. Christine, 11 Jahre, schreibt in subtiler Parteinahme: «Mein Vater ist Lastwagenfahrer. Durch den Verkehr des ganzen Tages und durch das ständige Aufpassen dabei ist er manchmal ein bißchen nervös und gereizt. Meine Mutter arbeitet als Sekretärin. Auch sie ist ganztägig beschäftigt. Vor ihr habe ich sehr Respekt.»

«Die Ehe ist so wie es sich gehört», urteilt Barbara über ihre Eltern. «Mein Vater könnte mehr mithelfen (Hausarbeit!). Meine Mutter arbeitet sehr viel, daß sie für uns sorgen kann. Aber genauso könnte mein Vater mehr arbeiten und für uns sorgen.»

Die Ausnahmesituationen, in denen die Väter im Haushalt tätig werden, werden von ihren Töchtern aufmerksam registriert. Bei Christa erfolgen solche Einsätze nur in doppelten Ausnahmelagen, aber sie führt auch das an: «Wenn Mutter krank ist und es ist das Wochenende», übernimmt ihr Vater den Haushalt. Versuche der Kinder, die Arbeitsteilung zu beeinflussen, sind in dieser Familie offenbar wenig erfolgreich gewesen: «Mein Bruder und ich sagen immer, daß Papa besser als Mutti kocht, denn er war beim Bundesheer Koch. Doch Papa geht lieber zur Post um Geld zu verdienen.» Die Kritik an dem Verhalten der Väter und die Solidarisierung mit den Müttern sind oft von Beschwerden bezüglich ungleicher Behandlung begleitet: die Brüder genießen Privilegien, die von den Mädchen als ungerecht und verletzend empfunden werden. «Mein Bruder darf mehr machen als ich», schreibt Magdalena. «Und ich werde oft geschimpft.»

Feministisches Gedankengut vertritt die 11jährige Elisabeth, Tochter einer Hausbesorgerin und eines Chauffeurs: «Ich würde schon einmal heiraten», meint sie, «aber zuerst möchte ich arbeiten. Meine Mutter kocht, weil mein Vater arbeitet. Ich finde, daß man die Rollen verteilen kann. Ich möchte lieber arbeiten solange es geht und sollte ich einmal heiraten dann soll mein Mann den Haushalt führen. Ich werde auch den Führerschein machen. Denn es sollen nicht immer die Männer arbeiten gehen und Auto fahren. Das können die Frauen genauso gut.»

Die ausführlichste Kritik am männlichen Verhalten in der Familie kam aber von Ursula, einer 12jährigen Schülerin, die auf zwei Seiten in eleganter Handschrift folgendes festhielt:

«Mein Vater ist ein 34jähriger Beamter. Er arbeitet von ½ 6 bis 2 oder ½ 3. Wenn er in der Früh aufsteht, ist er meist unfreundlich und noch müde, wenn er nach Hause kommt, legt er sich nieder. Meine Mutter ist Büroangestellte bei den Elektrizitätswerken. Sie geht um 7 Uhr weg und kommt um 4 Uhr nach Hause. Dann ist sie auch müde, aber muß sofort die Hausarbeit machen. Mein Vater faulenzt inzwischen. Wir müssen Mama meistens helfen. Er läßt sich meistens bedienen: ‹Bring mir die Milch, hol mir die Zeitung, kauf mir Zigaretten, schneller, schneller,› usw. Manchmal sagt meine Mutter dann: ‹Hol es dir doch selber.›

Vater wäscht eigentlich nie ab. Er sagt, er arbeite genug. Mutti arbeitet im Büro und zu Hause. Sie ist reichlich überlastet. Wenn Mama ihn um etwas bittet sagt er meistens: Laß es doch den Kindern machen. Dabei kommt es dann zu Streit. Männer müssen meistens nur arbeiten gehen. Frauen haben viel mehr zu tun. Ich finde daß Frauen genauso arbeiten gehen wie Männer. Es gibt ja die Emanzipation. Ich möchte eigentlich keinen Mann und keine Kinder. Weil man an den Mann gebunden ist, ihn nicht betrügen darf und weniger Geld für sich hat. Die Kinder hängen ihnen dann am Hals. Wenn man Streit mit dem Ehemann hat, kann man ihn dann nicht vor die Türe setzen, weil ihm meistens dann die Hälfte gehört. Wenn ich einen Mann hätte würde ich ihm genauso arbeiten lassen, vielleicht sogar unterdrücken, ich meine ihn in meiner Hand haben. Ich finde, die Männer sind am Anfang einer Ehe nett dann aber unerträglich. Sie werden faul und richtig unsympatisch. Es gibt nunmehr wenige glückliche Ehen. Scheidungsgründe sind vorhanden.«

Die Aufsätze der Schulkinder geben Aufschluß über zwei verschiedene Aspekte ihres Bewußtseins. Erstens spiegeln sie die Wahrnehmungen und Erwartungen der Schüler, zweitens aber – und damit verbunden – sind sie Ausdruck des Versuchs, den Erwartungen der Erwachsenenwelt in ihren Antworten gerecht zu werden. D. h., die Schüler schreiben einerseits das, was sie glauben, schreiben zu sollen, und damit vermischt sich das, was sie andererseits wirklich denken, in vielfältigen bewußten und unbewußten Kombinationen. Das hängt zum Teil damit zusammen, daß die Schule Kontroll-, Prüfungs- und Anpassungscharakter hat; wenn sie dort jemals Gelegenheit haben, alternative Vorstellungen zu entwikkeln, dann nur in den Ausnahmefällen, in denen diese Strukturen durch das persönliche Engagement bestimmter Lehrerinnen oder Lehrer durchbrochen werden.

Der Zwang, sich durch Imitation und Wiedergabe auswendig gelernter Einstellungen der Erwachsenenwelt einzugliedern, findet in formelhaften Antworten seinen Ausdruck. Wenige 11jährige können glaubwürdig machen, daß sie schon ernsthaft an eigene Kinder denken; trotzdem findet man in den Aufsätzen immer wieder die stereotype Beteuerung angepaßter Wünsche: «Ich möchte einmal 2 Kinder haben, einen Buben und ein Mädchen, weil ich Kinder so liebe», wirkt aus der Feder eines 11jährigen wenig überzeugend. Ähnlich gelernt und wiedergegeben klingen Äußerungen über die Berufsvorstellungen. Wenn der 11jährige Michael schreibt, er möchte gerne Sportler werden, weil «ich jetzt schon ein richtiger kleiner Sportler bin», dann hört man im Hintergrund den Onkel oder die Tante beim Sonntagsbesuch. Fast alle Schüler hatten konkrete Berufsvorstellungen und beriefen sich häufig auf die Meinungen und Anmerkungen ihrer Eltern (daß man in einem bestimmten Beruf gute Verdienstmöglichkeiten hat, leicht unterkommt usw.). Vor allem die Mädchen sind sich der Lebensrealitäten sehr bewußt und akzeptieren meist schon im vorhinein relativ unkritisch die auf sie zukommende Doppelbelastung. Von einem zukünftigen Ehemann erwarten sie nicht viel mehr, als sie beim eigenen Vater miterleben – gelegentliches Einkaufen am Wochenende, kleinere Hilfsleistungen u. ä.

Auch die Buben registrieren genau den relativen Arbeitsaufwand ihrer Mütter und Väter und nehmen Anteil an der Überbelastung der Mutter, die sie erstens aus ihrem Gerechtigkeitsempfinden heraus bedauern und zweitens als persönliche Belastung erleben, da sie selbst oft zur häuslichen Mitarbeit herangezogen werden oder auf Leistungen verzichten müssen, die ihre Freunde beanspruchen können (vorbereitetes Frühstück, Spielzeit am Nachmittag etc.). Interessant in den Aufsätzen der Buben ist die Koexistenz einer kritischen Haltung gegenüber dem Verhalten des Vaters mit der Erwartung, später einmal selbst in den Genuß seiner Privilegien zu kommen. Die Vorstellung über die bestmögliche Gestaltung ihrer eigenen bevorzugten Stellung in einer zukünftigen Ehe ist dabei erstaunlich detailliert; mehrere Buben gaben genau an, wie die Berufstätigkeit ihrer Frau einmal organisiert sein soll, um ihre eigene Entlastung im Haushalt und bei der finanziellen Versorgung der Familie zu gewährleisten.

Bei den Mädchen, die ihre eigenen Zukunftsperspektiven innerhalb dieser Arbeitsteilung ebenfalls sehr klar antizipieren, führt die Parteinahme für die Mutter häufiger als bei den Buben zu einer Ablehnung von Ehe und Haushalt. Auch das Konfliktpotential innerhalb der Ehe ist ihnen ziemlich bewußt.

Die emotionale und zeitliche Abwesenheit des Vaters wird von Schülerinnen und Schülern gleichermaßen negativ angemerkt und als Vernachlässigung empfunden. Während für Versagen der Mütter häufig Gründe und Entschuldigungen mitgeliefert werden (sie ist ungeduldig, weil sie nach der vielen Arbeit müde und reizbar ist, sie leidet sehr unter finanziellen Sorgen, usw.), stehen die Vorwürfe gegen den Vater unentschuldet im Raum. Aus den Schilderungen der Schüler geht hervor, daß Männer sich in der Familie lediglich aufgrund ihrer Autoritätsstellung den Anforderungen entziehen, während die Mütter sich stärker mitteilen und versuchen, ihr Verhalten auch den Kindern einsichtig zu machen. Die Privilegien der Männer gehen offensichtlich auf Kosten ihrer Integration in den Familienverband; sie berufen sich auf ihre Autorität und leiten diese entweder aus ihrer Männlichkeit oder aus ihrer Funktion als Haupternährer der Familie ab, werden dadurch aber zugleich in gewissem Sinn zu Randfiguren. Die Sympathien und die emotionale Kompetenz liegen eindeutig bei der Mutter, auch wenn sie objektiv nicht mehr Zeit für die Kinder aufbringen kann als der Vater.

Der Mann auf der Straße – Abriß zu einer Soziologie des «Aufreißens»

«Der andere Fall hingegen betrifft die Verletzung meiner persönlichen äußerlichen Freiheit, meines Leibes und Lebens oder auch meines Eigentums überhaupt durch Gewalttätigkeit.

Erläuterung: . . . Es ist Beraubung der natürlichen äußerlichen Freiheit, sich nicht hinbegeben zu können, wohin man will, und dergleichen mehr. . . . Obgleich Leib und Leben etwas Äußerliches ist, wie Eigentum, so ist meine Persönlichkeit doch darunter verletzt, weil in meinem Körper selbst mein unmittelbares Selbstgefühl ist.»

Georg Wilhelm Friedrich Hegel
Texte zur philosophischen
Propädeutik

«Ich stehe am Wittenbergplatz und warte auf das grün der ampel. in der linken hand trage ich eine tasche, die mit lebensmitteln angefüllt ist . . . ich spüre im rücken, daß zwei männer an mich herantreten und blicke über die schulter zurück. in dem moment faßt der mann links von mir voll in meine haare, die hennagefärbt über den schultern liegen, läßt sie prüfend durch die finger gleiten und sagt zu seinem freund: prima haare! . . . ein all täglicher vorfall. eine all tägliche behandlung einer kolonisierten in einer stadt der ersten welt.»

Verena Stefan
Häutungen

«Der Zwang, der durch eine solche Handlung gesetzt worden, muß nicht nur aufgehoben, d. h. die innere Nichtigkeit einer solchen Handlung nicht nur negativerweise dargestellt werden, sondern es muß auch auf positive Weise die *Wiedervergeltung* eintreten.»

Hegel
ebenda

«When I'm walking down the street
and every guy I meet
says baby ain't you sweet
I could scream
When I'm walking out to work
and I'm confronted by some jerk
who's got some obscene work he must display
well I know this guy is ill

I just can't help but want to kill
every other guy I meet who's in my way.»

Lieder von Frauen
Frauenoffensive

Die alltäglichen Verletzungen der eigenen persönlichen Sphäre, die regelmäßigen, wenn auch abrupten Einbrüche in den Ablauf des Alltags werden zur Gewohnheit; es wird zur Gewohnheit, sich rasch wieder zu sammeln und des Weges zu gehen, Bemerkungen zu überhören; es wird zur Gewohnheit, sich selbst übermäßige Empfindlichkeit vorzuwerfen. Es wird auch zur Routine, Situationen auf einen raschen Blick abzuschätzen, Straßen zu überblicken, Gruppen von Jugendlichen von der Ferne einzuordnen und zu entscheiden, ob es sich lohnt, auf die andere Straßenseite zu gehen, oder ob sie hinreichend beschäftigt sind, ob die Straße hinreichend belebt ist, daß man außer Blicken und vielleicht geflüsterten Bemerkungen, Witzen, nichts erwarten muß. Es sind nur mehr Irritierungen; manchmal noch ein momentaner Schock, wenn man aus einem Gedankengang oder einer Geistesabwesenheit abrupt herausgeholt wird. Man gewöhnt sich daran.

Die Normalität dieser Situation überdachte ich erst wieder aufs neue, als ich ein Jahr in Beirut die Universität besuchte. Im Studentenheim teilte ich ein Zimmer mit einem Mädchen aus Bahrein, mit Widad, einer 17jährigen, die Lehrerin werden wollte. Widad, die zu Hause immer eine «abaya», eine schwarze Verhüllung, über ihre Jeans und T-Shirts drapierte, wenn sie das Haus verließ, und die keine langjährige Einführung in das Verhalten und das Vokabular des Mannes-auf-der-Straße genossen hatte, verbrachte die ersten Tage in Beirut in Tränen. Weinend berichtete sie nach jedem Einkauf von den verbalen und physischen Übergriffen, denen sie ausgesetzt war, von den aggressiven Blicken, dem direkten Anreden, den Zugriffen. Darum tragen die Frauen in Bahrein auf der Straße diese Tücher, sagte sie. Mit den Frauen selbst hat es nichts zu tun. Es ist wegen der Männer, die sind noch nicht soweit, sie können sich nicht beherrschen. Zwischen den Europäerinnen und den Araberinnen kam es in der Folge zu mehreren Diskussionen über dieses Thema. Die Gespräche mit Widad machten uns nach langer Zeit wieder bewußt, wie fragwürdig die Normalität ist; wieviel man hinzunehmen lernt, unter Mißachtung der eigenen Empfindungen, nur weil es im Alltag oft vorkommt und daher unabänderlich, also «normal» zu sein scheint. Daß diese Frau aus einem anderen Kulturkreis, mit vollkommen anderen Erfahrungen und Vorstellungen, sich von den Belästigungen und Grobheiten so sehr betroffen fühlte, erinnerte uns an frühere

Erlebnisse, an die Zeit, in der wir aus dem Schonalter der Kindheit herauswuchsen und die Aufmerksamkeit der Männeröffentlichkeit anzogen. Nach langer Zeit überlegten wir erst jetzt, ob wir wirklich zu sensibel waren, als wir damals mit Wut und Betroffenheit reagierten; oder ob dieser Zorn nicht berechtigt war und wir einen Anspruch darauf hatten, uns frei auf den Straßen bewegen zu können.

Einige Jahre später, an der Berliner Sommeruniversität für Frauen, beschäftigte sich eine Arbeitsgruppe mit dieser Problematik. Die Teilnehmerinnen stellten Kataloge von Überlegungen, Verhaltensweisen und automatischen Abwehrreaktionen zusammen, die sie sich bewußt oder unbewußt angeeignet hatten; eine bedrückende Liste von Verhaltensregeln, die die Einschränkung der Bewegungsfreiheit stets mit einbeziehen. Die Frauen erzählten, daß sie Schrittempo, Straßenseite, Haltung, Gesichtsausdruck, Augenhöhe bewußt regulierten, je nach Einschätzung der Lage; daß ihren normalen Wegen komplizierte Überlegungen vorangingen, die die jeweilige Tageszeit, sporadische Erfahrungen und die eigene Stimmung mit einbezogen; daß es auf Beleidigungen, Belästigungen und Blockierungen keine spontanen Reaktionen geben durfte, denn das konnte gefährlich sein, sondern ebenfalls nach Risiko und Einschätzung berechnete Erwiderungen, Nicht-Erwiderungen; daß die Frauen selbst das als ärgerlich, manchmal erniedrigend und immer einschränkend empfanden. Viele waren überrascht, daß die anderen es auch so erlebten. Einige erzählten von «Experimenten», die sie selbst unternommen hatten, um Kontrolle über die Lage zu gewinnen. Am widersprüchlichsten erschien der Gruppe die Tatsache, daß es zum Normalerlebnis von Frauen gehört, das unmittelbare physische Risiko einer wie auch gearteten Selbstverteidigung einzukalkulieren, daß in gewisser Hinsicht die Regeln des sozialen Umgangs nicht verläßlich für sie gelten und daß Verstöße dagegen nicht als solche erkannt, sondern auf einer unterschwellig präsenten Ebene irgendwie noch der Frau selbst angelastet werden.

In spekulativen Überlegungen versuchte der Arbeitskreis, aus langjährigen Beobachtungen die Motivationen und Hintergründe männlichen Verhaltens herauszufinden. Der Eindruck der Frauen war, daß das männliche Verhalten einen gewissen Zwangscharakter aufwies, von einer gewissen Automatik war; daß in bestimmten Situationen jede beliebige Frau als Signal fungierte, um eine bestimmte Reaktion auszulösen. Das Unpersönliche daran machte es aber nicht weniger, sondern stärker verletzend. Denn in gewisser Hinsicht fühlte man sich dann als Person nicht nur beleidigt, sondern ausgelöscht. Egal, wer man war, für diese Menschen war man ein Objekt ohne Empfindungen, ohne den gesellschaftlichen Status eines Erwachsenen, ohne das Recht auf Integrität und freie Bewegung. Man wurde geduzt, angegrinst, angefaßt und diskutiert.

Da es für die Männer ein Problem war, wenn ihre eigenen Frauen diesem Verhalten durch andere Männer ausgesetzt waren, haben die verschiedensten Gesellschaften Regulierungen gesucht, um die Frau in der Öffentlichkeit den Übergriffen der Männer zu entziehen: meist, indem die Frau selbst aus der Öffentlichkeit entfernt wurde. Das Repressive und Gewalthafte an dieser Regelung liegt auf der Hand und muß nicht eingehend erörtert werden; wo diejenigen, die über die Gewalt verfügen, auch diejenigen sind, die gewalttätige Übergriffe tätigen, sind es die Angegriffenen, die friedlichen Bürger, die «zum eigenen Schutz» weggesperrt werden, und nicht die Angreifer, die Gewalttätigen. Wie die Bauernschaft gegenüber den bewaffneten, plündernd umherziehenden Feudalaristokraten, wie die seßhaften, friedliebenden Stämme gegenüber räuberischen Nomaden, wie die Zivilbevölkerung unter einer fremden Besatzungsmacht müssen die «Opfer» oder potentiellen Opfer dann Ausgangssperren, Sicherheitsvorkehrungen im normalen Umgang auf sich nehmen und sich möglichst unauffällig verhalten, wenn die Bestimmungsgewalt in den Händen derer liegt, die sich infolge militärischer Überlegenheit der Herrschaft bemächtigen und sich über Gesetze, Sitten und zwischenmenschliche Verhaltensregeln hinwegsetzen können.

Ihre eigenen Bauern, Angehörigen und Zivilbevölkerungen wollen die Herrscher natürlich vor den Übergriffen anderer Herren, anderer Räuberbanden und anderer Besatzungstruppen schützen. Oft geschieht das durch Einsperren der Gefährdeten; die eigenen Bauern werden hinter den Mauern der Lehnsherren-Burg eingeschlossen, die eigenen Angehörigen werden im Keller oder Dachboden eingesperrt, die eigene Zivilbevölkerung wird aufgefordert, die Fenster zu verdunkeln, sich still zu verhalten und in den Wohnungen zu bleiben. Das sind Ausnahmezustände.

Für viele Frauen ist jeder Schritt in die Öffentlichkeit ein Ausnahmezustand.

«Purdah» heißt die Institution in vielen Ländern Asiens, die noch heute unverändert einen möglichst vollständigen Ausschluß der Frauen von der Öffentlichkeit vorsieht. Frauen sollen möglichst ihr Haus nicht verlassen, und wenn es unvermeidbar wird, dann nur unter schwerer Verschleierung, in Begleitung vorgeschriebener Personen, für eine bestimmte Zeit und Route. Frauen sollen sich bedecken und keinen Schmuck tragen, um die Aufmerksamkeit der Männer nicht zu provozieren, heißt es im Koran. Wenn sie unter ihren Schleiern Schmuck tragen, sollen sie vorsichtig gehen und nicht mit leichten Schritten; sonst klirren vielleicht ihre Armbänder verführerisch, warnte Allah die gläubigen Frauen,[6] vermittelt durch seinen Propheten Muhammad, in demselben Dokument.

Daß es bei solchen Regeln nicht nur um den Schutz der Frauen in einer als Dschungel definierten männlichen Öffentlichkeit ging, sondern auch um das Ziel, ihre Bewegungsfreiheit einzuschränken, wurde ausdrücklich ausgesprochen. In mittelalterlichen Texten hieß es z. B., daß Frauen dazu gebracht werden sollten, die Außenwelt als fremdes Gebiet zu betrachten; daß «eine Ehefrau stets im Haus bleiben sollte, so daß sie, wenn sie es einmal verläßt, um auf die Straße hinauszugehen, ein Gefühl hat, als ginge sie auf eine Pilgerfahrt».[7]

Man könnte Sprichwörter, Texte und Erzählungen in unbegrenzter Zahl anführen, um diese Grundeinstellung für die verschiedensten Kulturkreise patriarchaler Gesellschaft zu belegen; prägnant drückt sie sich im zentralasiatischen Sprichwort aus, daß «die Welt das Haus des Mannes ist, und das Haus die Welt der Frau».[8]

Wenn man nicht einer Verschwörungstheorie anhängt, ist es schwierig, die Verbreitung solcher Praktiken und Einstellungen zu erklären. Sie hatten den Effekt, Frauen aus der Konkurrenz, dem Wirtschaftsleben, der Entscheidungsinstitutionen und dem zentralen Kulturleben auszuschließen, und dieser Ausschluß erfolgte aufgrund einer Machtungleichheit. Wieviel davon auf ein Solidaritätsgefühl der Männer gegenüber dem eigenen Geschlecht zurückzuführen ist, wieviel auf eine «ursprüngliche Arbeitsteilung» und wieviel auf bewußte Akte der Unterdrückung, läßt sich kaum beantworten. Besitzdenken, Verteidigung von Privilegien und Chancen und männliche Soiidarität spielten dabei ebenso eine Rolle wie die Unsicherheit männlicher sexueller Identität, die eine Polarisierung der Eigenschaften, Bereiche und Rollen sozial herbeiführte. Was der sowjetische Turkologe Bartol'd über den Koran sagte, gilt für ganze Gesetzessysteme und sogar für Weltreligionen: sie lesen sich in bezug auf Frauen so, als hätte sie ein eifersüchtiger Ehemann verfaßt.[9]

Die Freiheit, die den Frauen nicht zugestanden werden soll, ist häufig in Verbindung mit einer «sexuellen Freiheit» definiert, zu der sich – wie man annimmt – die Frau bekennen wird, sobald man nicht mehr ein strenges Auge auf sie hat; eine Befürchtung, die von den meisten Theoretikern als Bestandteil des Besitzdenkens interpretiert wird, aber sicherlich in einer noch nicht hinreichend erforschten Weise mit männlichen Ängsten zusammenhängt. Unwissen, Einschränkungen der Bewegungsfreiheit, Drohungen und Verunsicherungen sollten die treue Verfügbarkeit der Frauen gewährleisten. Die Vorstellungen von Tugend und Moral, die Androhung göttlicher Strafe, weltlicher Mißachtung und sozialer Sanktion sollten miteinander die Grenzen der weiblichen Freiheit ziehen, um Männer vor Verlusten, Infragestellungen und Herausforderungen zu bewahren. In den immer besonders ausdrucksstarken asiatischen Sprichwörtern heißt es demgemäß: «Eine Frau muß lesen lernen, damit sie den heiligen Koran lesen kann, aber sie darf nicht schreiben lernen, sonst könnte sie Liebesbriefe schreiben.»

Die Eingrenzung und Einschließung der Frau, ihre Verbannung aus der Öffentlichkeit, sollte also sowohl den Zweck erfüllen, sie verläßlich an den eigenen Mann zu binden, als auch die angstbesetzte männliche Sexualität zu beruhigen. Unvorhersehbare männliche Reaktionen auf die Provokation Frau sollten vermieden werden, indem die Frauen entfernt, verdeckt oder möglichst in ihrer Bewegungsfreiheit eingegrenzt wurden. Diese Strategie ist auf so vielen Ebenen pervers, daß ihre weite Verbreitung ein beängstigendes Licht auf die menschliche Vernunft wirft. Viele Gesellschaften hielten die Selbstbeherrschung der Männer für so brüchig, daß sie bereits durch einen unbedeckten weiblichen Knöchel oder eine bestimmte weibliche Fußgröße restlos verloren werden konnte. Infolge des Anblicks eines an sich, wie man meinen könnte, eher harmlosen Teiles weiblicher Anatomie, z. B. einer Schulter, konnte der Mann so wenig seiner Vernunft Herr sein, daß er für seine eigenen Taten nicht mehr verantwortlich gemacht werden konnte. (Die Frage, ob gerade dieses bedauernswerte Geschlecht alle wichtigen Entscheidungen für die Gesamtheit der Menschheit treffen solle, drängt sich zwar auf, wurde aber nicht öffentlich diskutiert.) Nach dieser Logik müssen Frauen durch ihr Verhalten, ihre Kleidung und ihr Auftreten bestimmten Regeln folgen, die den Zweck haben, sie vor einer als zwanghaft dargestellten männlichen Aggressivität zu schützen, indem ihre natürliche Attraktionsfunktion eingedämmt wird. Um die in dieser Argumentation grundlegend enthaltene Beleidigung männlicher Vernunft und Intelligenz zu mildern, mußte die Frau als Trägerin sexueller Verführungskraft definiert werden; eine sehr simple Methode in der Bewältigung von Sexualität und darüber hinaus eine bewußte Entpolitisierung macht- und herrschaftsorientierter sozialer Bestimmungen. In einem Kommentar zur Verschleierungspraktik in Iran schreibt Betsy Amin-Arsala, daß es sich dabei um vereinfachende repressive Reaktionen auf soziale Probleme handelt: «Wenn Männer ihren Sinn für Anstand verlieren und obszön werden, sobald sie mehr als die Umrisse einer weiblichen Gestalt sehen, muß man eben die Frau verhüllen», folgert dieses Denken, statt sich über die Reaktionen der Männer Gedanken zu machen.[10]

Von der Repression gegen die halbe Bevölkerung einmal abgesehen, liegt die Ironie dieser vermeintlichen Bewältigungsform für eine als naturgegeben aggressiv definierte männliche Sexualität darin, daß gerade die Einschränkungen, Verhüllungen und Restriktionen gegen die Frau wieder erotisierend wirken, daß die Schutzvorkehrungen gegen den Stimulus «Frau» selbst wieder stimulierend werden. Unfreie, eingeschlossene Frauen werden sogar zum erotischen Archetyp. Die oftmals bewiesene Fähigkeit der männlichen Phantasie, beinahe jeden beliebigen Frauentyp mit dem Nimbus der sexuellen Verführungskraft auszustatten, sei es die dienstbare Asiatin, die schweigend-verschleierte orientalische Frau oder die emanzipierte, «androgyne» Amerikanerin à la «Playboy» (vgl. Kap. «Männer und Häschen»), sollte all jene beruhigen, die bei jeder Veränderung der gesellschaftlichen Stellung der Frau um das Aussterben der Gattung bangen.

Die Legende vom hemmungslos triebhaften, beim geringsten Stimulus außer sich geratenden Mann ist zweifellos eine der wichtigsten Vorbedingungen für die Entfremdung zwischen den Geschlechtern. Daß patriarchale Ordnungen immer wieder in der Lage sind, Statisten zur Illustration dieser Legende zu finden, aus den Männern Laiendarsteller im Drama der bedrohlichen, unbeherrschten männlichen Sexualität zu machen, ist bedrückend.

In Romanen, Gedichten, politischen Essays und Diskussionen hat die Frauenbewegung versucht, die Abläufe und die Konsequenzen dieser Situation zu klären, um bewußtzumachen, daß hinter den scheinbar so zufälligen und dennoch so universalen Aggressionsformen der Männer in der Öffentlichkeit ein systematisches Muster steckt, das Folgen hat für uns alle. Der Mann, der einer fremden Frau auf der Straße den Weg versperrt, meist gemeinsam mit ein paar lachenden Freunden, verletzt nicht nur ihre Bewegungsfreiheit, ihre persönliche Sphäre und ihre Selbstsicherheit, sondern auch die Chance für eine Gesellschaft, in der die Menschen sich entfalten und miteinander in Solidarität leben können. Sein Verhalten bildet, vielleicht ohne daß er sich dessen bewußt ist, den Anfang einer Skala, an deren oberem Ende extremere Gewaltverbrechen stehen, denn die Mißachtung der Integrität anderer Menschen ist eine Frage von Gesinnung und kann sich in geringen und in groben Verstößen äußern. (Ein seltsames, doch oft zitiertes Argument sollte an dieser Stelle noch erwähnt werden, eher als Kuriosität, da darin die seltene Bescheidenheit der Mächtigen zum Ausdruck kommt. Sexuelle Aggressivität der Männer, heißt es da, sei ein *biologisches* Faktum, das durch gesellschaftliche Maßnahmen lediglich in Kontrolle gehalten werden, nicht aber aufgehoben werden könne. Wenn man davon ausgeht, daß zwischenmenschliche Beziehungen auf der Grundlage von Sympathie, gemeinsamen Interessen und gegenseitiger Anziehung entstehen können, dann muß man hinter dieser Theorie ein wenig attraktives Selbstbild ihrer Autoren vermuten.)

Die Frage, in welcher Weise und mit welchen Folgen der soziale Erfahrungshintergrund die Verhaltensweisen zwischen Frauen und Männern beeinflußt, beginnt erst ansatzweise Beachtung zu finden. Meist wird statt dessen versucht, nur die extremsten Erscheinungsformen sexueller Gewalttätigkeit zu erfassen, ein paar Kriminelle oder sozial Abweichende dafür verantwortlich zu machen und die weniger krassen Formen zu verharmlosen, aus der Wahrnehmung zu verbannen und der Diskussion zu entziehen. Mädchen und Frauen werden daran gehindert, ihre Erfahrungen überhaupt zu artikulieren, indem ihnen vermittelt wird, daß niemand ihnen glauben wird, niemand diese Erfahrungen ernst nehmen wird, sie selbst sie auch nicht ernst nehmen sollten, sie sie eventuell selbst herausgefordert haben, sie keine Sympathie finden werden. Männer werden ermutigt, aggressives Verhalten gegenüber Frauen entweder amüsant zu finden oder es zu vertuschen. Die Erfahrungen selbst werden individualisiert, um die Frauen zu hindern, sich zu beschweren: das negative Urteil wird nicht denjenigen treffen, der den Verstoß verübte, sondern diejenige, die darüber spricht und sich damit selbst in ein schlechtes Licht setzt, sich selbst als prüde, provozierend oder übersensibel erweist. Dic fortgesetzte Aggression der öffentlichen Meinung gegen das Opfer ist für die extremeren Gewaltverbrechen nachgewiesen, gilt aber ebenso (oder sogar noch mehr) für die milderen, wo die Beweisführung schwer, das Verständnis der Männer geringer, vielleicht sogar ihre Identifizierung mit dem «Täter» stärker ist.

Die alltäglicheren Übertritte und Verletzungen, die in irgendeiner Form Bestandteil vom Verhalten fast aller Männer sind, finden daher noch mehr männliches Verständnis. Die Berichte von Frauen zeigen aber, daß gerade die Erfahrungen von Gewalttätigkeit oder Abwertung besonders nachhaltend wirken, die unvorhersehbar sind, von jeder Seite kommen können und untrennbar zur «Normalität» gehören. Sie vermischen sich mit dem Selbstbild von Frauen und von Männern und mit ihrem Bild des einen Geschlechts, das sie erfährt, und des anderen Geschlechts, das sie ungehindert ausüben darf.

Das Destruktive an den Verstößen ist für Frauen die ständige Bewußtheit ihrer unfreien Situation, sei es in Form eines unartikulierten Unbehagens oder einer milden Irritierung. «Eine Frau kann sich nicht bewegen, ohne sich der Möglichkeit von Zwischenfällen bewußt zu sein», schreibt Lillian Robinson, und meint dazu:

> «Diese ‹lästigen Zwischenfälle› – können Männer verstehen, wie destruktiv sie für das Selbstbewußtsein einer Frau sein können? Wie unmittelbar und bedrängend sie dadurch das Gefühl bekommt, daß ihre Vorstellungen von Liebe, Arbeit, Achtung nur Illusionen sind, die ihr beliebig weggenommen werden können, da bereits ihre Existenz auf den Straßen einen sexuellen Akt und eine diffuse Provokation darstellt.»[11]

Denise Levertov verwendet das Straßenverhalten von Männern als Ausdruck für den generellen Kommunikationsverlust, das herrschaftsverzerrte Unvermögen für Kommunikation; das «Stöhnen der Männer, wenn sie an einer Frau auf der Straße vorübergehen, oder auf den Stufen der U-Bahn», beschreibt sie in einem Gedicht als «unterworfene, zerrissene, erkrankte Sprache der Trauer».[12]

Meredith Tax versucht, ein «Scenario» eines charakteristischen «Zwischenfalls» zu zeichnen:

> «Eine junge Frau geht auf einer städtischen Straße . . . Sie muß an einer Gruppe von Bauarbeitern vorbei, die am Gerüst sitzen und ihre Mittagsbrote essen. Sie antizipiert das Folgende, ihr Gesicht nimmt einen bewußten Ausdruck vorgetäuschter Indifferenz an, ihre Schritte werden steifer. Sie weiß, daß die Situation nicht wirklich bedrohlich ist. Sie wird nicht körperlich attackiert, nur metaphorisch. Sie wird sich nur vergegenständlicht fühlen; der Zugriff nur visuell und verbal, eine Einschätzung ihres Marktwerts . . . Keine Frau kann ein autonomes Selbst besitzen, das von solchen Situationen unberührt bleibt.»[13]

Daß der Gang zum Supermarkt für Widad zur Qual werden konnte, machte uns die Echtheit solcher Empfindsamkeit, die Berechtigung des Gefühls der verletzten Autonomie, bewußt.

Abriß zu einer Soziologie des Aufreißens

Die Strukturen von Macht und Status in einer Gesellschaft werden dann besonders evident, wenn Fremde sich begegnen. Denn in ihrem Verhalten bringen sie die gegenseitigen Erwartungen und Ansprüche, die ritualen Formen der Behauptung und Bestätigung von Über- und Unterordnung, von Dominanz und Unterlegenheit, zum Ausdruck. Das Wissen um die richtige Einstufung und Behandlung des anderen in Einklang mit seinem Status und seiner Gruppen- und Schichtzugehörigkeit ist das Basiswissen aller Gesellschaftsmitglieder; die Signale und Zeichen, Gesten und Worte dieser Einstufung sind Teil des Alltags; sie erfolgen automatisch und sind so «selbstverständlich», daß sie kaum je bewußt werden.

> «Teilhabe am gesellschaftlichen Grundwissen erlaubt die ‹Ortung› von einzelnen innerhalb der Gesellschaft und die Wahl der ‹angemessenen› Verhaltensform ihnen gegenüber.» (Berger/Luckmann, 1972, Seite 56)

Diese Regeln des Alltags dienen dazu, den glatten Ablauf gesellschaftlicher Bewegungen und Situationen gemäß den Regeln und Wertvorstellungen über «richtige» Verhältnisse zu ermöglichen (z. B. Straßenverkehr: wer hat vor wem Vortritt, wer geht zur Seite, etc.) und zugleich die Affirmation gesellschaftlicher Statusverhältnisse zu erbringen. Die Beziehungen zwischen fremden Einzelpersonen werden dadurch geregelt, daß diese einzelnen in ihrer Zugehörigkeit zu gesellschaftlichen Statuskategorien identifiziert werden. Zu den Hauptkategorien der Einordnung gehören *Schicht, Alter, Rasse* und *Geschlecht*. Das Zurechtweisen fremder Kinder durch beliebige Erwachsene dient einerseits der Einführung der Jugend in die Regeln und andrerseits der Behauptung gewisser Sanktionsrechte von älteren gegenüber jüngeren Personen.

Geschlechtsspezifische Aspekte des Alltagsverhaltens sind für eine Reihe von Interaktionssituationen untersucht worden.* Hier soll ein weiterer Aspekt der Alltagsinteraktion zwischen den Geschlechtern erfaßt werden. Bereits in den ersten terminologischen Schwierigkeiten zeigt sich ein charakteristisches Merkmal dieses Verhaltensmodus; das Fehlen eines Begriffs für das Verhalten, welches in der Umgangssprache als «Anquatschen» bezeichnet wird und eine Subkategorie der Verhaltensform «Aufreißen» ist (aber eine sehr spezielle, wie noch auszuführen sein wird), erschwert sehr die Genauigkeit der Fragestellungen und die Präzisierung der Hypothesenbildung und demonstriert zugleich den hohen Grad der «Selbstverständlichkeit» dieses Musters.

Anquatschen unterscheidet sich von anderen Manifestierungen des «Aufreißens» dadurch, daß es nicht der Herstellung einer Kommunikations- bzw. Kontaktsituation zwischen den beteiligten Personen dienen soll. Daraus folgt die zunächst widersprüchlich wirkende Erscheinung einer Häufung von Handlungen seitens der Männer auf den (besonders städtischen) Straßen, die scheinbar nicht zweckorientiert sind, aber dennoch eine gewisse Struktur, Regelmäßigkeit und innere Logik aufweisen. Die Analyse und Interpretation der Manifestation und Häufigkeit von zunächst nur deskriptiv erfaßbaren Verhaltensformen (Pfeifen, Stöhnen, Springen, Winken, Seufzen, Hupen, Singen, Angreifen, Festhalten, Schmatzen, Nachgehen, Obszönitäten- oder Zärtlichkeiten Mur-

* vgl. Meeker/Weitzel-O'Neill: Sex Roles and Interpersonal Behavior in Task-Oriented Groups. American Sociological Review, 42, 1977, S. 91ff; Berger/Cohen/Zelditch: Status characteristics and social interaction. In: Ofshe (Hg.): Interpersonal Behavior in Small Groups. N. Y. 1973; Henderson/Lyons: Sexual differences in human crowd motion. Nature, 240, 1972; Henley: Body Politics, N. Y. 1977; dies.: Status and Sex. Bulletin of Psychometric Society, 2, 1973; Libby/Yaklevich: Personality Determinants of Eye Contact and Direction of Gaze Aversion. Journal of Personality, 27, 1973; Leibman: The Effects of Sex and Race Norms on Personal Space. Environment and Behavior, 2, 1970; Dobbs: Sex, Setting and Reactions to Crowding on Sidewalks. In: Frisze/Ramsey: Nonverbal Maintenance of Traditional Sex Roles. In: Journal of Social Issues, 32, 3, 1976.

meln, Blockieren, Bedrohen, Auslachen, Anstarren, Mustern, Grinsen usw.), die zum alltäglichen Verhalten von Männern gegenüber fremden Frauen gehören, muß sich zunächst mit dieser Widersprüchlichkeit auseinandersetzen.

Die Identifizierung des Funktionsgehalts eines sozialen Interaktionsmusters erfordert jedoch zunächst eine Dokumentation des Handlungsablaufs in seinem gesellschaftlichen Kontext und eine Typologisierung seiner Erscheinungsformen. Erst daraus lassen sich Aussagen und Hypothesen über Zweck, Intention und Funktionalität ableiten.

Eine Beschäftigung mit der relevanten Literatur zeigt zunächst, daß diesen Aspekten des Alltagsverhaltens von seiten der Sozialwissenschaft bislang wenig Aufmerksamkeit geschenkt wurde. Da die meisten Sozialwissenschaftler aufgrund ihrer sozio-geschlechtlichen Zugehörigkeit von einer spezifischen Perspektive her am Alltagswissen teilhaben,* gilt hierfür wahrscheinlich die Erklärung von Leithäuser und Volmerg, daß die «Reaktionsmechanismen des Alltagsbewußtseins auf dem Hintergrund der Schutz- und Erhaltungsmechanismen als Abwehrmechanismen eines kollektiven Narzißmus zu begreifen (sind)». (Leithäuser/Volmerg: 1977, Seite 90)

Durch die Automatik gewisser Selektionsprozesse werden Wahrnehmungen, die der eigenen Realitätskonzeption widersprechen und den eigenen Interessen abträglich sind, entthematisiert und blockiert (Hypothese: auch bei Sozialwissenschaftlern). Denn «Jedes Erlebnis ist in eine ‹Wertaura› eingebettet, die dem Thematischwerden des Erlebnisses vorgelagert ist und bestimmt, ob überhaupt oder inwieweit ein Ereignis in einer sozialen Situation bewußt wahrgenommen werden kann.» (Leithäuser/Volmerg: 1977, Seite 48)

Frauen sind sich der genannten männlichen Verhaltensweisen notwendigerweise stets bewußt, waren aber bisher selten in der Lage, ihre Analysen männlichen Verhaltens einem Fachpublikum vorzutragen.**

Die im folgenden referierten Untersuchungsergebnisse stellen eine er-

* – zur Frage des «male bias» in der Sozialwissenschaft, vgl. vor allem Oakley: The Invisible Woman: Sexism in Sociology. In dies.: The Sociology of Housework, Kap. I; Lofland: The Thereness of Women: A Selective Review of Urban Sociology. In: Marcia Millman/Rosabeth Moss Kanter (Hg.): Another Voice: Feminist Perspectives on Social Life and Social Science, Doubleday, N. Y. 1975; und die Unterscheidung von dominant and muted realities in der Untersuchung von Gesellschaftssystemen, Ardener, Shirley: Perceiving Women, London.

** – bislang prädominierten andere Medien der Mitteilung; vgl. Stefan, Verena: Häutungen. Frauenoffensive, München 1977; Moore, B.: Ich bin Mary Dunne. Rowohlt, Reinbek 1970; Tax, Meredith: Woman and her Mind: The Story of Everyday Life. In Koedt/Levine/Rapone: Radical Feminism. N. Y. 1973, Seite 23 ff.

ste Auswertung der Daten eines noch laufenden Forschungsprojekts dar. Das Projekt ist multidisziplinär und interkulturell. Vergleichsgruppen aus anderen Kulturkreisen wiesen Variationen, aber keine signifikanten Unterschiede des Verhaltens auf. Die Auswertung nach den Variablen Alter, Kulturkreis, Schichtzugehörigkeit und Tageszeit wird im folgenden dargestellt. Eine Kontrollgruppe konnte aus den untersuchten männlichen Populationen nicht konstituiert werden.

Methoden

Das Projekt hat einen bislang in der sozialwissenschaftlichen Forschung unerreichten Grad der Reproduzierbarkeit. Nicht nur ausgebildete Fachpersonen, sondern jede Frau kann bzw. ist immer wieder gezwungen, unsere Ergebnisse empirisch nachzuerheben. Ferner wird hiermit eine völlig neue sampling-Technik vorgestellt, und wir können den Anspruch stellen, in bahnbrechender und richtungsweisender Form den subjektiven bias des Wissenschaftlers in der Selektion der Testpersonen vollständig ausgeschaltet zu haben, denn: nicht *wir* wählten die Zufallsstichprobe, das random sample, sondern das random sample wählte uns.

Noch eine weitere Neuerung im methodologischen Zugang wird hier vorgestellt: da wir im Verlauf dieser Longitudinalstudie als teilnehmende Beobachter sowohl vor als auch nach unserer sozialwissenschaftlichen Ausbildung an der Datenerhebung beteiligt wurden, konnten wir uns mit besseren Voraussetzungen um den «kontrollierten Einsatz von Subjektivität» (Habermas) bemühen.[14]

Während der letzten sechs Monate der Untersuchung gingen wir von einem modifizierten ethnomethodologischen Ansatz aus. Dieser Ansatz sieht vor, daß «die Regeln . . . im Alltagsleben nicht explizit sind. Trotzdem wird ständig auf dieses Wissen Bezug genommen. Solange Realitätskonstruktionen normal verlaufen, ist dieses Bezugnehmen normalerweise nicht statthaft. Sobald die Realität zerbrochen ist, wird das Interaktionshandeln, welches die Realität strukturiert, sichtbar.» (Mehan/Wood: 1976, Seite 49)

Es gibt eine Reihe möglicher Reaktionsformen auf das Straßenverhalten der Männer; die Frauen können es ignorieren, darauf antworten, fluchen, weitergehen, stehenbleiben, abwehren, diskutieren, etc. Wie sich in Experimenten und Interviews zeigte und durch Mitteilungen von Fachkolleg(inn)en bestätigt werden konnte,* haben diese Reaktionsfor-

* – dies ergab sich aus einem Datenvergleich im Arbeitskreis der Berliner Sommeruniversität für Frauen, Okt. 1977.

men keinen gesetzmäßig ablaufenden oder prognostisch erfaßbaren Einfluß auf den Ablauf der Interaktion. Der response «freundliche Antwort», der Versuch einer Diskussion, Fluchen oder Weitergehen und Nichtbeachten können entweder aggressive oder freundliche Erwiderungen seitens der Männer hervorrufen. Es konnten keine Regelmäßigkeiten festgestellt werden. Eine neutrale Antwort seitens der Frau kann als Aufforderung zu weiteren Intimitäten gelten oder zur Einstellung des männlichen Verhaltens führen; das Nichtantworten kann als Arroganz gedeutet werden und zu Zurechtweisungen führen, oder es kann den Abschluß der Interaktionssituation bilden.

Um nach ethnomethodologischer Vorgangsweise die Selbstverständlichkeit des Ablaufs zu unterbrechen und damit eine Sichtbarmachung der zugrundeliegenden Strukturen zu ermöglichen, verfuhren wir wie folgt: wir stellten zwei unvereinbare Interaktionsebenen zur gleichen Zeit her, indem wir auf die Anrede mit dem Ersuchen um kooperative Beteiligung am Forschungsvorhaben antworteten. Interessanterweise erwies sich, daß die doppelte, d. h. gegenseitige Objektivierung (die Frau als Objekt des Kommentars, der Mann als Objekt der Sozialwissenschaft) wieder eine Beziehung zwischen zwei Subjekten herstellte: in der Regel konnte Kommunikation erfolgen. Die Männer, welche Verhaltensformen wie Johlen, Kichern, Pfeifen etc. zeigten, erstarrten fast in jedem Fall zur höflichen Interviewbereitschaft, nachdem sie erfuhren, daß sie Informanten für ein wissenschaftliches Forschungsvorhaben sein sollten. Kein Interview wurde verweigert. Allerdings war unsere Auswahl der Interviewten hier doch selektiv, da nur einzelne Männer befragt wurden. Ergebnisse für Gruppen von Männern stehen aus, da es uns nicht gelang, unsere sozialisierten Reaktionsweisen mehr als sehr partiell zu überwinden.

Zum bereits angeführten Problem der Unterscheidung zwischen tatsächlichen Versuchen einer Kontaktherstellung und dem «Anquatschen» sei hier noch vermerkt, daß im Lauf des Projekts kaum Schwierigkeiten der Klassifizierung eintraten. Ein vom Baugerüst heruntergerufenes «servas Pupperl, was machst heit am Abend?» wurde von uns (vor allem dann, wenn es von einem Chor von Gelächter und Witzen der anderen Arbeiter begleitet wurde) nicht als wörtlich gemeinte Einladung, sondern als ritualisiertes/kodiertes Kommunikationsmittel anderer Inhalte eingestuft.

Die Auswertung der Gespräche, Interviews und teilnehmenden Beobachtungen führten zu folgenden vorläufigen Thesen. Wir erhoffen uns in weiteren Untersuchungen bzw. in Mitteilungen der Kollegen eine Falsifizierung.

1. Die Verteilung des Verfügungsrechts über Raum und Zeit ist ein wesentliches Kriterium für Status und soziale Situation: die Wichtigkeit

einer Person drückt sich schon räumlich aus. Wichtige Männer haben große Büros mit Vorzimmerdamen und Sekretärinnen, die ihr Territorium und ihre Zeit vor dem Eindringen weniger wichtiger Personen verteidigen (Henley: 1977).

Der gesellschaftliche Status von Frauen drückt sich auch darin aus, daß sie kaum über Raum und Zeit verfügen. Zu Hause kann ihr Bereich jederzeit aggressiv verletzt, ihre Zeit von den Familienmitgliedern jederzeit zur Befriedigung diverser Bedürfnisse in Anspruch genommen werden. (Frieze/Ramsey: 1976).

Auch von der «Unsichtbarkeit», die in gedrängten öffentlichen Räumen gegenseitig gewährt wird (z. B. in Aufzügen) sind Frauen häufig ausgenommen (Libby und Yaklevich: 1973, Leibman: 1970, Henderson und Lyons: 1972). Frauen sind stärker als Männer unter Beobachtung; die Gefahr, die Aufmerksamkeit eines fremden Mannes zu erregen und mit seinen Erwartungen ihrer Verfügbarkeit für sexuelle oder aggressive Bedürfnisse konfrontiert zu werden, trägt zur Verunsicherung und potentiellen Abwehrhaltung von Frauen bei und drückt sich in Schrittempo, Körperhaltung usw. aus (Korda/Henley: 1977).

Diese Prozesse finden auf der Straße ihren exemplarischen Ausdruck. Damit erheben Männer Territorialansprüche auf die Öffentlichkeit (Hanmer: 1976); Frauen haben bestenfalls ein Transitvisum. Der «Mann auf der Straße» ist Jedermann; ein weibliches Gegenstück gibt es nicht in Gestalt einer «Frau auf der Straße», sondern nur sexualisiert und kommerzialisiert auf den Gebrauchswert definiert: als Straßenmädchen. Dieser Anspruch auf das Vertretungsrecht an der gesamten Menschheit seitens Jedermann ist ein politischer Akt, in dem Frauen marginalisiert werden: der Mann ist das Allgemeine, der Mensch; die Frau ist Geschlecht. Als Randmitglied der Menschheit definiert sie sich durch ihren Warencharakter; Preis und Qualität werden daher von den potentiellen Käufern und Konsumenten auf der Straße, wie in einem permanenten sexuellen Supermarkt, geprüft und besprochen. Das setzt die Vergegenständlichung der Frau voraus, was wiederum in der Umgangssprache einen Niederschlag findet: der Mann ist *der* Mensch, die Frau Sache: *das* Mensch.

2. Während die Berechtigung hormoneller und chromosomaler Erklärungsansätze* von uns nicht beurteilt werden kann, scheint die Widerlegung einiger Thesen der Verhaltensforscher eindeutig aus unseren Daten hervorzugehen. Ethologische Feststellungen eines «Balz-

* – vgl. Hartogs, Renatus/Artzt, Eric: Violence, N. Y. 1970, Seite 18ff, zur Forschung in diesem Bereich und zur These, daß Männer mit einem doppelten Y-Chromosom besonders zu Gewaltverbrechen neigen und daß daher Gewalttätigkeit mit dem männlichen Chromosom zusammenhängt.

Verhaltens» bei den männlichen Angehörigen unserer Spezies erscheinen uns deshalb unbefriedigend, weil Balzverhalten zur Gewährleistung von Reproduktion beitragen soll, während das Verhalten der untersuchten Männer eher eine gegenteilige Reaktion als geschlechtliche Anziehung hervorrief. Unter den an der Untersuchung beteiligten Frauen konnte keine gefunden werden, die auf Grenzdebilität mit Gefühlen erotischer Attraktion reagierte. Wenn wir von der Hypothese ausgehen, daß Männer der Vernunft gemäß handeln und Handlungsweisen, die nicht den gewünschten Erfolg bringen, wieder einstellen, stehen wir vor Erklärungsproblemen. Da Männer trotz der in unseren Erhebungen völligen Erfolglosigkeit von Einladungen wie «servas Susi, wird's was mit uns?» nach wie vor diesen Satz gebrauchen, muß davon ausgegangen werden, daß dieser Satz a) eine andere, indirekte und standardisierte Botschaft enthält, die b) von den Frauen entweder wahrgenommen wird oder bei diesen irgendwelche intendierten und ein Bedürfnis der Männer befriedigenden Reaktionen hervorruft.
Angesichts der sexuell-negativen Reaktionen der befragten Frauen (17% Ekelgefühle; 43% Mitleid; 14% Besorgnis um die geistige Verfassung des anderen Geschlechts; 23% Langeweile; 3% ohne Meinung), dürfte dieses Bedürfnis jedoch nichts mit reproduktionsbezogenem Werbeinstinkt zu tun haben.[15]

3. Ausgehend von dieser Feststellung, testeten wir die Hypothese, daß es sich hierbei vielmehr um Dominanzverhalten handelt, d. h. um den Anspruch auf und die ritualisierte Bestätigung von überlegenem Geschlechtsstatus. In besonders konzentrierter Form ließ sich diese Hypothese in den Fällen untersuchen, in denen zwei verschiedene Formen eines Statusgefälles konfrontiert waren: Klasse und Geschlecht und Rasse und Geschlecht. Männer einer untergeordneten Gesellschaftsgruppe beanspruchen allen Frauen gegenüber den Primat des Geschlechtsstatus, und die Abwehr des aggressiven Dominanzanspruchs seitens der Frauen wird nicht als Infragestellung der Dominanzverhältnisse *überhaupt* anerkannt, sondern gilt in den Augen der Männer als weibliche Inanspruchnahme ihres höheren Status auf der Basis von Klasse oder Rasse. So wurden wir in vier verschiedenen Ländern (BRD, Österreich, Holland, U.S.A.) des Rassismus bezichtigt, als wir die Umarmungen, Berührungen etc. fremder schwarzer Männer abwehrten. In drei Fällen versuchten wir, Diskussionen über die Gemeinsamkeit in der Unterdrückung von Frauen und Schwarzen einzuleiten, die jedoch in allen Fällen vergeblich waren. In Holland wurden wir um 15 Uhr 30 auf der Hauptstraße mit dem Hinweis, daß Frauen nicht allein auf der Straße zu gehen haben, zurechtgewiesen.
Mehrere Bauarbeiter gaben explizit an, bei der Kommentierung

«oberschichtiger» Frauen besondere Genugtuung zu empfinden.
Trotz der überproportionalen Beteiligung von Bauarbeitern an diesem Verhalten ließen sich keine Verallgemeinerungen über Schichtspezifität treffen. In Wien, wo der Hauptteil der Forschungen durchgeführt wurde, konnten keine unterschiedlichen Frequenzen für die Bezirke festgestellt werden. Weder im Vokabular noch in der Gestik ließen sich signifikante Unterschiede feststellen, vielmehr ergab sich eine Zufallsstreuung quer durch Einkommens-, Bildungs- und Altersklassen.
Zur Häufigkeit des Auftretens dieses Verhaltens bei Bauarbeitern bietet sich folgende Erklärungshypothese an: ihre Beteiligung an der Konstruktion der Straßen mag diesen Männern das Gefühl geben, in noch höherem Maß als andere Männer ein Besitzrecht an diesen Straßen zu haben und für die Abgabe des Passierrechts an Frauen sozusagen Anspruch auf «sexuellen Zoll» zu haben.

4. In einer Vielzahl der Fälle diente das Verhalten eher der Bestätigung der Beziehungen zwischen Männern, d. h., die Kommunikation über die Frau erfolgte nur zwischen Männern. Die Frau wurde nicht angesprochen, sondern besprochen, wobei es allerdings wichtig zu sein scheint, daß sie das Gesprochene hört: die Frau vermittelt zwischen den Männern. Sätze wie: «wia gfallad da so was?» (im englischen Sprachraum gemäß der höher entwickelten Konsumkultur noch ausgeprägter als «how would you like some of that?») dienen der gegenseitigen Bestätigung von Männlichkeit und betreffen die Frau selbst eigentlich nicht. Auf den ersten Blick scheint dies eine weitere Bestätigung Vinnais oder Fromms These der Homosexualität patriarchaler Kultur zu sein.[16]
In seinem Buch «Male Chauvinism» schreibt Michael Korda dazu, «Men objectify women to prove their sexual aggression to each other – as bonding»[17].
Unsere Untersuchung ergab auch weitere Belege für Brownmillers These, daß Männer in Gruppen trotz ihrer größeren Stärke und damit der geringeren Notwendigkeit eines Gewaltaufwands nicht weniger, sondern mehr Brutalität und Aggression anwenden (Brownmiller: 1977); der (verbale oder physische) Angriff gegen die Frau nimmt die Form eines Wettbewerbs unter den Männern an.
Eine interessante Bestätigung dieser Hypothese bieten auch die Untersuchungen von Kirkpatrick und Kanin (1957), Kanin (1967) und Ehrmann (1964).[18]
Von den 291 von Kirkpatrick und Kanin befragten Universitätsstudentinnen gaben 56% an, innerhalb des letzten Jahres mindestens einmal von einem Studenten sexuell gewalttätig behandelt worden zu sein; von diesen Aggressionen waren 30% versuchte Vergewaltigun-

gen. Daraufhin machte Kanin eine Folgeuntersuchung mit einer Zufallsstichprobe von 381 Studenten. 25% von diesen gab zu, sich sexuell gewalttätig gegenüber einer Frau verhalten zu haben. Als maßgeblichen Motivationsfaktor gaben diese Männer den «sozialen Druck» seitens ihrer Freunde und Kollegen an: sie wollten in den Augen der anderen Männer nicht «versagt» haben und konnten daher die Ablehnung der Frau nicht akzeptieren.

Das Eindringen in die private Sphäre einer fremden Frau (räumlich, zeitlich, visuell, akustisch) ist ein Gewaltakt, eine Machtdemonstration, die dem Gruppengefühl und dem Selbstbewußtsein des Mannes dient. Als solches ist es ein Privileg der sozial überlegenen Gruppe und wird in gegenteiliger Richtung nicht geduldet. So ließ z. B. Richter Morris Schwalb in den U.S.A. die Prostituierten seiner Stadt für die Dauer eines Anwaltkongresses inhaftieren, weil seine Kollegen über deren Belästigungen auf der Straße geklagt hatten.[19]

Außerdem verstärkt diese Verhaltensform die Abhängigkeit der Frauen von Männern und bestätigt den Eigentumscharakter der Frau: schon die Begleitung der gebrechlichsten männlichen Gestalt genügt in den meisten Fällen, dieses Verhalten bei anderen Männern zu unterbinden. Befindet sie sich in Begleitung eines Mannes, so hat die Frau in der Regel freies Geleit durch die Straßen. Diese Beobachtung belegt die These, daß es sich um das feudalistische Verhalten einer hierarchisierten Ordnung handelt: in diesem Fall um die gegenseitige Anerkennung der Unangreifbarkeit der Leibeigenen und Vasallen des anderen Lehnsherren.

5. Ebenso wie das Verhalten nicht der tatsächlichen Kontaktaufnahme dient, drückt es keinen tatsächlichen Angriff aus, sondern dient der ritualisierten Behauptung von Macht und Dominanz. Diese Interpretation wird durch ein interessantes Nebenergebnis der Untersuchung untermauert. Unter Anwendung einer partial ausgewogenen Analyse hatte sich gezeigt, daß die Frequenz des Verhaltens in den drei Stadtbezirken unserer Erhebung für alle Tageszeiten relativ konstant blieb, in den Abendstunden jedoch abrupt absank und sich in den Nachtstunden fast völlig verlief. Diese Feststellung widersprach unseren Erwartungen und ließe sich nicht erklären, wenn wir davon ausgingen, daß es sich bei dem Verhalten um tatsächliche sexuelle Aggression handelt. Wenn wir jedoch die Erklärungshypothese heranziehen, daß es sich lediglich um Statusbestätigung handelt, ist das Phänomen verständlich. Der Zweck des Verhaltens ist nicht ein echter Angriff, sondern eine Rangzuweisung, und es soll bei den angesprochenen Frauen nicht Angst, sondern Verunsicherung hervorrufen. Dasselbe Verhalten, das tagsüber und in der Öffentlichkeit der Frau Verlegenheit oder passives Ertragen abverlangt, würde von ihr in der Nacht und auf

leeren Straßen als extrem bedrohlich wahrgenommen werden, was erstens eine unerwünschte Folge ist und zweitens zu unvorhersehbaren Konsequenzen für den Mann führen könnte. Daraus läßt sich erklären, daß Männer sich nachts Frauen gegenüber so verhalten, daß die Nichtgefährdung deutlich signalisiert wird: Beschleunigung des Schritts bei Vorübergehen in der Gegenrichtung, Einhaltung großer Abstände oder Überqueren auf die andere Straßenseite, Abwendung des Blicks usw.

Michael Korda schreibt,

«eine der wichtigsten Methoden zur Aufrechterhaltung der männlichen sexuellen Dominanz in alltäglichen Interaktionen ist ihre Bemühung, den Frauen durch ständige, triviale Irritierungen ein Gefühl der Unsicherheit einzuflößen: ihnen durch eine unerwartete Beleidigung, eine plötzliche Obszönität das Gefühl der permanenten Bedrohung zu vermitteln»[20].

Verschiedene Autoren haben die Auswirkungen dieser Verunsicherungsstrategie auf Frauen in allen Lebensbereichen der Öffentlichkeit und der privaten Beziehungen untersucht. Am Arbeitsplatz gehört dazu die Notwendigkeit, einen der vorhandenen Frauenstereotypen darzustellen. Der Außenseiterstatus der Frau generell wird durch Männergespräche und Männerwitze[21] bekräftigt. Die ständige Möglichkeit sexueller Anspielungen oder sogar Anforderungen in unerwarteten Zusammenhängen und die Notwendigkeit, die Folgen der eigenen Reaktion darauf (vor allem, wenn es sich bei dem Initiator um einen Vorgesetzten handelt) vorsichtig abzuwägen, hemmen die Konzentrations- und Leistungsfähigkeit von Frauen.* Die «Reduzierung der Frau auf ihr Geschlecht» hat mit Sexualität an sich nichts zu tun, sondern bezieht sich auf den sozialen Status. Mitglieder sozial unterlegener Gruppen laufen immer Gefahr, von einer Minute auf die nächste ihre Individualität zu verlieren und für die anderen nur mehr Repräsentant ihrer Gruppe zu sein: aus dem ausländischen Arbeiter Ekmel wird blitzartig «der Tschusch», aus dem schwarzen Mitarbeiter «der Nigger». Selbst wo sie selbst nicht angesprochen sind, müssen diese Personen Zeugen von Gesprächen und Aussagen sein, die sich in abwertender oder aggressiver Weise mit der Gruppe, der sie zugehören, auseinandersetzen. Die rassische und sexuelle Zugehörigkeit dient in diesen Fällen, wie der Judenstern, als Signal sozialer Schwäche und als Aufforderung zur Aggressivität. Die Vermischung von Macht und Sexualität zeigt sich im Bereich der sexuellen Witze, An-

* – dies trifft besonders dann zu, wenn die betroffene Frau die einzige in einer Männergruppe ist oder die Frauen extrem in der Minderzahl sind. Vgl. «The Effects of Skewed Sex Ratios», in: Women and the Structure of Organizations, Another Voice S. 56ff.

spielungen und Drohungen besonders deutlich und ist das Merkmal der geschlechts-hierarchisierten Herrschaftsordnung.
Der Psychologe A. H. Maslow schrieb bereits 1942,
«es ist außerordentlich interessant, wie häufig sich in Männer-Gesprächen über arrogante oder distanzierte Frauen der Ausdruck ‹die gehört vergewaltigt› wiederholt, als ob das die größte Erniedrigung wäre und die Frau psychologisch erledigen würde, um damit die männliche Überlegenheit herzustellen»[22].

Die Androhung sexueller Gewalt ist in diesen Fällen symbolisch und drückt Dominanzansprüche, nicht tatsächliche Absichten aus. Sie tritt dann auf, wenn Frauen durch Arroganz oder Desinteresse abweichen und in ihren Geschlechtsstatus zurückgewiesen werden müssen. Es ist ein sexualpolitischer Akt jenseits der Sexualität, der im Straßen- oder Konfliktverhalten sehr unterschiedlicher Männer auftritt (Mechaniker, 32, München; arbeitsloser Schwarzer, 27, Los Angeles; Universitätsassistent, 35, Wien).

6. Der Hauptzweck des Verhaltens ist die Verweisung der Frau in ihren untergeordneten Status. Dieser Zweck wird durch dreierlei Botschaften vermittelt: Drohungen (Demonstration potentiell vorhandener Sanktionsmöglichkeiten); Ansprüche (Demonstration der Verfügbarkeit der Frauen für Dienste oder Erwiderungen, die von der überlegenen Gruppe angefordert werden); Belehrungen (Demonstration der Tatsache, daß die Normen sozialer Interaktion von der überlegenen Gruppe gesetzt und überwacht werden). Das Verhalten von Frauen in der Öffentlichkeit untersteht der Korrektur und Aufsicht der Männer. Es kommt häufig vor, daß unbekannte Männer in einem eindringlich fordernden Ton grüßen; grüßt die Frau nicht zurück, so wird sie ermahnt oder zurechtgewiesen.
   Dominanzverhältnisse drücken sich vor allem in der Einseitigkeit der Interaktionssituation aus. Reagiert die Frau anders als mit einem unverbindlichen Lächeln oder einem «Überhören», indem sie etwa Ärger oder Irritierung zeigt, dann kann das als selbstverschuldetes Herausfordern weiterer Aufmerksamkeiten oder Aggressionen gewertet werden. Es wird von den Frauen verlangt, die Belästigung und Bedrohung als unabänderbar (sogar als «natürlich») zu empfinden und durch ihr eigenes Verhalten keinen Anlaß zur Steigerung zu geben. Hanmer, Mehrhof/Kearon und Brownmiller vertreten die These, daß sexuelle Gewalt und die Androhung sexueller Gewalt zur sozialen Kontrolle aller Frauen dient, da die Akzeptierungen der Gefahren und notwendigen Einschränkungen in der Bewegungsfreiheit von Frauen die Basis ihrer Restriktion in anderen Bereichen der Öffentlichkeit legt.

Brownmiller schreibt,

«Vergewaltigung erfüllte von vorgeschichtlichen Zeiten bis in die Gegenwart eine wichtige Funktion. Es ist nichts anderes als der bewußte Prozeß der Einschüchterung, mit dem alle Männer alle Frauen in einem Zustand der Angst halten . . . Vergewaltigung hat auch dann den Zweck erreicht, wenn die Tat selbst nicht stattfindet, nämlich in der Auswirkung auf die psychische und emotionale Situation von Frauen. Die Notwendigkeit der Vorsicht und des Selbstschutzes zu akzeptieren, heißt gleichzeitig zu akzeptieren, daß Frauen in Angst leben müssen und nie die persönliche Freiheit, Unabhängigkeit oder das Selbstbewußtsein von Männern haben können.»[23]

Die Tatsache, daß man aufgrund von Geschlecht Gefährdungen und Gewalttätigkeiten ausgesetzt ist, wird Mädchen schon in sehr jungem Alter vermittelt, bevor die tatsächliche Art der Gefahr noch verstanden werden kann. Die Mystifizierung männlicher Geschlechtsmacht wirkt noch bei der erwachsenen Frau in gewisser Hinsicht nach.

Eine Erörterung der Frage, ob Männer abends noch für eine Tasse Kaffee in die Wohnung eingeladen werden können oder ob der zivilisatorische Zeitpunkt hierfür noch nicht reif ist

Kann ich noch hereinkommen, nur für einen Kaffee, sagen sie immer, die Männer. Man zögert. Man kennt die trostlosen Szenen, die trostlosen Manöver, bis man sie wieder aus der Wohnung kriegt, bis man die Umklammerung ihrer zwei Dutzend Hände endlich gelöst, sie in ihre Mäntel gebracht, ihnen das Feuerzeug in die Taschen gesteckt hat, damit sie nicht noch einmal in Richtung Couch steuern, sich mit einigermaßen lockerem Ton von ihnen verabschiedet hat, so als wäre nichts Außergewöhnliches vorgefallen, es ist ja nicht Außergewöhnliches vorgefallen, es passiert ja ständig.

Nur auf einen Kaffee.

Man zögert, aber man kann sich ja irren. Und richtig, schon bekommen sie ihren charakteristischen rechtschaffenen Blick, der Blick sagt, mir wird ein Unrecht getan, sind wir nicht zwei erwachsene Menschen und können wir uns nicht unterhalten, nur weil es Abend ist statt Mittag und nur weil wir allein in einer Wohnung sind, statt in einem Kaffeehaus und nur weil ich ein Mann bin und du eine Frau, wofür hältst du mich, für einen Sittenverbrecher? Also gut, sagt man, nur auf einen Kaffee.

In der Wohnung schreiten sie einmal das Terrain ab mit großen und zufriedenen Schritten, sie schreiten ein in die Wohnung und breiten sich aus, sie suchen Aschenbecher, verwenden statt dessen einen Blumenuntersatz, sie sehen sich kritisch die Bilder und die Bücher an, als wären sie potentielle Käufer, sie wollen vielleicht lieber nicht einen Kaffee, hast du nichts anderes da?

Dann geht das Ritual los, eine Kombination aus beinahe schon obligaten Zugriffen, beinahe wie nach einer Ballettchoreographie, der Dialog erfolgt bereits auswendig, die Frau infolge von Blockierungen des männlichen Gehörzentrums, die in Kraft treten bei Ablehnungen, gezwungen zu Wiederholungen; die Grundsatzfragen, daß die eine nicht will, der andere vielleicht auch nicht will, sich aber verpflichtet fühlt, werden umdefiniert in Sachzwänge auf der einen, psychoanalytische Diagnosen auf der anderen Seite. Zwischendurch erfolgen Gefechte, anstrengend, weil man die Höflichkeiten wahren muß; man kann z. B. keine Fußtritte austeilen und nicht schreien, obwohl man überfallen wird, als Gegenleistung kann man einigermaßen sicher sein, daß man nicht ernsthaft gewürgt und nicht richtig vergewaltigt wird. Die Diskussion gestaltet sich zunehmend schwierig, der Mann zunehmend taub, aber dafür sehr taktil. Er weiß es, und sie weiß es, daß der Abend mit seinem leicht beleidigten, schnell aber vergessenem Rückzug enden wird, daß sie in einem verqualmten Wohnzimmer zurückbleiben wird, verärgert hoffend auf eine beschleunigte Evolution der Gattung und daß, wenn sie sich wieder begegnen, die heterosexuell-soziale Amnesie sich über den Zwischenfall legen wird, die Anonymität der Szene so oft inszeniert, so oft sich wiederholend, ist angeboren, die Beteiligten so unschuldig, als wären sie Schauspieler im klassischen Drama «Macbeth».

Untersuchungen amerikanischer Sozialwissenschaftler haben folgenden interessanten Tatbestand zutage gefördert: man denkt vielleicht, vor allem wenn man eine Frau ist, daß man bei solchen Ereignissen allein in der Wohnung ist mit einem Mann, aber das ist falsch. Es sind noch viele andere Leute in der Wohnung; sie stehen hinter dem Sofa und assistieren durch Zurufe; sie scharen sich wie ein griechischer Chor im Hintergrund; sie wachen über die Spielregeln und notieren die Punkte.

An wen denken amerikanische College-Studenten (männlich) bei ihrem ersten Geschlechtsverkehr? An ihre Freunde, denen sie das berichten können, weiß der Soziologe Donald E. Carns nach einer umfangreichen Umfrage. An wen denken junge Männer, wenn sie von einer Frau zurückgewiesen werden? An ihre Freunde, denen sie ihren Mißerfolg beichten müssen, stellten Soziologen fest. Nicht die Leidenschaft, sondern die Angst, vor dem männlichen Publikum als Versager dazustehen, motiviert viele Männer zu Zudringlichkeiten bis hin zur physischen Gewalt, zeigen die Ergebnisse des Forschers.

Diese Denkweise der betroffenen Männer ist natürlich in gewisser Hinsicht kontra-produktiv. Der Gedanke an das männliche Publikum, der den Mann motiviert, schreckt die Frau oft ab. Beide denken an ihren Ruf, nur erfordert dieser Ruf leider entgegengesetzte Ergebnisse. In der Sozialwissenschaft, mehr noch in der Politikwissenschaft, bezeichnet man diese Situation als «zero-sum-game», als Nullsummenspiel. Einer verliert immer. Man fragt sich, ob das die optimalen Voraussetzungen für eine Liebesbeziehung sind.

Das jeweilige Berechnen der eigenen Chancen zeichnen die Autoren des «Journal of Marriage and the Family» mit klarer Präzision nach. «Der Mann», schreibt Donald Carns, «erhält seine Statusbestätigung von seiner gleichaltrigen und gleichgeschlechtlichen Umgebung. Daraus folgt, daß er seine sexuellen Erfahrungen sozialisieren muß, und zwar denen gegenüber und in einer Weise, die seine Identität und seinen persönlichen Wert bestätigen.»[24]

Männer wollen alle nur das eine, sagen unsere Großmütter. Unverhüllte Frauen in der Öffentlichkeit provozieren Männer zu Explosionen, die Triebhaftigkeit des Mannes und die lebende Provokation Frau müssen rigoros kontrolliert werden, sagt der Ayatollah Khomeini. Das ist doch unsinnig, sagt die Vernunft. Das ist doch beleidigend für uns alle, für uns beide, denken sich viele Frauen und zahlen dabei drauf.

Es geht letztlich um mehr; es sind nicht mehr zwei Personen, die sich gegenüberstehen, anscheinend nicht, zumindest nicht für viele Männer. Für viele Männer steht anscheinend viel mehr auf dem Spiel, ihr Wert muß bewiesen werden durch ihre Fähigkeit, ihren Willen gegen den der Frau durchzusetzen. Diesen unerfreulichen Vorgang kann man durch sozialwissenschaftliche Untersuchungen belegen, durch die eigene Lebenserfahrung und durch Texte der Literatur. Der Leitsatz: du sollst nie allein mit einem Mann in einer Wohnung bleiben, wenn du zu letzten Konsequenzen nicht bereit bist, hat seine empirische Berechtigung, ist aber letztlich unbefriedigend, und das wörtlich genommen. Es ist eine Regelung, die wir vielleicht für die Übergangszeiten in der Menschenentwicklung akzeptieren können, für die Adoleszenz der Menschheit und des Individuums, aber doch nicht ein Gesetz, das wir auf steinerne Tafeln schlagen und äonenlang zwischen den Geschlechtern aufstellen wollen. Genauso ist es aber geschehen, über Jahrhunderte. Die Erbsünde, ein Mann mußte dafür gekreuzigt werden, man kann sie jetzt wegtaufen, aber das Wesen des Menschen ist für immer vergiftet, Fegefeuer, Beichten, Ablässe, alles hat die Menschheit dagegen aufgeboten, nur das eine nicht, die kleine Frage: warum das denn so gewesen sein soll? Das mit der Frau, der Bösen, der Verführerin und dem Mann, dem Armen, dem Unbeherrschten, dem durch weibliche Sexualität aus dem Paradies Verstoßenen?

Noch heute darf die arme 16jährige Ursula, die als Playmate fotografiert wurde, nicht mitgehen in die Kirche und vor dem Pfarrer von ihren Geschwistern nicht gerufen werden, weil sie Erotik verkörpert und damit schlecht ist.

Weniger katholisch orientierte Dogmatiker sagen nicht mehr, das ist die Erbsünde; sie sagen, das ist genetisch. Der Mann muß der Aggressor, die Frau die Verführung sein, sonst stirbt die Gattung aus. Die Plausibilität ist nicht viel größer als im Falle des umstrittenen Apfels; warum soll die Gattung aussterben, wenn eine mittlerweile kaum mehr zu leugnende wechselseitige Attraktion sich viele Hunderttausende von Malen empirisch bestätigt hat, auch gegen mächtige Widersacher wie die Vernunft, eine tobende Verwandtschaft und materiellen Nachteil. Ferner ist zu bezweifeln, daß die einen in Wohnungen, geparkten Autos und vor Haustüren bestürmenden Männer weltweit gerade an die sinkenden Geburtenraten in Westeuropa denken. Und überall sonst funktioniert die

Reproduktion ja blendend, wenn wir den Krisenmeldungen der Weltorganisationen Glauben schenken dürfen.

In Romanen und Kurzgeschichten, sogar in Gedichten, kann man die zwischenmenschliche Realität häufig besser und präziser zum Ausdruck bringen als durch Ergebnisse der Sozialwissenschaft. Insgeheim wissen das die Sozialwissenschaftler, weshalb sie gerne kurze belletristische Auszüge an den Beginn ihrer Artikel und Buchkapitel setzen. Diese gönnerhafte Verneigung vor den schönen (aber, den Eindruck gewinnt man, natürlich nicht ganz ernsten) Nachbarkünsten soll einerseits den jeweiligen Wissenschaftler als gebildeten Mann zu erkennen geben und andrerseits Ventil sein für die ehrliche Sehnsucht, die menschliche Interaktion einmal so schildern zu dürfen, wie sie stattfindet, in ihrer ganz eigenen und wertvollen Aussage, ohne Kopfzerbrechen über Korrelationen und das Ziehen von Stichproben. Einige der aufrichtigeren und selbstkritischeren Wissenschaftler haben das offen ausgesprochen; sie haben sich auch Gedanken darüber gemacht, woher die selbstzufriedene Wertung kommt, die eigenen Aussagen als erkenntnisfördernd, die der anderen als bestenfalls amüsant und anregend einzustufen. Der Soziologe Wolf Lepenies verfolgt die Ursprünge dieser «Aversion» gegenüber der Literatur, die Tendenz seitens der Sozialwissenschaften, sie bestenfalls als Zierde ihrer eigenen, viel wertvolleren Aussagen girlandenhaft einzusetzen, oder sie als Ausdruck einer bestimmten Stimmungslage der Gesellschaft der Analyse zu unterziehen, eine Aversion, sagt er, die es «verhindert, Literatur als Quelle für die Soziologie zu nutzen».[25]

Statt dessen sollten Literatur und Sozialwissenschaft gleichberechtigt nebeneinanderstehen: als eigenständige Aussagen, Beschreibungen und Analysen ihrer Gesellschaft, und als Quelle für eine weitere Analyse ihres Inhalts, ihrer Rezeption und ihrer Erzeugung.

Virginia Woolf hat die Bedeutung von Literatur als Mittel der Artikulation einer persönlichen, einer sozialen und einer politischen Wahrnehmung erkannt; sie schreibt: «Gegen Ende des 18. Jahrhunderts fand eine Entwicklung statt, die ich, wenn ich Historiker wäre, bedeutungsvoller finden und eingehender beschreiben würde als die Kreuzzüge oder den ‹Krieg der Rosen›. Die Mittelstandsfrau begann zu schreiben.»[26]

Und ihr Gegenstand, als sie begann, Romane zu schreiben, waren die Bereiche des Lebens, die sie aus ihrer Erfahrung und aus ihren Lebensumständen heraus am besten kannte. «Die einzige literarische Ausbildung, die Frauen im frühen 19. Jahrhundert hatten», schreibt Virginia Woolf, «war die Einübung in der Beobachtung von Charakterzügen, in der Analyse der Emotionen. Über mehrere Jahrhunderte hinweg hatte die Frau Gelegenheit gehabt, ihre Sensibilitäten in Wohnzimmern zu schärfen. Die Gefühle anderer Menschen waren stets vor ihren Augen; persönliche Beziehungen prägten sich ihr ein.»

Die geradezu archetypische Szene, bestehend aus Mann, Kaffee und Wohnzimmer, beschreibt Doris Lessing in deprimierend minuziöser Präzision in einer Kurzgeschichte.[27] Graham, der männliche Akteur der Geschichte, ist Journalist und interviewt Personen aus dem Londoner Kulturleben. Seine Tätigkeit bringt ihn häufig mit den interessanteren Frauen dieser Kreise zusammen, und wenn ihm bei diesen Frauen eine «Eroberung» gelingt, dann empfindet er das als persönliche Aufwertung. Eines Tages erhält er die Aufgabe, Barbara zu interviewen, eine bekannte Bühnenbildnerin, deren Karriere er schon seit längerem verfolgt. Er setzt seinen Aktionsplan in Gang, der aus einem komplizierten strategischen Gefüge von Machtkampf, vermittelten Eindrücken, dem Wecken von Sympathien und Verständnis und der Herstellung einer Lage besteht, in der eine Ablehnung ungleich schwieriger ist als eine Einwilligung. Die Bedeutung von Gesten, Wortwahl, selbst von Gesprächsthemen, der Wahl eines bestimmten Restaurants, ist beiden Beteiligten bewußt und macht aus ihnen antagonistische Spieler. Nach dem Interview bringt er sie mit dem Taxi nach Hause, unter dem Vorwand, auf seinem Heimweg ohnehin durch ihren Bezirk fahren zu müssen. Im Taxi setzt sich das taktische Menuett fort: unter dem Vorwand einer mißverstandenen Bemerkung legt er den Arm um sie, unter dem Vorwand, eine Zigarette anzünden zu wollen, entfernt sie sich aus seinem Griff, usw. Vor ihrem Haus angelangt, springt er aus dem Taxi:

> «Hastig sagte er, ‹Und jetzt, Barbara, kannst du mir eine Tasse Kaffee und einen Brandy geben.› Sie zögerte, aber er war schon ausgestiegen, zahlte schon die Taxirechnung, machte ihr die Autotür auf . . . Sie ging vor ihm in die Wohnung. Im Gang sagte sie, ‹Ich gehe jetzt und koche einen Kaffee. Und dann, mein Freund, mußt du nach Hause gehen, denn ich bin sehr müde.› Das ‹mein Freund› traf ihn. Er sagte nervös, ‹Du bist verärgert – das wollte ich nicht, das tut mir leid.› Sie lächelte kühl und distanziert . . . Sie sagte, ‹Ich bin nicht im geringsten verärgert.› Es war, als ob sie vor Langeweile gähnen würde . . .»

Während sie in der Küche den Kaffee vorbereitet, recherchiert er in der Wohnung nach Hinweisen über ihren Charakter, die er zur Vorbereitung seines Aktionsplans einsetzen könnte.

> «Sie kam herein, auf einem Tablett trug sie Tassen, Kaffee, Gläser. Sie sah abwesend aus. Das fand Graham eher günstig: wahrscheinlich bedeutete das, daß sie sich durch seine Anwesenheit nicht bedroht fühlte . . . Außerdem war sie ja müde. Er erinnerte sich daran, daß er vorher am selben Abend eine Chance ungenutzt vorübergehen ließ, weil er es nicht verstanden hatte, ihre Müdigkeit auszunutzen. Aber

jetzt, wenn er klug handelte . . . Sie wollte gerade den Kaffee einschenken. Mit festem Griff nahm er ihr die Kanne weg und deutete auf einen Sessel. Lächelnd gehorchte sie ihm. ‹Schon besser›, sagte er. Er füllte die Tassen, schenkte Brandy ein und zog den Tisch heran. Sie sah ihm zu. Dann nahm er ihre Hand, küßte sie, streichelte sie und legte sie sanft nieder. Ja, dachte er, das habe ich gut gemacht.

Jetzt aber, ein Problem. Er wollte näher zu ihr rücken, aber sie saß in einem verdammt dummen kleinen Sessel mit Armlehnen. Vielleicht sollte er sich neben sie auf den Boden setzen? – aber nein, für ihn, einen großen behäbigen Mann, konnte es keine solchen spontanen Bewegungen geben. Was wäre, wenn er sie aus dem Sessel heben und zum Bett tragen würde? Während er plante, trank er seinen Kaffee. Ja, er würde sie zum Bett tragen, aber noch nicht; später.

‹Graham›, sagte sie und setzte ihre Tasse nieder. Sie hatte, wie er mit Irritierung vermerkte, einen geduldigen Gesichtsausdruck aufgelegt. ‹Graham, in spätestens einer halben Stunde möchte ich schlafen gehen.› Während sie sprach, bot sie ihm ein Lächeln des amüsierten gemeinsamen Bewußtseins über die Situation – Mann und Frau, manövrierend, ein Bewußtsein der Komik dieser altbekannten Situation. Und fast hätte er ihr Lächeln geteilt. Fast hätte er es getan, hätte er mit ihr darüber gelacht. (Tage später sagte er sich vorwurfsvoll; das war ein Fehler, diesen Augenblick nicht mit ihr zu teilen: da machte ich meinen größten Fehler.) Aber er konnte nicht lächeln. Sein Gesicht war eingefroren, mit steifem Stolz. Nicht weil sie ihn beim Planen ertappt hatte; das amüsierte Lächeln, das sie ihm anbot, entschärfte das, sondern weil er absolut entschlossen war, seinen Willen durchzusetzen. Er würde sie haben. Er würde nicht nach Hause gehen . . .

Ihr Blick verdunkelte sich, und sie sagte: ‹Graham, willst du noch eine Tasse Kaffee, bevor du nach Hause gehst?›»

Im Versuch, sie in ein Gespräch persönlicherer Art zu verwickeln, um die Stimmung zu ändern, wird er zunehmend aggressiv, und Barbara wird zunehmend distanziert. Er bekommt das Gefühl, «seit Jahren zum erstenmal gegenüber einer Frau die Kontrolle über die Situation verloren zu haben».

«Barbara stellte ihr Glas hin und stand auf. ‹Und jetzt›, sagte sie, verabschiedend. Sein Plan war zusammengebrochen, er packte sie und stöhnte: ‹Barbara!›

Unter seinen Küssen drehte sie ihren Kopf weg. Er warf ihr einen schnellen diagnostischen Blick zu – ihr Ausdruck war noch immer geduldig. Er küßte ihren Hals, stöhnte noch einmal ‹Barbara› und wartete. Sie mußte ja irgendwie reagieren. Kämpfen, seine Küsse erwidern, irgend etwas. Sie tat nichts. Schließlich sagte sie: ‹Lieber Him-

mel, Graham!› Sie klang amüsiert: wieder bot sie ihm die Gelegenheit, über die Situation gemeinsam mit ihr zu lachen. Aber wenn er das tat, würde er seine letzte Chance verlieren, doch noch mit ihr zu schlafen. Er küßte sie auf den Mund, damit sie nicht sprechen konnte . . . Damit begann, wie er später dachte, die peinlichste Episode seines Lebens. Er haßte sie für seine eigene Ungeschicklichkeit. Denn er hielt sie endlos fest, es mußte eine halbe Stunde gewesen sein. Sie war viel kleiner als er, er mußte sich bücken, und sein Rücken verkrampfte sich . . . Sie blieb bewegungslos. Während er mit seiner Intelligenz diese lächerliche Szene beobachtete, konnte er trotzdem nicht aufhören, denn früher oder später mußte sie wohl reagieren. Außerdem konnte er nicht aufhören, weil er den Augenblick fürchtete, in dem er sie freisetzen mußte und sie ihn ansah. Mit jedem Augenblick haßte er sie mehr . . . Sie blieb völlig bewegungslos. Fast so, dachte er spöttisch, als ob sie irgendwo gelesen oder erzählt bekommen hatte, daß es die Männer erregt, wenn man sich wehrt. Er dachte sich: Blöde Kuh, bildest du dir ein, daß ich dich attraktiv finde? Dann wurde ihm der Wahnsinn, die Absurdität dieses Gedankens bewußt, und vor lauter Schreck darüber ließ er sie los. Sie trat einen Schritt zurück und stand da, regungslos vor Fassungslosigkeit. Die Peinlichkeit seines Verhaltens war ihm bewußt, aber durch seinen Zorn konnte er sie unterdrücken. Sie sagte, immer noch freundlich: ‹Bist du wahnsinnig geworden, Graham? Was ist denn los, bist du betrunken? Du wirkst nicht betrunken. Du magst mich ja nicht einmal.›
Eine Welle von Haß strömte über ihn, und er packte sie erneut. Sie hatte sich aber weggedreht, und während er die noch zugänglichen Teile ihres Gesichts und Halses küßte, wiederholte sie ruhig: ‹Graham, laß mich los, laß mich doch los, Graham.› . . . Es konnte die ganze Nacht so weitergehen: es war nur mehr ein Kampf zwischen seiner Willenskraft und ihrer, sonst nichts. Er ließ sie los, aber er sagte: ‹Ich werde heute mit dir schlafen, das weißt du doch, nicht?› . . .

Sie sagte: ‹Wie stellst du dir das vor? Was soll ich jetzt machen? Die Polizei anrufen oder was sonst? . . . Oder soll ich nach den Nachbarn rufen, ist es das, was du willst?›

Ihre Augen waren fast schwarz, überschattet von Langeweile. Sie war müde und gelangweilt, das konnte er sehen. Er sagte: ‹Ich werde mit dir schlafen.›

‹Aber wie kannst du das denn überhaupt wollen?› – eine vernünftige, eine zivilisierte Frage, gerichtet an einen Mann in der Überzeugung (das konnte er sehen), daß er darauf reagieren würde. Sie sagte: ‹Du weißt, daß ich es nicht will, und dir selbst ist es im Grunde genommen doch egal.› . . .

‹Glaubst du, daß ich es nicht ernst meine›, zischte er zwischen zusammengebissenen Zähnen hervor und fühlte sich wieder in die Rolle des Barbaren gedrängt.»

Diese beiderseitige Unfreiwilligkeit, der Zwang, uneinsichtige, aber mächtige Anforderungen zu erfüllen, und die Konsequenz, eine Verhinderung möglicher Beziehungen zwischen Personen, haben die meisten von uns in irgendeiner Form schon erlebt. Die Notwendigkeit, Höflichkeiten zu wahren; das gegenseitige uneingestandene Wissen, daß man sich an einem vorgegebenen Spiel beteiligt, bei dem es eigentlich keinen Gewinner geben kann; der Verdacht, schnell wieder unterdrückt, weil die Konsequenzen unvorhersehbar sind, daß es vielleicht ein anderes Verhalten geben könnte, andere Interessen, andere Gesprächsverläufe, andere Beziehungen. Daß der Kampf um Prestige und die Sorge um das eigene Abschneiden an irgendeinem Punkt für jeden schädlich sind, unfrei machen. Auf den direkten Appell an seine Vernunft konnte Graham nicht reagieren, weil er damit zugegeben hätte, daß sein vorhergegangenes Verhalten lächerlich und er selbst im Unrecht war.

Daß es sich bei Lessings Schilderungen nicht um die Phantasie einer Schriftstellerin handelt, sondern um eine besonders prägnante Zusammenfassung gängiger Szenen im Geschlechteralltag, zeigten nicht nur die Ergebnisse unserer bescheidenen Umfrage, sondern auch die umfassenderen, breiter angelegten Studien amerikanischer Soziologen.

Glücklicherweise schweigen auch die Männer nicht über ihre Empfindungen in diesem Bereich; es gibt sozialwissenschaftliche Aussagen und auch literarische Texte zu diesem Thema. In einem erstaunlichen Dokument, dessen Autor Professor für Philosophie in Kanada war, wird der Versuch unternommen, die zarten Sensibilitäten heranwachsender Männer gegenüber ihrer Sexualität darzustellen. Er führt einige Episoden an, in denen Schulmädchen vor den aggressiven Zudringlichkeiten gleichaltriger Buben zurückschreckten, und sieht darin die Ursache für alles männliche Unglück der späteren Jahre. Wann immer er einen unsicheren Mann sieht, denkt er sich, daß «er als Junge von irgendeinem häßlichen kleinen Mädchen abgewiesen wurde».

Die Frau wird zum Prüfstein für männliche Identität; ihr Widerstand gegen diese Rolle, ihre Weigerung, als anonymer Beweis für den Wert eines auf sie zutretenden Mannes gegenüber seiner Freundesgruppe zu fungieren, gilt als persönlicher Akt der Feindseligkeit und Kastration, der mit Aggressivität bestraft werden muß. So erklärt sich das Phänomen, daß junge Männer, die gerade noch Monologe über ihre hilflose Begeisterung angesichts der Vorzüge der begehrten Frau hielten, plötzlich in eine Tirade der Beschimpfungen und Abwertung der Eigenschaften eben derselben Frau ausbrechen können, sobald sie die Aussicht auf

Erfolg aufgeben mußten. Schüchterne Liebeserklärungen, gefolgt von heftigen und pauschalen Beleidigungen, wenn der gewünschte Erfolg ausbleibt, erzeugen in der Frau einen gewissen Zynismus, eine abgeklärte Einschätzung der Relativität männlicher Zuneigung.

Die Jugendlichengruppe fordert dem Burschen Leistungsbeweise ab; die Beweisführung in bezug auf die Männlichkeit läuft über den Sportplatz, die Kampflust und die Frau. Die englische Sprache* gibt hier Aufschluß (wie auch die amerikanische Gesellschaft diese Empirie der Männlichkeit zu vollendeter Perfektion gebracht hat mit Cowboys, Playboys und den anderen Manifestierungen einer institutionalisierten Pubertät [eine neuere Illustration bietet der Film «Animal House»]): Bei einem Mädchen «Erfolg» haben, d. h. sexuelle Forderungen durchsetzen, heißt «to score», also Punkte zu gewinnen. Bei einem Mädchen «abblitzen» bezeichnet man als «to strike out», also ein Schuß daneben. Dieses ganze System steht und fällt mit der Voraussetzung, daß die Frau ursprünglich nicht will, sondern unter Druck gesetzt werden muß. Gibt sie diesem Druck nach, so sagt man, «she puts out», was soviel bedeutet wie, sie zahlt unwillig etwas aus, vermutlich aus einem Konto mit begrenzten Mitteln. Für Begehren seitens der Frau ist in diesem Denksystem nicht nur kein Platz, es würde sogar die gesamte Ökonomie der sexuellen Transaktionen aus dem Geleis werfen. Außer fortgeschrittener Geisteskrankheit der Frau gäbe es keine verständliche Erklärung für das Fehlen einer ursprünglichen Widerstandshaltung ihrerseits.

Männer, diese Beobachtung können wir vorerst festhalten, betrachten sich selbst nicht als besonders begehrenswert.

Die öffentliche Meinung glaubt: Frauen, die sich alleine mit einem Mann in eine Wohnung begeben, werden mit hoher Wahrscheinlichkeit von diesem überfallen. Männer müssen durch die Eheschließung beweisen, daß sie ehrliche Absichten haben und die Frau nicht nur für ein kurzes Amusement benutzen. Selbst wenn sie verheiratet ist, muß die Frau zu ihrem Schutz vor der Selbstsucht, Unehrlichkeit und Skrupellosigkeit anderer Männer eigentumsmäßig abgesichert werden. Männer sind so triebhaft und unbeherrscht, daß schon kurze fragmentarische Ausschnitte des weiblichen Körpers, gelegentlich sogar ihre unverschleierte und unverhüllte Gestalt, sie aus den Gleisen werfen.

Eine schlechte Meinung von der Männlichkeit, liebe Leser, hat nicht die radikale Frauenbewegung, sondern das Patriarchat selbst.

Entgegen allen Selbstbeschreibungen und entgegen den eindringlichen Warnungen der Männergesellschaft weigern sich die Feministinnen stur und unbelehrbar, an das Böse im Wesen des Mannes zu glauben.

* zur generellen Frauenfeindlichkeit im Bereich der Schimpfworte, vgl.: Miller, Casey/Swift, Kate: Words and Woman. N. Y. 1977, Kap. 7.

Uneinsichtig behaupten sie, daß es nicht so sein muß, wie es ist. Diese jeweiligen Thesen sind in dem öffentlichen Verständnis etwas durcheinandergebracht worden. Feministinnen, wird geglaubt, sind männerfeindlich. Sie schreiben, heißt es, den Männern pauschal finstere Absichten und schlechte Eigenschaften zu.

Findet hier nicht eine Verwechslung statt? Die Zuschreibung böser Absichten und schlechter Eigenschaften findet doch eigentlich seitens der Männer selbst statt, die ihre Geschlechtsgenossen gegenüber ihren Töchtern und in allgemeinen Darstellungen gesellschaftlicher Zustände in sehr finsteren Bildern beschreiben.

Eine schlechte Meinung über die Männer haben also in erster Linie die Männer selbst.

Mit gewohnter Pragmatik haben sich auch amerikanische Sozialwissenschaftler mit dieser Situation auseinandergesetzt. «In ihrem sexuellen Verhalten», vermerkt einleitend der Autor einer solchen Studie, Donald Carns, «haben sowohl Männer als auch Frauen ein Publikum und eine vorgegebene Identität, aber diese unterscheiden sich in grundlegender Weise.»[28] Die Frauen denken an die Beziehung, die Emotionen und die Person (schreibt der Soziologe), und die Männer denken an die Bewunderung ihrer Freunde, an die Notwendigkeit, sich nicht zu binden und an Modelle außerhalb der Alltagsrealität (Filme, Erzählungen etc.). Herr Carns interviewte 1177 Studenten und Studentinnen an 12 amerikanischen Universitäten. Für 60% der befragten jungen Männer lag die größte Befriedigung am ersten Geschlechtsverkehr darin, das Erlebnis zu «entprivatisieren». Mehr als 60% der befragten Männer verlor keine Zeit, sich sofort so vielen männlichen Freunden wie möglich anzuvertrauen. Frauen hingegen warten mit solchen Mitteilungen länger und sprechen mit weniger Personen darüber, wobei sie meist nicht über die technischen Aspekte, sondern eher über die Beziehung im ganzen reden wollen. Bei den Freunden der mitteilsamen Männer wird, so zeigten die Interviews, der Bericht mit jovialer Begeisterung und viel Schulterklopfen aufgenommen. Bei Frauen hingegen folgt meist eine sachlichere Erörterung. Der Mann, schreibt Carns, «bekommt vom Publikum Applaus». Die Frau, vermutet er, will entweder ein in der religiösen Erziehung begründetes Schuldgefühl abbauen oder über die Beziehung selbst mit einer Freundin sprechen. Bei Frauen hat es nicht den Charakter der Aufnahme in einen Klub, des Bestehens einer Prüfung oder des Sammelns von Punkten. «Der Mann», schreibt Carns, «bestätigt mit seinem Bericht das Gefühl der männlichen Verbundenheit und sein Gefühl der Zusammengehörigkeit mit anderen Männern, oder er bestätigt seine Freundschaft mit einem oder mehreren anderen Männern, indem er diesen eine Auskunft über seine Beziehung zu einer Frau anvertraut. In beiden Fällen erhält er dafür zustimmende Bestätigung, im ersten Fall, weil er die kulturellen Vorschreibungen für seine Geschlechtsrolle eingehalten hat, im zweiten, weil er von einer Frau, die nun als ‹seine› betrachtet wird, das Zugeständnis sexueller Rechte erhalten hat.» (Seite 682)

Nur in einem Fall weicht die Männeröffentlichkeit in ihrer Reaktion von ungetrübter Begeisterung ab, und zwar dann, wenn der Mann erzählt, daß er mit einer Frau geschlafen hat, «in die er verliebt ist oder die er heiraten will» (Seite 687). Hier kann auch er keine ermunternde Zustimmung erwarten, sondern eine ambivalente Erörterung der Frage möglicher Konsequenzen, eines potentiellen Schadens für die Frau und der sozialen Bedeutung seiner Beziehung. Erst als potentielle Ehefrau und damit als Person, die möglicherweise in einer längerfristigen Beziehung zu ihm und seinen Freunden steht, und darüber hinaus als «tugendhafte» Frau, die sich mit der Vergabe sexueller Bereitschaften an die Vorschriften gehalten hat (nur innerhalb einer zumindest potentiell ehelichen oder zumindest einer intensiven Liebesbeziehung für Frauen gestattet), hat die Partnerin jetzt Anspruch auf Rücksichtnahme und Verantwortungsgefühl.

Wie so oft bei sozialwissenschaftlichen Untersuchungen sind jedoch auch hier die Methoden, die Ausdrucksweise und die enthaltenen Werturteile noch viel interessanter als die zweifelsohne interessanten Ergebnisse der Umfrage. In neun Tabellen (auf zehn Seiten Text) und einer Reihe aufschlußreicher Vergleiche und Analogien legt Herr Carns reichhaltige Informationen dar, die viele Aufschlüsse auch über seine eigenen Einstellungen enthalten. So hat er z. B. fünf Frauenkategorien erarbeitet und seine männlichen Befragten gebeten, ihre Partnerin beim ersten Geschlechtsverkehr entsprechend einzuordnen. Hierbei befinden sich im Modell von Herrn Carns «erstes Rendezvous mit dieser Frau» und «Prostituierte» in derselben Kategorie. (Die anderen Kategorien sind «nach mehrmaligem Ausgehen», «emotionale Bindung», «verliebt, aber ohne Heiratspläne», «Heiratspläne».) Es ist wirklich interessant, daß ein Soziologe, der im Text die sexuelle Doppelmoral verurteilt, Prostituierte und Frauen, die nach dem ersten Rendezvous mit dem Mann schlafen, in dieselbe Kategorie einteilt. Ebenso interessant ist, daß er bei der korrespondierenden Kategorienbildung für Männer eine Kategorie weniger hat. Frauen können ihre männlichen Partner beim ersten Geschlechtsverkehr nicht in fünf, sondern nur in vier Kategorien einteilen, da es aus unergründlichen Kontemplationen des Kollegen Carns bei Frauen für die Beurteilung des Mannes keine Rolle spielt, ob sie mit dem Mann «einmal, mehrmals oder häufig» ausgegangen sind, bevor sie mit ihm schliefen. Da er nicht in Gefahr steht, als Prostituierter betrachtet zu werden, muß man hier offenbar nicht so fein differenzieren.

Auch Carns' Hypothesen über die Beweggründe weiblichen Verhaltens sind unterhaltsam.

Ein Teil der weiblichen «Mitteilungen» muß, vermutet Carns, eigentlich abgerechnet werden, da man annehmen kann, daß er nicht freiwillig erfolgt, sondern, geständnishaft, gegenüber einem neuen Freund, dem die Frau – so Donald Carns im Jahre 1973 in einem Projektbericht der anerkannten amerikanischen Northwestern University – ihren «nicht-jungfräulichen Zustand erklären muß». Während, wie Carns mit der vorsichtigen Klausel «wie es berichtet wird» (Soziologen legen ja Wert auf empirische Beweise) anmerkt, «viktorianische Frauen über Täuschungsmanöver verfügten und mit Tomatensaft ausgerüstet wurden, bleibt den modernen College-Studentinnen nur die Wahl zwischen der Wahrheit oder der Geschichte eines Unfalls beim Radfahren» (Seite 682).

Dieser Selbstdarstellung des soziologischen Denkens ist schwerlich noch etwas hinzufügen, außer daß die vorgetäuschte Sachlichkeit der neun Tabellen angesichts solcher Gedankengänge des Herrn Carns besonders bizarr anmutet.

In ähnlichem Stil setzen sich die beiden Soziologen David Berger und Morton Wenger[29] mit der «Ideologie der Jungfräulichkeit» auseinander, die sie auf ihre politischen und marktwirtschaftlichen Ursprünge zurückführen wollen. Der im «Journal of Marriage and the Family» erschienene Artikel beginnt mit einem Max Weber-Zitat und enthält sieben Tabellen, um den phantasievollen Ausführungen der Autoren einen angemessenen sozialwissenschaftlichen Rahmen zu geben. Die Grundhypothese ist denkbar einfach und wenig originell: in einer Gesellschaftsordnung, in der Männer über die wichtigen materiellen und politischen Machtmittel verfügen, ist es im Interesse der Frauen, wenigstens das einzige Gut, das ihnen am Markt als Einsatz bleibt, teilweise in einen Verhandlungsgegenstand umzuwandeln: ihre eigene Sexualität. Die Ideologie der Jungfräulichkeit legitimiert die weibliche Verweigerung oder «Dosierung» sexueller Leistungen und verbessert damit ihre Verhandlungsposition, sagen die Autoren. Um diese fragwürdige Interpretation zu untermauern (schon allein deshalb fragwürdig, weil die Wertschätzung der Virginität und die Sanktionen bei dem sog. «Verlust» überall aus der Männergesellschaft kommen und einhergehen mit der Verweigerung sachlicher Einstellungen und Informationen über Sexualität, repressiven Einschränkungen und Verhinderung weiblicher Selbstbestimmung in diesem Bereich und einer systematischen Einschüchterung und Ungleichheit, und weil sie mehr mit dem Eigentumsdenken und der sozialen Kontrolle zu tun haben als mit dem Handelswert der individuellen Frau selbst), sammeln die beiden Autoren eine Reihe von anekdotenhaften Aussagen zusammen. Ausgehend von der Mechanik des amerikanischen Vermarktungssystems führen sie aus, daß Frauen mittels der Ideologie der Virginität in der Lage sind, die Ware ihrer eigenen sexuellen Leistungen sachgerecht an den Mann zu bringen. Dabei spielt die Praxis des «Petting» nach Berger und Wenger die Rolle der Werbung bei anderen Gütern:

> «Diese Praxis hat viele Vorzüge. Erstens gestattet sie es der Frau selbst, ein Mindestmaß an heterosexueller Gratifikation zu erhalten. Zweitens, und was wichtiger ist, gibt es ihr die Möglichkeit, ihren sexuellen Wert als ausschließliche Partnerin zu behalten, obwohl sie die Grenzen des eigentlich keuschen Verhaltens überschritten hat. Dadurch kann die Frau dem Mann genügend Anreize bieten, daß er ein Stammkonsument auf dem Markt ihres sexuellen ‹Produkts› wird, während die gesellschaftliche Wertschätzung der Virginität ihr einen legitimen Grund gibt, die letzten Konsequenzen zu verweigern ,. . Ihre Stellung am Markt wird damit durch ausgiebige ‹Werbung› verbessert, ohne daß sie das ‹Produkt› hergeben muß.»

Die Autoren finden für ihre Interpretation folgenden treffenden Vergleich:

> «Die Frau ist damit in derselben Situation wie der Autohändler. Der Kunde darf einmal um den Block fahren, denn damit wird sein Interesse geweckt, aber er darf nicht davonfahren, ohne das Auto zu kaufen und auszuzahlen. Wenn es dem Verkäufer gelingt, den Kunden hinter das Lenkrad zu setzen für eine Probefahrt, dann vergißt dieser vielleicht die Beule auf der Kühlerhaube . . .
>
> Außerdem gestattet es dieses System dem weniger bemittelten Käufer (dem weniger attraktiven, ärmeren, machtlosen etc. Mann), gebrauchte Ware zu kaufen, ohne in seinem Selbstgefühl allzuviel Schaden zu nehmen . . .» (Seite 668)

Diese Darstellung ist die in sozialwissenschaftlichem Vokabular ausgedrückte stereotype männliche Sichtweise des weiblichen Verhaltens, das ja nur Ausdruck einer bewußten Strategie zum Einfangen eines geeigneten Ehemannes sein kann und nicht Folge eigener Bedürfnisse, Wünsche und Zwänge. Die Frau wird potentiell als Widersacher gesehen, der über ein gewünschtes Gut verfügt und dazu gebracht werden muß, es zu einem akzeptablen Preis herzugeben. Die individuelle Frau muß bei dem Mann ein solches Denken vermuten, da es (wie die beiden oben zitierten Kollegen tabellarisch nachweisen können) sehr verbreitet ist, was ihre Vorsichts- und Abwehrhaltung wieder verstärkt. Das wiederum bestätigt den Mann in seiner Sicht; tatsächlich aber ist, wenn die Ergebnisse der Untersuchung von Carns richtig sind, eine Liebesbeziehung oder ein Ehevorhaben die einzige Situation, in der eine Frau einigermaßen mit Aufrichtigkeit seitens des Mannes und seiner männlichen Bezugsgruppe rechnen kann. Frauen und Männer erzeugen damit gegenseitig die Verhaltensweisen, die sie in ihren negativen Erwartungen immer wieder bestärken müssen. Viele Frauen heiraten nicht zuletzt, um dem unerquicklichen Kreislauf dieser Begegnungen zu entkommen.

Hamburg, Dezember 1978

Es ist 11 Uhr abends, und wir warten bei einer Bushaltestelle, um nach einem Besuch im Frauen-Café in die Wohnung unserer Gastgeberin zurückzufahren. Um uns vor dem kalten Wind zu schützen, haben wir uns in den Torbogen eines Gasthofs gestellt. Plötzlich wankt ein Betrunkener auf uns zu, wirft sich vor uns zu Boden und greift nach unserem Rocksaum. Wir erschrecken momentan, weil wir nicht wissen, wie wir dieses unerwartete Ereignis einordnen sollen. Handelt es sich um eine spontane Geste der Ehrerbietung vor dem weiblichen Geschlecht oder um den Beginn eines Überfalls? Wir warten auf seinen nächsten Schritt, um zu entscheiden, ob wir ihm unseren Ring zum Küssen hinstrecken (bei unseren dicken Wollfäustlingen immerhin eine gewisse Prozedur) oder lieber nach der Polizei rufen sollen. Er jedoch scheint die Absicht zu haben, den restlichen Abend mit dem Studium unserer Stiefel zu verbringen, und wir fordern ihn auf, sich zu erheben und zu entfernen. Daraufhin steht er auf, starrt uns ungläubig an und beginnt empört zu fluchen und diverse Drohungen auszustoßen. Erst die Ankunft des Busses befreit uns und vertreibt ihn.

Am nächsten Tag gehen wir in die Fußgängerzone, in der Hoffnung, ein paar Weihnachtsgeschenke zu finden. Es ist ein langer Einkaufssamstag, und die Straßen der Innenstadt sind dicht gedrängt mit Leuten und Dekorationen. In dissonanter Weise beteiligt am vorweihnachtlichen Einkaufsbild ist ein Großaufgebot an Polizei in schwerer Kampfausrüstung. Es handelt sich um eine illegale Anti-Schah-Demonstration. Hinter uns hören wir, rivalisierend mit der Tonband-Weihnachtsmusik der Warenhäuser, den Sprechchor

«Der Schah ist
ein Mörder und Faschist»

Kaum haben wir den Zusammenhang zwischen bewaffneter Polizei und den mobilen Kleingruppen parolenrufender Demonstranten erfaßt, beginnt auch schon ein Polizist ohne sichtbaren Anlaß auf eine ältere Dame einzuschlagen. Kleinfamilien geraten in Panik, Ehepaare zerren ihre Kinder in verschiedene Richtungen, eine Dame im Nerz schreitet scheinbar achtlos zwischen zwei Blöcken rivalisierender marxistischer Gruppen in Militäranoraks hindurch, es sieht aus wie ein verrückt gewordenes Breughel-Bild. Eine «McDonald's-Hamburger»-Insel verwandelt sich in eine Festung, die Polizei reagiert auf Schlagworte mit Schlagstöcken, die Tore von C + A schließen sich hinter schutzsuchenden Einkäufern und Demonstranten. Letztere werfen noch mutig ein paar Flugblätter in die Menge, während erstere beim Versuch, ihre Einkäufe zu bezahlen, von der Polizei an den Kassen mit Schlagstöcken vertrieben werden.

Gebannt und fassungslos stehen wir vor diesem für Österreicher erstaunlichen Einblick in die politische Gegenwart des Nachbarlandes BRD (bei unserer letzten Demonstration «daheim» wurden wir von Blasmusik begleitet, und die österreichische Gendarmerie winkte vom Straßenrand), als plötzlich aus einer Seitengasse ein weiterer Trupp von Polizisten, interplanetarisch bekleidet mit Plexiglas-Schutzvisieren, anrückt und daraufhin Panik ausbricht. Einige Einkäufer versuchen, sich in die umliegenden Geschäfte zu retten, während die Inhaber sich beeilen, die Türen abzuschließen, um ihr Inventar vor den Ordnungshütern zu schützen.

Wir versuchen gerade, eine Fluchtroute ausfindig zu machen, da packt uns eine Gruppe von Männern mittleren Alters und schiebt uns mit dem energischen Ruf «Laßt die Frauen hinein» in eine Apotheke. Anläßlich dieser beiden knapp aufeinanderfolgenden Erlebnisse gewinnt der Ausdruck «Schutz- und Gewaltverhältnis» als Beschreibung der Beziehung zwischen den Geschlechtern für uns eine völlig neue Bedeutung.

Hinter jedem großen Mann . . .

Hinter jedem großen Mann, sagt das allseits beliebte Sprichwort, steht eine Frau. Eine Frau, die ihn inspiriert, ihn antreibt, ihm hilft, ihm zur Seite steht . . . Die berühmte Brooklyn Bridge in New York ist der Frau des großen Architekten gewidmet, der sie erbaute; sie war eine gottesfürchtige und gute Ehefrau, steht auf der Inschriftstafel, und man kann davorsitzen und über diese Aussage nachdenken, während eine «Etage» tiefer, unter dem Fußgängersteg, die Autos mit einem gespenstischen Dröhnen vorbeirasen. Bei Wissenschaftlern und Autoren, vor allem bei denen mit amerikanischer Staatsbürgerschaft, ist es eine edle Gewohnheit, den femininen Beitrag zum eigenen Werk in der Widmung zu würdigen. Da heißt es dann: «Mein Dank gebührt Fräulein (amerikanische Wissenschaftler sprechen von Frauen gerne als «Fräulein») Susan X. für das geduldige und aufopfernde Tippen meines unleserlichen Manuskripts und meiner Frau Jo-Ann für das sorgfältige Recherchieren, Katalogisieren, Erstellen der Bibliographie, Korrekturlesen, vor allem aber für die Geduld mit meinen Launen und Überspanntheiten», etc. etc. Meist werden diese Widmungen überlesen, denn sie sind sich alle sehr ähnlich und interessieren bestenfalls die gewürdigten, durch sie verewigten Personen.

Würde man sie nicht überblättern, sondern eingehend betrachten, so müßte man zwangsläufig zweierlei überlegen: erstens, daß die aufgezählten Leistungen häufig wissenschaftlicher Art sind und, wären sie von einem anderen Mann geleistet worden und nicht von einer angeheirateten Frau, zur Mitautorschaft berechtigten, in anderen Worten, hieße die Person nicht Jo-Ann, sondern Joe, dann würde der gute Joe auf dem Titelblatt stehen und nicht in der Widmung. Zweitens: gemessen an dem überschwenglichen Ton dieser ominös klingenden Entschuldigungen muß der schöpferische Prozeß bei vielen Männern zu wahrhaft schrecklichen Verhaltensstörungen führen. Man gewinnt den Eindruck, daß die Muse sie nicht geküßt, sondern eher gebissen hat und daß die Muse tollwütig war.

Ein charakteristisches Beispiel für die Frau hinter dem großen Mann sind die First Ladies. Mildtätig treten sie für gute Zwecke ein, teilen ihr Engagement gerecht auf zwischen dem selbstlosen Einsatz für den Mann und für eine unheilbare Krankheit ihrer Wahl, sehen sich unermüdlich Kindergärten an und ernten dafür nur Spott und ungünstige Fotos von sich auf windigen Flughäfen. First Gentlemen wie Herr Thatcher hingegen können mit dem Mitgefühl ihrer Umwelt rechnen, wenn sie kurz in den Schatten einer politisch oder anderseits prominenten Frau geraten.

Der Begriff des weiblichen Helfens, des Unterstützens, des liebenden Verständnisses ist in vielen Beziehungen, darunter auch einigen sehr prominenten, sehr großzügig gedehnt worden. So kann man in manchen Fällen nicht mehr von der «Frau hinter dem großen Mann» sprechen, sondern nur mehr von einer Person, die eine andere Person (allerdings eine umfangs- und konsequenzmäßig «große») wie Ballast vor sich her schiebt. Die berühmte Autorin Colette veröffentlichte ihre ersten Arbeiten unter dem Namen ihres Mannes Willy. Dieser 1873 geborenen Frau, und war sie noch so unkonventionell, konnte der Ehemann zumindest während der ersten Jahre ihrer «sehr unglücklichen Ehe» (diese Auskunft stammt von den nicht-feministischen Herausgebern des Penguin Verlags)[30] einreden, daß ihre Schriften unter eigenem Namen keine Chancen auf Erfolg oder sogar Drucklegung hatten. («Ich vermute», schreibt Virginia Woolf, die das Glück hatte, einen der wenigen Männer zu heiraten, deren Charakterstrukturen die Erfolge einer ihnen nahestehenden Frau nicht nur ertragen konnten, sondern sogar als angenehm empfanden, «daß ‹Anonym› eine Frau war», womit sie sich auf die vielen ungezeichneten Werke in der englischen Literaturgeschichte bezieht.[31])

Die Häßlichkeit und verzweifelte Destruktivität einer Beziehung, in der die emotionale Bindung zwischen zwei Menschen zersetzt wird von einem panikartigen Bedürfnis nach Verteidigung der eigenen vermeintlich bedrohten Identität auf der einen, nach Entfaltung der eigenen potentiellen, aber erstickten Identität auf der anderen Seite, läßt sich in klarer und beängstigender Weise illustrieren am Beispiel von Zelda und F. Scott Fitzgerald. Zelda Fitzgerald war eine begabte, unsystematisch gebildete Frau, die einen begabten, selbstzentrierten Mann heiratete und die zwischen ihren Gefühlen für ihn und den Bedürfnissen ihrer eigenen Persönlichkeit schwankte.

F. Scott Fitzgerald war ein Mann, der eine schöne und unkonventionelle Frau geheiratet hatte in dem irrigen Glauben, daß es sich um eine kopflose, aber dekorative Ergänzung zu seiner eigenen Person handelte. Er wurde schockartig mit der Wahrheit konfrontiert, die er psychisch oder literarisch bekämpfte auf Kosten seiner anderen Betätigung. Zelda trug aus diesem Kampf psychische Schäden davon; sie flüchtete sich schließlich in ein Haus für Geisteskranke, in dem sie starb, als durch einen Unfall dort ein Feuer ausbrach. Scott reagierte eher physisch; er war schon acht Jahre vor ihr an einem Herzanfall gestorben. Auch in dieser Form der Arbeitsteilung in bezug auf die Bewältigung von Leiden entsprachen Scott und Zelda den Erwartungen an ihr jeweiliges Geschlecht[32]: Frauen werden wahnsinnig, und Männer werden krank (bzw. sterben).

Die Krise in der Beziehung war darauf zurückzuführen, daß Scott seine ganze Identität auf die Tätigkeit als erfolgreicher Schriftsteller aufgebaut hatte. Zelda aber wollte nicht nur die Gattin des erfolgreichen Schriftstellers sein. Sie wollte selbst schreiben. Ihr Buch «Save me the Waltz»[33] ist der Beweis dafür, daß sie eine große Gabe für Charakterisierungen, Erzählungen und die Mitteilung von Empfindungen ohne Pathos, aber mit vollem emotionalem Gehalt besaß. Das Ehepaar schrieb einige Kurzgeschichten gemeinsam. Die Tochter der beiden behauptete später sehr verbittert, daß ihre Mutter in Wahrheit die Autorin der großen Werke ihres Vaters gewesen sei, daß dieser lediglich die holprigen Stellen poliert, die eigenwillige Grammatik verbessert und die Texte unterschrieben hätte. Er habe seiner Frau eingeredet, daß sie erstens eine talentlose Stümperin sei, daß zweitens der letzte Schliff die einzige kreative Arbeit darstelle und daß drittens eine Kurzgeschichte oder ein Buch mit ihrem Namen keine Chance auf Veröffentlichung habe und es viertens bei einem Ehepaar egal sei, wessen Name schließlich darunterstünde, da sie ohnehin eine Einheit darstellten. Wenn diese töchterlichen Enthüllungen stimmen, dann erklärt sich sicherlich ein Teil des aggressiven und brutalen Verhaltens von Scott gegenüber Zelda während der letzten Ehejahre mit den zersetzenden Einflüssen des schlechten Gewissens und des Ressentiments.

Zelda war im amerikanischen Süden aufgewachsen, einem Gebiet, in dem Ästhetik und Funktionslosigkeit gleichgesetzt werden und die Töchter der oberen Klassen für diese beiden zusammenhängenden Bereiche bestimmt sind. Die kreativen Bedürfnisse Zeldas fanden ihren Ausdruck in dilettantischem Malen, dilettantischem Ballett und dem Versuch, die paradoxen, ironischen und frustrierenden Erfahrungen ihrer Gesellschaftsschicht und ihrer Epoche schriftlich festzuhalten. Sie erhielt keine Förderung, und später wurde sie von ihrem Ehemann für ihre Bemühungen im literarischen Bereich sogar bestraft. Sie beschloß daher, es wieder mit Ballett zu versuchen, eine Tätigkeit, bei der er keine Ambitionen hatte und vermutlich keine Rivalität verspüren würde. Aber sie war zu alt, um in diesem anstrengenden und harte Disziplin fordernden Beruf noch eine Chance zu haben, mehr zu werden als ein begabter Amateur. Sie versuchte sich abzulenken, und Scott versuchte, sie abzulenken. Man fuhr an die Küsten südländischer Regionen. Als die Spannungen in der Ehe trotz dieser «geographischen» Bemühungen zunahmen, boten sich zwei Erklärungen an: Erstens: Zelda war unglücklich, weil die Ehe schlecht war, was zugleich bedeutete, daß Scott in gewisser Hinsicht versagt hatte. Zweitens: Zelda war unglücklich, weil Zelda krank war.

Die zweite Erklärung war die bequemere, und Scott hielt daran fest, obwohl verschiedene Psychiater seine Ansicht nicht teilen wollten. Als einer von Zeldas Ärzten Scotts Alkoholismus mitverantwortlich für die

Konflikte machte, antwortete ihm Scott in einem langen und vorwurfsvollen Brief, daß «er für Zelda seine anderen Frauen aufgegeben hatte, was ihm bei seiner Berühmtheit und seinen Möglichkeiten nicht leichtgefallen war; da war es doch wirklich eine Bosheit und eine Ironie, daß sie (Zelda) jetzt auch noch verlangte, er solle für sie den Alkohol aufgeben».[34]

Die Briefe Scotts aus der überlieferten Korrespondenz zwischen Scott und Dr. Meyer, Zeldas Arzt, sind eine lange und vielfältige Rechtfertigung seiner eigenen Interessen. Zu unterschiedlichen Zeitpunkten führte Scott ins Spiel, daß man einem Genie wie ihm gegenüber nicht so kleinlich sein durfte, jedes kleine Laster zu bekritteln; daß er Zelda und ihre Mängel besser kenne als irgendein «objektiver Spezialist», der ja doch nur durch das schauspielerische Talent seiner Frau irregeleitet sei; daß es die beste Therapie für Zelda wäre, wenn Dr. Meyer seine unsinnigen Vorstellungen vergessen und statt dessen Zelda mit dem Gefühl, «allein, verlassen und ungeliebt zu sein», etwas erschrecken würde; daß es Dr. Meyers Aufgabe sei, ihm, dem Ehemann, zur Seite zu stehen und seine sinkende Autorität – natürlich auch zum Besten Zeldas – zu stützen. Meyers Vorschlag, Scott solle selbst in psychoanalytische Behandlung gehen, wies er empört zurück.

Schließlich fand unter Anwesenheit eines anderen Arztes ein Gespräch zwischen den Ehepartnern statt, das stenographisch festgehalten wurde. Einleitend monologisierte Scott über seine ungewöhnliche Begabung und über die literarische Berufung, die er schon im Alter von zehn Jahren deutlich gespürt hatte. Der Unterschied zwischen demjenigen, der berufen ist, und demjenigen (in diesem Fall Zelda), der stümperhaft herumspielt, ist oft schwer erkennbar, erklärte er. In seinem und Zeldas Fall jedoch könne man den Unterschied darin erkennen, daß Zelda sich hinsetze und locker dahinschrieb, während er selbst unter nächtelangen Qualen über seine Werke gebeugt unter dem schöpferischen Prozeß stöhnte. Daß er seit sieben Jahren kein gutes Buch mehr zustande gebracht hatte, schimpfte er, sei einzig und allein die Schuld Zeldas, denn ihr Projekt, Ballett zu lernen, habe seine empfindsame Seele völlig aus der Bahn geworfen. Während sich Zelda in diesem Gespräch eher schüchtern mit zurückhaltenden Selbstverteidigungen zu Wort meldete, teilte er ihr mit, daß sie in allem und jedem «drittrangig» sei, im Schreiben und im Tanzen.

«Das hast du mir schon oft gesagt», antwortete Zelda darauf nur.

«Ich bin ein berufsmäßiger Schriftsteller», deklamierte er weiter, «mit einem riesigen Kreis von Bewunderern. Ich bin der bestbezahlte Kurzgeschichtenautor in der ganzen Welt. Zu verschiedenen Zeitpunkten dominierte ich in den Bereichen der . . .»

An dieser Stelle unterbrach Zelda mit dem Hinweis:

«Dann hast du es doch nicht nötig, gegen ein drittklassiges Talent so scharf vorzugehen.»

Mehrmals im Verlauf des Gesprächs legte Scott dar, daß er Zelda finanziell unterhielt und daher die zentrale Person der Beziehung war; er ermöglichte ihre Existenz schon materiell. Seiner Auffassung nach sei es ihre Aufgabe als Frau, die «komplementäre Intelligenz» zu seiner darzustellen. Er wünschte sich, sagte er, daß sie «sich auf seine Interessen konzentrierte». Das sei ihre vorderste Pflicht, denn er «steuere in der Beziehung den Kurs, er war der Pilot».

Zelda unterbrach diese Ausführungen über die eheliche Arbeitsteilung mit dem Appell:

«Mein Leben ist so unglücklich, daß ich sogar lieber in einer Anstalt wäre als bei dir. Bedeutet dir das nichts?»

«Es bedeutet mir überhaupt nichts», sagte Scott.

«Was willst du überhaupt von mir?» fragte sie.

«Daß du aufhörst zu schreiben.»

Zu dieser Zeit schrieb Zelda an einem Roman. In ihrer Biographie des Ehepaares erzählt Nancy Milford, daß Zelda an diesem Buch nur in ihrem eigenen Zimmer und hinter versperrten Türen schrieb, da Scott gedroht hatte, das Manuskript zu vernichten, falls es ihm jemals in die Hände fallen sollte. Im protokollierten Gespräch bezog er sich auf diese Drohung und wiederholte, daß er «ihr Manuskript zerreißen würde, wenn er sie dabei ertappte, daran zu schreiben».

Sie sagte: «Ich will nicht, daß du es vernichtest. Du weißt selbst, daß Teile davon gut geschrieben sind, und du weißt, daß es mir das Herz brechen würde, wenn du es vernichtest.»

Dem Arzt, der voll auf seiten Scotts stand, erklärte sie, daß sie es nicht ertragen konnte, so abhängig von Scott zu sein. Nicht nur die materielle Abhängigkeit störte sie; vor allem brauchte sie etwas Eigenes, etwas Konkretes, eine Leistung, die sie ihm entgegenhalten konnte als Beweis, wenn er sie wieder einmal abwertete.

Darauf fragte sie der Arzt, ob sie glaube, daß es sich lohnen würde, einen ernsten Konflikt heraufzubeschwören. Was hätte sie davon, argumentierte er, wenn sie vielleicht eine bekannte Autorin würde, aber dafür ihren Mann verlor. Würde sie glücklicher sein, wenn ihre Kreativität zwar einen Ausdruck fand, aber sie dafür in Einsamkeit leben müsse? Würde sie ihre Entscheidung nicht einmal bereuen, wenn sie alt und einsam war?

Zelda antwortete, nach einer kurzen Pause:

«Also, Dr. Rennie, ich finde, daß das vielleicht eine etwas dumme Frage ist . . . Wie soll ich sagen, wie ich mich dann fühlen würde. Außerdem . . . was ist denn unsere Ehe schon? Soweit ich mich zurückerinnern kann, ist es ein einziger Kampf gewesen.»

Das Ergebnis dieses Gesprächs, unter der fachkundlichen Leitung von Dr. Rennie (der an Scott keine ähnlichen Fragen stellte wie an Zelda), war das Ultimatum von Scott an Zelda, nicht mehr zu schreiben.

«Überhaupt nichts mehr?» fragte sie.

Er zählte eine Reihe von Themen auf, über die sie bestimmt nicht schreiben durfte, und meinte, sie dürfe vielleicht über andere Dinge schreiben, aber «die Idee, was sie immer auch sei, müsse ihm zuerst zur Einwilligung vorgelegt werden».

Zelda beschloß, daß sie lieber in eine Nervenheilanstalt gehen wollte, um schreiben zu können.

Als Dr. Rennie später eher die Neigung zeigte, Sympathien für die Probleme Zeldas zu empfinden, warf ihm Scott vor, sich in sie verliebt zu haben.

Die Zerstörung der beiden und das Ende ihrer Beziehung ist um so bedrückender, wenn man die hoffnungsvollen Liebesbriefe ihrer Anfangszeiten den Gesprächsprotokollen der Endphase gegenüberstellt. Wer als Frau die Dokumentation dieser Beziehung liest, wird überzeugt sein von der Authentizität der Ängste und Gefühle, die Scott zu seinem Verhalten veranlaßten, aber es wird eine Spur von Unverständnis zurückbleiben gegenüber einem talentierten Mann, der kein anderes Talent neben dem eigenen dulden konnte. Zelda, die keine Bestätigung für ihre Begabungen erhielt, die von dem Menschen, der ihr am nächsten stand, ständig verspottet und herabgewürdigt wurde, erhielt sich ihren Stolz und ihre Überzeugungen bis in die Anstalt, in der sie noch malte und schrieb. Scott, der schon als junger Mann berühmt wurde und für Romane wie «The Great Gatsby» von der Öffentlichkeit gefeiert wurde, konnte es nicht ertragen, daß eigenständige Tätigkeiten anderer Menschen in seiner Umwelt den eigenen Ruhm und die eigene Wichtigkeit in irgendeiner Weise relativierten. Hier eine unterdrückerische Absicht zu unterstellen wäre eine nur unbefriedigende Erklärung. Woher kommt dann aber die Angst, die solche Abwehrhaltung motiviert und auf Kosten der eigenen engsten Beziehungen, des eigenen Friedens, des Wohlergehens geliebter Personen fast zwangshaft gebietet?

Als zentralen Forschungsbereich in den zwischenmenschlichen Beziehungen notiere man die Angst der Männer vor Frauen, die nicht hinter ihnen stehen, sondern neben ihnen.

Ein weiterer aufschlußreicher und deprimierender Fall dieser Kategorie ist Margaret Mead, eine Frau, die weder im Schatten eines Mannes stand noch einsam war, die Ehe und Kreativität entgegen den finsteren Warnungen von Dr. Rennie und Konsortium verbinden konnte. In ihrer Autobiographie «Brombeerblüten im Winter» [35] schildert Margaret Mead kurz und gar nicht lamentierend ihre Erfahrungen mit Männern im Verlauf ihrer Ehen (und Scheidungen). Ihre erste Ehe war eine Studentenverbindung, die den Übergang ins konkrete Leben und vor allem in die oftmals divergierenden Ambitionen von zwei selbständigen Persönlichkeiten nicht überstand. Das zweite Mal heiratete Margaret in der Hoffnung auf mehr berufliches Verständnis und Zusammenarbeit einen Kollegen; die alltäglichen Aspekte des Zusammenlebens und -arbeitens gestalteten sich jedoch schwierig.

Reo, ihr Mann, konnte als kritisch denkender Intellektueller nicht an die natürliche biologische Verpflichtung Margarets, auch seinen Anteil der Hausarbeit mitzuleisten, glauben; ebensowenig jedoch sah er sich imstande, seinen Beitrag zu leisten. Margaret, die wegen einer so profanen Streitfrage die Beziehung nicht opfern wollte, trug mit Fassung «die Strafe dafür, daß (sie) eine Frau war», und übernahm neben ihrem Beruf auch den ganzen Haushalt.

> «Hinzu kam, daß Reo mich nicht gern den Haushalt machen sah und auch nicht gedachte, mir dabei zu helfen; aber er faßte es als Vorwurf auf, daß ich es überhaupt tun mußte. In Reaktion darauf wurde ich Experte darin, am Sonntagmorgen aufzuräumen und scheinbar dem, was er sagte, die volle Aufmerksamkeit zu schenken. Ich wartete auf eine Pause in der Unterhaltung, um hinauszulaufen und ein Laken zu glätten oder eine Tasse abzuwaschen und dann wieder zu erscheinen. Auf diese Weise erledigte ich die nötigen Dinge so unauffällig, daß Gregory Bateson später, als er unser Lager am Sepik besuchte, sagte, er habe mich noch nie bei der Erledigung von Hausarbeit gesehen.» (Seite 147)

Auch während der gemeinsamen Forschungsarbeiten war das Zusammenleben mit Reo nicht einfach; seine für einen Ethnologen hoffentlich unübliche Gewohnheit, die «eingeborenen» Bediensteten körperlich zu bedrohen, wenn der gebotene Gehorsam nicht erfolgte, belastete Margaret Mead sehr, die sich bei manchen Anlässen «zwischen den Jungen (den Diener) und Reos erhobene Hand warf» (Seite 162).

Ihre ständigen Sorgen um das physische und psychische Wohl von Reo (z. B. ihre Angst, wie er auf Publikationen, die sie verfaßt und die Aufsehen erregt hatten, reagieren würde) hatten bedauerlicherweise kein entsprechendes Gegenstück. In ihrer Autobiographie erklärt sie ohne den leisesten Anflug von Vorwürfen, sondern verständnisvoll die Unstimmigkeiten zwischen Reo und ihr mit seiner andersartigen frühkindlichen Sozialisation, den nervlichen Belastungen des Berufs und diversen ihn entlastenden Umweltfaktoren, aber selbst aus ihren neutralen Schilderungen gewinnt man ein bedrückendes Bild der Einseitigkeit der emotionalen Investition und der unterstützenden Fürsorge:

> «Als ich einen infizierten Finger hatte, der einen heißen Umschlag brauchte, wurde mir gesagt, ich solle ihn mir selber machen. Und als

ich einmal in New York Fieber hatte, weigerte er sich, ein Thermometer zu kaufen; als ich schließlich eine Nachbarin herbeirief, stellte sich heraus, daß ich 40° C Fieber hatte. Ich erwartete kaum mehr Mitgefühl.» (Seite 170)

Die dritte Ehe war stabiler, aber nicht viel erfreulicher. Nachdem Margaret Mead, die durch alle Ehen hindurch ihren eigenen Namen behalten hatte, weil sie aus ihren Studien über andere Völker zur Überzeugung gekommen war, daß der eigene Name für die individuelle Identität eine wichtige Rolle spielt, eingewilligt hatte, daß das Kind den Nachnamen des Vaters bekommen sollte, entstand auch noch eine Auseinandersetzung über die Wahl des Vornamens; nicht einmal diesen durfte sie für ihre Tochter auswählen. Weniger präsent als bei der Stempelung seines Eigentums war der Vater bei der Versorgung des Kindes; Margaret Mead erinnert sich nur an ein einziges Wochenende, «an dem er sich auch um das körperliche Wohl der kleinen Tochter kümmerte» (Seite 216).

Frauen sind in der Regel bestrebt, Kreativität bei den mit ihnen in Beziehung stehenden Männern zu fördern; im Gegensatz zu Männern betrachten sie es nicht als Provokation, sondern als persönlichen Erfolg, wenn auch ihre Männer, Freunde, Geliebten oder Söhne schöpferisch tätig sind und Anerkennung finden. Das ist selbst dann noch der Fall, wenn sie persönlich dadurch nicht profitieren, weder finanziell noch in bezug auf soziales Ansehen. Frauen wie Anais Nin oder George Sand, die selbständig und ohne ruhmreiche Verbindung mit bekannten Männern einen Namen für sich machten, waren trotzdem ständig bestrebt, die Männer in ihrer Umgebung zu fördern, zu versorgen, ihrem Anspruch auf Bemutterung und Fürsorge entgegenzukommen.

Anais Nin gab ihre Schreibmaschine Henry Miller, der sie versetzte und in Alkohol umwandelte, statt darauf – wie ursprünglich geplant – seinen Bestseller fertigzustellen.

Anais Nin, bekannt durch ihre Tagebücher, in denen sie – beginnend in den dreißiger Jahren – ihre Eindrücke über Künstler, Schriftsteller und Psychologen aufzeichnet, führt im ersten Band ihr Verhältnis zu Henry Miller aus, der damals am Beginn seiner Karriere stand. Sie förderte Miller sowohl materiell als auch psychisch, indem sie ihm das Gefühl gab, im Besitz einer Muse zu sein, die ihn zu außerordentlichen Höhenflügen der Kreativität befähigte.

Anais Nin stand in krassem Gegensatz zu den Frauengestalten, die er in seinen Schriften karikierte. Von seiner Ehefrau June hatte Nin ein abschreckendes Bild aus Erzählungen Millers gewonnen und war überrascht über die Sympathien, die sie gegenüber dieser stillen und begabten Frau empfand, als sie sie persönlich kennenlernte.

June, die sich verzweifelt, aber vergeblich gegen die haßerfüllte Darstellung ihrer Person in seinen Romanen wehrte, weinte, als sie «Wendekreis des Krebses» las: «Es ist eine Verzerrung, er sagt, ich lebe in einer Verblendung. Aber *er* tut es, *er* ist es, der mich nicht sieht . . . Er macht alles abscheulich.»[36]

Anais Nin erzählte, daß die «literarische Brutalität», mit der er June zur bösen Frauengestalt seiner Bücher machte und ihre Beziehung verzerrt darstellte, für seine Frau sehr verletzend war. June erkannte das strukturelle Muster in Millers Beziehungen zu Frauen sehr klar: «Er verletzt meinen Stolz. Er braucht häßliche und gewöhnliche Frauen, passive Frauen. Meine Stärke erträgt er nicht.»

Zwischen Anais und June entwickelte sich ein sehr enges Verhältnis, das die Beziehung von Anais zu Miller vorübergehend trübte. Sie schreibt in ihrem Tagebuch, daß sie von der Feindschaft Millers, die sie zu spüren bekam, betroffen war und daß er ihr gestand, auf Frauen eifersüchtiger zu sein als auf Männer. Nach einer Uneinigkeit schreibt sie: «Henry, der mich für etwas Besonderes gehalten hat, zweifelt nun an mir», eine Beobachtung, die deutlich das wahnhafte Dominanzstreben der eigenen Einschätzungen und Wertungen von Miller zum Ausdruck bringt.

In einer Zeit, als Anais selbst mit Schreiben beschäftigt war, trat sie oft mit ihren Bedürfnissen zurück, um Miller zu unterstützen: «Ich gab ihm meine Schreibmaschine und schreibe mit der Hand.»

Anais Nin ist auf fast vierhundert Seiten ihres Tagebuchs um die künstlerische, intellektuelle und psychische Entwicklung Millers besorgt. Sie war bereit, ihn mit allem Materiellen auszustatten, damit er sein Genie entfalten kann. Ihr selbst fehlte es dann zwar, aber es bereitete ihr Vergnügen, ihn nach einem gemeinsamen Gespräch produktiv an der Arbeit zu sehen.

In ihrem Tagebuch finden sich kurze Notizen, auf die sie nicht näher eingeht, wie: «Um Henry zu helfen, habe ich meine Ausgaben für Kleidung, Unterhaltung, den Gärtner und für Delikatessen eingeschränkt.» – «Ich kleide mich einfacher . . . Ich fühle nicht mehr so stark das Bedürfnis, originell zu sein.» Einige Monate später schreibt sie trocken, ohne weitere Rationalisierungen anzubringen für ihren geänderten Lebensstil: «Ich habe Löcher in den Schuhen. Ich bezahle meine Rechnungen nicht. Ich versuche ‹House of Incest› zu beenden.»

Während Miller mit seinen Sorgen zu ihr kam, über die sie stundenlang diskutierten, ging Anais mit ihren eigenen Problemen zu Allendy in eine psychoanalytische Behandlung. Verunsichert über ihre Lebensumstände, fragte sie sich im Lauf einer Sitzung einmal, ob sie nicht «. . . lieber einen Künstler heiraten und mit ihm arbeiten, als selbst einer sein» sollte.

Trotz ihrer Anteilnahme am Leben anderer fühlte sich Anais Nin letztlich aber allein: «Von der besonderen Einsamkeit der Frau wissen Männer nichts. Der Mann liegt im Schoß der Frau nur, um neue Kräfte zu gewinnen, er baut sich auf aus der Vereinigung und dann erhebt er sich und geht hinaus in die Welt zu seiner Arbeit, in seinen Kampf, zu seiner Kunst.»

Anais finanzierte Millers Reise nach London, wo er einen Verleger treffen sollte. Sie beschrieb ihn als Menschen, der nur auf den Seiten seiner Bücher kämpfen könne, im Leben lief er davon.

Trotz seiner kämpferischen Unkonventionalität bewegten sich Nin und Miller konform mit den Zwängen ihrer Geschlechtsrollen. Miller ging sogar soweit, die Existenz des Tagebuchs in Frage zu stellen. Über diese Tagebücher, die Anais Nins bekannteste Schriften geworden sind und schon damals ihre wichtigste künstlerische und persönliche Ausdrucksform waren, schrieb sie nach einem solchen Gespräch: «Ob Henry recht hat? Er möchte nicht, daß ich mein Tagebuch weiterschreibe, das er für eine Krankheit hält, eine Ausgeburt der Einsamkeit . . . Immer ist jemand gegen mein Tagebuch gewesen. Meine Mutter sagte, ich solle spielen gehen . . . Meine Tante in Havanna behauptete, ich würde mir dabei die Augen verderben und die Burschen abschrecken.»

Während Anais Nin noch von Selbstzweifeln geplagt über Millers Vorschläge nachdachte, ordnete sie seine Notizbücher, die er für sie zurechtgelegt hatte, damit sie sie zum Binden bringen konnte.

Selbst ihr Analytiker, stellte sie fest, suchte eher bei ihr emotionale Unterstützung, als ihr welche zu geben: «Anstatt daß er versuchen würde, mir zu helfen, aus den Verallgemeinerungen herauszukommen, fängt er an, über seine eigenen Probleme zu reden.»

Zu Rank, der sie ausbildete, entwickelte sie eine tiefe Bindung, er versuchte Nin zu überreden, mit ihm nach New York zu übersiedeln; sie würde, meinte er, ihm den Mut zu einem neuen Start geben. Diese Ereignisse fielen in eine Zeit, als sie ein Kind erwartete, zu dessen Geburt sie eine ambivalent-ängstliche Haltung einnahm: «Ich habe schon für so viele Menschen zu sorgen. Ich habe schon zu viele Kinder . . . So viel Arbeit ist zu tun, so vielen sollte man helfen und dienen. Ich habe schon mehr als ich bewältigen kann.»

Sie entschloß sich, für zwei Monate nach New York zu gehen, «um Rank zu einem neuen Leben zu verhelfen». In der Zwischenzeit erreichten sie verzweifelte Briefe Ranks aus Amerika, «er erinnert mich daran, daß er alle wichtigen offiziellen Verpflichtungen in London abgesagt habe, um an mein Bett zu eilen, als ich in der Klinik lag. ‹Jetzt bin ich der Sterbende›, schreibt er. Komm, rette mich! Ich muß Henry zurücklassen, der für sein Buch gegen die Ängstlichkeiten von Kahane (des Verlegers) ankämpft, meinen Vater . . . das Leiden der anderen steckt mich an, und mit so leeren Händen wird keiner von mir weggeschickt, daß er nicht doch ein Stück meiner Kraft und meines Mitgefühls mitnehmen kann.»

George Sand, eine ungewöhnlich selbständige und exzentrische Frau, pflegte das musikalische, aber sonst völlig lebensunfähige Talent Chopin durch mehrere Jahre; als er ohne sie verreisen mußte, traf sie Vorkehrungen von langer Hand für sein Überleben in der Großstadt Paris. Da sie wußte, daß er ohne Aufsicht weder sein Zimmer lüften noch sich selbst waschen würde, schrieb sie ihrer Freundin Madame Marliani,

> «Mein kleiner Chopin ist unterwegs: ich übergebe ihn Dir. Kümmere Dich um ihn, auch wenn er das nicht will. Er ist so gedankenlos und sein Diener ist dumm, wenn auch gutmütig. Um seine Mahlzeiten muß man sich keine Sorgen machen, denn da wird er immer eingeladen, aber ich fürchte, daß er in der Früh zu seinen Unterrichtsstunden gehen wird, ohne seine Schokolade zu trinken . . . Im Augenblick ist er gesund, aber wenn er nicht normal ißt und schläft, wird er bald wieder krank sein . . .»

In seiner Biographie von George Sand schreibt André Maurois zur Beziehung zwischen Sand und Chopin, daß «Chopin, während der Dauer seines kurzen Lebens, ohne die Fürsorge und den Einfluß seiner Aufenthalte mit Sand in Nohant wahrscheinlich niemals so viele große Werke komponiert hätte.»[37]

Für viele Männer ist es ein Liebesbeweis, wenn Frauen sie mit Dienstleistungen und Versorgungsbemühungen überschütten; sie lassen sich infantilisieren, was nicht ausschließt, daß sie sich zugleich zu erhabenen Gestalten aufbauen. Für die Figur des geistesabwesenden Professors, der hilflos, aber genial durchs Leben stolpert, für den cholerischen, aber brillanten Künstler, dem man Frauen vorwerfen muß wie dem Minotaurus seine lebenden Opfer, um seinen schöpferischen Prozeß zu nähren, für den wutschnaubenden Direktor, um den alle einen großen demütigen Bogen machen müssen, während er seine internationalen Geschäfte abwickelt und seine Finanzkrisen löst, für diese Gestalten gibt es kein weibliches Äquivalent. Geringfügige Anflüge von Unmut oder Sonderwünschen werden bei Frauen als primadonnenhaftes Gehabe im Keim erstickt; Frauen, die das Licht der Öffentlichkeit auf sich ziehen, müssen im Gegenteil ihre Bescheidenheit und ihre Normalität demonstrieren. Nur in ganz wenigen Ausnahmefällen wird launenhaftes Star-Verhalten auch bei Frauen geduldet und dann nur, wenn die Frau zugleich als unglücklich und suizidgefährdet gilt und sich nach mehreren Versuchen erfolgreich das Leben nimmt, wenn sie alt und unattraktiv einem einsamen

Ende entgegensieht oder zum bürgerlich-weiblichen Leben bekehrt werden kann. Prominente Frauen, sei es Farah Diba, Königin Silvia, Prinzessin Grace, Rosalynn Carter oder Margaret Thatcher, werden in Medien und Blättern stets als Frauen mit «normal weiblichen» Sorgen und durchschnittlichen Lebenseinstellungen dargestellt, während berühmte Männer immer als außergewöhnlich und erhaben geschildert werden. Berühmte Frauen leiden, machen sich Sorgen, kümmern sich um ihre Kinder und Ehemänner, bereuen Fehlentscheidungen, verlieben sich, werden verlassen; berühmte Männer dagegen haben eiserne Nerven, kalkulieren eiskalt, setzen das Schicksal ganzer Kontinente aufs Spiel und versuchen, sich von menschlichen Empfindungen, Tätigkeiten und Problemen so weit wie möglich fernzuhalten. Sie versuchen, eine glatte Oberfläche zu präsentieren, unverletzbar, überlegen; zur Kompensation brechen sie im Privatbereich häufig nieder und lassen sich betreuen wie Kleinkinder. Für die Frauen in ihrem Leben ist das häufig sehr strapaziös; nicht nur aufgrund der anfallenden psychischen und materiellen Arbeit, sondern ironischerweise auch aufgrund der Abwertung und Aggression, die ihr Lohn dafür ist. An ihnen wird abreagiert und ausgelebt, was das öffentliche Bild des Mannes nicht zulassen würde, und ihr Beitrag zur Karriere wird häufig abgewertet und trivialisiert, um die Wichtigkeit des Mannes nicht zu schmälern oder zu relativieren. Nach ihren Beobachtungen dieser Tatbestände in vielen prominenten Familien und Ehen schrieb George Sand, sonst voll der Sympathien für kreative Personen beiden Geschlechts,

> «Ich bin dieser großen Männer überdrüssig. Ich lese gerne über sie in den Seiten von Plutarch, denn da empören und verletzen sie mich nicht in meinen humanistischen Prinzipien. Wir sollten sie in Marmor meißeln oder in Bronze gießen und sie vergessen. Im wirklichen Leben sind sie nämlich ekelhafte Kreaturen, Unterdrücker, launenhaft, despotisch, verbittert und mißtrauisch . . . Ihre Freunde behandeln sie viel schlechter als ihre Feinde. Gott bewahre uns vor ihnen!»[38]

Aber nicht nur die «großen Männer» der Weltgeschichte, auch die kleinen Chefs des Alltags (Professoren, mittlere Manager, Ärzte etc.) gehaben sich oftmals größenwahnsinnig. Welche Sekretärin, welche Telefonistin, welche Assistentin ist nicht geschult (durch die Praxis) im Umgang mit schwierigen Charakteren. Und da unmögliches Verhalten oftmals als Beweis für ungewöhnliche Belastungssituationen oder für die Selbstqualen im Lauf schöpferischen Denkens gilt, gefallen sich manche Chefs in der Rolle des Schwierigen, des Komplizierten, des von inkompetenten Unterläufern umgebenen Genies. Ihre weiblichen Untergebenen haben meist eine abgeklärtere Haltung gegenüber der Profilierung ihrer Chefs als brillante Tyrannen. «Das Küchenpersonal» amüsiert sich oft über die Allüren der Übergeordneten, wobei das Amüsement natürlich einen selbstironischen Aspekt beinhaltet, da man diesen Launen zugleich täglich ausgeliefert ist.

Wir sprachen mit einigen dieser Frauen in besagten Positionen. Es ist erstaunlich, wie viele Männer in gehobenen Positionen in regelmäßigen Abständen ihre Selbstbeherrschung verlieren und türenknallend Sitzungen oder Besprechungen verlassen, Sekretärinnen anschreien, Papiere schleudern, Briefe zerfetzen und sich zu anderen Bühnenauftritten dieser Art hinreißen lassen, um fünf Minuten später gesammelt, würdig lächelnd und gewichtig der Öffentlichkeit, einem wichtigen Besucher oder einem Auditorium gegenüberzutreten. Die Putzfrau in einer Anwaltskanzlei erzählte uns, daß sie bei den Szenen zwischen Chef und Sekretärin immer hinter dem Chef steht und der Sekretärin bedeutet, lieber die ungerechtfertigten Beschuldigungen und Vorwürfe über sich ergehen zu lassen als Widerstand zu leisten, denn «wenn man nichts sagt, beruhigt er sich wieder, wenn man aber mit ihm diskutiert, geht er auf wie ein Germteig (Hefe)». Die Sekretärin eines Forschungsinstituts schilderte den wissenschaftlichen Alltag als turbulent. Der Vorstand verkündet der versammelten Mitarbeiterschar seine psychischen Probleme und die Phasen seines Nachdenkens, läßt sich Fencheltee kochen und schreit, daß er nicht genug Verständnis findet. Wenn jedoch ein Mitarbeiter ein Problem hat, erwidert er, daß «er sich mit solchem individualistischen Klimbim im Moment wirklich nicht auseinandersetzen kann». Als die Tochter seiner Sekretärin erkrankte und diese pünktlich heimgehen wollte, brauste er auf: «Ich kann das schon verstehen», sagte er, «aber Sie vergessen, daß hinter uns die Steppe brennt!»

Michael Maccoby, ein bekannter amerikanischer Sozialwissenschaftler, der mit Erich Fromm und David Riesman zusammenarbeitet, führte 1976 eine umfassende Untersuchung über amerikanische Wirtschaftsunternehmen durch. Dabei wurden 250 Manager von zwölf führenden Konzernen in verschiedenen Teilen der Vereinigten Staaten befragt und auf ihr Selbstbild und ihre Persönlichkeitsstruktur getestet. Davon ausgehend, entwarf er ein «Profil» von typischen Erfolgsmännern im Wirtschaftsleben: «business»-orientiert auf Kosten jedes Privatlebens, zielstrebig, innovativ, individualistisch und infarktogen. Der Beruf hat eindeutig Priorität über Familie oder Beziehungen, so sehr, daß «die Männer sich im Büro mehr daheim fühlen als zu Hause». Die Identifizierung mit dem Betrieb oder der Arbeit erzeugt ein «negatives Syndrom von Abhängigkeit: Unterwerfung unter die Ziele der Autorität, sentimentale Idealisierung der Machthabenden und eine Tendenz, ihre eigenen Werte zu verraten, um Sicherheit, Erfolg und Wohlstand zu erreichen».[39]

Nur Frauen, die ebenso erfolgsorientiert sind, können eine solche Lebensweise durchstehen; neben der Entlastungstätigkeit, die sie in Familie und Haushalt leisten müssen, stellen auch die Firmen Ansprüche an die Ehefrauen. Der Beitrag der Frauen, sowohl Ehefrauen als auch Sekretärinnen, zum Funktionieren der Geschäftswelt ist ein sozialer. Eine der von Maccoby befragten Sekretärinnen beschrieb ihre hauptsächliche Aufgabe als Betreuungs- und Stimmungsfunktion. «Es wird erwartet, daß wir sie (die Männer) verwöhnen und ihnen die Arbeit erleichtern.» Wie bei anderen typischen Frauenberufen dürfen auch hier persönliche Probleme das oberste Gebot der ungetrübten Freundlichkeit und Zuversichtlichkeit nicht durchbrechen; Stewardessen müssen immer lächeln, und Sekretärinnen müssen, wie Maccoby zusammenfaßt, immer aufmerksam die emotionalen Schwankungen der mitarbeitenden Männer verfolgen.

Eine befragte Sekretärin erzählte:

«Der Chef hat mich gefragt, ob ich überhaupt weiß, wie wichtig meine Vermittlungsfunktion ist. Ich bestimme, hat er gesagt, ob das Arbeitsklima gut oder schlecht ist. Die Manager haben keine Zeit, auf emotionale Spannungen zwischen den Mitarbeitern zu achten . . . Bei mir können sie sich ausreden, und auch wenn es nur um triviale Dinge geht, entspannt das die Situation. Das Zuhören ist sehr wichtig. Ich höre mir viele Beschwerden an, auch wenn ich nichts dagegen unternehmen kann.»

Absolutistische Monarchen haben schon sehr früh folgendes festgestellt: Es hat viele Vorteile, wenn man über eine Gefolgschaft verfügt, wenn man hinter sich dienende Personen aufstellt. Sie können Schleppen tragen, einen Baldachin aufspannen, als Leibwächter fungieren, Wein nachschenken etc. Daneben aber gab es immer auch gewisse Nachteile, wenn jemand eine andere Person hinter sich stellt. Man weiß nicht, was hinter seinem Rücken alles vorgeht. Wird da ein Dolch gezückt? Wird da heimlich geflüstert und konspiriert? Wird da am Ende vielleicht gelacht?

Wenn hinter jedem großen (mittelgroßen und auch kleineren) Mann eine Frau steht, dann hat das eine ganze Reihe von Vorteilen. Wenn man eine andere Person jedoch konsequent in den Schatten stellt, dann hat dieses Arrangement unweigerlich auch seine Schattenseiten. Bewunderung, liebevolle Unterstützung und neidlose Freude an den geteilten Errungenschaften können koexistieren mit einem winzigen Keim des Ressentiments, der sich in späteren Jahren zu einem kleinen Trieb und unter bestimmten Umständen zu einer Schlingpflanze fortentwickeln kann. Die Freude, daß man gebraucht wird und daß man in Abwesenheiten vermißt wird, weil der Haushalt sonst nicht glatt läuft, die Mahlzeiten nicht regelmäßig auf dem Tisch stehen und der Kragen nicht wunschgemäß gestärkt wird, mag unter gewissen Umständen nicht eine ungeteilte Freude sein, sondern Elemente anderer Empfindungen beinhalten. Es mag Stunden geben, in denen man sich mehr vom Leben wünscht, als anderen Leuten bei ihrer Entfaltung behilflich zu sein, auch wenn man selbstsüchtige Gedanken dieser Art rasch unterdrückt. Es mag sogar Stunden geben, in denen sich der Verdacht regt, daß auch Selbstsucht seit dem Viktorianischen Zeitalter immer mehr zu einer Empfindung geworden ist, die auch für eine Frau nicht unbedingt unschicklich und schandhaft sein muß. Wenn man sich «hinter» einen Mann stellt, um ihm zu Größe zu verhelfen, dann ist das natürlich auch ein Risiko. Die eigene Aktivität ist streckenweise darauf beschränkt, anzuschieben; das äußert sich in Verhaltensweisen, die als «nörgeln», «keppeln» und typisch weiblich beschrieben werden, in Wirklichkeit aber mehr mit der Position zusammenhängen als mit dem Geschlecht.

Ein Blick in die Gesellschaft zeigt, daß nicht nur berühmte Männer, nicht nur Spitzenmanager, weltberühmte Autoren oder Staatsoberhäupter hinter sich eine Gefolgschaft von zumindest einer Person aufzubauen bestrebt sind; Männer generell nehmen sich an Moskau ein Vorbild und installieren um sich einen Ring (weiblicher) Satelliten. Dieses System dient der Versorgung, genau wie im größeren Maßstab auch. Das eine Land liefert den Weizen, das andere das Erdöl. Die eine Frau tippt, die andere kocht.

Um die unterschiedlichen Stellenwerte von Frauen und Frauenbildern im Männerleben zu untersuchen, sprachen wir mit einigen ausgewählten und sehr unterschiedlichen Männern. Und weil so vieles eine Frage der Perspektive ist, versuchten wir, ihrer Schilderung die Sichtweite einer jeweils dazugehörigen Frau hinzuzufügen. Wir sprachen mit einem erfolgreichen linken Herausgeber, einem Anwalt, einem Schauspieler, einem jungen Industriellen und einem arabischen Geschäftsmann. Diese Männer, die nicht unbedingt aus durchschnittlichen Kreisen kommen, vertraten dennoch mit individuellen Variationen die Grundmuster männlicher Lebensbewältigung. Der «große Mann» und der «Mann auf der Straße» und alles, was dazwischenliegt, sind Brüder, wenn es um die Frauen geht. Sie leben nicht nur in Wien, Hamburg oder Ismaning, sondern ebenso in Saudi-Arabien. Unabhängig von Berufsgruppe, Einkommen, Alter und Religion gestaltet sich das Patriarchat demokratisch und international.

Die Frauen «hinter» diesen Männern ergänzten in ihren Gesprächen mit uns die Frontalansicht, die man üblicherweise zu sehen bekommt, mit sehr interessanten Schilderungen kleiner, münzgroßer Kahlstellen an den Hinterköpfen ihrer Männer. (Auch das ist einer der Nachteile, wenn man jemanden hinter sich stellt.)

Und denke nicht, Kavalier, daß du ein mutiger und ungewöhnlicher Mann bist. Männer haben immer schon den Horizont des Absoluten gesucht, indem sie mit dem Leben von Frauen spielten.

Neue Portugiesische Briefe

Dieter

Dieter S., 58 Jahre, ist Herausgeber einer großen «kritischen» Zeitschrift und eine bekannte Figur in der linken sozialdemokratischen Szenerie. In vielen Büchern hat er seine Stellungnahme zu politischen und sozialen Fragen kundgetan; er vertritt dabei stets einen emanzipatorischen, fortschrittlichen und liberalen Standpunkt. Heuchelei, Beschönigungen und Traditionsgebundenheit bekämpft er mit seinen Waffen des aufrichtigen Blicks in Fernsehdiskussionen, der zynischen Formulierung in Schriftstücken. Mit politischen und persönlichen Lügen geht er schonungslos ins Gericht. Seine Stimme ist bedächtig und sanft, sein Schreibstil studentenhaft vulgär, voll von etwas primanerhaften Wortspielen und Obszönitäten, aber auch von subtilen, kultivierten Anspielungen. Seine Linie ist konsequent alternativ; exemplarisch lebt er dem Publikum vor, wie ein kritisch-innovatives Emanzipationsbestreben auszusehen hat, und in regelmäßigen Abständen bringt er die Bilanz zu Papier. So können sich interessierte Leser auch über die Phasen seines Privatlebens informieren: seine Ehe, seine Scheidung, seine Verhältnisse und seine Sexualpraktiken sind, in theoretisch grundsätzlich erörterter, prinzipiengemäß aufbereiteter und revolutionär verallgemeinerter Form, öffentliches Gut. Dabei entwaffnen heftige Selbstbeschimpfungen, Darlegungen der eigenen Sozialisationsschäden und Eingeständnisse von Persönlichkeitsmängeln potentielle Kritiker. Unsere Einstellung ihm gegenüber ist vor den Gesprächen ambivalent. Es ist wahr, daß wir die autoritativen und ausgedehnten Anweisungen über die Frauenbewegung (ihre wahren Ziele und ihr wahrer Zweck), die in seinen Büchern und Artikeln erscheinen, überheblich finden, und es ist wahr, daß unsere Sympathien in den Schilderungen seines Ehelebens und seines Wegs zur Scheidung geteilt sind, denn seine Frau muß angesichts seiner sich rapide wandelnden theoretischen Standpunkte (stets von konsequenten Umsetzungsbestrebungen begleitet) ein eher strapaziöses Leben mit ihm geführt haben. Aber wir sind uns der Unzulänglichkeiten aller Versuche bewußt, die Praxis des Alltags den Ansprüchen der Theorie anzupassen. Das Gespräch ist anstrengend; Dieter S. bietet nur glatte Flächen, liefert zu jedem geschilderten Ereignis schon drei oder vier mögliche Interpretationen dazu, von wohlgesonnen bis brutal gegen sich selbst. Er spielt sowohl die Anklage als auch die Verteidigung, und wir sind damit beschäftigt, die Gerichtsatmosphäre abzubauen. Er weiß von seinen Privilegien und seinen Fehlern, er bedauert die Opfer, die auf dem Wege seiner Selbstfindung auf der Strecke bleiben, er schreitet voran auf dem Pfad der Befreiung, aber er weiß zugleich, daß dieser Pfad ihm geebneter ist als anderen, daß vor allem Frauen hier auf Schritt und Tritt benachteiligt werden, auch durch seine Mitwirkung; gerne würde er sagen, das geschehe unbewußt und gegen seinen Willen, aber wer weiß das wirklich . . . Wir merken zum erstenmal die erstaunliche Schutzfunktion von Aufrichtigkeit, unterdrücken aber sofort diese böse Unterstellung. Es ist schwer, alternative Werte zu vertreten und sie auch in die Praxis der eigenen Beziehungen umzusetzen. Dieter S. erwähnt die Alimente, die er freiwillig seiner ehemaligen Frau zahlt, und wieder unterdrücken wir unsere Abwehr gegen seinen überheblichen Ton als bösartig. Dennoch können wir uns eines gewissen Unbehagens nicht erwehren. Die immer wiederkehrenden, in beinahe jedem Satz enthaltenen Worte «frei, liebesfähig, ausbrechen» und ihre finsteren Gegenstücke «verklemmt, schuldbeladen, beziehungsunfähig» lösen in uns Beklemmungen aus, man fühlt sich von ihnen umzingelt, desorientiert wie auf einem archetypischen Kindergeburtstag, in dem man mit verbundenen Augen durch unbekannte Wohnzimmer tappt und die Menge «heiß» und «kalt» ausruft. Frei! Verklemmt!

Dieter S. gibt uns drei Namen und Telefonnummern, als wir ihn nach den Frauen in seinem Leben fragen. Zu jeder Frau gibt er eine kurze Erklärung ab. Stenographisch verkürzt vermerken wir nach den Namen laut seinen Angaben «Ehemalige», «Hausfrau» und «Nebenfrau».

Die Ehemalige lehnt es ab, eine Stellungnahme zum Thema Dieter S. abzugeben. Glücklicherweise, sagt sie, lebt sie mit ihn nun schon seit Jahren nicht mehr zusammen, und sie hat eigentlich kein Bedürfnis, sich noch einmal Gedanken über ihn zu machen. Wir würden zwar gerne ihre Version hören, da publizistisch nur seine in die Welt verschickt wurde, verstehen aber restlos ihren Standpunkt. Die beiden gegenwärtigen Hauptbeziehungen hingegen, Leni und Tessa, erklären sich gerne zu einem Gespräch bereit.

Im Leser- und Sympathisantenkreis ist Dieter S. eine legendäre Figur. In einem Jahrzehnt, das die sexuelle Revolution als erfolg-, wenn auch nicht folgenlos abgeschlossen betrachtet, weigert sich Dieter S. standhaft, die Waffen niederzulegen. In seiner Fähigkeit, als 58jähriger Jugend und Schönheit um sich zu sammeln, ist er – gemessen an der Tatsache, daß es sich nicht um Aristoteles Onassis handelt, sondern um einen vergleichsweise minderbemittelten Linken – unübertroffen. Die Legenden seiner Experimente in Mehrfachbeziehungen sind Kulturgut des deutschsprachigen Raums. Man erzählt sogar, daß zwei bekannte und attraktive Journalistinnen um ihn gekämpft haben; nach manchen Schilderungen flogen hierbei die Schreibmaschinen durch das Büro. In manchen Versionen wirkt Dieter S. wie 007, sich von orientalischen Dienern massieren lassend, während verzweifelte Geliebte telefonisch ihre Selbstmordabsichten durchgeben. In anderen Erzählungen ist er eher Zen-haft und kontemplativ. Zwei Tage vor unserem ersten Gespräch mit ihm laufen die Leitungen heiß. Man will uns Gerüchte, Beschimpfungen und Ratschläge mit auf den Weg geben. Wir sollen uns, sagt z. B. eine befreundete Journalistin, unbedingt in seinen braunen Ledersessel setzen und uns weigern, diesen freizugeben; das ist ein totaler Fetisch für ihn, den braucht er. Wenn er nicht in diesem Sessel sitzen kann, behauptet unsere Auskunftsperson, bekommt er Schweißausbrüche, Angstzustände und einen starren Blick. (Da uns die Verursachung solcher physiologischer Erscheinungen nicht besonders reizvoll erscheint, unterlassen wir dieses Experiment.) Beim Gespräch mit ihm ist es schwierig, aus diesem reichen Sortiment an Dieter-S.-Bildern das passende zu wählen. Er sitzt vor uns, tatsächlich im braunen Sessel, und spricht freundlich und gutmütig über jedes Thema, nach dem er gefragt wird. Sein großer Makel in Beziehungen, sagt er, ist, daß er Konflikten aus dem Weg geht; das stört seine Partner oft. Er kann nicht streiten, lieber geht er weg. Über seine erste Liebe weiß er noch, daß sie einen hellblauen Thermophor besaß und sich standhaft weigerte, mit ihm zu schlafen. Er hat keine Freunde, zu Männern kann er keine wirkliche Beziehung finden. Nach dem Gespräch wissen wir soviel wie vorher.

Leni sitzt im Café Stadelmann, eingehüllt in eine Rauchwolke, und sieht uns etwas skeptisch, vielleicht eine Spur feindselig an. Sie will sich nicht über den Dieter bei uns beschweren, sagt sie einleitend. Sie weiß, daß vor allem viele Frauen ihm kritisch gegenüberstehen, vielleicht zu Recht, das will sie damit gar nicht in Frage stellen. Sie selbst ist keine Feministin, erklärt sie definitiv, ohne nach solchen Zugehörigkeiten befragt worden zu sein. Beim Reden wird sie schließlich besänftigt, verändert sie sich. Die Abwehr verschwindet, und hinter dem leicht abweisenden, selbstsicher-arroganten Auftreten wird eine junge intellektuelle Frau sichtbar, die gelernt hat, daß Sensibilitäten nicht nur Einsichten bringen, sondern auch Verletzungen, und daß Vertrauen nicht nur ein Risiko ist, sondern auch eine Schwachstelle; daß man alleine ist.

Außerdem ist sie vorsichtig geworden, denn sie hat viele schlechte Erfahrungen gemacht, seit ihrer Beziehung zum S., zum großen Dieter S. der Szene. Sie ist Studentin der Pädagogik; neulich, erzählt sie, entstand in einem Arbeitskreis eine Diskussion über ein neues Kindergartenkonzept, und eine Frau schrie ihr in der Hitze der Debatte plötzlich zu, ach geh doch zu deinem Dieter und sei still! Es war irgendwie ein Schock für sie, so völlig ohne Zusammenhang ihre Beziehung zu ihm an den Kopf geworfen zu bekommen. Sie hatte auch gar nicht gewußt, daß man in Studentenkreisen ihre Beziehung zu ihm kannte.

Leni ist blaß, mager und sehr nervös. Manchmal reagiert sie mit unerwarteter Heftigkeit auf eine belanglose Bemerkung; man muß dann den Satz wiederholen, und sie setzt sich beruhigt wieder zurück. Für das erste Gespräch haben wir vereinbart, daß wir so etwa eine dreiviertel Stunde mit ihr reden möchten. Schließlich sitzen wir dann dreieinhalb Stunden beisammen. Während dieser Zeit raucht Leni eine ganze Pakkung Zigaretten. Manchmal wirkt sie kühl und kompetent, manchmal aggressiv und verletzlich zugleich, als kämpfe sie um ihr Gleichgewicht. Sie erzählt uns vom Beginn der Beziehung; daß sie sich überhaupt kennengelernt haben, war ein großer Zufall. Sie hatte die Zeitschrift und ihn zwar vom Hörensagen gekannt, hatte sich aber für keines von beiden interessiert. Für sie war er ein alternder Halblinker, der eine nicht sehr erhebende Zeitschrift herausgibt. Es war vor drei Jahren; sie war damals in ihrem zweiten Semester an der Uni und verdiente sich mit Schreibarbeiten etwas Geld. Sie hatte versprochen, ein ziemlich langes Manuskript verläßlich bis Montagvormittag fertigzutippen, und am Freitagabend brach ihre Maschine rettungslos zusammen. Sie telefonierte also mit Freunden, um sich eine auszuborgen, aber es war hoffnungslos. Die meisten waren schon nach Hause gefahren für das Wochenende, die anderen mußten selbst irgendwelche Referate tippen . . . sie war schon ganz beunruhigt. Ein mitfühlender Genosse schlug jedoch vor, bei befreundeten Journalisten anzurufen; die wären sicherlich hilfsbereit. Und wirklich, man erlaubte ihr, am Wochenende die Schreibmaschine zu benutzen; es sei ohnehin bis mindestens Mitternacht jemand in der Redaktion, sie könne also ruhig dort tippen. Sonntagabend um halb elf schrieb sie gerade die letzten zehn Seiten, als plötzlich Dieter S. im Bademantel vor ihr stand und sie fragte, wer sie sei. Sie kamen kurz ins Gespräch, er war sehr freundlich und hilfreich und forderte sie auf, jederzeit ohne Bedenken die schreibmaschinelle Gastfreundschaft des Hauses in Anspruch zu nehmen. Darüber war sie eigentlich sehr froh; sie schrieb also in den nächsten Wochen den Rest des Manuskripts im Büro der Redaktion, meist abends nach ihren letzten Lehrveranstaltungen und nach den Bürostunden der Zeitschrift. Manchmal kam Dieter S. dann vorbei, brachte ihr einen Kaffee und ein Butterbrot, unterhielt sich kurz und nett mit ihr, fragte sie nach ihrer Meinung zu aktuellen Themen und zu seiner Zeitschrift und ließ sie dann weiterarbeiten. Irgendwie war sie leicht gerührt; auf die Idee, ihr beim Arbeiten einen Kaffee zu bringen, war eigentlich noch nie jemand gekommen, überhaupt hatte sich noch nie jemand so freundlich um sie gekümmert. Aber sie dachte sich nichts dabei; schon allein durch sein Alter war er in keiner Kategorie, der sie hier eine spezifische Aufmerksamkeit gewidmet hätte. Nett fand sie ihn halt. Als das Manuskript dann fertig war, ging sie wieder, ohne ihren Namen zu hinterlassen. Da war nämlich noch ein anderer Typ im Verlag, der hatte einen direkteren Zugang als Dieter S., nicht so klug. Der stieg ihr ziemlich unangenehm nach, zog ihr, während sie tippte, den Pullover hinauf und war insgesamt eine unerfreuliche Erscheinung. Sie wollte nicht, daß der sie vielleicht noch weiterhin belästigte, drum hatte sie nie ihren Familiennamen angegeben.

Eine Woche später sagte man ihr im Pädagogik-Institut, daß es eine telefonische Anfrage nach ihr gegeben hatte; es habe jemand angerufen und nach dem Nachnamen der Leni gefragt, die Manuskripte tippt. Man habe angenommen, daß es sich um einen Auftrag für Schreibarbeiten handelt, und ihre Adresse bekanntgegeben; hoffentlich sei ihr das recht. Am nächsten Tag fand sie ein Telegramm vom Dieter S., sie solle sich umgehend bei ihm melden. Im ersten Moment ist sie erschrocken; sie konnte sich nicht vorstellen, worum es ging. Sie dachte schon, sie hätte die Schreibmaschine kaputtgemacht. Sie ging also in den Verlag, und Dieter S. sagte, er möchte mit ihr Abendessen gehen. Nein, sagte sie ihm sehr direkt, das würde sie nicht tun. Sie haben sich dann unterhalten, in seinem Büro. Bis tief in die Nacht hinein haben sie gesprochen. Danach haben sie sich noch öfter getroffen, er war immer sehr lieb und irgendwie so interessiert, so besorgt um sie. Man konnte mit ihm sprechen. Schließlich wollte er dann mit ihr schlafen, sagt Leni und drückt ihre neunte Zigarette aus. Sie wollte nicht, und auch darüber hat er verständnisvoll und einsichtig und ausführlich diskutiert. Er vermutete hier Verklemmungen und forschte sanft danach. Er hat stundenlang auf sie eingeredet, sie fühlte sich ganz gelähmt von der Stimme und von den theoretischen Ausführungen und von seinem intensiven Interesse. Leni schweigt kurz . . . außerdem, sagt sie dann, hat er vorhandene Ängste bei ihr angesprochen. Das wird er schnell gemerkt haben, daß sie gegenüber Männern und überhaupt dem sexuellen Bereich ziemlich unsicher war und sich darüber hinaus auch über die Unsicherheit Sorgen machte. Und er war die ganze Zeit so nett und so einsichtig und verständnisvoll. Schließlich hat sie doch nachgegeben und fand sich in seinem Bett wieder. Dann ist sie über sich selbst und ihre Situation erschrocken; was mach ich da eigentlich, hat sie sich gefragt. Er war plötzlich so fremd, die ganze Situation war so fremd. Sie kann sich auch noch an ihre Gedanken erinnern; ihr unmittelbarer Gedanke war eher ein erschrockenes Wahrnehmen . . . du lieber Gott, dachte sie sich, was ist das für ein haariger Gorilla, der da über mir hängt. Aber zumindest war es ein rücksichtsvoller Gorilla; ihre vorhergegangenen Erfahrungen mit Männern waren unerfreulich, die Männer abrupt, kurze Zusammenstöße, die sie verunsichert und abwehrend zurückließen. Der Gedanke, daß sie hier auch irgendwelche Rechte hatte, war ihr nie gekommen, sie war sich nur unzulänglich vorgekommen und hatte den Bereich des Sexuellen als unangenehm empfunden, kurze Episoden außerhalb des Rahmens des Normalen, die sie mit möglichst unbeteiligter Distanz über sich ergehen ließ. Das, zumindest, muß sie Dieter S. zugute halten. Er hat ihr geholfen, eine ganz andere Einstellung zur Sexualität zu bekommen. Im Klima seiner Zustimmung konnte sie ihre Entdeckungen machen, Sicherheit gewinnen . . .

Daß der Preis hoch war, entdeckte sie erst nach und nach. Dieters Toleranz und Experimentierfreudigkeit erstreckte sich nicht nur auf die Gestaltung, sondern auch auf die Teilnehmer. In seinen Beziehungen war er vielleicht nicht wahllos, aber doch sehr aktiv, fast schon zwanghaft. Die absolute Austauschbarkeit der Personen machte sie am Anfang fast wahnsinnig; bei diesem Konsumieren von Frauen fragte sie sich, was denn ihr Stellenwert sei, in dieser Schar. Man kam sich so ersetzbar vor, es war ihm anscheinend egal, daß diese Frauen in sein Leben kamen und wieder verschwanden; seine Gleichgültigkeit war erschreckend. Man wollte es nicht wahrhaben; sie lächelt spöttisch – zumindest nicht für sich selbst. Das ist seine größte Stärke, diese Gleichgültigkeit, diese ... sie sucht nach dem Wort, das seine Einstellung charakterisieren könnte, findet es nicht. Er fördert, sagt sie statt dessen, das Gefühl der Unsicherheit, des Selbstzweifels. Sie hat ihn z. B. einmal ihren Freunden vorgestellt. Anschließend hat er seine Kommentare abgegeben, über ihre Freundin B. hat er gesagt, die ist zu schön und zu intelligent, mit der könnte ich kein Verhältnis haben.

Wir sehen die Frau an, die uns gegenübersitzt: schön, intelligent, aber unsicher. Dauernd verunsichert durch die Nahrung, die ihre Zweifel und Ängste erhalten. Dieter S. bringt sie dazu, ihren Wert zu bezweifeln und ihre Überzeugungen, die Orientierungspunkte ihres Verhaltens. Man kann ihn nicht dazu bringen, involviert zu sein. Er ist immer freundlich, auch wenn er abweisend ist. Er streitet nicht, versteht immer, hört sich Vorwürfe an und antwortet darauf mit vielen Überlegungen über ihre mögliche Berechtigung. Er gibt seine Widersprüchlichkeiten zu, das macht ihn unangreifbar. Ja, sagt er, wenn man ihn kritisiert, das ist wahr. Und erklärt, warum er es trotzdem nicht anders machen kann. Während des Gesprächs hat man das Gefühl, daß er einsichtig ist, daß man sich vertrauensvoll miteinander unterhalten hat, daß man füreinander offen war. Nachher kommt einem erst zu Bewußtsein, daß er es eigentlich nur konsequent abgelehnt hat, sich zu ändern; mit Bedauern, mit dem Eingeständnis der eigenen Fehler und des eigenen Unrechts. Ändern muß sich der andere.

Ist man für ihn wichtig? Ist man unwichtig, bestenfalls amüsant, sofort austauschbar? In der Unsicherheit einer von ihm geleiteten experimentellen emotionalen Beziehung, auf dem Boden seiner Theorien und seiner Werthaltungen, ist die Verletzbarkeit extrem. Man weist die eigenen Empfindungen und Reaktionen zurück, spricht ihnen selber die Richtigkeit ab; sie kommen ja von einer Welt, an die man nicht mehr glaubt. Eifersucht, Einsamkeit, Verlustängste, sie zeugen doch alle nur von Mängeln in der Persönlichkeit, von Beziehungsunfähigkeit, von Besitzdenken, von Feigheit, von Verklemmung. Man will doch eine Gemeinschaft freier einzelner.

Nach und nach, erzählt Leni, kam sie ihm auch drauf, daß er lügt; daß er ständig, fast ohne es selbst mehr zu merken, lügt, um Konflikten aus dem Weg zu gehen. Da gab es das lange Wochenende, von dem er ihr begeistert und ausführlich erzählte, er wolle es alleine auf dem Land verbringen, um seine Gedanken zu sammeln. Er freue sich schon auf die Einsamkeit und die Muße, hat er gesagt, und sie hat verständnisvoll auf die ursprünglichen gemeinsamen Pläne verzichtet. Später stellte sich heraus, daß er an diesem Wochenende mit Tessa nach Venedig gefahren war; die Sekretärin hatte schon seit Tagen den Auftrag, die Bahnkarten zu besorgen.

Immer hat man unrecht; das ist von vornherein so bestimmt. Wenn man – entgegen der Abmachung und obwohl man gewarnt wurde – verzweifelt ist, verängstigt, eifersüchtig, dann hat man versagt. Traurig versteht Dieter S. dieses Versagen, er weiß es ja, daß es schwer ist, besonders für Frauen, schon aufgrund der Erziehung. Wenn man ihn beim Lügen ertappt, steht man vor einer Doppelvision, man sieht einen Dieter S., der sich benimmt wie ein klassischer untreuer Kleinbürger und sich selbst, eine klassische, Lippenstift-am-Kragen suchende, nicht mehr begehrte Geliebte, und man sieht andererseits einen Dieter S., entschlossen den Weg seiner Überzeugungen gehend, Rücksicht nehmend auf die seelischen Defekte seiner minder entwickelten Gefährtin mit einer schonenden Unwahrheit . . . verachtungswürdig findet man sich in jedem Fall, den Vorteil hat in jedem Fall er.

Die Doppelvision ist durchgängig. Er ist politisch engagiert und kompromißlos, er verurteilt als Sympathisant der Frauenbewegung eine Konsumhaltung gegenüber Frauen. Wenn man das einmal glaubt, sagt Leni, ist es ein unglaublicher Schock, Dinge zu erfahren, die nicht in dieses Bild passen. Da gab es z. B. Elisabeth H. Das ist eine wirklich abstoßende Person, bekannt geworden für ihre rassistischen, vor allem antisemitischen Äußerungen. Und mit dieser Frau, erfuhr Leni, ausgerechnet mit dieser Frau hatte der liberale, engagierte Dieter S. ein Verhältnis. Für sie war das wirklich ein Schock. Sie konnte das einfach nicht begreifen, sie hat ihn danach gefragt. Er hat ihre Entrüstung gar nicht verstanden. Im Bett ist sie gut, hat er gesagt, und nachher schickt er sie heim, denn er kann sich den Unsinn, den sie da verzapft, auch nicht länger als nötig anhören. Bei solchen Einblicken in sein Bild der Frauen, mit denen er Beziehungen hat, fragt man sich natürlich, wie man selbst in seinen Augen aussieht, sagt Leni. Die Gleichgültigkeit gegenüber seinem Urteil hat sie noch nicht gewonnen. Sie hofft darauf, sagt sie.

Leni erinnert sich an sein Großkonzept; sein Experiment in menschlichen Beziehungen. Eines Tages sagte er zu ihr: Du, die Tessa will dich unbedingt kennenlernen, sie ist von deinen Briefen ganz begeistert. Leni fühlte sich wie vom Schlag gerührt, als sie hörte, daß er ihre persönlichen und meist sehr verstörten Briefe einfach an die andere Freundin weitergereicht hatte, aber schon folgte die nächste Verunsicherung. Dieter S. schlug vor, daß sie alle drei gemeinsam auf Urlaub fahren sollten. Da hätten sie Gelegenheit, das atavistische Problem der Eifersucht in einem intensiven Evolutionsprogramm zu beseitigen, die Frauen könnten eine eigene Beziehung zueinander aufbauen statt immer nur unbekannte Rivalinnen zu sein, wo bislang Unglück, Unfreiheit und Verklemmung herrschten, würde nun aufgeklärte Harmonie erblühen. Leni weiß noch immer nicht, wie sie jemals in ein solches Experiment einwilligen konnte. Die zehn Tage wurden zu einem einzigen Alptraum. Dreimal packte sie ihre Koffer, jedesmal wurde sie von den anderen beiden überzeugt oder zumindest hinreichend unter Druck gesetzt, um die geplante Zeitspanne durchzuhalten. Tessa, sagt Leni, die zu diesem Zeitpunkt fünf Jahre lang Dieters Hauptbeziehung gewesen war und über seinen Demokratisierungsplan mindestens ebenso unglücklich war wie Leni, hatte von Anfang an vor, diese zehn Tage zur Vernichtung ihrer Rivalin zu verwenden. Es begann schon damit, daß Tessa bestimmte, Leni solle das Zweibettzimmer mit Dieter teilen, während sie selbst ein Einzelzimmer nahm: «Damit er bald restlos genug von dir hat», hatte sie hinzugefügt, «und dich nicht mehr sehen kann.» An einem Abend saßen sie zu viert in einem der Schlafzimmer; Tessa, Dieter, Leni und eine andere Frau. Leni war durch die ganze Stimmung schon so verzweifelt, daß sie nach Dieters Hand griff; sie fühlte sich so sehr als Außenseiter in dieser Situation, die eher von Tessa und ihren Freunden dominiert wurde. Sie hatte vergessen, daß Dieter S. Berührungen nur im Kontext sexueller Szenen ertragen kann; er zog seine Hand zurück und informierte sie, daß er im Moment kein Interesse habe, mit ihr zu schlafen. Leni stand auf und ging in ihr Zimmer. Sofort merkte sie, daß sie ihre Zigaretten und ihr Buch liegengelassen hatte, und ging zurück. Es können kaum zwei Minuten, vielleicht drei, gewesen sein, sagt sie. Aber als sie ins andere Zimmer kam, lagen die schon zu dritt im Bett. Leni drehte sich um und ging. Sie stand im vierten Stock und sah vom Balkon hinunter, sie überlegte, wie sie in eine solche Situation geraten war und was ihr fehlte, da sie sich nicht befreien konnte, und wem es leid tun könnte, wenn sie sich umbrachte. Es fielen ihr ein paar Leute ein, die ihren Tod vielleicht bedauern könnten; «sonst hätt i mi hamdraht», sagt sie unpathetisch in einem plötzlichen Anflug von Dialekt.

Szenen gab es unglaubliche. Aber irgendwie ist es dem Dieter immer wieder gelungen, sie in seine Theorien hineinzuverstricken; sie weiß nicht, wie, obwohl sie natürlich darüber nachgedacht hat. Eine Zeitlang schaffte sie es überhaupt nur mit Tabletten, die Wochen zu überstehen. Jetzt wird er ihr langsam gleichgültiger; wenn er da ist, ist er da, und wenn nicht, macht ihr das nichts aus, sie hat ihre eigenen Interessen. Aber es gab eine Zeit, in der sie völlig abhängig und verzweifelt war, und während dieser Zeit konnte sie mit keiner Hilfe rechnen. Seine Reaktion war immer vorhersehbar, er hatte eine stereotype Antwort auf alle Beschwerden. Er hat da immer dieselbe Platte aufgelegt; «da hätt ich gleich in der Nußstraße bleiben können», hat er immer gesagt. Die Nußstraße, in der hat er früher gelebt, als er noch verheiratet war. Und er hat so halb gedroht; die Tessa und sie, das seien fast schon zwei Ehefrauen, statt der erhofften Freiheit habe er sich nur das doppelte Maß an Forderungen geschaffen, vielleicht solle er Schluß machen . . . Das sagte er immer, wenn sie in einer Krise war und ihn brauchte. Einmal hat sie ihn angerufen, mitten in ihrer schlimmsten Phase, und hat am Telefon geweint. Er hat aufgelegt. Rückblickend glaubt sie, daß ihr das irgendwie geholfen hat. Es hat ihr klargemacht, wie sehr man auf sich selbst gestellt ist; wie allein man letztlich ist und daß man sich nichts vormachen soll über Beziehungen und Gefühle. Aber seine Technik wirkt immer noch. Wenn sie z. B. sagt, vielleicht sollten wir uns trennen, um den Ernst der Lage klarzustellen, antwortet er nur freundlich, ja. Sicher, später ist er dann wieder sanft und nett und geht auf sie ein und überredet sie, bei ihm zu bleiben, aber diese Reaktion, dieses sorglose Zustimmen in eine Trennung, das trifft sie wie ein Schlag und ist entscheidend.

Sie weiß nicht, ob in seinem Verhalten nicht ein bedeutendes Maß an Sadismus enthalten ist. Eine Episode gab ihr sehr zu denken. Er hatte wieder einmal gelogen, und sie war draufgekommen, und als sie sich wie vereinbart trafen, reagierte sie nicht auf seine Freundlichkeit, zog sich von ihm zurück und sprach nicht. Er versuchte, sie zu beschwichtigen, aber sie war zu verärgert und enttäuscht, um leicht überzeugt zu sein. Schließlich gab er es auf und begann selbst, beleidigt zu sein, zu schweigen, distanziert zu sein. Die Stimmung war so entsetzlich, daß sie irgendwie Angst bekam. Er merkte das und wollte mit ihr schlafen. Im Bett konnte sie nur daran denken, daß ihre Schwäche und ihre Abhängigkeit wieder einmal gegen sie verwendet wurden, und sie begann zu weinen, sie konnte sich nicht helfen, ihre Nerven gingen mit ihr durch.

Aber er hörte nicht auf; sie glaubte sogar, daß ihr Weinen für ihn ein zusätzlicher Reiz war.

Damals kamen erste Haßgefühle gegen ihn in ihr auf; sie weiß nicht, sie weiß es wirklich nicht, worauf ihre Abhängigkeit beruht. Anfangs mag eine gewisse sexuelle Abhängigkeit maßgebend gewesen sein, sie hatte sogar Angst, daß es nur mit ihm und sonst mit keinem Mann funktionieren würde. Inzwischen weiß sie aber, daß das nicht stimmt, daß es an ihr liegt und nicht an einer mysteriösen Qualität des Dieter S. Das Netz der Unsicherheit, das er erzeugt, gehört sicherlich zu seinen Machtinstrumenten.

Sie glaubt nicht, sagt Leni, daß er brutal ist, oder es böse meint. Er stellt nur unmögliche Forderungen, und irgendwie gelingt es ihm immer wieder, Frauen zu finden, die versuchen, seinen Erwartungen gerecht zu werden. Natürlich wissen sie anfangs nicht, was seine Erwartungen genau sind. Was Dieter S. will, sind Frauen, die völlig autonom sind, wenn es um Bereiche seiner Persönlichkeit geht, die sich durch die Bedürfnisse anderer Menschen bedroht und überbeansprucht fühlen, die aber zugleich völlig abhängig sind, damit er keine Verlassensängste zu haben braucht und damit sein Selbstgefühl wieder Nahrung erhält. Je nach seinen momentanen Bedürfnissen soll ein und dieselbe Frau entweder völlig selbständig sein oder total abhängig; daß das nicht geht, hat er nicht begriffen, trotz all seiner gescheiterten, in Ressentiments oder Gleichgültigkeit endenden Beziehungen. Vielleicht deshalb nicht, weil für ihn der Zusammenhang von Kopf und Gefühl irgendwie unterbrochen ist. «Lucky Luke», sagt Leni manchmal zu ihm und parodiert ihn als kühlen, einsamen Cowboy, der sich mit einem bedauernden Lächeln von der weinenden Farmerstochter löst und nach heroischen Unternehmungen allein in den Sonnenuntergang reitet. Das Bild ärgert ihn; lachen darf man natürlich nicht über ihn. Aber es stimmt, sagt Leni, und sie hat oft genug versucht, mit ihm darüber zu reden. Er sucht sich bewußt eine bestimmte Frauenart aus. Sie hat das jetzt systematisch verfolgt und beobachtet; die Frauen sind meist Studentinnen, kommen von außerhalb der Stadt, hatten eine unglückliche, meist gestörte Kindheit und befinden sich gerade in einer ernsten Krise. Ihre bisherigen Erfahrungen mit Männern waren in der Regel unerfreulich, in bezug auf die Werte und Richtlinien des eigenen Verhaltens befinden sie sich meist in einer gewissen Orientierungslosigkeit und Unsicherheit, sie sind fast immer nervös, nahe einem Zusammenbruch und ohne große Selbstsicherheit. Sein Auftreten, seine Gewandtheit – auch sein Alter – geben ihm Autorität. Er ist nett zu ihnen, bietet ihnen Erklärungen an, schenkt ihnen Aufmerksamkeit, und dann läßt er sie fallen. Über eine dieser Frauen hat Leni einmal sehr mit ihm gestritten; es war eine junge Frau, die sie kannte und die in wirklich schlechter Verfassung war. Leni meinte, er solle dieser Frau doch wenigstens helfen, einen Therapeuten aufzusuchen. Er vertrat aber den Standpunkt, daß sich jeder Mensch selbst helfen muß. Daß er nicht mit solchen Sorgen belastet werden könne. Sonst hätte er gleich in der Nußstraße bleiben können. Sie warf ihm damals einen «Kurier» auf den Schreibtisch, aufgeschlagen zu «Modelle, Hostessen», und sagte, such dir doch eine aus, da, rothaarig, anschmiegsam, macht alles, wie du willst, such dir eine aus, aber mach nicht immer junge Frauen kaputt! Er sagte, hör auf, du weißt doch, daß ich mit Huren nicht kann.

Leni weiß nicht, wie es weitergehen wird. Eigentlich wünscht sie sich, sagt sie, daß er sterben würde; sie sagt es ohne Regung und ohne besondere Emotion. Es wäre eine Lösung für ihr Problem.

Ansonsten . . . sie glaubt schon, daß er sie irgendwie braucht, und sie glaubt, daß es besser geworden ist, für sie. Daß sie gleichgültiger geworden ist, ihm gegenüber. Langsam hat sie andere Freunde, die ihr helfen, denen sie etwas bedeutet; sie fühlt sich nicht mehr so ausgeliefert. Sie kann wieder an ihrer Dissertation arbeiten, die ein Jahr lang mehr oder weniger ruhte; sie konnte zwar Material sammeln, aber für klare Gedanken blieb ihr wenig Energie.

Wenn Leni über ihre Arbeit spricht und über ihre Vorstellungen eines gut organisierten Schulwesens, wirkt sie ganz verändert; diszipliniert, sicher. Der Verzweiflungszustand, in den sie die Experimente von Dieter S. bringen konnten, ist dann fast nicht vorstellbar, Selbstmordgedanken, Weinkrämpfe, die Agonien des Zweifels über den eigenen Wert, das eigene Verhalten.

Nach dem Gespräch mit Leni sind wir ratlos. Die Frage, die sich aufdrängt, erscheint uns irgendwie unzureichend. Was bewegt Frauen, sich immer wieder im Glauben an die Aufrichtigkeit, an die Liebe, an solchen Experimenten zu beteiligen? Ist das die angemessene Frage in diesem Rätsel der Beziehungen? Oder sollte man fragen, was befähigt Männer, reale emotionale Bedürfnisse und Notstände anderer in Experimenten einzusetzen; in Experimenten, die teilweise der theoretischen Neugier und teilweise den eigenen Interessen entspringen?

Dieter S. praktiziert, wenn man es von außen betrachtet, lediglich die alte Institution der Polygamie, vermischt mit der alten Institution des männlichen Abwechslungsbedürfnisses und der altbekannten, in vielen Romanen beschriebenen männlichen Vorliebe dafür, sich den Verpflichtungen einer Liebesbeziehung zu entziehen. Am Wochenende sieht Dieter S. seine erste Frau, an den Wochentagen seine zweite. Mit koranischer Gerechtigkeit teilt er sich den Urlaub zwischen den beiden Frauen auf. Leni arbeitet für ihn, schreibt seine Geschäftsbriefe, tippt Manuskripte; dafür bekommt sie keinen Lohn, aber er gibt ihr manchmal Geld, wenn sie keines hat und ihn darum bittet. Er ist dann sehr großzügig. Die andere Frau, Tessa, läßt sich überhaupt von ihm «finanzieren». In anderen Zeiten hätte man auch für diese Art der männlichen Institution einen Ausdruck gehabt; man hätte von Geliebten gesprochen, die ausgehalten werden. Der Unterschied zwischen den Beziehungen, die Dieter S. pflegt, und ihren Vorgängern ist das theoretische Elaborat, das sie umgibt, und die Intensität des Spiels mit Emotionen, Werten, Überzeugungen.

In gewisser Hinsicht waren die alten Institutionen weniger brutal. Der Tauschhandel war klarer. Die Machtverhältnisse wurden offen ausgesprochen. Die Beteiligten setzten nicht ihre Selbstachtung, ihr Weltbild, ihre Person aufs Spiel, sondern nahmen nur die vorgeschriebenen Plätze ein. Es gab Regeln. Die Fremdheit in vorgegebener Routine war sicherer.

Leopold

Wir besuchen Leopold in der elterlichen Gründerzeit-Villa in einem vornehmen Wiener Bezirk; die Eltern haben dort jeweils einen Trakt für ihre beiden Kinder renoviert, um sie nicht zu verlieren. Leopold residiert im West-Flügel und empfängt uns mit stereotyper Oberschicht-Lässigkeit auf der Terrasse zwischen Tulpenbeet und Swimming-pool. Auch sein Freund, der Schauspieler Heinrich, hat sich bereit erklärt, über seine Männlichkeit Auskunft zu erteilen. Während wir gemeinsam Kaffee trinken, blödeln die beiden – die sich seit der Volksschule kennen – über das bevorstehende Interview. Mit spontanem Entsetzen reagieren sie auf unseren Wunsch, sie getrennt zu befragen; gemeinsam fühlen sie sich mehr Herr der Lage. In der plötzlichen Zahnarzt-Atmosphäre – «der nächste bitte» – springt Leopold mit betontem Heroismus auf und besteht darauf, als erster «dranzukommen», damit er seinen Freund warnen kann. Mit vielen Grimassen an die (schadenfroh) zurückbleibende Kaffeegesellschaft gewandt, führt er uns in seine Wohnung und bietet uns Platz auf seinem italienischen Ledersofa an. Er selbst läßt sich demonstrativ-entspannt auf den Fußboden fallen und ist sehr enttäuscht, daß das Gespräch nicht auf Tonband aufgenommen werden soll. Wir erzählen ihm von unserem Vorhaben, und er beginnt, über die ihm wesentlich erscheinenden Aspekte seines Lebens zu sprechen. Seine weiche, freundliche Art steht zunächst in Widerspruch zur fast aggressiven Supermännlichkeit seiner Wohnung; das Wohnzimmer z. B. ist mit schweren Rohleinen-Vorhängen verdunkelt, riesige Zebrafelle, Dolche, Pfeile und Gewehre hängen drohend über der Sitz-Garnitur, und eine Wand ist mit fortgeschrittenen Karate-Diplomen tapeziert. Leopold ist erst 30, hat aber schon ein abenteuerliches Jet-set-Leben hinter sich; in seinen Gesprächen kommen beiläufig Erwähnungen von Afrika-Expeditionen, Amazonas-Fahrten und Karate-Meisterschaften in Japan vor, von knappem Entrinnen vor afrikanischen Kriegen, Piranhas und Wasserfällen. Wir treffen ihn an einem Feiertag, weil er unter der Woche während der Erkrankung seines Vaters dessen Großbetrieb leiten muß, und wir haben für das Gespräch nur zweieinhalb Stunden Zeit, weil er am Abend mit Freunden Squashspielen geht.

Seine Sorgen mit der Männlichkeit, erzählt Leopold, begannen im Alter von 15 in einer Clique von pubertierenden Hautevolee-Söhnen. Er fühlte sich dort als geduldeter Außenseiter, der etwas zurückgeblieben war und bei den Gesprächen nicht mithalten konnte («Weißt eh, bei der letzten Party, die so-und-so . . . traumhaft»). Das «Grüppchen von jungen Männern im Blödelalter» vermittelte ihm tiefe Komplexe und Selbstzweifel. Zum Glück ist er dann «untergeschlupft in Karate», dafür mußte man körperlich ja nicht unbedingt stark sein und genoß trotzdem gewisses Ansehen. Seine Bemühungen in diesem Sport verschafften ihm einen Platz in der Clique, denn er hatte zwar «keine Weiberabschüsse, dafür aber Sporterfolge zu vermelden». Die Energien, die andere in die Partys steckten, investierte er in die Nationalmannschaft; seine Ambitionen realisierten sich, und er wurde sogar als Jugend-Staatsmeister nach Japan geflogen. Seine sportlichen Erfolge sieht er als direkte Konsequenz des Gefühls, «bei den Weibern hinten zu sein», seine Unzulänglichkeit in diesem Bereich aber kompensieren zu können. Freundlich fügt er hinzu, daß er übrigens den Terminus Weiber nicht abwertend verwendet, sondern «im althochdeutschen Sinn» verstanden wissen will.

Den Maßstab seiner Jugendlichengruppe lernte er zufällig kritisch zu hinterfragen, erzählt er. Da gab es ein Mädchen, das ihn besonders interessiert hätte, das aber den Ruf hätte, «von sämtlichen Freunden gepackt zu werden». Zufällig machte er einmal mit seinen Eltern im selben Ort Skiurlaub, in dem auch sie mit ihren Eltern die Ferien verbrachte, in Arosa. Leopold war damals 18. An dieser Stelle in seiner Erzählung läutet das Telefon; er entschuldigt sich bestürzt mit «Pardon» für die Unterbrechung, meldet sich sanft mit «Poldi» und verschiebt den Squash-Termin auf den nächsten Tag. «Ja», sagt er dann und wendet sich wieder uns zu, «wo war ich stehengeblieben?» «In Arosa», sagen wir. Er erzählt, daß ihre Eltern früher weggefahren sind und sie noch länger bleiben durfte; sie haben sich sehr angefreundet . . . entschuldigend fügt er hinzu, er erzähle das nur deshalb, weil es wirklich ein einschneidendes Erlebnis für ihn war, wenn auch kein unbedingt positives . . . ja, also dann stellte er fest, daß ausgerechnet dieses Mädchen, das als «die große Niederreißerin galt, in Wirklichkeit noch Jungfrau war; und das Erlebnis mit ihr natürlich entsprechend». Ihm wurde damals jedenfalls schlagartig klar, daß das ganze Gerede in der Clique nur Bluff und Angeberei war. Fasziniert recherchierte er damals weiter und konnte sich davon überzeugen, daß es sich bei den Angaben und Erzählungen der Burschen generell um freie Erfindungen handelte und sein Komplex damit ein künstliches Produkt der – nun nicht direkt Lügen, vielleicht eher der Sehnsüchte und Bluffs war. Offen darüber gesprochen hat er mit seinen Freunden zwar nicht; überhaupt sagt er, hat er mit den Burschen meist geblödelt und mit den Mädchen gesprochen, wenn es um ernste Probleme und Themen ging, und dieses Muster ist geblieben. Mit Männern spricht er eher über Berufliches und Technisches, auf der «geistigen Ebene» hat er eigentlich mehr Kontakt mit Frauen. Rückblickend glaubt er, daß ein richtiger Kontakt unter den Burschen eigentlich gar nicht zustande kommen konnte, weil die einzelnen zu verschieden waren. Sie hatten keine wirklichen Gemeinsamkeiten, deshalb drehte sich ja auch alles um «Musik, Sport und Weiber», denn darüber konnten sich alle miteinander unterhalten, wenn auch nicht wahrheitsgetreu. Er hat kürzlich Erkundungen über den weiteren Lebensverlauf der anderen Burschen in der Gruppe angestellt, und seine Vermutung hat sich bestätigt; sie haben sich alle sehr verschieden entwickelt. Zwei sind Weltenbummler geworden, zählt er auf, zwei laufen im engen grauen Nadelstreif herum und sammeln brave geschäftliche Erfolge, einer ist in die Mühl-Kommune gegangen, wurde rauschgiftsüchtig ... Die meist erfundenen Weibergeschichten haben sie damals zusammengehalten; dabei ging es ja gar nicht so sehr um die Frauen selbst, sondern hauptsächlich um das «Punktesammeln» gegenüber den anderen Burschen. Sicher wurden die Frauen benutzt, überlegt Poldi, aber gegen sie war das alles ja nicht gerichtet, sie waren halt Mittel zum Zweck. Wir fragen ihn, wie er sich das erklären würde, daß Burschengruppen sich in so vielen Ländern und Schichten in so ähnlicher Weise verhalten, und er meint, daß die Gruppenzwänge wahrscheinlich gerade bei Buben sehr stark sind. Denn der Vater «fällt zu 80% aus» als Orientierungsperson für die Söhne, und daher ist man von Gleichaltrigen abhängig. Und diese Bubengruppen verhalten sich wie, nun, wie primitive Völker; da geht es ganz brutal und primitiv zu, sagt er, es gibt einen Anführer, und dieser Anführer ist der Größte und der Sportlichste und derjenige, der die meisten Weiber zu vermelden hat, genau wie der Häuptling die meisten Frauen hat. Und die damals haben «Weiber» nicht im althochdeutschen Sinn gemeint, fügt er an, sondern eher als «die Katzen».

Seine eigenen Beziehungen zu Frauen waren eigentlich immer gut, sagt er; vielleicht deshalb, weil er sich mit seiner Schwester immer gut verstanden hat und die Mutter in der Familie als bestimmend, aber sehr positiv erlebte; ein Matriarchat, meint er. Nach seinem ersten problematischen Erlebnis in Arosa litt er unter Schüchternheit und «zitterte vor den Erwartungen der Mädchen»; dann aber lernte er eine «patente Person» kennen, die ihn von seinen Komplexen befreite.

Als nächsten Wendepunkt in seinem Leben sieht Leopold ein Erlebnis mit zwei Männern, mit Schweizer Zwillingen, in Afrika; er beschreibt sie als «Bären von Männern», mit denen er zwar keine intellektuelle, aber doch eine sehr tiefe Freundschaft aufbaute. Sie haben gemeinsam drei Monate in Extremsituationen verbracht; von Anfang an bestand ein Klima von Harmonie, wie es unter Männern auf Afrika-Reisen selten ist. Denn normalerweise gibt es ständige Reibereien, schon allein über den immer strittigen Punkt der Arbeitsteilung; bei der Jagd sind alle voll da, aber beim Besteckabwaschen bricht immer die große Krise aus. Bei den Zwillingen war das anders, von Anfang an ging der Alltag sehr glatt, und die Anwesenheit von Frauen vermißten sie nicht, «wegen dem intensiven Naturerlebnis und dem Zusammenhalt in der Gruppe». Diese drei Monate gehören zu «den schönsten Zeiten» seines Lebens, obwohl sie viele Entbehrungen und Härten auf sich nehmen mußten. Drei Wochen hintereinander gelang es ihnen nicht, Wild zu erlegen; sie hatten nur mehr Pulversuppen und Nüsse und gingen den ganzen Tag jagen. Der Drang, wieder einmal etwas Festes «zwischen den Zähnen zu haben», wurde schon sehr dringlich, sagt Leopold und beißt sich in den Daumen, um diesen Notstand zu illustrieren. Und dann, eines Morgens, ging er im Morgengrauen alleine auf die Pirsch und erlegte tatsächlich eine Antilope. Mit seiner Beute kehrte er zum Lagerplatz zurück, da sind die Brüder auf ihn gesprungen, haben ihn abgeküßt, das war eine Ovation, wie man es sich gar nicht vorstellen kann. Das Gefühl, ohne Technik überleben zu können, nicht von der Zivilisation abhängig zu sein, gab ihnen ein Gefühl der Euphorie, weckte in ihnen, wie er glaubt, «den Ur-Instinkt des Mannes» und versetzte sie in eine Triumph-Stimmung, die noch Wochen anhielt. Das Erlebnis war so bestimmend, daß «die Beziehung sich gehalten hat», trotz der charaktermäßigen und beruflichen Disparitäten.

Seine «Mann und Natur»-Ideologie führt er noch an einem weiteren Beispiel aus, vielleicht um uns zu überzeugen, da wir seiner letzten Erzählung leicht zweifelnd zuhörten. Vor einem Jahr unternahm er eine große Kanada-Expedition, eine Kanufahrt, die vier Wochen dauerte. Alle Teilnehmer wurden sorgfältig ausgewählt, auch seine Begleiterin wurde vorher auf ihre Tauglichkeit geprüft, nur bei einem Freund gingen sie ein Risiko ein; die Schwester des rauschgiftsüchtigen Mühl-Kommunarden intervenierte für ihn so nachhaltig, daß sie schließlich entgegen ihrer Vernunft einwilligten, ihn mitzunehmen. Die Wirkung des Naturerlebnisses auf diesen Mann war gewaltig; er ist völlig aus sich herausgekommen, hat Mundharmonika gespielt und hat während dieser vier Wochen seine Sucht überwunden. «Bei einer solchen Reise fällt alles ab, was von der Gesellschaft aufoktroyiert wird», resumiert Leopold. Kein Laster der Zivilisation kann eine solche Prüfung überstehen.

Gezwungenermaßen befindet sich Leopold jetzt nicht in der Wildnis, sondern in der Firma seines Vaters; trotzdem sieht er einen Zusammenhang und glaubt, daß er durch seine Naturerlebnisse eine gewisse Gelassenheit und Sicherheit gewonnen hat, die sich auf «den Job» überträgt. Der Kampf in der Natur ist natürlich anders als in der Zivilisation, monologisiert er mit einem Anflug von Hemingway-Dramatik; in der Natur sind die Konflikte klarer, in der Zivilisation gibt es nur Hinterhälte, Pfeilhagel und Giftspitzen. In der Natur, da weiß man, woran man ist; man bleibt im Schlamm stecken mit dem Jeep und weiß, jetzt muß man einfach warten, bis die Sonne den Boden eintrocknet. Im Geschäftsleben ist alles viel unklarer, tödlicher. Dennoch romantisiert er die Geschäftswelt in einem Urwaldvergleich: eigentlich ist es genau dieselbe Belastung, derselbe Streß, meint er, ob man jetzt in Afrika an einer Grenze steht, die wegen Kriegsausbruch geschlossen ist, und 3000 km zurück müßte, oder ob ein wichtiger Besuch unangemeldet vor der Tür steht, während vier Telefone auf einmal läuten und dringende Entscheidungen anstehen. In beiden Situationen kann sich der Mann bewähren.

Wir fragen ihn nach seinen Zukunftsperspektiven, denn es ist uns nicht klar, wie er sein Winnetou-und-John-Wayne-Weltbild mit der Realität des österreichischen Geschäfts- und Privatlebens versöhnen will. Er überlegt. Der Gedanke an eine Ehe erschreckt ihn, auch hier glaubt er, ein Spätzünder zu sein, und kann sich noch nicht vorstellen, eine Familie zu haben. Die Beobachtung verheirateter Freunde wirkt auf ihn abschreckend, die Reduktion von Interessen vollzieht sich so rapide. Trotzdem spürt er den Wunsch nach Kindern; beim späteren Gespräch stellt sich heraus, daß er dabei vor allem an Söhne denkt. Er hat irgendwie das Bedürfnis, «einen jungen Menschen auszubilden»; mit den Söhnen von Bekannten übt er manchmal Bogenschießen, oder er gibt ihnen Anleitungen im Zeichnen von Urwäldern. Jedoch bereitet ihm der Gedanke an die dazu erforderliche Gattin Probleme, denn er sieht sich zu einer monogamen Beziehung nicht berufen. Er hatte bereits zwei wirklich intensive und harmonische Beziehungen, aber «es gefällt ihm halt dann immer eine andere», und er verläßt den Pfad der Tugend; zwar ist er «der Typ, von dem es in Romanen so schön heißt, daß er ‹immer wieder zurückkehrt›», meint er mit kurzer, etwas selbstgefälliger Ironie, aber Folgen hat das ja doch. Vor allem deshalb, weil er das umgekehrte Ereignis nie dulden würde. Er weiß, daß das eine Inkonsequenz ist («ich bin halt das typische produit dieser Gesellschaft und ihrer Werte», bedauert er gelassen), aber trotzdem: bei einer Frau wäre es für ihn sofort aus, wenn sie untreu wäre. Er müßte dann den «logischen Schlußstrich» unter das Verhältnis setzen und mit der Frau brechen. Bei beiden bisherigen Beziehungen, die er als dauerhaft und ernst eingestuft hatte, mußte er aus diesem Grund Schluß machen, obwohl die Frauen es umgekehrt akzeptierten, daß er gelegentlich andere Affären hatte. Im

Gespräch, sagt er, weiß er, daß diese Einstellung unhaltbar ist, und er glaubt auch, daß ihn hier Schwierigkeiten erwarten. Denn eine «geistig aktive Frau wird seine Haltung nicht akzeptieren, und ein Hascherl ist unakzeptabel», obwohl viele Freunde ihm raten, «nimm dir ein Hascherl, und alles lauft gut». Er will aber keine Frau heiraten, die völlig abhängig ist, das ist langweilig und belastend. Er sieht schon kommen, daß er bei einer «geistig aktiven Frau» seine polygamen Neigungen wird einbremsen müssen, meint er seufzend und erinnert sich wehmütig an eine andere, ihm teure Erwartungshaltung, die der Realität zum Opfer fiel: an den Wunsch, einmal eine Jungfrau zu heiraten. Das wird nicht möglich sein, fürchtet er. Er denkt über die Widersprüchlichkeit seiner Einstellungen nach und sagt schließlich, er glaubt an die Existenz einer «animalischen Neigung», die sich dann regt, wenn man eine «strohdumme, aber schöne» Frau vorübergehen sieht und «sie sich schnappen will». Früher hat er geglaubt, daß nur Männer diesen Drang besitzen, aber nach eingehenden Gesprächen mit Frauen, die er schätzt, glaubt er, daß es beim anderen Geschlecht genauso ist.

Um seine Grundeinstellung auszudrücken, entwirft er ein Phantasiebild, das, wie er meint, zwar humoristisch zu verstehen sei, aber doch in Ansätzen seine Traumvision repräsentiere: er lebt auf einem Bauernhof mit zwei, drei Weibern (natürlich im althochdeutschen Sinn, sagt er rasch) und neun Kindern und verbringt seine Tage speerewerfend und reitend. Am Abend steht eine Frau am Kessel und rührt eine dicke Suppe, sie schwitzt leicht unter der Anstrengung (die anderen beiden sind gerade im Gemüsegarten, antwortet er irritiert auf unsere Nachfrage), er nähert sich geräuschlos von hinten, und sie sinken aufs selbstgeschossene Bärenfell . . .

Träumerisch sinnierend blickt er auf seine Wand und erinnert sich: trotzdem, wenn er in Afrika ist und einen Eingeborenen mit Pfeil sieht, kann man ihm fünf Brigitte Bardots hinstellen, und sie sind uninteressant. Solange er seine Rastlosigkeit nicht überwunden hat, glaubt er, kann er auch nicht an ein stabiles Leben denken, denn sein Großvater hat zu ihm gesagt, «wenn du etwas wirklich willst, dann mach es vor der Ehe, sonst hängt es dir immer nach».

Was jedenfalls eine feste Beziehung betrifft, hat er seine Zweifel; irgendwie kommt ihm vor, daß man ohne Beziehung aktiver ist. Er kann nicht genau sagen, woher das kommt. Sicherlich liegt es nicht daran, daß Frauen weniger unternehmungslustig sind, denn das trifft wirklich nicht zu. Im Gegenteil, er hat die Beobachtung gemacht, daß die Frauen, die mit ihren Männern durch Afrika zogen, durchwegs zäher, durchhaltender und universell interessierter waren als die Männer. «Die Frau hat eine Reserve, obwohl der Mann kräftiger ist», informiert er uns. Männer verlieren auf diesen Afrika-Reisen meist zehn Kilo, und die Frauen blühen auf. Er sei ein «Frauen-Fan», versichert er uns nach diesem biologischen Loblied.

Männliche Freunde hat er eigentlich nur in Einzahl, er glaubt auch nicht, daß es möglich ist, mehr als eine intensive Freundschaft zu pflegen; der Rest sind Bekanntschaften. Diesen einen Freund kennt er schon seit vielen Jahren, sie haben gemeinsam viele Krisen gemeistert, und die Freundschaft hat sich auch nach dessen Verehelichung gehalten, obwohl «Frauen da oft sehr possessiv sind». Freundschaften unter Frauen gibt es noch seltener als unter Männern, hat er beobachtet.

Im Laufe des Gesprächs hat er sich merklich verändert; während er am Anfang etwas unsicher war und seine Sätze mit vielen Höflichkeiten und Klauseln versah, wird er nun zunehmend fröhlicher, aber auch aggressiver. Jetzt z. B. meint er, daß er deshalb lieber mit Frauen als mit Männern eine Freundschaft aufrechterhält, weil er sich zwar bei beiden ausreden und ausweinen kann, die Frauen aber «zusätzlich noch einen Busen» haben; er zwinkert vielsagend und etwas ungekonnt, so daß wir vermuten, es sei eine Art Testprovokation. Er schwärmt von der «Hilde», bei der man nach einem strapaziösen Tag duschen kann, ein Steak serviert bekommt und noch einige Annehmlichkeiten erfährt. Er vermutet, daß auch wir uns nach einem harten Arbeitstag gerne entspannen möchten, und drängt uns seine Telefonnummer auf; er verspricht Afrika-Filme, die Gastfreundschaft eines «offenen Hauses» und seine Talente in japanischer Massage. (Bis dato befinden wir uns im Zweifel, ob wir bei letzterem Angebot hätten beleidigt und empört den Raum verlassen sollen, denn wir konnten nicht in Erfahrung bringen, woraus eine japanische Massage besteht. Unsere Hypothese, vor vielen Jahren angelesen in James Bond, ist, daß hierbei eine Geisha mit bloßen Füßen das Rückgrat entlangspaziert, aber wir können uns Poldi in dieser Rolle nicht vorstellen!)

Nach dem Interview geht er zombiehaft zu seinen Freunden zurück, wie Jack Nicholson im Film «Einer flog übers Kuckucksnest» nach einer Elektroschock-Behandlung; mit starrem Blick geht er auf seinen Freund Heinrich zu und flüstert: Laß dich nicht interviewen!

Der Unterschied zwischen dem Verhalten der beiden, wenn man sie einzeln und wenn man sie gemeinsam erlebt, ist sehr kraß; wenn sie zusammen sind, fallen sie zurück in die Phase ihrer Schüler-Gruppenzeit.

Leopolds Ausführungen wirkten auf uns eher wie eine Sammlung klassischer Szenen und Textstellen der «machismo»-Tradition; wenn seine Wohnung nicht mit Trophäen und Beweisstücken dekoriert gewesen wäre, hätten wir an der Glaubwürdigkeit seiner Erzählungen gezweifelt. Seine Einstellungen sind geprägt durch grundlegende Widersprüchlichkeiten; einerseits glaubt er das auf Bluff beruhende zwanghafte Leistungsdenken der Männlichkeit schon am Beispiel der Jugendlichengruppen durchschaut und überwunden zu haben, andererseits verbringt er den Großteil seines Lebens damit, einem archetypischen Ideal von Männlichkeit gerecht zu werden. Einerseits glaubt er, daß der Mann als Jäger ein essentielles Relikt in der männlichen Charakterstruktur sei, andererseits kann er sich seine Urzeit-Allüren nur leisten, weil sein Vater vom Gründerzeit-Haus aus ein blühendes Wirtschaftsunternehmen führt. Er kann die klassischen Instinkte des Mannes deshalb ausleben, weil er die kapitalistischen Finessen der hochentwickelten Industriegesellschaft hinter sich weiß. Denn die als Jägerhorde verkleideten Männer, wie sie in Leder und Loden durch die europäischen Wälder streichen, stammen vorwiegend aus altem Adel und neureichen Industriellen und sind motiviert von Langeweile und nicht von den spontanen Regungen der männlichen Triebstruktur.

Eine bruchstückhafte Erkenntnis dieser Tatsache veranlaßt Leopold ja auch dazu, die Geschäftswelt dem Dschungel gleichzusetzen, wo Männer im Wettstreit ihren maskulinen Wert beweisen, sich aneinander im Kampf messen können.

Leopolds Selbstdarstellung hinterließ bei uns das Gefühl, daß eine weibliche Perspektive der «Mann-als-Jäger-Weltanschauung» illuminierend sein könnte. Er gibt uns auf unser Verlangen die Telefonnummer der Freundin, mit der er in Afrika war. Kalin lädt uns in ihre Wohnung ein, kocht uns einen Tee und sagt, «so so, ihr habts also den Prinz Eisenherz interviewt». Den Namen hat sie für ihn gewählt, sagt sie, weil er seinem Verhalten adäquat ist und auch seine Lieblingslektüre darstellt. Sie lächelt dabei nachsichtig.

Kalin kennt Leopold seit sieben Jahren, fünf Jahre waren sie «zusammen». Sie lernte ihn mit 18 kennen, als Freund eines Bekannten, als jungen Mann «mit Smaragdaugen», dessen erste Worte zu ihr ein schroffes «hier wird nicht geraucht» waren. Damals lebte sie in Berlin und war noch «schwer verliebt» in einen anderen Mann; Leopold fungierte als Seelentröster. Da ist er sehr begabt, sagt sie und lächelt wieder; er kann gut zuhören, was bei Männern selten ist.

Wir sehen Kalin beim Teekochen zu; sie trägt ein langes besticktes griechisches Kleid und afrikanischen Silberschmuck, ihre Haare sind kurz und blond, und sie hat die gleichmäßige Bräune einer, die viel auf Reisen ist. Sie wirkt resolut, gewandt und sehr sympathisch; sie lacht oft über sich selbst und über die Umstände und beschreibt präzise und plastisch Menschen und Ereignisse. Die Beziehung zu Leopold erstreckte sich, erzählt Kalin, nicht nur über vier Jahre, sondern auch über drei Großstädte und zwei Kontinente, denn Kalin, die Tochter eines deutschen Diplomaten, lebte während dieser Zeit in Berlin, Paris und Wien. Leopold flog ihr immer nach, und sie verbrachten einige Tage zusammen; damit ließen sich viele Konflikte vermeiden, aber die Beziehung hatte natürlich auch keine wirkliche Realität. Richtig zusammengelebt haben sie eigentlich erst in Afrika. Als sie ihn kennenlernte, war sie erst 18 und völlig «unerfahren», wie man sagt. Erst nach einem dreiviertel Jahr hatten sie eine sexuelle Beziehung, die dann umstandsgemäß auch sehr sporadisch war. Während der vielen und langen Trennungen telefonierte Leopold immer mit ihr und berichtete von seinen amourösen Abenteuern mit anderen Frauen. Das kränkte sie zwar, war ihr aber immer noch lieber, als es von «Freunden» zu erfahren; die Clique, der sie angehörten, liebte Skandale und Tratsch, so daß sie es sicher immer erfahren hätte. Von ihr erwartete er natürlich absolute Treue, das hatte er gleich zu Beginn klargestellt. Langsam kam sie sich dann dumm vor dabei, keusch und brav in Paris zu sitzen, während er sich amüsierte. In einem Augenblick der Einsamkeit hatte sie ein Erlebnis mit einem Mann, das aber so unerfreulich war, daß es sich nie wiederholte. Sie versuchte, das Ganze so rasch wie möglich zu vergessen, nachdem sie sich in ihrem Tagebuch abreagiert hatte. Sie hat es dem Leopold nie erzählt, weil es ihr sinnlos vorkam, wegen einer solchen mißglückten Einmaligkeit eine Krise mit ihm heraufzubeschwören; vielleicht war das falsch, aber sie wollte das Ganze wirklich nur vergessen, es bedeutete ihr nichts.

Einige Monate später unternahmen sie gemeinsam eine Afrika-Expedition, die für ein Jahr angelegt war. Sie hatten vor, zwischendurch ein Paar Monate zu arbeiten, um wieder Geld für die Reise zu verdienen. Sie hat ihren Anteil auch genau bezahlt; in Kapstadt bekam sie sogar einen besser bezahlten Job als er. Sie arbeitete bis spätabends als Kellnerin, denn in den Berufen, für die sie qualifiziert gewesen wäre, verdienten Frauen – das sagten die einem ganz offen – einfach ein Drittel oder Viertel weniger als Männer. Leopold hatte andere Arbeitsstunden, da hat er zum erstenmal erlebt, daß sie sich auch allein beschäftigen und finanziell behaupten kann. Ihm wäre es lieber gewesen, sagt sie, wenn sie untertags immer verzweifelt und gelangweilt auf seine Heimkehr gewartet hätte, aber sie hat sich sehr wohl gefühlt und viele Leute kennengelernt; da ist er sehr widersprüchlich, denn einerseits bewundert er selbständige und unternehmungslustige Frauen, andererseits verunsichern sie ihn. Nach einem halben Jahr flog sie für fünf Wochen nach Österreich, weil sie sich schon lange verpflichtet hatte, an der Winterolympiade in Innsbruck mitzuarbeiten und sich auch schon sehr gefreut hatte darauf. Er hat alles versucht, um sie davon abzubringen. Kurz vor ihrem Rückflug nach Afrika hat er sie dann angerufen und ihr gesagt, sie brauche gar nicht mehr zurückkommen, denn er werde sich jetzt umbringen; in ihrer Abwesenheit habe er ihr Tagebuch gelesen und den «Seitensprung» entdeckt; durch ihren Verrat sei ihm der Sinn des Lebens abhanden gekommen. Jedenfalls wolle er sie nie wiedersehen. Sie hätte nichts dagegen gehabt, daß er ihr Tagebuch liest, sie hat sich eigentlich gar keine Gedanken darüber gemacht, das Tagebuch versteckt oder so ... aber sie hatte auch vergessen, daß ihr «Erlebnis» darin festgehalten war, denn eigentlich hatte sie die kurze Episode schon erfolgreich verdrängt. Außerdem konnte sie nicht glauben, daß Poldi seine sexuelle Doppelmoral so konsequent umklammern würde. Bei seinen vielen Weibergeschichten konnte er aus ihrem einzigen unbedeutenden «Fehler» kein Drama machen. Sie ist also trotzdem zurückgeflogen, weil sie sich dachte, daß ein klärendes Gespräch die Sache aus der Welt schaffen könnte. Die nächsten drei Monate fuhren sie mit dem Landrover durch Afrika, eine Zeit, die sie rückblickend als «Psycho-Terror auf acht Quadratmeter» beschreibt. Tagelang sprach er mit ihr kein einziges Wort und dann nur, um sie als «Hure, als schmutzig und ruiniert» zu beschimpfen; aus ihrem Bauch könne kein Kind von ihm mehr kommen, hat er gesagt, denn sie sei unrein. Sie hat versucht, ihm das Alttestamentarische dieses Standpunkts klarzumachen, aber vergeblich. Sie saßen nebeneinander, und zwischen ihnen war eine kilometerdicke Mauer. Beide waren so sehr aus dem emotionalen Gleichgewicht, daß die unbeschreibliche Natur ungesehen an ihnen vorbeizog. Er hat sie systematisch gequält; daß er selbst dadurch auch gelitten hat, nahm er in Kauf. Sie mußte bestraft werden. Er hat ihr verboten, ihn zu berühren, und hat in den Morgenstunden, obwohl er wußte, wie schrecklich das für sie war, «ohne mit der Wimper zu zucken neben ihr onaniert». Es war ihr unerträglich, aber ihr ist nichts anderes übriggeblieben, als auf das Dach des Landrovers zu klettern und zu warten; wo hätte sie sonst hingehen sollen, mitten im unbevölkerten Nationalpark.

Auf halber Strecke bekam der Wagen einen Defekt, und Leopold fürchtete, daß viele Tage vergehen könnten, bis sie ein Parkaufseher fand. Er schickte also Kalin, was streng verboten war, zu den Löwen und Schlangen hinaus, um Hilfe zu holen. Er behauptete, leider nicht selbst gehen zu können, da er «das Geld bewachen müsse»; ein nicht sehr überzeugender Grund, der aber trotzdem Kalin keine Wahl ließ; andernfalls hätte sie tagelang im Auto auf die Rettung warten müssen. «Von Baum zu Baum» machte sie sich also auf den Weg, bis sie ein Aufseher aufgelesen hat. «Nicht sehr ritterlich, dieser Prinz Eisenherz», überlegen wir gemeinsam, und Kalin lacht: «Das Beste kommt noch. Als mich der Aufseher zurückbrachte, habe ich mich unter den Wagen gelegt und ihn wieder in Schwung gebracht.» Trotzdem fand die gemeinsame Expedition ein baldiges Ende, als er sie einmal im Lauf einer der täglichen Diskussionen über das Thema ihres Seitensprungs würgte; das war dann doch zuviel, und sie ist nach Deutschland zurückgeflogen. Das war endgültig das Ende der Beziehung. Das war nie vorgekommen, daß er gewalttätig wurde; zumindest nicht gegen sie. Er hatte zwar gelegentliche «black-outs», von denen es hieß, sie seien auf eine unbehandelte Gehirnhautentzündung in seiner Kindheit zurückzuführen, und da kam es vor, daß er im Laufe einer Auseinandersetzung plötzlich einen starren Blick bekam, und man wußte, jetzt geht eine Tür oder eine Kommode drauf. Aber sie hatte eigentlich nie Angst, daß er sie schlagen könnte; das hätte er nicht getan, glaubt sie. Ein einziges Mal hat er, als er 17 war, seine Mutter im Streit gegen einen Kasten geworfen, weil sie seine kleine Schwester schlug. Das Ereignis wurde in der Familie totgeschwiegen und hat sicherlich auch dem Leopold einen anhaltenden Schreck eingejagt.

Das Verhältnis zu seiner Mutter, überlegt Kalin, ist überhaupt etwas eigenartig. Wann sie den Abend bei ihm verbrachte, kam es oft vor, daß die Mutter drei- oder viermal angerufen hat, um den Poldi zu bitten, «ganz schnell herüberzukommen». Erst nachher hat Kalin überlegt, ob eine Art Eifersucht dahinterstecken konnte; jedenfalls ist er immer sofort aufgesprungen, wenn seine Mutter anrief. Leopold orientiert sich sehr an seinen Eltern, erzählt sie. Einerseits ist das gut, denn die führen eine wirklich vorbildliche Ehe und sind immer noch ganz verliebt; andererseits sind einige ihrer Ansichten über Ehe nicht mehr ganz angemessen in diesem Jahrzehnt, und Leopold übernimmt das Ganze halt pauschal. Seine eigene Entwicklung nimmt einen gewissen Schaden daran. Sie selbst hat nur einmal länger mit seiner Mutter gesprochen, und zwar nach der Afrika-Reise; damals war die Mutter ziemlich entsetzt über das Verhalten ihres Sohnes, und Kalin war überrascht, daß sie ihn auch kritisch sehen konnte. Seine Familie war sehr nett zu ihr und ist es immer noch; selbst nach der Trennung hat die Mutter ihr zu Weihnachten etwas geschenkt. Das hat ihr viel bedeutet, denn Leopold hat ihr eigentlich immer eher Komplexe in dieser Hinsicht vermittelt. Er hat sie in bezug auf Aussehen und Verhalten einem kritischen Vergleich mit seiner Schwester unterzogen und ihr am Anfang der Beziehung, als sie noch sehr unsicher war, ein Gefühl der Minderwertigkeit gegeben; er hat sie als «die Häßliche» bezeichnet und mit einem charmanten Lächeln behauptet, das sei liebevoll gemeint. Ja, der Leopold, erinnert sie sich. Sie haben oft darüber diskutiert, denn er hat stets behauptet, auf Äußerlichkeiten keinen Wert zu legen. Die Erfahrung, daß das Gegenteil zutrifft, war für sie oft sehr verletzend. Bei ihm ist es so, daß er sich hinter den «Schmäh» flüchtet und man nie weiß, wann er etwas ernst meint.

Insgesamt war die Zeit mit Leopold für die Entwicklung ihres Selbstbewußtseins nicht sehr förderlich, in verschiedener Hinsicht. Sie ist sehr streng erzogen worden. Als sie 18 war, hatte sie von nichts eine Ahnung und war auch sehr gehemmt. Ihre hauptsächliche Erziehungsarbeit sahen ihre Eltern in der Wahrung der Tugendhaftigkeit. So hat ihr Vater bei Auslandsaufenthalten zum Beispiel täglich um 7 Uhr früh zu Hause angerufen, um zu überprüfen, ob alle drei Töchter daheim waren. Sie lacht bei der Erinnerung an die Szenen, bei denen die drei Töchter im Morgengrauen aus verschiedenen Richtungen heimeilten, um abgezählt zu werden. Daß Leopold ihr erster Mann war, sagt sie, war für sie nicht besonders günstig, da er ihr bei der Bewältigung ihrer Hemmungen nicht geholfen hat, im Gegenteil. Dieser Ausdruck «eine Frau packen», der in seinen Gesprächen öfters vorkommt, beschreibt leider auch sein tatsächliches Verhalten. Fast unglaublich erscheint es ihr rückblickend, daß sie kein einziges Mal darüber gesprochen haben. Sie hätte nie ein solches Gespräch beginnen können, und er mit seinen vielen Erfahrungen kam auch nie auf die Idee. Die ersten beiden Jahre war es nicht so schlimm, weil sie sich ohnehin nur in großen Abständen gesehen haben, aber in Afrika trug auch dieses Problem zu ihren Spannungen bei. Daß es auch andere Möglichkeiten gibt, hat sie überhaupt erst bei ihrer zweiten Beziehung gemerkt. Dieser spätere Freund hat sofort gemerkt, daß es Probleme gab, und hat sehr selbstverständlich mit ihr darüber gesprochen. Jetzt, wo ihre Beziehung zu Leopold in eine kameradschaftliche Phase übergegangen ist, hat sie einmal versucht, das Thema anzuschneiden, schon allein deshalb, weil er Schwierigkeiten und Krisen in seinen neuen Beziehungen mit ihr bespricht und sie es nicht mit ansehen kann, wie er genau dieselben Fehler wiederholt. Er weigert sich aber nach wie vor, sich mit der weiblichen Sexualität auseinanderzusetzen, und behauptet unerschütterlich, daß er seine anderen Frauen immer restlos begeistert hat. Sie überlegt: entweder hat er es wirklich nicht gemerkt, das kann sie sich gut vorstellen, oder die anderen Frauen haben ihm etwas vorgespielt. Sie stöhnt zweimal kurz zur Demonstration, lacht dabei und sagt: «Das würde er glatt glauben.» Sicherlich, sagt sie, war sie zum Teil selbst schuld; sie hätte von sich aus eine Diskussion beginnen, ihn mit ihrer Unzufriedenheit konfrontieren müssen. Sie konnte es halt nicht.

An ein selbstkritisches Potential bei ihm in bezug auf sein Frauenbild glaubt sie nicht so recht. «Ist er euch auch mit dem Schmäh gekommen von der Unterordnung der Frau?» Und wir berichten ihr von seinem Bauernhof-Traumbild, das sie mit vielen Details ergänzen kann; drei Jahre lang hat er sie mit solchen Phantasien geärgert. Und selbst jetzt, wenn er sich gelegentlich die Möglichkeit einer erneuten Beziehung zu ihr überlegt, sieht er den Hauptgrund des Scheiterns in ihrer hartnäckigen Weigerung, sich wieder langes, blondes Haar wachsen zu lassen. Und an die «Frau fürs Leben» glaubt er immer noch, die weder vor noch nach ihm einen anderen Mann hat(te) und sich ihm ganz anpaßt.

Selbst jetzt noch betrachtet er sie eigentlich als seinen Besitz. Monate nach der gescheiterten Afrika-Tour stand er plötzlich wieder vor ihrer Tür und erwartete, daß sie enthusiastisch bei seiner geplanten Kanada-

Reise mitmache. Einmal war sie mit einer Blinddarm-Operation im Krankenhaus, niemand durfte sie besuchen, er aber war schon zur Stelle, als sie kaum aus der Narkose erwacht war. Ihr erster Anblick war Leopold, der damit beschäftigt war, die Blumensträuße aller anderen zu entfernen und an ihrer Stelle die eigenen Geschenke auszubreiten. «Das ist ja so fatal mit ihm, er kann so nett und rührend sein, daß man alles andere kurzfristig vergißt, wieder Hoffnung hat, daß er sich doch noch ändert.»

Wenn man ihn verstehen will, meint Kalin, muß man begreifen, daß vor allem zwei zentrale Punkte sein Weltbild beherrschen; seine Einstellung zu Frauen und seine Waffen-Ideologie. Letztere hat er in seiner Jugendzeit gewonnen, als er Staatsmeister wurde und nach Japan ging. Dort hat er gelernt, die «Ästhetik des Kampfes» zu schätzen. Er ist in diesem Punkt auch sehr konsequent, das muß man ihm anrechnen. In Afrika z. B. sind sie mit Bekannten jagen gegangen, und es war ganz anders, als er sich das vorgestellt hatte: man wurde im Wagen von einem Hochstand zum nächsten chauffiert, und überall standen die Antilopen herum, zum Abschießen bereit. Es war überhaupt keine Herausforderung dabei, man mußte nur halbwegs zielen können und abdrücken. Leopold hat jedesmal zu hoch gezielt, absichtlich. Irgendwie hat sie das geschätzt an ihm, denn in der Jagdgesellschaft waren auch Kollegen und Geschäftsfreunde seines Vaters, und die hätten seinen Standpunkt natürlich nicht verstanden; die lachten halt nur darüber, daß er so schlecht schießen kann, und das hat er in Kauf genommen, obwohl er Spott sonst wirklich nicht vertragen kann. Am liebsten jagt er mit Pfeil und Bogen, denn da stehen die Chancen 50:50, da ist es ein Sport und eine Bewährung.

Trotzdem, irgendwie problematisch ist diese Ideologie schon; von den gesellschaftspolitischen Aspekten einmal abgesehen, ein Punkt, über den sie immer wieder mit ihm gestritten hat. Sie ist sehr erschrocken, als sie ihn nach ihrem Innsbruck-Aufenthalt in Afrika wiedersah. Er war in den fünf Wochen völlig verwahrlost, hatte sehr abgenommen und wirkte ganz eingesunken, er war nur mehr ein Strich mit eisiggrünen Augen. Sie hofft, daß er sich in dieser Hinsicht mäßigen wird, denn immerhin hängen jetzt 40 Familien von seiner Geschäftsführung ab.

Wir fragen Kalin, ob sie sich eine erneute Beziehung mit ihm vorstellen könnte, denn es ist offensichtlich, daß sie noch immer eine gewisse Zuneigung für ihn verspürt. Sie hat schon oft darüber nachgedacht, sagt sie. Nein, sie glaubt es nicht. In Afrika hat sie damals sehr viel Geduld für sein schwieriges Verhalten gehabt, zum Teil, weil sie ihm beweisen wollte, wie sehr sie ihn mag. Aber von seiner Seite kam keine Einsicht und keine Bereitschaft, auch einen Beitrag zu leisten. Zwar hat er später eingesehen, daß sein damaliges Verhalten nur mehr als Psychoterror einzustufen sei, aber sie hatte nicht den Eindruck, daß er daraus irgendwelche Konsequenzen zog. Sie selbst ging sogar zu einer Psychologin in Therapie, was ihm völlig unverständlich war.

Beim Abschied ruft sie uns noch nach, daß sie auf das Interview sehr neugierig ist: «Machts keinen heiligen Leopold aus ihm», sagt sie.

Heinrich

Über Leopolds Freund Heinrich wußten wir nur aus vertraulichen Mitteilungen eines Freundes, daß er «ein Klemmi» sei (Anmerkung für die bundesdeutsche Leserschaft: freundliches Kürzel für eine leicht verklemmte Persönlichkeit) und wir uns beim Interview schwertun würden. Im Gespräch ist er viel höflicher als Poldi, er denkt öfter daran, daß es sich um ein Interview handelt und nicht um eine Selbstdarstellung, und unterbricht seine Erzählungen, um nachzufragen, ob das jetzt auch brauchbar und interessant für uns sei.

Als Kind, sagt er, hat er viele Krisen durchlebt; eigentlich war seine Familie eine permanente Krise. Die ewigen Streitereien zwischen seinen Eltern waren für ihn belastend, weil er sich dabei immer das Schlimmste gedacht hat; er konnte nie einschätzen, wie wichtig der Konflikt war, und lebte in der ständigen Furcht, daß sich «seine Eltern morgen trennen würden». Beim Streit ging es meist darum, daß sein Vater von einer Saufpartie mit seinen Freunden einige Tage nicht heimgekommen war. Heinrich war ein Einzelkind und wurde hauptsächlich von seiner Großmutter erzogen. Dadurch war er sehr sich selbst überlassen und verbrachte die meiste Zeit auf der Straße und in Parks, wo er sich mit Unterschichtkindern herumtrieb («tatsächlich, die kleinen Spatzen waren schon richtige Gangster, gerade, daß sie nicht mit Messern herumliefen»), bis seine Verwandtschaft in ihm einen «Hang zum Küchenpersonal» diagnostizierte. Man schickte ihn zur Therapie ins Piaristen-Kloster, wo er von Anfang an die Note 3 in Betragen bekam, gleichbleibend schlechte Leistungen erbrachte und «der Schlimmste» war. Die strengen Erziehungsmaßnahmen – knien auf Holzscheiten, stundenlanger Kellerkerker, Schläge auf die Finger mit dem Lineal – hatten keine merkliche Wirkung. Mehrmals flog er aus der Schule, ein Jahr vor der Matura zum letztenmal und endgültig. In der Familie galt er als dumm und störrisch und bekam oft zu hören, daß nie etwas aus ihm werden würde. Die Gründe für seine diversen Hinausschmisse kann er gar nicht mehr alle aufzählen; die letzten beiden sind ihm jedoch noch in Erinnerung. Beim vorletztenmal hatte er nach einer ungerechten mündlichen Prüfung seinem Freund in Anwesenheit des Prüfers geraten, diesen mit physischer Gewalt den Stiegenaufgang hinunterzubefördern. Und der letzte Anlaß war ein «Konkret»-Heft, das in seiner Mappe gefunden wurde und auf dem unter einem nackten Mädchen der Titel «Unseren täglichen Sex gib uns heute» prangte. Das ließ sich mit dem Keuschheitsgelübde der Piaristen doch nicht mehr vereinbaren und markierte das Ende seiner Schulzeit. Später hat er dann in einer spontanen Aktion, die von dem Spott seiner Verwandten (das schaffst du nie) begleitet war, selbst für alle Matura-Fächer gelernt und ist vor einer staatlichen Kommission angetreten, um die Prüfung nachzuholen. Es gelang ihm beim ersten Durchgang. Bei der Berufswahl zögerte er zwischen Tierarzt und Schauspieler; seine Eltern hätten ihn beeinflussen können, aber da niemand Bedenken gegen eine Schauspielerkarriere hatte, entschied er sich dafür und ging ins Reinhardt-Seminar. Als Kind war er in einer Schulvorführung einmal als Zwerg aufgetreten; ein nicht sehr glücklicher Auftritt, der ihn aber nicht entmutigt hatte. Ursprünglich wollte er an der Hochschule Theaterwissenschaften studieren, aber die Universität hat ihn «unangenehm berührt».

Seine Komplexe legte er erst allmählich ab, sagt er; bis er 18 war, hat er sich eigentlich immer mit unterlegenen Freunden umgeben, die ihn bewunderten und die keine Konkurrenten waren. Auch jetzt noch ist es schwierig, bei seinem Beruf. Er treibt sich zwar nicht mehr mit den «eher komischen Würstchen» seiner Jugendzeit herum, steht aber immer noch unter dem Druck, sich beweisen zu müssen. Die Männer im Schauspiel-Gewerbe sind eben doch tendenziell Konkurrenten; manche achten z. B. bewußt darauf, daß ihre Freunde weniger gut aussehen als sie selbst. Und der Neid vernichtet vieles; für ihn war es einmal sehr verletzend zu erfahren, daß ein Mann, den er als Freund betrachtet hatte, ihm im Grunde jede Chance geneidet hat. Andererseits ist es aber auch schwer, außerhalb der Branche Freunde zu finden, denn irgendwie wird man doch als Kuriosum betrachtet und findet wenig Verständnis für die eigene Arbeits- und Lebensweise. Zuerst gibt Heinrich an, daß sein Freundeskreis geschlechtsmäßig ausgewogen ist, zählt aber dann im Geist nach und stellt fest, daß die Freundinnen («ich meine jetzt im platonischen Sinn») überwiegen. Vielleicht deshalb, überlegt er, weil man nicht für dieselben Rollen in Frage kommt.

Uber seine private Zukunft macht sich Heinrich schon seit einiger Zeit Gedanken. Seine Erwartungen formuliert er sorgfältig, fast mühsam. Eine Frau muß einen Beruf haben, meint er, allein schon deshalb, weil man realistischerweise eine zukünftige Trennung einkalkulieren muß; diese Möglichkeit kann man ja nie ausschließen, und die Frau steht in diesen Fällen dann ziemlich da, er hat das oft genug miterlebt, bei Freunden und Bekannten. Er selbst hätte gerne eine Frau, die selbständig ist, aber doch in manchen Situationen Schutz sucht, er lächelt, «die, wenn es drauf ankommt, das Weibchen ist, damit man den Stärkeren mimen kann». Er überlegt; also, eine abhängige, hysterische Frau würde er wirklich nicht aushalten. Er will auch nicht, daß eine Frau zu ihm aufschaut «oder etwas ähnlich Albernes». Aber er würde es akzeptieren, wenn sie gelegentlich nervös reagiert, z. B. wenn die Kinder krank werden. Er würde sich dann bemühen, ruhig zu bleiben. Er würde auch gegenseitige Treue erwarten. Er ist relativ zuversichtlich, daß ihm eine gute Beziehung gelingen wird; er versteht z. B. nicht, wie man «über eine Lappalie wie Hausarbeit streiten kann». Er hat immer seinen Anteil davon geleistet, sagt er; wozu soll man eine Beziehung völlig unnötig komplizieren?

In seinem Freundeskreis sind fast alle schon verheiratet, und für Ehepaare ist er zunehmend suspekt, weil er mit fast 30 noch immer ledig ist. Auch er fühlt sich in ihrem Kreis nicht immer wohl; «manchmal geht eine erstickende Atmosphäre von ihnen aus», man hat das Gefühl der Eingeschlossenheit, wie sie oft so dasitzen, «ein Kind, und über das Ganze ist ein kleines Häuschen gestülpt». Diese Isolationstendenzen, diese zwanghafte Routine, findet er unnötig; man könnte das Familienleben wirklich ganz anders organisieren. Er glaubt, daß er aus seinen Beobachtungen und seinen Beziehungen sehr viel gelernt hat und daß er die Hoffnung hat, heute mit mehr Hirn in eine neue Beziehung zu gehen. Früher war er «ein richtiger Eifersüchtler», berichtet er, es war schon krankhaft. Gerade, daß er «nicht mit der Pistole herumgelaufen ist». Z. B. hatte er eine Freundin mit einen neun Monate alten Kind. Anfangs störte ihn das gar nicht, aber langsam merkte er, daß er Rivalitätsgefühle bekam, weil die Frau dem Kind soviel Aufmerksamkeit schenkte. Außerdem sah er im Kind immer den Vater und begann fast, es zu hassen, unwillkürlich. Heute wäre das anders, glaubt er, aber damals war er einfach noch zu unreif für diese Situation. Jedenfalls wird er in seine nächste Beziehung schon intensive Fähigkeiten im Bereich der Babyversorgung mitbringen; füttern und wickeln hat er gelernt. Er selbst glaubt schon, daß er einmal gerne eigene Kinder hätte; «das ist die Krönung einer Beziehung», meint er und entschuldigt sich für die Floskel: er kann sich eigentlich nichts Konkretes darunter vorstellen. Sein Wunsch nach Kindern, sagt er, ist im Moment wirklich völlig abstrakt, hat den Charakter einer undurchdachten Selbstverständlichkeit. Wenn er darüber nachdenkt, ist es unvorstellbar für ihn, daß «eine Frau einen Bauch hat und er weiß, *er* ist der Vater».

Wir kommen auf die Frauenbewegung zu sprechen, und Heinrich erinnert sich an eine feministische Kollegin, die ihm ein paarmal ihren Standpunkt erörtert hat, an den er sich allerdings nicht mehr erinnern kann. Er deutet dabei kopfschüttelnd auf seine Ohren und sagt: «Das ging links rein und rechts wieder raus, vor allem, weil sie so herzig war.» Er sieht unseren starren Blick und versucht zu rekonstruieren: «Es war irgend etwas in die Richtung von nicht ernst genommen werden im Beruf. Außerdem hat diese Kollegin seither eine gewisse ‹Mäßigung durch die Ehe› erfahren. Jetzt denkt sie sicherlich eher an Familie und Glücklichsein.»

Noch ein weiteres zentrales Erlebnis hat er mit der Frauenbewegung gehabt, und zwar eine Konfrontation mit einer anderen Kollegin über das Thema «Witze». Er fand das albern und unreif, daß sie sich immer aufgeregt hat, wenn im Freundeskreis doppeldeutige Witze erzählt wurden; man muß doch eine etwas weniger dramatische Beziehung zur Sexualität finden, glaubt er, und nicht immer empört sein, «wenn der Liebesgott profaniert wird». Wir vermuten, daß sie sich vielleicht weniger über den Liebesgott als über die Frauenfeindlichkeit der meisten Witze dieser Art geärgert hat, und Heinrich denkt nach; ach, glauben wir wirklich? Er nickt langsam; ja, vielleicht, er kann sich selbst erinnern, daß er sich einmal furchtbar über einen Witz aufgeregt hat, der von Schweizer Bekannten erzählt wurde und die Österreicher als lächerliche Figuren darstellte. Er hat sich damals entsetzlich gegiftet, obwohl er wirklich kein fanatischer Patriot ist. Also wir glauben, daß Frauen sich deshalb ärgern können? Ach ja.

Er schüttelt den Kopf über die Schwierigkeiten menschlicher Beziehungen; wirklich, er hat das beobachtet, die meisten Männer sind unfähig in dieser Hinsicht. «Meine persönliche Meinung», sagt er, «Männer sind Volltrottel, unfähig, an einer Beziehung zu arbeiten.» Meist liegt es an ihnen und nicht an den Frauen, findet er, wenn Beziehungen auseinandergehen. Immer machen sie große Dramen aus kleinen Uneinigkeiten, nur um ihre Macht zu behaupten. Alles sehen sie als große Prinzipfrage, die ihre männliche Würde bedroht, und dann wundern sie sich, wenn es danebengeht. Die Frauen unternehmen oft die größten Anstrengungen, aber umsonst. Er bewundert das; er findet es auch eindrucksvoll, wie Frauen oft über Äußerlichkeiten hinwegsehen können, wie sie z. B. das Aussehen bei Männern nicht so sehr stört. Er könnte das umgekehrt nicht, meint er. Er kann es nicht ändern, das Aussehen ist für ihn schon sehr wichtig. Er glaubt zwar, daß er es wird bewältigen können, auf andere Frauen zu verzichten, wenn er einmal verheiratet ist. Er wird sich dann einfach sagen, «ja, diese Frau ist schön, aber ich habe eine zu Hause, die auch schön ist, nur vielleicht auf andere Art».

Nach dem Interview fragt Heinrich nach unserem ersten Buch, und wir erzählen ihm vom Wiener Frauenhaus. Beim Ausdruck «Frauenhaus» setzt er sich freudig auf und sagt: «Oh, so was gibt's? Wo ist denn das?» Bestürzt nimmt er unsere Aufklärung zur Kenntnis, daß es sich dabei um eine Zufluchtsstätte für mißhandelte Ehefrauen und deren Kinder handelt. Er kann gar nicht glauben, daß es dieses Problem in einem solchen Umfang gibt, sagt er, erinnert sich dann aber an seine Überraschung in anderen Situationen, als er Einblicke in die völlig unerwarteten und oft unvorstellbaren Probleme in den Privatbeziehungen von Freunden und Bekannten bekam. Man hat oft wirklich keine Ahnung, was sich da alles abspielt, meint er.

Auffallend an dem Gespräch mit Heinrich war, daß der Schauspielberuf eine gewisse Distanz zu den stereotypen Haltungen der Männlichkeit produziert. Obwohl er in seiner Jugend keineswegs verzärtelt und verweichlicht wurde, sondern die typischen Bubenstreiche in besonders ausgeprägten Formen auslebte, zeigt er jetzt weniger Aggressivität und mehr Einsicht als viele andere Männer. Auch Überlegungen, die in der öffentlichen Meinung als typisch weiblich gelten, wie die Sorge um das Aussehen, die Rivalitätshaltung gegenüber «schöneren» Gleichgeschlechtlichen sind offensichtlich weniger an die Geschlechtszugehörigkeit als an die Lebensumstände gebunden. Attraktivität ist für Frauen generell eine Existenzbedingung und für Schauspieler ein Berufsproblem; in beiden Fällen rückführbar auf die sozialen Bemessungskriterien. Wie bei vielen anderen Interviews waren wir auch hier überrascht festzustellen, daß Torschlußpanik bei Männern mindestens ebenso häufig ist wie bei Frauen.

Herbert

Herbert M. ist vielbeschäftigter Erfolgsanwalt in Wien, den Lesern der großen Tageszeitungen bekannt durch verblüffende und geschickte Führung der Verteidigung in schwierigen Strafverfahren.

Schon bei unserem ersten Versuch, ihn in seiner Kanzlei telefonisch zu erreichen, lernen wir die Abwehrtaktiken seines effizient geführten Sekretariats kennen. Unser Anliegen, mit ihm die Wendepunkte und Krisen seiner Identität zu besprechen, stößt bei der Sekretärin auf eine eindeutige, aber diplomatisch formulierte Absage. Bei unserem nächsten Versuch antworten wir, etwas klüger geworden, auf die schon erwartete Wendung «worum handelt es sich?» mit einem (hoffnungsvoll) vielsagenden und selbstsicheren «es ist privat».

Der Anwalt wird tatsächlich neugierig und zeigt sich von unserem Vorschlag, ihn «ganz privat» interviewen zu wollen, erheitert.

Zwei Tage später sitzen wir uns in einem Nobelgasthaus in einem vornehmen Außenbezirk gegenüber, mit einiger Verspätung, weil uns die öffentlichen Verkehrsmittel dieses Areals nicht vertraut sind.

Herbert M. kündigt uns gleich einen weiteren Mann an, einen Medienfachmann, mit dem er dringend einiges zu klären hätte, und «wenn sich's machen läßt, verbindet er gern zwei Termine». Beim ersten Cocktail setzt sich der Geschäftsführer des Restaurants zu uns, der Herbert M. zwar duzt, aber trotzdem als Doktor tituliert. Herbert ist hier Stammgast und bekam als Geschenk des Hauses einen Bierkrug mit seinen eingravierten Initialen, der bei seinen Besuchen immer verwendet wird. Die Atmosphäre ist also leicht familiär, unser Interviewpartner demonstriert, daß er sich auf heimatlichem Terrain bewegt.

Zuerst sprechen wir über die Anstrengungen seines Berufs, er ist erst Anfang 40 und auf der Karriereleiter ganz oben. Das merkt man ihm an, vor allem an seinem abgespannten Aussehen und den tiefen Schatten unter den Augen. Herbert ist der Überzeugung, daß der Einsatz für eine Karriere in jedem Fall lohnt: «Ein normaler Mann, der nicht dekadent ist oder verweichlicht, der braucht den Kampf, das Erfolgserlebnis.» Diesen Erfolg hat er sich tatsächlich hart erkämpft; aus einem Elternhaus, das ihm kein Studium ermöglichen konnte, hat er sich schon früh durch eigene Initiative den Zugang zu Bildung und Geld verschafft, so daß ihm auch der Aufstieg in bessere Kreise gelang. Ebenso wie es ihm gelang, einen Freiplatz in einem renommierten Privatgymnasium zu bekommen, hat er nach dem Studium mit Hilfe großer Kredite eine repräsentative Kanzlei einrichten können, die schon von der äußeren Konzeption sichtlich auf eine bestimmte, finanzkräftige Klientel ausgerichtet ist. Das Risiko hat sich gelohnt, er hat bereits einige Angestellte und mehr Selbstvertrauen und Geld als je zuvor.

Als wir ihn nach den einzelnen Abschnitten seines Lebenslaufs fragen, sagt er, es gäbe keine bei ihm, «nur abnehmende Begeisterung». Seit drei Jahren ist er mit einer Frau verheiratet, die aus den guten und bemittelten Kreisen Wiens kommt. In seiner ersten, knappen Beschreibung erzählt er, daß er sie als angenehm empfindet, aber auch gut ohne sie leben könnte. Als das Gespräch sich auf sonstige Frauenbeziehungen konzentriert, berichtet er, daß er mit Callgirls sporadisch, und zwar nur dienstlich, zu tun hätte, Prostitution für sich selber aber ablehnt, und zwar vor allem aus psychohygienischen Überlegungen. Eine Freundin habe er zwischendurch schon kurz einmal, letztlich sei ihm der Aufwand aber zu anstrengend, da eine institutionalisierte Geliebte fast schon auf eine zweite Ehefrau mit Ansprüchen, eigenen Vorstellungen etc. hinausläuft. – Mit seiner Frau spricht er über dieses Thema nicht, weil es sich für sie ohnehin nicht stellt. Die Logik seiner sexuellen Doppelmoral verdeutlicht er mit dem Satz: «Sie ist mit mir verheiratet, ich aber nicht mit ihr.» Daraus leitet sich ab, daß in der Beziehung für die beiden Partner zwar dieselben Gesetze herrschen, die Beteiligten aber nicht die gleichen Möglichkeiten haben, sie zu «vollstrecken». Im Falle einer Untreue «hat man den Vertrag gebrochen»; das darf man zwar als freier Vertragspartner, aber er würde sie sofort vor die Tür setzen. «Ich würde auch nicht jemand anderem mein Gewehr borgen», fügt er noch illustrativ zum Treuegebot hinzu.

Unser Gesprächspartner stellt sich als Freudianische Fundgrube heraus. Geheiratet hat er sie, weil er den Schwiegervater so sehr schätzt, worauf wir uns zu seiner Fassungslosigkeit den scherzhaften Einwand leisten, daß er dann vielleicht besser mit seinem Schwiegervater eine Lebensgemeinschaft hätte eingehen sollen. Daß er im Privatleben seine Ruhe haben kann «und muß», ist eine Tatsache, von der er niemals abweichen möchte. Nach weiteren elementaren Prinzipien seiner Lebensgestaltung befragt, leugnet er, jemals irgendwelche Grundsätze aufgestellt zu haben. Eine Rekonstruktion der vorangegangenen Gesprächsabschnitte, die sehr auf eine pragmatische und rigide Haltung in seiner Gestaltung des Alltags hinweisen, erübrigt sich, da er im selben Stil – leicht provokant – fortfährt: «Probleme anderer interessieren mich nicht. Warum auch?»

An dieser Stelle kommt die Vorspeise und enthebt uns der Aufgabe, eine Antwort zu finden. Herbert verkündet, daß das Männergeschlecht seiner Erfahrung nach in zwei Kategorien einzuordnen sei: Solche, die wer sind, und dann gibt's noch die «Nullen». Mit einer solchen «Null» mußte er sich in seiner früheren Beziehung auseinandersetzen. Rita, seine langjährige ehemalige Verlobte, hat sich damals von ihm getrennt, weil sie sich in Felix, «einen uninteressanten Niemand», verliebte. Sie hat ihn bei einer Gruppentherapieveranstaltung auf einem Bauernhof kennengelernt. Herbert schildert das Szenarium, wie es in seiner Vorstellung existiert: «Da sind ein paar arme Würsteln um einen Tisch gesessen und haben Probleme zerquatscht. Exerzitien oder so in die Richtung, ich kenn mich bei diesen Geschichten zum Glück nicht aus», fügt er in leicht geringschätzig-entschuldigendem Ton hinzu. «Und nachher war mit ihr (mit Rita) rein gar nix mehr anzufangen. Sie ist heimgekommen und hat mich nach dem Sinn des Lebens gefragt. So ein Blödsinn, da war's dann bald aus mit uns.»

Bei den Frauen hingegen findet er die Kategorisierung wesentlich einfacher: «Die kann man leicht einteilen: in Schiache und Scheene, später, nach ein paar Wochen Bekanntschaft, auch in G'scheite und Blede.»

Eine weitere, ganz spezifische Männergruppe, die er zur bedauernswerten Restgruppe der Nullen rechnet, sind die Feministen, die er gekonnt parodiert. «Die liegen auf der Couch und schmollen. Liebling, ich bin schon wieder arbeitslos, aber ich verkauf' mich nicht. Ich wasch dafür heute das Geschirr ab.» Diese «Feministen» sieht er als Klotz am Bein von dynamischen, weiblichen Mitgliedern der Erfolgsgeneration. Dieser Gruppe der «Feministen» rechnet er auch «die Linke» zu, die sich über die Schuldfrage über gesellschaftliche Tatsachen schon hinlänglich Gedanken gemacht hätten: «Die Rücksichtslosigkeit der Etablierten, die Gesellschaft ist denen ihre Ausrede.»

Die Machtverteilungen sind für ihn im privaten wie im öffentlich-politischen Bereich traditionell-konservativ und haben den Charakter von Naturgesetzen. Nach kurzem Nachdenken über mögliche Veränderungsprozesse kommt er zu dem Schluß, daß der Kuchen keinesfalls für alle reicht, «wenn man ihn unter mehreren aufteilt, haben zwar viele etwas, aber letztlich alle nichts».

In China sieht er das abschreckendste Gesellschaftsmodell verwirklicht, das aus den Leitprinzipien der Innovation und Gleichheit stammt. Seine spezifische Angst gilt der strengen Disziplinierung durch die Partei, die vielleicht nicht einmal vor seinen Sexualgewohnheiten und -präferenzen haltmachen würde, vermutet er.

Der Medienmann, der in der Zwischenzeit auftauchte, hat schon in den ersten Minuten eine Vorstellung seiner männlichen Potenz geboten. Herbert überreicht ihm ein Schriftstück; seinen kurzen Erläuterungen ist zu entnehmen, daß er in einer heiklen finanziellen Angelegenheit seine Vertretung übernommen hat und das Zwischenergebnis seiner Ermittlungen erläutern will. Der Journalist steckt das Schriftstück mit einer gekonnt-lässigen Geste ein, ohne einen Blick darauf zu werfen. Die beiden haben somit ihren geschäftlichen Teil erledigt und wenden sich uns zu. Wir fragen Herbert, ob er glaubt, daß seine Frau sich mit uns einmal unterhalten würde und daß wir die Absicht hätten, sie anzurufen. Er will das Gespräch lieber selber vermitteln und schlägt vor, daß wir uns gemeinsam treffen, weil er neugierig sei, wie sie auf unsere Fragen reagiert: über die meisten der angeschnittenen Themen hätte er mit ihr noch gar nicht gesprochen. Wir versuchen ihm klarzumachen, daß wir sie gern einmal allein treffen möchten ... um ihr das Frauencafé zu zeigen, fiel uns als Rettungsanker noch ein, da dürfe er aber leider, leider nicht hinein. «Da habt's ihr bei meiner Frau kein Glück, nichts wird sie euch sagen, gar nix», prognostiziert er düster unseren Gesprächsverlauf.

Freundinnen erlaubt er seiner Frau schon, sie darf auch zwischendurch wegfahren, zu ihren Verwandten, vorausgesetzt, der Haushalt ist geregelt, die Putzfrau instruiert, nicht daß solche Pannen passieren, daß die Putzfrau und seine Ehefrau zur gleichen Zeit weg sind. Genügend Hemden müssen vorbereitet sein, weil der Haushalt schließlich ihr Bereich ist, für den sie allein die Verantwortung trägt. Das erwartet er von seinen Angestellten ja auch, daß ihre Aufgaben zu seiner Zufriedenheit erledigt werden.

Herbert verspricht uns, einen gemeinsamen Termin mit seiner Frau herzustellen. Auch seine Angestellten zu befragen stünde uns frei, wir könnten uns bei der Gelegenheit überzeugen, daß er der sozialste – wenn auch ein kapitalistischer – Unternehmer sei. Hohe leistungsgerechte Gehälter und ab und zu ein kleiner Betriebsausflug am Wochenende in den sonnigen Süden mit der ganzen Kanzlei, das ist sein Beitrag zum Sozialstaat.

Wenn er nicht im Urlaub kurz wegfliegt, hat er kaum Freizeit, selbst die Abende dienen zumindest informellen Treffen und Gesprächen, deshalb hat er auch die Fernsehdiskussion nicht gesehen, die uns noch beschäftigt. Thema war die Polizei, und eine Künstlerin hatte in der Diskussionsrunde berichtet, ihre 16jährige Tochter sei beim Aufsammeln von umgemähten Gänseblümchen festgenommen worden. Die Polizei war im Park, weil sie dort routinemäßig die Jugendlichen überprüft, die dort Gitarre spielen und sich vielleicht auch hin und wieder einen Joint drehen. Das Mädchen wurde aufs Kommissariat mitgenommen, stundenlang ohne Verständigung der Mutter oder der Schule festgehalten, von männlichen Polizisten nackt ausgezogen – «zu Kontrollzwecken».

Herbert bringt unsere Schilderung in Wut, und er kann nicht verstehen, warum diesem Fall irgendeine Bedeutung zugemessen wird. «Na, das arme Kind, wird schon kein Trauma davon haben, wenn sie ein paar Polizisten ang'schaut haben.»

Als an diesem Punkt das Gespräch durch die Sperrstunde schon seinem natürlichen Ende entgegengeht, sprechen wir ihn auf seine Erfahrungen aus der Anwaltspraxis mit Vergewaltigung in der Ehe an, worauf er in große Erregung gerät und einen halben Liter Wein verschüttet, während er gestikulierend seine Erfahrung zum Ausdruck bringt: «Natürlich wird in der Ehe vergewaltigt, das ist doch nur logisch.» Daß das straffällig sein soll, erschüttert ihn tief.

Eine Woche später rufen wir Herbert wieder an. Unser Begehren, seine Frau zu treffen, weist er lachend zurück. Haben wir das denn ernst gemeint? Das wird er verhindern, sagt er halb scherzhaft. «Am Ende bringts ihr sie noch auf dumme Gedanken», befürchtet er. Schließlich willigt er ein, daß wir sie in seiner Anwesenheit sprechen dürfen, bei einem Abendessen im «Zigeunerbaron». Auch hier kennt er den Geschäftsführer, der uns in eine Loge hineinkomplimentiert. Herbert M. hat abermals einen Freund mitgebracht, dessen Aufgabe darin besteht, ihm zuzustimmen und über seine Witze herzhaft zu lachen. Er stellt uns der Runde als «Emanzen» vor und erörtert kurz den Emanzipationsbegriff. Die Abendgesellschaft diskutiert, ob man emanzipiert sein kann, ohne vorher unterdrückt gewesen zu sein, aber Herbert wischt alle Diskussionsbeiträge mit der Feststellung vom Tisch, daß alle Frauen abhängig und damit unterdrückt sind. Seine Frau Therese, trotz Seidenkleid und Brillanten eine eher sportliche Erscheinung, protestiert an dieser Stelle und interveniert bei seinen Ausführungen generell mit kurzen Oppositionsmeldungen, die einen tendenziellen Unmut nur andeuten, aber nie aussprechen. Sie sei zwar abhängig, sagt sie jetzt, aber das würde sich ändern. Herbert lacht kurz darüber und fährt nach einem freundschaftlichen «Probier's halt» fort mit seinen Analysen der Gesellschaftsordnung.

In dieser Gesellschaft, sagt er, muß sich immer einer unterordnen. Als Grundmaxime aller sozialen Beziehungen gilt der Satz: «Soviel Zwang als nötig, soviel Freiheit als möglich», erklärt er und denkt darüber nach, wer der Autor des Satzes und der Vater der sozialen Marktwirtschaft sei; er schwankt zwischen Erhard und Müller-Armack, und wir können keine dienlichen Hinweise geben.

Sehr bald kommt er wieder auf das Thema seiner Identität zu sprechen, die sich orientiert an der feindlichen und zugleich lächerlichen Gestalt des Anti-Mannes, den er sich überall zur Schande des männlichen Geschlechts verbreiten sieht. Jetzt im Sommer lümmeln sie zu seinem ständigen Ärger in den verschiedenen Parks der Innenstadt herum, umgeben sich mit Gitarrenklängen und Mädchen im «Gipsy-Look» und machen Jahrhunderte des stolzen Patriarchats zunichte. Daß seine Frau diese jungen Männer in Schutz nimmt («Na geh, die sind ja Studenten»), steigert seine Wut noch mehr, und mit militärischer Miene erklärt er: «Am liebsten würde ich denen mit einem Karton Schichtseife zu Leibe rücken: Einseifen, abspülen, antreten lassen und zwei Stunden Dauerlauf. Die brechen dann nieder», sagt er zufrieden bei der Vorstellung. «Die sind schlaff. Sozialfälle. Deprimierend. Keine Männer. Alles Larifari.» Er kann sich kaum mehr fassen, vor allem dann nicht, wenn er nostalgisch an seine eigene Erziehung denkt. «Ein Bub gehört erzogen, auf Härte hin», stellt er fest. «Bei mir hat jeder Tag so angefangen: ein Pfiff, raus aus den Betten und antreten.» Er erinnert sich an seine Jugend im Internat und beklagt den sittlichen Verfall der Gegenwart. «Was sind das für Männer heute?» fragt er sich versonnen. «Wehleidig. Wehleidige Männer, die jammern, die haß ich am meisten. Heute werden sie mit Puppenspiel erzogen. Es entwickelt sich ein neues Geschlecht, das dritte Geschlecht.» Angewidert schüttelt er sich. «Softies. Kuschelweich.» Seine Frau meldet sich wieder mit einem Protest. Diese Verherrlichung von Brutalität und Härte findet sie wirklich schlimm, sagt sie. Er reagiert darauf empfindlich, und sie ergänzt: Härte sei doch nicht unbedingt ein Kriterium für Männlichkeit. Er aber ist irritiert. «Ja, ja», sagt er verdrossen. «Die Welt ist voll von verkannten Genies. Gespickt von diesen jämmerlichen Versagern.» Die Runde wendet sich ihm zu und redet beschwichtigend auf ihn ein. Nicht jeder, sagen sie ihm sanft, kann so erfolgreich und aktiv sein wie er. Manche Leute wollen eben eher ein geregeltes Leben führen. Darüber sollte er doch eigentlich froh sein, wenigstens kommt er durch diesen Kontrast selbst besser zur Geltung. Wieder gut gestimmt, winkt er die Zigeunerkapelle herbei, und das restliche Gespräch ist akustisch begleitet vom «einsamen Wolgastrand».

Seit dem letzten Gespräch hat er zwei weitere Frauenkategorien entwickelt, wie er uns mitteilt. Solche, die ihn «noch reizen könnten», und solche, die «nicht sein Typ sind, koste es was es wolle». An dieser Stelle müssen wir lachen, und er droht mit einer einstweiligen Verfügung gegen das Buch, wenn hier noch eine zynische Anmerkung von unserer Seite erfolgt. (Wir unterlassen sie daher.)

Überhaupt, fügt er hinzu, verbringt er mehr Zeit mit Männern als mit Frauen, denn das ist eine Welt, in der er sich wohl fühlt. «Bei Männern gibt es nicht so viele Umwege wie bei Frauen, da ist von vornherein alles klar, und es heißt nicht im letzten Moment, (Sopran) ‹Liebling, ich hab es mir anders überlegt›.»

Geistige Kommunikation zwischen Männern und Frauen findet er eigentlich unmöglich, sagt er, denn dazu denken die Geschlechter zu verschieden. Er psychologisiert einige Zeit weiter über dieses Thema und meint dann mit einem Seitenblick zu seiner Frau, daß Frauen hauptsächlich «für Sex» zu gebrauchen seien, fügt aber hinzu, daß «Sex das Schönste ist, was uns die Natur geschenkt hat». Seine Frau bleibt gelassen. «Aber geh, Schatzi, du red'st heut wieder an Blödsinn», sagt sie gelangweilt und entschuldigt sich bei uns, «leider ist er immer so.»

Das Problem der Frauen, führt Herbert weiter aus, ohne diese Anmerkungen zu beachten, ist in ihrer instabilen Affektlage begründet. Wenn Männer emotionale Probleme haben, können sie das besser kompensieren; sie arbeiten dann einfach etwas mehr. Die «Undiszipliniertheit der Frauen macht die Kommunikation mit ihnen so schwierig», klagt er und schließt, «ich bin ein Mann für Männer.»

Er und sein Freund schwärmen von einer «Herrenrunde», die sich einmal monatlich in einem Gasthaus trifft. Sie erzählen von Schachpartien, dem Planen gemeinsamer Urlaube (die sie nie verwirklichen, flüstert seine Frau uns zu) und vielen anderen Gemeinsamkeiten, die sie nur geheimnisvoll andeuten. Wir werden auch nie mehr darüber erfahren, sagen sie befriedigt und nicken sich zu. «Da steckt keine Frau ihre Nase hinein», stellt Herbert fest. «Und auch sonst nichts», murmelt mit kindlicher Genugtuung sein Freund.

Herbert schweigt kurz und zieht dann Bilanz: eigentlich ist er zufrieden mit der Welt, so wie sie ist, überlegt er, und auch mit seiner eignen Situation. «Ich habe ein ausgezeichnetes Verhältnis zu mir selbst.»

Therese lacht, was ihn wieder an die Ehe erinnert. Es folgt ein Dialog zwischen den beiden.

Er: In meiner Ehe gibt's keinen Kampf.

Sie: Was du sagst, gilt. (zynisch)

Er: Ich habe recht, weil ich mehr weiß. Ich bin intellektuell und selbstbewußt. Wir haben keine Probleme.

Sie (zu den anderen): Die er wahrnimmt.

In ihrer Protesthaltung erkennt Herbert den schädlichen Einfluß von Feministinnen wie Alice Schwarzer. Die Ziele der Frauenbewegung charakterisiert er mit einem Vergleich. «Das ist», sagt er, «wie wenn ein Lkw ein Formel-1-Rennen mitmachen möchte.» Die ungleichen Startchancen sieht er jedoch nicht als biologisch bedingt , sondern als Ergebnis von «Umweltschäden». Das Problem der Frauen, kommentiert er nachdenklich, ist, daß sie sich «immer auf der zweiten Stufe bewegen».

Einen weiblichen Vorsprung erkennt er allerdings in der Sexualität, wo Frauen «Nutznießer männlicher sexueller Anstrengung» sind, ohne selbst etwas beitragen zu müssen. (Protest der Ehefrau)

Wir treffen Therese, die Frau von Herbert, in einem Kaffeehaus, einige Tage nachdem wir gemeinsam den Abend im «Zigeunerbaron« verbracht hatten. Der Abend ist uns noch in lebhafter Erinnerung, und es scheint Therese ein Anliegen zu sein, die Verhaltensweisen ihres Mannes und ihre Einstellung dazu näher auszuführen. Sie wirkt sehr resigniert, als sie seine Erwartungen an Frauen und damit ihre eigene Rolle charakterisiert: «Eine Frau muß so sein, daß sie ihn nicht stört, sich nahtlos einfügt.» Konflikten weicht er grundsätzlich aus, er diskutiert nicht über zwischenmenschliche Probleme und Schwierigkeiten, sondern nur über «seine Themen», alles andere erlebt er als störend. Am ehesten redet er mit ihr noch über Politik und Berufliches. Sie charakterisiert ihre Haltung als «ständige Rückzugsbereitschaft» und meint, daß sich mit der Zeit zwar objektiv nicht allzuviel ändern würde, da er nicht bereit sei, Kompromisse einzugehen und sich beispielsweise mehr auf sie einzustellen, daß sie sich aber im Laufe der Zeit «eine dickere Haut» zulegen müsse.

Schon zu Anfang ihrer Beziehung war ihr bewußt, daß er ein schwieriger Charakter ist, sie hatte aber dennoch auf ihre Fähigkeit, ihn zu beeinflussen, und ein gewisses Potential von Veränderungsbereitschaft seinerseits vertraut.

Therese vermutet, daß seine rigide Haltung ihr gegenüber auch in der langjährigen Beziehung mit seiner früheren Freundin Silvia begründet liegt, die sich sehr selbstbewußt verhalten hat und im Lauf von Auseinandersetzungen öfters ihre Koffer packte und auszog, um ihm damit zu verstehen zu geben, «daß es auch ohne ihn ging», was er nicht so recht akzeptieren wollte. Heute sagt er oft, das lasse ich mir von einer Frau nicht mehr bieten, eine Frau muß sich nach mir richten, von Frauen wie Silvia hab ich genug. Therese kommt zu dem Schluß, daß sie wohl zuviel nachgibt:

> «Ich müßt halt einmal probieren und nein sagen zu allem, was mir nicht paßt, aber ich hab mich irgendwie schon abgefunden mit seiner Art. Ich bin bestimmt keine Kämpfernatur, etwas gegen den Willen eines anderen Menschen durchzusetzen, liegt mir eben nicht. Am Anfang war es auch viel schlimmer, da war ich an sein Verhalten und seine Einstellungen noch nicht gewöhnt, und wir haben viel gestritten. Meist ist der Abend so verlaufen, daß sich Herbert in ein Thema fest-

krallt, das er mit ungeheurer Impulsivität abgehandelt hat, jede konträre Meinung hat er nicht als Beitrag zum Gespräch gesehen, sondern mehr als Ärgernis und Störung. Vor allem, wenn man in einer größeren Gesellschaft nicht rückhaltlos seine Meinung teilte, wars schlimm, vor allem für mich, dann hat sich anschließend alles auf mich entladen.»

Therese ist sich unschlüssig, ob er letztlich alles erst meint, was er von sich gibt; in seinem Hang zu Männerbünden und Herrenrunden sieht sie mehr einen Ausdruck von Schwäche und Unsicherheit als von überlegener Männlichkeit: «Wir sind die Männer, und zwar richtige Männer», das ist einer seiner Leitsätze. «Er glaubt immer, er vergibt sich etwas in bezug auf Frauen. Wenn man ihn richtig nehmen kann, dann ist er weich, und man kann viel von ihm haben», glaubt Therese. Als Beweis dafür, daß ihr Optimismus berechtigt ist, erzählt sie, daß er sich von der Burschenschaft, der er früher angehörte, in letzter Zeit distanziert; eine gewisse Geringschätzung von Frauen ist aber doch noch geblieben. Wenn man sich dagegen auflehnt, fügt sie hinzu, dann ist die Hölle los, vor allem, wenn noch jemand dabei ist, denn dann glaubt er erst recht, daß er sich behaupten muß als Mann.

Den Grund für viele von Herberts Irrationalitäten sieht Therese in seiner Kindheit. Seine Mutter war mit zwei Kindern auf sich allein gestellt und zu Herbert meist eher hart. Von damals rührt immer noch das «Manko an Wärme».

Als wir Therese fragen, ob sie darüber nachgedacht hätte, was Herbert sich wünscht von seiner Frau, antwortet sie ziemlich pragmatisch: ein geregeltes Leben, das «sieht er in erster Linie durch eine Ehefrau garantiert, die ganz nach seinen Bedürfnissen und seinem Rhythmus leben soll». Er will sich um nichts kümmern müssen, was seine private Existenz angeht. Das Sexuelle ist nicht so wichtig, das kann bzw. könnte er ja überall haben.

«Ich finde», sagt Therese, «daß er ein Mann ist, der nicht heiraten sollte.» Den Haushalt erlebt Therese als langweilig und einengend, die Arbeiten wie Aufräumen und Waschen werden zwar von einer Putzfrau erledigt, sie selber ist jedoch für das Funktionieren des «privaten Systems» insgesamt verantwortlich. Zu Haushaltsstreitigkeiten kommt es oft auch aus nichtigen Anlässen, wenn zum Beispiel das Auto nicht gewaschen wurde: «Er meint, ich muß diese Sachen machen, weil ich von ihm lebe.»

Den Tagesablauf empfindet sie nach jahrelanger Berufstätigkeit im kaufmännischen Bereich als leer und deprimierend. Zeitweise hilft sie in seiner Kanzlei aus, wenn eine Sekretärin ausfällt oder besonders viel Arbeit ansteht; ständig dort zu arbeiten, kann sie sich nicht vorstellen: «Er behandelt mich vor den Angestellten schlecht, das geht nicht. Er ist einfach nicht der Mann, der rücksichtsvoll ist oder einfach normal, sondern kriegt unvorhersehbare Wutausbrüche.» Wenn sie mit ihm allein ist, ist das schon schlimm genug. In der Öffentlichkeit kommt die Peinlichkeit noch dazu.

Eine eigene Berufstätigkeit erscheint Therese zwar sehr verlockend, Herberts Einstellung dazu ist aber «ambivalent bis negativ». «Er bewundert zwar selbständige Frauen, solange nicht seine eigene dazugehört», wahrscheinlich aus der realistischen Erkenntnis heraus, daß ein Teil seiner Bequemlichkeiten und Annehmlichkeiten dahin wäre. «Jetzt bin ich immer da», sagt sie, «wenn er einmal überraschend heimkommt und mich nicht vorfindet, braust er auf und ist verärgert.»

Er will auch nicht, daß die Leute denken könnten, daß sie arbeiten gehen «muß», das ist bei ihm auch «eine Frage des Images, das er aufgebaut hat».

In der Früh braucht er sie, um seine Sachen bereitzulegen, den Anzug herzurichten, den Gürtel noch hineinzugeben in die Hose usw. «Vielleicht ist das falsch», überlegt Therese verunsichert, «die Rita hätte das nie getan, keinen Handgriff hat sie für ihn gemacht.» Trotz des materiell angenehmen Lebensstils mit der Zeit zu verkümmern, sieht Therese als realistische und bedrohliche Zukunftsvision. Und zwar nicht unbedingt deshalb, weil sie eine selbständige «Karriere» oder einen eigenen Bekanntenkreis vermißt. «Am Leben meines Mannes Anteil zu nehmen», überlegt sie, «das stelle ich mir ideal vor, aber bei Herbert geht das nicht, er geht seinen eigenen Weg.»

Therese hätte gern Kinder, Herbert ist entschieden dagegen; in erster Linie führt er immer Argumente an, die seiner Frau nicht unbedingt plausibel erscheinen, beispielsweise, daß die Welt zu schlecht sei, um sie seinem Kind zuzumuten. Therese vermutet eher Schuldgefühle seiner Tochter (aus erster Ehe) gegenüber, zu der er kaum Kontakt hat. «Der Hauptgrund seiner Ablehnung ist sicher die Angst, er müßte sein Leben ändern, sich umstellen, könne seinen Egoismus nicht mehr ausleben. Ich werde ihn nicht überreden können, und hineinlegen will ich ihn bestimmt nicht, das wäre kein guter Anfang für ein Familienleben.»

Therese erinnert sich an die Anfangszeit der Beziehung, als sie noch bemüht war, eigene Kontakte aufrechtzuerhalten, was sich mit seinen Vorstellungen von Freizeit- und Gesprächsverhalten jedoch nicht vereinbaren ließ: «In seinen Augen sind meine Bekannten alle unakzeptabel, weil sie nicht so schnell bereit sind wie seine eigenen Freunde, sich ihm anzupassen. Wenn er auf eine gleich starke Persönlichkeit trifft, die ebenso vehement wie er Meinungen vertritt, sehen wir diese Person kein zweites Mal. Schließlich habe ich die Sinnlosigkeit eingesehen, weil ich mir nur selber das Leben schwermachte.»

Die Aufrechterhaltung eines eigenen Freundeskreises ist allein schon organisatorisch schwierig; untertags sind die Freundinnen von Therese entweder mit Kindern oder mit einem Beruf beschäftigt, sie selbst ist jeden Abend «im Einsatz», formuliert sie ihre bzw. Herberts gesellschaftliche Verpflichtungen. Meistens teilt er ihr die Pläne für den Abend knapp vorher mit; nicht einmal ein, zwei Tage im voraus kann sie eigenständig planen. Als Gründe für ihr Zusammenleben mit Herbert führt sie an, daß er intelligent und tüchtig sei, daß sie ihn interessant findet und ihn auch gern hat. Mehrere Male erwähnt sie im Gespräch, daß sie immer gehofft hätte, ihn umformen zu können. Sie tröstet sich mit dem Satz: die ideale Ehe gibt es nicht. Wenn sie ihre Unzufriedenheit ausdrückt, hält er ihr meist entgegen: «Was willst du, einen Erfolgsmenschen oder einen Bürohengst, der täglich um 17 Uhr heimkommt und sagt – Schatzi, was mach ma heut?» Sie gibt ihm in diesem Punkt recht und ist zu vielen Konzessionen bereit; trotzdem drängen sich ihr immer öfters kritische Gedanken auf. «Ist das ein Leben für mich?» fragt sie sich. «Soll ich immer hinter ihm hertrotten und schauen, daß seine Hemden gebügelt und seine Anzüge geputzt sind?» Sie erkennt in ihrem Leben ein ähnliches Muster wie bei ihrer Mutter; der Vater hatte Ansprüche und Vorstellungen wie Herbert, die Mutter hatte aber zwei Kinder und hatte so einen sinnvollen Lebensinhalt. Therese denkt daran, wieder berufstätig zu werden, weiß aber noch nicht, wie sie dieses Vorhaben umsetzen kann. Gestern ist es z. B. wieder 2 Uhr früh geworden, bis sie ins Bett kam, sie könnte nach diesen langen Abenden in Gesellschaft nicht arbeiten gehen, und eine Arbeit zu finden, in der sie zeitmäßig flexibel ist, wird nicht einfach sein.

Als wir auf die Frage zu sprechen kommen, warum sie geheiratet haben, erzählt sie, daß es sich einfach so ergeben hat, «weils eben dazugehört»; für Herbert war die Meinung anderer sehr wichtig. Aus demselben Grund würde ihn ein Seitensprung von ihr sehr treffen. «Das würde seinen Stolz verletzen, vor allem das Gespött seiner Freunde, die ihn dann mit seinen eigenen Argumenten aufziehen. Er verkündet gern, daß er als Mann der Größte sei. Das Schlimmste wäre dann, wenn sie sagen: Und dir passiert das?» Therese erinnert sich an ein Gespräch mit ihm, als er beiläufig sagte: Wenn du mich nicht kompromittierst, dann geht's ja noch. Als wir über ihre gemeinsamen Aktivitäten sprechen, stellt Therese – selbst etwas erstaunt – fest, daß sie nie zu zweit ausgehen, sondern immer in großer Gesellschaft, in fast reinen Männerrunden. Seine monatlichen Herrenabende sind ihr etwas rätselhaft, sie kennt die meisten Teilnehmer und wundert sich vor allem über die Kontinuität dieser Treffen, da sich die Herren nach ihrer Beobachtung kaum etwas zu sagen haben. Herbert aber hält diese Treffen aufrecht, obwohl er sonst Vereine haßt.

Am meisten stört sie an den gemeinsamen Abenden sein Hang zur Dominanz; sie stellt zwar fest, daß ihn die anderen schätzen und über gewisse Eigenheiten hinwegsehen, sie aber fühlt sich zunehmend erdrückt von seiner schwierigen und sprunghaften Persönlichkeit. «Das fängt damit an, daß ich in Gesellschaft immer weniger mitreden kann, er sagt immer wieder zu mir Sätze wie ‹geh sei ruhig . . .› Im ersten Jahr habe ich mich nicht so schnell einschüchtern lassen und habe noch mitdiskutiert. Jetzt stichle ich nur mehr, wenn mich etwas ärgert, schließlich kenne ich seine schwächsten Punkte, da stech ich hinein, und dann gibt's Streit.»

Wenn ihn die anderen auch mögen, merkt sie außerdem an, so sagen sie doch, verheiratet sein wollen sie nicht mit ihm. Das trifft ihn dann, diese Zweifel an seinen mitmenschlichen Qualitäten. Er verteidigt sich meist damit, daß man als Mann etwas grob und aggressiv sein muß. Therese versteht die Gründe für sein Verhalten: «Die Mutter hat sich zwar nicht richtig gekümmert um ihn, ihn aber gleichzeitig schrecklich verzärtelt. Der Wunsch, nach oben zu kommen, nicht mehr das arme Kind zu sein, war sein stärkster Antrieb im Leben. Er ist oft so naiv in seinen Ansichten und gutgläubig anderen gegenüber, da fällt es mir schwer, ihm bös zu sein.»

Herbert ist ein Mann, der von Rationalität und Vernunft sehr viel hält. Sein Leben hat er in gut durchdachter und pragmatisch aufgebauter Weise organisiert, wobei alle Teile zur Effizienz und zum Erfolg des Ganzen beitragen. Die Ehe sieht er als Vertragsbeziehung, in der beide Partner sich auf bestimmte Rechte und Pflichten festlegen. Aus seiner Berufspraxis weiß er, daß die relative Stellung der Vertragspartner im Konfliktfall nicht nur durch den Buchstaben der Abmachung, sondern auch durch andere Faktoren bestimmt wird. Seine eigene Position ist in fast allen Bereichen die überlegene: im Beruf, in den meisten seiner Freundschaften und Bekanntschaften und in der Ehe. Er hat die Erfahrung gemacht, daß dieses Arrangement am ehesten seinen Bedürfnissen entspricht; er kann sich darauf verlassen, daß der Alltag seinen Vorstellungen gemäß abläuft, im Freizeitbereich und im Beruf dominiert er seine Umwelt und erhält Bestätigung für seine Leistungen und seine Persönlichkeit.

In privaten Beziehungen hat er auch schon mit alternativen Arrangements experimentiert, denn natürlich erkennt er auch die Grenzen seiner Lebensweise. Rita war eine interessantere und anregendere Partnerin, aber letztlich erwies sie sich als zu anstrengend und schwierig; er mußte zu viele Kompromisse machen, sie hatte zu viele eigene Vorstellungen und zu allem hatte sie eine eigene Meinung, die sie auch lautstark und konsequent vertrat. Natürlich gefiel ihm das, aber zugleich brachte es seine Lebensplanung in Unordnung. Therese ist letztlich besser; sie ist bereit, die zweite Stelle einzunehmen, sich unterzuordnen.

Therese selbst ist mit dem Arrangement nicht ganz zufrieden. Herberts pragmatische Einstellung erlebt sie als belastend, denn für sie ist die Ehe nicht ein Bereich unter mehreren, sondern der zentrale Inhalt ihres Lebens. Auch bei ihr spielten zum Teil praktische Überlegungen eine Rolle. Sie gab z. B. ihren Beruf auf, weil Herbert damit nicht einverstanden und er für sie finanziell nicht notwendig war. Objektiv gesehen ist ihre Situation alles andere als ungünstig. Ihr Leben ist bequem, ihre Pflichten halten sich in Grenzen, und selbst die Abendgesellschaften, die sie Überwindung kosten und für sie eher Arbeit sind als Unterhaltung, können einem Vergleich mit ihrer vorhergegangenen Bürotätigkeit standhalten. Nur gelingt es Therese nicht (oder nicht immer), ihre Lage unter solchen pragmatischen Gesichtspunkten einzuschätzen. Für sie bedeutet die Ehe mit Herbert mehr als ein glückliches Arrangement, das ihr einen angenehmen Lebensstil garantiert; sie hätte sich auch eine engere emotionale Bindung erwartet, sie wollte eine Familie mit Kindern, sie hatte gehofft, in seinem gesamten Leben und nicht nur in Haushalt und Freizeit eine Rolle zu spielen. Ihr Leben ist nicht schlecht, aber sie sieht manchmal wenig Sinn darin. Mit Herbert kann sie über solche Sorgen nicht sprechen. Zu oft hält er ihr als abschreckendes Beispiel den Fall Rita vor. Die hatte auch plötzlich angefangen, nach dem Sinn des Lebens zu fragen. Über Metaphysisches zu lamentieren. Das konnte er sich nicht leisten, eine existentielle Krise mitten in seinem Rast- und Ruhebereich. Da verzichtete er lieber auf Rita; das erzählt er oft. Niemand ist schließlich unersetzlich. Gute Arbeitskräfte und kooperative Ehefrauen findet man leicht genug.

Der Gesprächsstil bei den abendlichen Treffen war ein durchaus üblicher; die halbernsten Sticheleien, provozierenden Verallgemeinerungen über das jeweils andere Geschlecht, die halbaggressiven Witze und Erzählungen sind bei geselligen Zusammentreffen meist vertreten. Sie sind fast schon ein Ritual spielerisch-feindseliger Kommunikation.

Abdul

Abdul ist der Geschäftsfreund eines Bekannten. «Den müßt ihr kennenlernen», sagt der Bekannte, hilfreich, aber mit boshaftem Unterton. Während eines Aufenthalts in London haben wir dazu Gelegenheit. Abdul ist Saudi-Araber, aber er verläßt seine Heimat gerne und oft und residiert bei diesen Gelegenheiten immer in einem Privatapartment im Londoner «Playboy»-Club. Er lädt uns ein, dort mit ihm zu Abend zu essen. «Ihr wißt doch, wo das ist», sagt er am Telefon. «Selbstverständlich», sagen wir, ganz Kosmopolitinnen. Wir haben keine Ahnung. Und weil es uns zu peinlich ist, die netten alten Damen danach zu fragen, die vor den gepflegten Villen und Hotels hinter dem Park entlangspazieren, gehen wir zwanzig Minuten in die verkehrte Richtung, ehe wir bei einem Zeitungsstand schließlich Anweisungen einholen. Abdul erwartet uns am Eingang und führt uns in sein Apartment. Auffallend ist zuerst, daß dieses sehr teure Apartmenthaus keine vornehme Lobby hat, daß im Gegenteil der Eingang mehr nach einem Lagerhaus aussieht, ein winziger Empfang mit Telefonzentrale, dahinter sofort der Lift. «Das schätze ich an den ‹Playboy›-Wohnungen besonders», vertraut Abdul uns verschwörerisch an. «Keine dieser großen Lobbies, wo man immer durch muß und nie weiß, wer einen sehen wird.» Im Aufzug mustert Abdul uns verstohlen und mit Unbehagen; unsere doppelte Eigenschaft als Freunde seines Geschäftskollegen und als Soziologinnen beunruhigt ihn. Er will offenbar keinen schlechten Eindruck machen und murmelt etwas von Frauen, die im «Playboy»-Club überall herumlaufen, und daß es gar nichts bedeutet, wenn die in seinem Apartment herumsitzen, wir sollen keine falschen Schlüsse ziehen ... Die zwei Frauen auf seinem Sofa stehen auf und gehen, sobald wir eintreten. Abdul schaut ihnen traurig nach, und wir sind erfüllt von Schuldgefühlen; «Nein, nein», sagt Abdul jedoch, er hatte gar nichts anderes vor. Er war ohnehin gestern bei einer Party und ist erst vor kurzem aufgewacht. Außerdem weiß er gar nicht genau, wer diese Frauen waren und was sie auf seinem Sofa zu suchen hatten. Aus irgendeinem Grund will er uns von seiner Tugendhaftigkeit überzeugen. Wir plaudern über belanglose Dinge, Abdul jedoch ist sehr nervös, springt alle paar Minuten zum Telefon und meldet ein neues Ferngespräch in ein arabisches Land an. Einmal springt er wie elektrisiert auf und läuft aus dem Zimmer, ohne etwas zu sagen. Wir sehen uns beunruhigt an – unser Gesprächsstoff für den Abend ist bereits erschöpft, was werden wir jetzt machen? Abdul kommt nach fünf Minuten zurück, er hat sich ein Jackett angezogen und fühlt sich etwas wohler. In kurzen Abständen klingelt das Telefon, und abwechselnd zischt er ein «jetzt geht es nicht» in den Apparat oder ruft jovial klingende arabische Sätze hinein. Wir kommen auf die Ehe zu sprechen, und Abdul entwickelt eine unerwartete Eloquenz. Aus dem Stegreif hält er einen längeren und sehr gefühlsbetonten Monolog über die Wichtigkeit dieser Institution. Wir sind etwas überrascht, hier im «Playboy»-Club inmitten einer Batterie von Scotch-Flaschen einen Vertreter der Familie-als-Keimzelle-Schule zu finden. Angeregt durch unsere Zwischenfragen, entwirft Abdul für uns das folgende Bild: Männer haben einen großen Drang zu reisen, Abenteuer zu erleben und sich unverantwortlich zu benehmen. Ihre schlechten Eigenschaften müssen durch eine Reihe von Vorkehrungen gezügelt werden, z. B. durch gesetzliche und religiöse Verbote und durch institutionelle Bestimmungen. Die Ehe besteht zum Schutz der

Frauen und der Gesellschaft, denn wenn es sie nicht gäbe, würden die Männer erstere ausnutzen und letztere in Ruinen zurücklassen. Frauen müssen vertraglich dagegen abgesichert sein, daß ihre Männer sie nach einigen Jahren mittellos sitzenlassen, und Kinder müssen einen Vater haben, damit sie nicht schutzlos der Brutalität ihrer Umwelt ausgeliefert sind. Frauen müssen so jung wie möglich heiraten, damit sie Sicherheit und einen Lebensunterhalt bekommen, und sie müssen eine Ausbildung erhalten, damit sie ihren Söhnen etwas beibringen können und damit sie nicht völlig hilflos dastehen, wenn die Ehe danebengeht. Er weiß, daß in letzter Zeit junge Leute ohne Trauschein zusammen leben, aber er selbst hält das für einen Wahnsinn, denn ohne Vertrag kann eine Frau einem Mann doch nicht trauen.

Wir sitzen diesem vielgereisten 35jährigen Mann gegenüber und fühlen uns wie Verteidigerinnen der Männer, eine unerwartete Rolle für uns; ob er denn wirklich glaubt, daß Männer so schrecklich, so unzuverlässig sind, daß man sie mit Gesetzen festbinden und mit Geboten umzingeln muß? Abdul sieht uns mitleidig an; das weiß doch jeder, wie die Männer sind, wenn sie die Gelegenheit dazu bekommen.

Er selbst hat gerade seine 16jährige Tochter verlobt, mit einem jungen Mann aus guter Familie; der künftige Schwiegervater hat versprochen, daß sie ihren Schulabschluß machen darf, und er ist sehr erleichtert und beruhigt, daß er sie gut untergebracht hat. Ob das nicht sehr jung ist, fragen wir ihn. Kann sie denn in diesem Alter wissen, was sie tun will? Was hält seine Tochter überhaupt von dem Ganzen? Abdul überlegt; also, er glaubt, daß sie sehr zufrieden damit ist. Sie hat den jungen Mann schon einige Male gesehen, im Tennis-Club, und sie hatte keine Einwände, als er ihr berichtete, daß die Familie um sie angesucht hatte. Er kennt die Familie recht gut, das ist eine der besten. Was soll sie dagegen sagen? Und warum soll man warten, bis sie älter ist? Eine bessere Partie konnte man sich ja gar nicht wünschen.

Da darf man nicht so sentimental sein, das ist einfach so bei Töchtern; irgendwann verliert man sie ja doch, ob früher oder später, ist letztlich egal. Vielleicht studiert sie nach ihrem Schulabschluß noch an der Universität, dazu kann er nichts sagen, denn das geht ihn nichts mehr an. Bis dahin ist sie verheiratet, und andere Leute müssen für sie entscheiden, nicht er.

Seine zweite Tochter, die redet dauernd vom Studieren. Sie lernt auch sehr gut, hat lauter Auszeichnungen. Was sie studieren will, kann er uns nicht sagen; er weiß es nicht. Es hat irgend etwas mit Elektrizität zu tun, glaubt er. Besser informiert ist er über seinen Sohn. Für ihn hat er viele beschwingte Pläne, überlegt er zwischen diversen Universitäten und Studienrichtungen, obwohl das Objekt seiner Begeisterung erst 14 Jahre alt ist und in allen Fächern sorgsam durchgeschoben werden muß unter Aufbietung vieler Tutoren und Nachhilfestunden.

Wenn das Geld auf der Straße läge…

… müßte der vielberufene Mann auf der Straße es doch als erster finden. Da dem nicht so ist, muß wohl der kleine Mann keinen Blick haben fürs Geld, oder es liegt keines auf der Straße. Wenn letzteres zutrifft, wohin fällt dann das ganze Geld, das die Leute aus dem Fenster werfen?

Müßig, danach zu suchen. Geld liegt ohnehin besser auf der Bank als auf der Straße.

Frauen, weiß Abdul, gehören ins Haus. Auch wenn sie ein abgeschlossenes Studium haben, ist es ihre Hauptaufgabe, den Haushalt zu führen und die Kinder großzuziehen, während die Männer den Geschäften nachgehen. Daß Margaret Thatcher Premierministerin von England wurde, findet er in Ordnung, denn er hat in der Zeitung gelesen, daß ihr Mann es erlaubt hat.

Ob es seiner Frau nichts ausmacht, fragen wir ihn, daß er in der Welt herumreist, während sie zu Hause herumsitzt? Die Frage betrachtet er als unbeantwortbar, sie stellt sich nicht, sagt er. Das ist eben so. Frauen gehören in den Haushalt, sonst funktioniert dieser nicht. Beide können nicht arbeiten. Wir fragen ihn, wo der Unterschied liegt zwischen einer Ehefrau und einer Putzfrau. Abdul muß einige Zeit nachdenken. Schließlich fällt es ihm ein. Mit einer Ehefrau schläft man, sagt er, und hat man Kinder. Der Unterschied ist Sex, wiederholt er nachdenklich und versonnen.

Ob es seiner Frau auch als naturgegeben erscheint, daß er in London im «Playboy»-Club wohnt und unbekannte Frauen auf seinem Sofa vorfindet, forschen wir weiter. Abdul lächelt glücklich; wer wird ihr das denn erzählen, fragt er rhetorisch. Vielleicht er selbst? Er lacht und ist plötzlich gut gelaunt.

Wir versuchen, ein paar kleine Wellen in seine glatte Weltsicht zu bringen, diskutieren mit ihm, bringen einige Thesen über Berufstätigkeit und Partnerschaft und gleiche Ausbildung usw. an. Abdul ist begeistert, wir haben seine volle Aufmerksamkeit. Hat er solche Meinungen noch nie gehört, fragen wir ihn. Doch, sagt er, er weiß, daß es Menschen gibt, die so etwas glauben, aber er hat noch nie welche kennengelernt. Bei seinem nächsten Telefonat erzählt er auf arabisch, immer wieder von herzhaftem Lachen unterstrichen, eine lustige Geschichte; dabei sieht er immer wieder auf uns. «Ich habe meinem Freund erzählt, daß mich zwei Frauen gerade ganz durcheinanderbringen», erklärt er anschließend. Beschwingt und gut gelaunt bestimmt Abdul, daß wir jetzt in den Club hinübergehen. Bevor wir die Wohnung verlassen, gehen wir noch ins Badezimmer und frisieren uns; unter dem Spiegel ist ein reichhaltiges Sortiment der verschiedensten Kosmetik-Produkte ausgebreitet, Lidschatten und Maskara und Nachtcreme und Nagellack in drei Farben. Als wir ins Wohnzimmer kommen, finden wir wieder einen nervösen Abdul vor. Im Aufzug sagt er, es ist so komisch, er kann sich das gar nicht erklären, aus irgendeinem Grund liegt in seinem Badezimmer Kosmetik herum, und irgendwer scheint seine Zahnbürste dort vergessen zu haben. Wir sollen uns nichts denken. Wir versichern ihm, daß wir uns überhaupt nichts denken dabei. Ach, das kennen wir, sagen wir ihm. Was man oft im Badezimmer findet an mysteriösen Kosmetikprodukten ...

Am Eingang des Clubs wird er stürmisch vom Geschäftsführer begrüßt; er war eines der ersten Mitglieder, erzählt er uns später. Nicht jeder kann hier Mitglied werden, fügt er hinzu. Man muß einen Antrag stellen, und dann wird man lange und sorgfältig überprüft. Abdul bestellt im «Hunt Room» Drinks; wollt ihr nicht mit der reden?, fragt er uns und zeigt auf das Bunny. Bevor wir antworten können, ruft er sie schon rüber. Die beiden machen eine Untersuchung, sagt er und lacht schallend. Willst du mit ihnen reden?

Die junge Frau wirft einen nervösen Blick durch den Raum und setzt sich dann auf den äußersten Rand des Stuhls – eigentlich darf sie sich ja nicht mit Kunden unterhalten, flüstert sie und erzählt eilig von ihrer Karriere im «Playboy»-Club. Sie hat eine Annonce gelesen und sich beworben; früher arbeitete sie im Büro und langweilte sich dort zu Tode. Die Bewerberinnen mußten einen Bikini mitbringen und in diesem auf und ab gehen, und der Geschäftsführer suchte ein paar Frauen aus. Am nächsten Tag mußte sie schon anfangen im Club. Sie ist von der Arbeit sehr enttäuscht, wie die meisten anderen Mädchen auch. Sie seufzt. Es ist nichts anderes als Kellnerin, was man hier tut, nur muß man dieses komische Gewand anziehen und den ganzen Abend Stöckelschuhe tragen. Sie hatte gedacht, man lernt interessante Leute kennen, hat vielleicht die Chance zu reisen, in einem der anderen «Playboy»-Clubs zu arbeiten ... Es ist nicht besser, wenn auch vielleicht nicht schlechter, als es im Büro war.

Ein Mann an einem der Nebentische ruft laut und verärgert nach ihr; er will Erdnüsse, brüllt er, kommt sie jetzt oder nicht? Sie springt auf und lächelt uns zuerst vielsagend zu – seht ihr? – und wendet sich dann, glatt und anonym, zum verärgerten Kunden.

«Ich habe schon oft mit den Playmates hier gesprochen», vermerkt Abdul noch, «die sind alle sehr unzufrieden. Sie denken, daß das hier für sie eine Chance ist, vielleicht einen netten Mann kennenzulernen. Manche werden dann auch mitgenommen, auf Geschäftsreisen. Aber ernst genommen werden die von den Männern natürlich nicht.» Er wirkt nachdenklich, nickt aber schließlich und sagt belehrend zu uns: «Seht ihr, und darum müssen Kinder einen Vater haben.» Uns ist der Zusammenhang noch nicht sofort evident, also führt er aus, «diese Mädchen, die sind nur hier, weil sich ihre Väter nicht um sie kümmern. Die müßten schon längst verheiratet sein und Familien haben.» Wir würdigen seine anscheinend aufrichtige Anteilnahme, finden seinen Standpunkt aber nicht ganz unwidersprüchlich. Wir fragen ihn, ob es ihm nicht etwas seltsam vorkommt, daß gerade er als Stammkunde des «Playboy»-Club, ja als einer der Gründungsmitglieder, die Existenz von Bunnies so sehr bedauert. Ob er nicht glaubt, daß er als Kunde den Bedarf schafft für das, was er ablehnt? Abdul denkt darüber nach und meint schließlich philosophierend, daß das Wesen des Mannes schwach ist und keiner Versuchung standhalten kann. Wenn es «Playboy»-Clubs gibt, werden die Männer hingehen; also muß man zusehen, daß es keine gibt. In Saudi-Arabien, erzählt er stolz und spült fünf Erdnüsse mit einem tiefen Schluck «Chivas Regal» hinunter, während er mit der linken Hand nach einem weiteren Glas winkt, gibt es keine Nachtclubs und keine Bars, keinen Alkohol und keine Versuchungen. Dort muß er für die Flasche Whiskey 150 Dollar bezahlen; gerade letzte Woche haben sie vier Engländer beim Schmuggeln erwischt und für zwanzig Jahre hinter Gitter gebracht. Aber hier in England ist ja alles erlaubt, sagt Abdul; da ist es ja kein Wunder, wenn die Menschen schlecht werden. Ja, meint Abdul weiter, und wenn man schon einmal da ist, dann muß man doch mit den Mädchen nett sein, oder? Man darf ihnen ja nicht zeigen, wie man über sie denkt, sie können ja letztlich auch nichts dafür, die armen kleinen Dinger. Mit aufmerksamen sanftbraunen Augen schaut er zu, wie sich die Serviererin mühsam über einen kleinen Tisch beugt bei dem Versuch, das Tablett abzustellen, ohne ihre Uniform zu verlieren. Sein Gesicht drückt anscheinend so etwas wie Mitleid aus, auch wenn es ein anderer Beobachter nicht so interpretieren würde.

Wir studieren nachdenklich die Kostümierung der Frauen. Es fasziniert uns, daß Männer das attraktiv finden können. Sie tragen eine Art einteiligen Badeanzug, unten hoch und oben tief ausgeschnitten und aus einem steifen Kunststoff, fast wie eine Schale oder eine kugelsichere Schwimmbekleidung. An dieser Schale klebt hinten ein Wattebausch, der einen Hasenschwanz darstellen soll. Am Kopf tragen die Frauen einen winzigen Hut mit großen Hasenohren, um das Handgelenk eine Papiermanschette und um den Hals einen Papierkragen. Sie sehen aus wie eine Kreuzung zwischen einem Sängerknaben und einem Osterhasen. Dazu tragen sie Strümpfe und hohe Stöckelschuhe. Falls die dahinterstehende Absicht es war, sie lächerlich aussehen zu lassen, so war es ein guter Versuch, aber ein gescheiterter. Ob Kittel oder Osterei-Badeanzug, in Arbeitskleidung sieht man immer zu anonym aus, um lächerlich zu wirken. Wir sehen uns an und sind der Meinung: Männer, die Frauen mögen, können sie so nicht sehen wollen.

Und die Männer tragen Anzüge und Krawatten und essen pausenlos Erdnüsse.

Im Lauf des Gesprächs haben wir und Abdul eine gegenseitige Faszination entdeckt; er lacht kopfschüttelnd vor sich hin über Meinungen, die er als exotische Kuriositäten kennt, aber nun zu seinem Entzücken leibhaftig vor sich hat, und wir fühlen uns wie Archäologen bei der Ausgrabung Trojas . . . wir hätten nicht gedacht, daß Einstellungen wie diese bei einem verhältnismäßig jungen, vielbereisten und westlich gebildeten Mann noch in so unerschütterlicher Perfektion existieren können.

Und dann wird aus seinen Reaktionen klar, daß es in seinem ganzen Freundes- und Bekanntenkreis Einigkeit über diese Themen gibt; ein neuer Kontinent tut sich vor unseren Augen auf. Wir bestaunen einander wie Touristen die Eingeborenen, etwas vorsichtig. Zwischendurch unterbricht Abdul unsere Ausführungen über Gleichberechtigung, gemeinsames Engagement bei der Kindererziehung usw. mit einem wissend-zwinkernden «Ihr macht ja nur Spaß, nicht wahr?». Und unsere Beteuerung, daß es auch Männer gibt, die diese Veränderungen befürworten, daß wir sogar welche kennen, ringt ihm nur ein ungläubiges oder tolerantes Lächeln ab. Er beobachtet uns verstohlen, als hätten wir gerade geschworen, ein UFO gesichtet zu haben.

Das viele Diskutieren hat Abdul hungrig gemacht; er zeigt uns schnell das Kasino im dritten Stock und führt uns dann in das Restaurant, wo er vom Leiter des Clubs begrüßt und mit Verbeugungen an den Tisch geführt wird. Auch ihm erzählt Abdul, daß wir «eine Untersuchung» machen. «Die wollen Sie untersuchen», sagt er, klopft ihm auf die Schulter und lacht. «Ich helfe ihnen gerade bei den Forschungen», führt er aus und lacht wieder stürmisch. Er bestellt Krabben, Weißwein und Tintenfisch und sieht uns erwartungsvoll an: welche ungeheuerliche Aussage werden wir als nächstes herauslassen? Der hintere Teil des Restaurants ist ebenfalls ein Kasino; Abdul hat diesem Teil den Rücken zugewandt, um nicht in Versuchung zu kommen, wie er sagt. Er spielt so gerne, aber er will jetzt damit aufhören. Während des Essens zuckt er jedesmal zusammen, wenn der Croupier etwas ausruft. Abdul führt sein Mitleid für die Bunnies weiter aus, während zwei von ihnen sein Essen servieren. Das ist das Resultat, sagt er mahnend, wenn Frauen keine Männer haben, die für sie sorgen. Dabei fällt ihm jetzt auch die Antwort auf eine unserer Fragen ein, die er unten in der Bar unerwidert lassen mußte und die ihn, wie es scheint, inzwischen belastet hat. Er weiß jetzt, sagt er, was Männer können und Frauen nicht, gerade ist es ihm eingefallen. Männer können Frauen beschützen und nicht umgekehrt. Zufrieden lehnt er sich zurück und wartet auf unsere Reaktion. Hinter ihm steht ein Bunny, und sekundenlang sehen wir ihn in einer optischen Täuschung mit langen Ohren auf dem Kopf. Ob er die Playmate-Uniform nicht albern findet, fragen wir ihn. Ach, sagt er, eigentlich ist es ja nur eine Art Badeanzug, der Rest ist halt das Markenzeichen des Clubs. Er soll sich im Raum umsehen, sagen wir ihm, und versuchen, sich die anwesenden Männer alle in dieser Kostümierung vorzustellen. Gehorsam folgt er unseren Anweisungen; wir lachen alle drei. Ja, sagt er, die sind wohl wirklich etwas albern. Später an dem Abend entdecken wir ihn bei der Fortführung dieses Experiments; er läßt seine Augen durch den Raum schweifen und lacht vor sich hin.

Nach dem Essen will Abdul uns noch die Discothek zeigen; hier kommt er oft her, erzählt er und fügt rasch hinzu, da er aus irgendeinem Grund uns gegenüber immer noch tugendhaft erscheinen will, daß er nur zum Zusehen kommt, nicht zum Tanzen.

Um Mitternacht verabschieden wir uns. Abdul sagt, er hat sich blendend unterhalten, wir sollen ihn jederzeit wieder besuchen kommen. Jederzeit.

Abduls Gastfreundschaft und der Abend generell haben sich auf uns unterschiedlich ausgewirkt. Ich bin mehr als nüchtern, ich bin ernüchtert. Auf Edit haben die ungewohnten Tequila-Mengen, die sich so hinterlistig hinter dem Zitronensaft und dem Salzrand der Margaritas verbergen, ihre Wirkung nicht verfehlt. Warum ziehen uns die Männer solche Sachen an? fragt sie mehrmals. Wir fahren mit der letzten U-Bahn in unser Hotel zurück. Sie müssen uns hassen, sagt sie. Ich bin voll damit beschäftigt, sie davon abzuhalten, mit den Männern zu kämpfen, die uns ansprechen, anpöbeln, die uns einladen wollen. In der U-Bahn-Station Bayswater richtet sie sich kampfbereit gegen zwei ganze Reisegruppen grölender Männer auf (eine japanische, eine deutsche). «Edit!» sage ich beschwörend und schleppe sie ins Hotel. «Es steht zehn zu zwei. Hast du heute wieder nichts gelernt? Männer sind unsere Beschützer.»

Was uns am Gespräch mit Abdul am meisten überraschte, war sein ungebrochener Glaube an eine Weltordnung, die mittlerweile, wie wir dachten, in den Metropolen nicht mehr ganz so selbstverständlich ist wie einst. Er kannte die «Emanzipationsbewegung» zwar aus Zeitungsberichten, aber sie hatte für ihn keinen unmittelbaren Realitätsbezug. Er informierte sich darüber mit vagem Interesse, wie er auch über die politischen Unruhen in Nicaragua oder über das Erdbeben in Jugoslawien las, aber er sah darin keine Bedeutung für sich selbst. In europäischen Universitäten ausgebildet, in Lebensstil und Ambitionen restlos europäisiert, hält er dennoch an grundlegenden Mustern weiblicher Unterordnung und männlicher Überlegenheit fest, wie sie in arabischen Staaten üblich ist; sie sind für ihn so selbstverständlich, daß er sich schwertut, Gründe dafür anzugeben, und daß er ungläubig lacht, wenn jemand das von ihm verlangt. Gegenfragen beunruhigen ihn daher auch sowenig wie das «Warum ist das so» eines Kindes, denn er weiß ja, daß es so ist, auch wenn er nicht unmittelbar erklären kann, warum.

Wir fahren im «Rosenkavalier» von Wien nach München. Im Speisewagen sitzen, nur durch einen schmalen Gang von uns getrennt, ein Mann und eine Frau. Der Mann redet intensiv auf die Frau ein, in einer Lautstärke, die uns zu Zeugen seiner Bemühungen macht.

Es geht offensichtlich darum, daß eine gemeinsame Bekannte – Eva – sich über seine allzu heftigen Verführungsversuche beschwert hat. Er erklärt seiner mitreisenden Partnerin, mit der er anscheinend zwar eine Beziehung hat, aber nicht verheiratet ist, seinen Standpunkt über verschiedene prinzipielle Fragen. Anfangs versuchen wir sein Gespräch akustisch auszublenden, dann aber fasziniert uns die Philosophie und Wortwahl so sehr, daß wir mitschreiben. Zuletzt beugen wir uns schon so weit hinüber, daß wir beinahe in den Gang stürzen. Zuerst rechtfertigt er sich gegen die Vorwürfe Evas, die ihn im Freundeskreis beschuldigt hat, sie bei einer gemeinsamen Reise nach Kärnten überfallen zu haben. Er gibt zwar zu, es versucht zu haben; Eva jedoch teilte ihm mit, daß «sie lieber aus dem Fenster springen würde», als die Seine zu werden. Nach weiteren vergeblichen Bemühungen hat er ihre Haltung schließlich akzeptiert, versichert er. Ihre Anschuldigungen kommentiert er so: «Die Wahrheit ist, daß die teure Eva ein bißchen angibt. Sie macht aus einer Mücke einen Elefanten, um sich wichtig zu machen.» Er gibt zwar zu, daß er sein Verhalten anschließend bereut hat «wie ein Hund, der neun Junge geworfen hat», appelliert aber schließlich an sein Gegenüber, für das Niveau seines Werbeverhaltens zu bürgen. «Sag doch selbst», erinnert er sie, «wenn ich ein Mann wäre wie die Eva sagt, dann hätt ich dich doch nach 5 Minuten vergewaltigt.» «Ich bin durchaus in der Lage, eine Frau so wie sie es wünscht zu erobern», fügt er stolz hinzu, «nicht so auf die schnelle.» «Schön, als Mann versuchst du sie herumzukriegen», doziert er weiter über die Psychologie der Männlichkeit, «aber daß du sie in eine Falle locken willst, so scharf bist du auch wieder nicht.» Er denkt kurz nach und fügt dann eine Klausel hinzu: «Es sei denn, du warst gerade zwei Jahre im Gefängnis und hast solang keine gehabt.» An dieser Stelle bestellt er eine Flasche Weißwein, um seine Partnerin auf den weiteren Teil des Gesprächs einzustimmen. Das Eva-Problem sieht er nun zwar als gelöst an, seinen Sätzen ist jedoch zu entnehmen, daß er noch vor der Aufgabe steht, seine Partnerin daran zu hindern, durch Indiskretionen oder Forderungen Unruhe in seine Ehe zu bringen. Er würde es nicht übers Herz bringen, sagt er im ritterlichen Ton, seiner Frau Annemarie eine solche Enttäuschung zuzufügen, er will sie auch nicht verlieren, denn, so führt er sentimental aus, «so eine Frau wie die Annemarie find ich nicht wieder. Ich komm heim, und alles ist so, wie ich mir's denk.» Auch seine Partnerin, wie er sich erinnert, will ihren Mann doch nicht verlassen. Daher ist höchste Geheimhaltung geboten. Eindringlich prägt er ihr ein: «Das jetzt, das muß unter uns bleiben; wir würden zu viele Scherben machen mit der Wahrheit.»

Schrecklich findet er diese Männer, die ihre Frauen ständig und öffentlich betrügen. Das hält keine Ehe auf die Dauer aus, glaubt er, auch wenn es stimmt, daß Frauen sich sehr viel gefallen lassen. «Das ist wie bei einem Stück Holz. Das Holz ist groß, der Nagel ist klein, aber irgendwann, wenn man immer wieder hineinschlägt, geht's nicht mehr. Als Mann muß man sehen, jetzt ist's genug, sonst ist die Ehe kaputt.»

In aller Herren Länder . . .

In aller Herren Länder ist Politik Männersache. Umfragen erheben die Meinungen vom Mann auf der Straße. Die Parteien bieten «den besseren Mann, die bessere Mannschaft» an (ÖVP). Freundlich lächelnde Ehefrauen sehen unterstützend hinter den breiten Schultern ihrer Kandidaten-Gatten hervor. Kleine Mädchen überreichen Blumensträuße, und alte Frauen lächeln tapfer und mit dankbaren Tränen in den Augen in die Kamera: auch für sie wird gesorgt, ja ja, mit dem neuen Pensionistenheim auf Initiative des Bürgermeisters X.

Die Vorstellungen über das Normale drücken sich aus in der Sprache, in Bildern, Gesten und unbewußten Denkverbindungen. Daß der Durchschnittsmensch ein Mann ist, und der wichtige Mensch erst recht, prägt sich ein durch tausendfache Wiederholung, so sehr, daß kleine Mädchen einen Mann zeichnen, wenn man sie auffordert, einen Menschen auf Papier zu bringen, fast nie eine Frau.

Die meisten Menschen auf der Welt sind weiblich. Hausarbeit zu verrichten oder schwanger zu werden sind, statistisch betrachtet, Normalzustände. In einem Anzug zur Arbeit zu gehen, ist eine statistische Randerscheinung. Im Normalverständnis verhält es sich jedoch umgekehrt.

Die visuelle, die optische Vermittlung des Normalen ist ein wichtiger Bestandteil der Aufrechterhaltung sozialer Ordnungen. Man gwöhnt sich daran, ein bestimmtes Weltbild normal zu finden.

Im normalen Weltbild Mitteleuropas sind Frauen eine absolute Ausnahmeerscheinung. Man könnte glauben, es handle sich um eine nicht sehr bedeutende Minderheit.

Ihre Anliegen sind «Frauenfragen». Ihre Vertreterinnen, ohnehin spärlich vorhanden, werden in süffisantem Ton gefragt: Betrachten Sie sich als Vertreterin von Fraueninteressen? Wenn sie politische Ambitionen haben, müssen sie diese Frage rasch, überzeugend und mit Nachdruck verneinen, sonst werden sie abgeschoben ins sogenannte «Fraueneck» der Parteien, Zeitungen oder Organisationen. Dabei vertritt diejenige, die «die Frauen» vertritt, die Mehrheit der Bevölkerung. Ich vertrete die Bauernschaft, sagt ihr Kollege. Ich vertrete die Arbeiter im öffentlichen Dienst. Und keiner wirft ihnen vor, politisch unreif, einseitig und dogmatisch zu sein. Dem Gewerkschaftssprecher wirft man nicht vor, die Kapitalisten zu hassen. Man erachtet es als ihre Aufgabe, die Interessen ihrer Gruppe so engagiert wie möglich zu vertreten. Wenn sie persönlich keinen wirklichen Bezug zu dieser Gruppe haben, was meist der Fall ist, müssen sie einen vortäuschen. Vor den Wahlen laufen dann die Kandidaten mit einem Bauarbeiter-Schutzhelm auf dem Kopf herum oder lassen sich fotografieren mit dem Spaten in der Hand. Eine Frau, die Fraueninteressen vertreten will, erntet spöttische Heiterkeit.

«Kurz und bildlich» wollten, so steht es im Text, die Generaldirektion «Information und Öffentlichkeitsarbeit» des Europäischen Parlaments und die «Kommission der Europäischen Gemeinschaften» ihre Vorstellungen eines Vereinten Europas den Bürgern der betroffenen Staaten vermitteln. Die Broschüre, die kurz vor den Europa-Wahlen in deutschen Hauptstädten überall auslag, ist aufschlußreich.

Schon auf dem Titelbild kommt das Geschlecht Europas klar zum Ausdruck: mit Ausnahme eines dicken, blondgelockten Hollands mit gestreifter Schürze sind alle Nationen männlich, – ein zeitungslesender Brite, ein Franzose mit Béret, etc. Das Bild auf den Seiten 2 und 3, das Europa vor der Vereinigung darstellt, ist von 39 Vertretern der 9 betroffenen Ländern bevölkert, die diversen wirtschaftlichen Tätigkeiten nachgehen. 90% von ihnen sind männlich, und sie verrichten sogar die sonst eher noch als weiblich bestimmten Arbeiten wie z. B. Kühe-Melken. Von 4 Frauen auf dem Bild sammelt eine Hühnereier ein, eine andere sitzt auf einem Käseberg, während eine andere ein Käsepaket über einen Grenzübergang hebt (Holland scheint in den Augen des Künstlers eine wahre Hochburg des anderen Geschlechts zu sein; in diesem Bild ist ein kleines, von Stacheldraht umgebenes Holland ausschließlich von zwei Frauen bevölkert, die aber auch entsprechend traurig aussehen, und die vierte trägt ein sehr gewagtes Badekostüm, geschneidert aus einer französischen Fahne, und bedient eine Männerrunde, die Karten spielt und Wein trinkt. Der Text zu dem Bild lautet: «Aus einem Europa der Grenzen wird ein Europa der Völker.» Wer nun angesichts dieser Ankündigung denkt, daß das Bild einen ehemaligen Zustand darstellt, und das künftige Europa auch ein Europa der beiden Geschlechter werden wird, wird auf den Seiten 6 und 7 ernüchtert. Die Grenzen sind auf dem zweiten Bild gefallen, und die Menschen aller Nationen arbeiten nun gemeinsam in den vielfältigsten Tätigkeiten; sie tragen landwirtschaftliche Produkte, feiern, rauchen und essen gemeinsam. Während sich auf diesem fröhlichen und belebten Bild die Männerbevölkerung mehr als verdoppelt hat, sind jedoch die Frauen auf die Hälfte zusammengeschrumpft; ihnen, so scheint es, bekommt das vereinte Europa gar nicht. Eine einzige Holländerin (sie sind ja offenbar besonders zählebig) hat sich in die Zukunft hineinretten können, wo sie immer noch ihren Käse spazierenträgt. Sie hat sogar einen Bewunderer gefunden; ein Däne, der ihr leider nur zur Schulter reicht, flirtet intensiv mit ihr. Auch die vollbusige französische Kellnerin bedient nach wie vor den Stammtisch, das Dekolleté etwas züchtiger geworden, offenbar durch Einwirkung anderer europäischer Kulturen auf die freizügige französische Nation. Diese beiden sind die einzigen Überlebenden ihres Geschlechts.

Im neuen Europa haben sogar Pferde mehr Zukunft als Frauen; doppelt so viele hat der Künstler registriert, wie überhaupt die Tierbevölkerung relativ gut abschneidet, mit 4 Pferden, 2 Schafen und diversen Nutztieren des Bauernhofs. Das Verschwinden der Frauen ist eklatant, hinterläßt aber keine Lücken im reibungslaufen Ablauf der Geschäfte und Geselligkeiten. Ein britischer Gentleman frühstückt allein und unbekümmert; einem Italiener ist es gelungen, seine kavalierhaften Gewohnheiten auf die eigenen Geschlechtsgenossen zu übertragen, denen er Zigaretten anbietet; auf kleinen Fernsehapparaten sagen Männerköpfe das Programm an, ein riesiger Wikinger rührt in einem kleinen Kübel Butter an, in Irland haben die Männer das Weben gelernt, und eine Männerrunde unterhält sich bei Würfelspiel und Brathuhn blendend ohne weibliche Gesellschaft. Das belebte, rührige und dichtbevölkerte Bild läßt keinen Zweifel offen; die Männer aller beteiligten Nationen verstehen sich so gut, daß sie es auch ohne Frauen schaffen werden, kleine Europababies zu erzeugen.

Was hat sich in Europa abgespielt, fragt sich die besorgte Leserin, die dieses fröhliche Bild studiert, und greift schon zum Kugelschreiber, um eine dringende Anfrage an die Menschenrechtskommission zu verfassen. Die Frauenbevölkerung ist dezimiert, fast völlig getilgt! Frauen stellen nur mehr 0,23 % der europäischen Bevölkerung, ja, nur mehr null Komma dreiundzwanzig Prozent, und gerade vor kurzem, erinnern wir uns, machten sie noch um die 53 % aus! Was ist hier vorgefallen, als die Grenzen fielen? Aber nein, auf Seite 9 sind sie wieder da, d. h. nur drei Stück, und eigentlich nur teilweise, nur ihre Beine. Ihr Oberteil besteht aus einer Zigarettenpackung, einer Weinflasche und einem Eisbein, und diese seltsamen, zentaurenhaften Gestalten, halb Frau, halb zollpflichtige Ware, tanzen vor einer Zollschranke einen Can-Can. Auf den Seiten 12 und 13 jedoch sind dann sogar die letzten 0,23 % liquidiert worden; nicht einmal eine verstümmelte Frau hat überlebt. Unter der Überschrift «Europa baut sein Parlament» (wobei das «sein» eine ganz neue ominöse Bedeutsamkeit annimmt) sieht man Architekten, Bauarbeiter, Tapezierer und Maler, die um die Abgeordneten herum das Gebäude des Parlaments errichten. Eine rasche Volkszählung des neuen, vereinten Europa ergibt: 74 Männer, 2 Schafe, ein Hund, ein Floh, ein aus ungeklärten Gründen unbekleideter junger Bub und keine einzige, nicht eine Frau. Was ist mit den beiden Holländerinnen geschehen, fragt sich schaudernd die Leserin und bereitet ihre Emigration nach einem sichereren Kontinent vor.

Ein heißer Tip, meine Damen: Australien! Da sind Frauen eine wirkliche, nicht nur optische Minderheit und sind gerngesehene Einwanderer.

Karnevalsähnliche öffentliche Aufmerksamkeit erhielt die Frage nach «Frauen in der Politik» am Beispiel Margaret Thatchers. Zeitungen, Fernsehen und Stammtische erörterten die Thematik, und die Person Thatcher wurde auseinandergenommen bis hin zur frühesten Kindheitserfahrung, bis zum letzten Kleidungsstück. Ist sie eine gute Frau? Ist sie gut für die Frauen? Kann eine Frau überhaupt das leisten, was ein Land in einer politischen und wirtschaftlichen Krise braucht?

Angesichts der unangemessenen Reaktionen der Weltöffentlichkeit muß man als «Liberaler» ambivalente Gefühle über «Maggie» Thatcher haben. Ihre politischen Standpunkte sind, das steht außer Diskussion, durchweg eindeutig. Das Aufheben aber, das in den Medien von ihrer Geschlechtszugehörigkeit gemacht wird, ist bedrückend. Als Frau ist Thatcher eine Marionette der Vorurteile ihrer Adressaten; hätte sie sich nicht bemüht, diesen Vorurteilen zu entsprechen, so hätte sie niemals gewählt werden können: dieser Tatbestand deprimiert jenseits aller Fragen ihrer ideologischen Zugehörigkeit. Immer und immer wieder, mit eintöniger Vorhersehbarkeit, ging es in den Interviews um ihr Seelenleben, um die Stabilität ihrer Ehe, um ihr weibliches Gefühl. Immer und immer wieder war sie bemüht, gegen die Barrieren, die Stereotypen, die Ablehnungen vorzugehen, teils durch direkte Kritik («Ich weiß, daß man gegen Vorurteile nicht mit Argumenten vorgehen kann»), teils durch Versuche der Anpassung, der Beruhigung, der Beschwichtigung. Sie war bereit, sich unermüdlich dem Journalismus als gute Mutter, liebende Ehefrau, weibliche Charmeuse zu präsentieren. Daß unter der Dauerwelle ein Kopf aus Granit die besten Taktiken zur Entschärfung sexistischer Hürden ihrer Ziele plante, ist viel weniger beunruhigend als die Tatsache, daß diese Taktiken Erfolg brachten; mehr noch, daß jedes andere Vorgehen wahrscheinlich keinen Erfolg gebracht hätte. Daß *die* Weiblichkeit, die Thatcher zu präsentieren gezwungen war, gerade noch akzeptabel war, daß eine andere es nicht gewesen wäre.

In jedem Interview stand Thatcher erneut vor der Aufgabe, sich zu rechtfertigen. So informierte sie den «Observer», daß es ihr immer gelungen war, ihre Mutter- und Familienpflichten mit ihrer politischen Karriere zu verbinden. Ihre Kinder, erzählte sie, seien z. B. immer nur am Wochenende krank geworden, sogar die Blinddarmoperation ihres Sohnes sei durch eine glückliche Fügung des Schicksals auf einen Samstag gefallen.

Es ist interessant, die Rolle der Frauen bei politischen Kampagnen am Beispiel der zwei beinahe gleichzeitig stattfindenden europäischen Wahlvorbereitungen zu vergleichen und die weiblichen Leitbilder bei aktiv kandidierenden Frauen deren von Frauen gegenüberzustellen, die ihren politisch-aktiven Ehegatten als Dekorationsobjekte dienten. Margaret Thatcher stand während ihrer Kampagne wie auf einem Laufsteg, sexueller Begutachtung ausgesetzt, wie eine Kandidatin in einem Schönheitswettbewerb; kein Augenblick lang wurde vergessen, daß es sich um eine Frau, um eine Frau als Kandidatin für ein hohes Amt handelte, und daß dieses Amt bisher noch keine Frau innegehabt hatte.

Kein Interview, in dem Margaret Thatcher nicht einleitend oder abschließend ausführlich die typische Liste dummer Journalistenfragen über «Frau und Politik» beantworten mußte. In einer Broschüre, die für alle wichtigen Kandidaten vom «Observer» herausgegeben wurde, nahmen die Fragen über Familienleben, den psychischen Zustand ihres Mannes als «Nebenfigur» und die Häufigkeit ihrer Telefonate mit den erwachsenen Kindern seitenmäßig ganausoviel Platz ein wie die Fragen nach ihrem politischen Standpunkt in bezug auf Gewerkschaften, ein vereintes Europa und Inmigrationsbestimmungen. In gewisser Hinsicht war Thatcher die Schöpfung ihres Publikums; sie versuchte, die Erwartungen ihrer Wähler zu erfüllen, und es gelang. Nur sehr gelegentlich bekam man etwas von ihrer Verbitterung zu spüren; so z. B. als sie sich an erste Erfahrungen mit Politiker-Kollegen erinnerte, an die Doppeldeutigkeiten, Anfeindungen und «Männerwitze», mit denen man versuchte, ihr am Beginn ihrer politischen Karriere im House of Commons das Leben schwer zu machen. Ihre offensichtlich verkrampfte Weiblichkeit wird gegen diesen Hintergrund erkennbar als Defensivposition, als unzulängliche Verteidigung gegen permanente Attacken, permanente Beobachtung, permanente kritische Musterung: ihr Wert als Tarnung wird verständlich. Welcher männliche Politiker wird ständig gefragt, ob er nervös ist, wie er die Nervosität bewältigt, wie und wann er lächelt und was er sich dabei denkt, ob denn seine Ehefrau das alles verkraftet und billigt, ob seine Kinder nicht mißraten sind, welche Emotionen sich wann regen, und ob sie nicht ablenken vom ernsten Staatsgeschäft? Ob er weint oder ob ihm vielleicht eher Tränen kommen, und was der Unterschied ist zwischen diesen beiden Dingen?

Margaret Thatcher ist eine Person, die konservative bis reaktionäre Politik betreibt, rassistische und gewerkschaftsfeindliche Standpunkte vertritt und den Individualismus bis hin zum Sozialdarwinismus befürwortet. Zufällig ist sie auch eine Frau, und das heißt, daß sie aufgrund der Zwänge allgemeiner Vorurteile und politischer Ignoranzen als Vertreterin ihres gesamten Geschlechts erscheint, wie generell Frauen, sobald sie in der Öffentlichkeit in Erscheinung treten, nicht als einzelne Personen – als Proponentinnen ideologischer Richtungen oder als kompetente Fachkräfte – wahrgenommen werden, sondern automatisch schon als Repräsentantinnen einer gesamten Volksgruppe, der nun einmalig die Chance gegeben wird, sich in Gestalt dieses Einzelexemplars zu bewähren oder (wieder einmal) in ihrer Eignung in Frage gestellt zu werden.

Wenn Heath nicht gewählt wird, dann wird Heath nicht gewählt, diese

Tatsache hat keine Implikationen für das Geschlecht; die Männlichkeit erleidet keine kollektive Niederlage. Hingegen wartet die Weltöffentlichkeit darauf, daß Margaret Thatcher «als Frau» an der Regierungsspitze versagt.

Wie kommt Margaret Thatcher dazu, jede ihrer Bewegungen auf das kritische Auge einer internationalen männlichen Jury abzustimmen? Und überhaupt: wie kommen die Frauen dazu, daß Margaret Thatcher stellvertretend für sie eine Tauglichkeitsprüfung (wer prüft hier, und mit welcher Berechtigung?) ablegt?

Im gleichzeitig ablaufenden österreichischen Wahlkampf traten Frauen wie eh und je eher girlandenhaft in Erscheinung – als Beweis dafür, daß ihre Politiker-Gatten auch über ein funktionierendes Familien- und Privatleben verfügten. Die persönliche Note wurde vor allem in der Wahlwerbung, die in vielfacher Broschürenform an «alle Haushalte» entsandt wurde, herausgestrichen. «Josef Taus* ist ein häuslicher Mensch», hieß es z. B. in einer Veröffentlichung der ÖVP, die unter dem eigenartigen Titel «Die unverbrauchte Mannschaft der ÖVP» alle wichtigen Persönlichkeiten dieser Partei porträtierte. Man erfuhr darin, daß Taus «sich Zeit nimmt für die Frau, für die Tochter Renate. Für den Sport und das Lesen und für das Musikhören und für das Zusammensein mit guten Freunden.»

Der inzwischen abgetretene Taus hatte in der österreichischen Öffentlichkeit keinen Jubel ausgelöst, daher rief man die Ehefrau als Bürgin für seinen Charakter auf. Den Wählern sollte es eine Beruhigung sein, daß es einen häuslichen, gutgelaunten, geselligen, von Frau und Tochter liebevoll angelächelten Taus gab, auch wenn er in der Öffentlichkeit eher als «trockener, uncharmanter Typ wirkt». Die Werbetexter der ÖVP ließen Ehefrau Martha «nach 19 Ehejahren» Zeugnis ablegen: «Ich hätt' ihn nicht geheiratet, wenn er so wäre, wie ihn manche schildern», zitierte man sie etwas ominös in der Broschüre. Das war zwar für all jene, die Anteil nahmen am Schicksal dieser Frau, eine Beruhigung; die Wähler entschieden sich jedoch gegen die risikoreiche Aussicht, nach 19 Legislaturjahren vielleicht auch den wirklichen Taus hinter der «trockenen und uncharmanten Schale» kennen- und liebenzulernen.

Auch der spätere Nachfolger von Taus als Vorsitzender der ÖVP, Alois Mock, wurde in der Broschüre vorgestellt. Seine Gattin, hieß es da, interessiere sich nicht für seine Arbeit, sondern war sogar an «allen öffentlichen Dingen» «unerhört» interessiert (das «unerhört» blieb unerläutert). Der Wert weiblicher Anerkennung für die politischen Standpunkte eines Kandidaten wurde im nächsten Satz jedoch entschieden re-

* ehemaliger Vorsitzender der Österreichischen Volkspartei (ÖVP)

lativiert. Da hieß es, daß Mock seine «größte Verehrerin» in der jüngsten Tochter seines Parteigenossen Lanner hat. Diese, so erzählte der Text, «küßt den Bildschirm, wenn Alois Mock im Fernsehen erscheint».

Diese Auskunft wirft nicht nur ein ganz neues Licht auf das Problem der sittlichen Gefährdung Minderjähriger durch Fernsehen und Massenmedien, sondern macht tendenziell klar, auf welcher Basis weibliche politische Sympathien entstehen.

Auch Zusendungen der Sozialisten sprachen den Stellenwert von Frauen im Politikerleben an. In einer unglücklichen Formulierung wurden dabei gelegentlich Hausfrauen und Haustiere in derselben Kategorie abgelagert, so z. B. in einem mißlungenen Text mit der Überschrift «Er mag die Menschen» (eine Beruhigung für all jene Wähler, die Vorurteile oder Bedenken gegen Misanthropen und Einsiedler als Bundeskanzler hegen), durch den man erfuhr, daß Bruno Kreisky seine bescheidenen Freizeitstunden gerecht aufteilt: «Wenn er mit seiner Frau beim Frühstücken Familiäres bespricht. Wenn er spätnachts mit seinen Hunden spazierengeht.»

Um die Interessen der Frauen, um die Rolle der Frauen als selbständige politische Akteure, ging es auch 1979 in keinem europäischen Wahlkampf. Frauen als Dekoration und als gesunder Ausgleich für harte Arbeit in Österreich, Frauen, die «trotzdem» tüchtig und eisern sind in England – eine Infragestellung der gängigen Geschlechtszuteilung von Arbeit, Fähigkeiten und Eigenschaften fand nirgends statt.

Wien, 17. Juni 1979

Gipfeltreffen in Wien. Unter den euphorischen Schlagzeilen «Weltzentrum Wien» verfolgt die Tageszeitung «Kurier» täglich jede Bewegung der Staatsmänner, aber auch ihrer Gemahlinnen. Das österreichische Fernsehen zeigt Ausschnitte aus dem «Damenprogramm». Während ihre Männer «um eine Lösung bedeutsamer internationaler Probleme ringen», spazieren die Damen unter der Obhut österreichischer Mönche durch Stiftsbibliotheken. Reporter befragen in der Fußgängerzone die vorübergehenden Frauen, «ob sie auch gerne Politikergattinnen wären»; einige sind unschlüssig, und eine junge Jugoslawin, die den österreichischen Journalismus noch nicht kennt, mißversteht die Frage und sagt ja, sie würde gerne für ein politisches Amt kandidieren. Eine Blumenverkäuferin sagt nein, sie möchte keine First Lady sein, denn sie glaubt, daß Frauen intelligenter sind und selbst Politik betreiben sollen; sie wird rasch zugunsten einer zahmeren Hausfrau ausgeblendet.

Auf der Seite «Politik» bringt der «Kurier» Meldungen über die wichtigsten Aspekte des Gipfels aus der Perspektive der österreichischen Wirtschafts- und Sicherheitspolitik. Die erwünschte Wirkung auf die Devisenbilanz blieb aus, heißt es da, da «der SALT-Zirkus Gerebelten wie Geschlechtsverkehr ignoriert» und entgegen allen Erwartungen weder zum Heurigen noch in die Nachtetablissements ging. «Am Umsatz gemessen ist mir jeder Zahnärztekongreß lieber», beklagt sich der Geschäftsführer des Moulin Rouge. Trotzdem – der «Kurier» hat wieder einen Anlaß, Nacktfotos in den Politik-Teil zu setzen. Der Nationalstolz regt sich für die verschmähten Wiener Bardamen.

Ein zweiter Bericht feiert zwei tapfere junge Österreicher, deren Rolle in der Weltpolitik darin besteht, sich todesmutig in den Kugelhagel zu stürzen, um Breschnew und Carter vor Attentaten zu retten. Einer dieser Herren ist «knapp 41 Jahre alt, Jurist und mit dem markanten Exterieur des Ladykillers ausgestattet. Der Staatsschützer aus Passion («Ich weiß, das klingt komisch, aber so etwas gibt's») hat seiner Berufsauffassung bereits eine Ehe geopfert» («Kurier»). Offensichtlich können weder die Ehefrau noch die abschußbereiten Damen («Ladykiller») mit dem Nervenkitzel eines potentiellen Terroristenüberfalls konkurrieren. Die Leitbilder für Männer in den Berichten über SALT: ringende Staatsmänner um grüne Verhandlungstische, um das Schicksal ganzer Kontinente schachernd; heroische Beschützer; lüsterne Diplomaten; schlagfertige Kommentatoren des Geschehens in Fernsehen und Zeitungen. Leitbilder für Frauen während desselben Gipfels: unbekleidete Thailänderinnen, die im Moulin Rouge im diplomatischen (Nacht-)Dienst stehen; die 10jährige Amy auf einer Busfahrt in die Wachau; und First Ladys, deren Hutmode auf der Titelseite der Tageszeitung spöttisch kommentiert wird (aus Gründen der Objektivität und vom ästhetischen Gesichtspunkt betrachtet muß hinzugefügt werden: nicht ganz zu Unrecht.)

Unmut in der Bevölkerung erregte bei diesem Gipfel das Auftreten der U.S.-Sicherheitsbeamten, die in jedem Österreicher einen Attentäter vermuteten, offenbar auch in Frau Kreisky, deren grobe Behandlung zu einem kleinen diplomatischen Eklat führte. Aber auch Landwirtschaftsminister Haiden widerfuhren Mißhandlungen. Der «Kurier» berichtete genußvoll von der mannhaften Selbstverteidigung des Ministers, der sich vor den Toren der Spanischen Hofreitschule resolut aufrichtete und folgenden schlagenden Satz sprach: «Ich bin Manns genug, um zu zeigen, wer hier der Herr im Haus ist» («Kurier», 18. Juni 1979).

Allein dieser Zwischenfall illustriert die Schwierigkeiten, die auf Frauen in der Politik warten. Wir überlegen; welche Formulierung hätte eine Ministerin in einer solchen essentiell politischen Situation aufbieten können? Ich bin Frau genug, um zu zeigen, wer hier die Dame des Hauses ist? Wer hier die Hausfrau ist? Selbst bei diplomatischen Anlässen muß man offensichtlich Gewalttätigkeit zumindest verbal aufbieten, um der Gewalttätigkeit etwas entgegenzuhalten. Und das Wort Mann bürgt offensichtlich nicht nur für Qualität, sondern auch für Kampfbereitschaft. Sonst müßte man nicht «Manns genug» und «Herr des Hauses» sein, um Drohungen und Gefährdungen abzuwehren. Die Unangemessenheit ihrer Anwendung hätte ihre eigene Evidenz.

Der Mann bei Nacht

Wenn man über Prostitution schreibt, muß man sich zunächst über den eigenen Standpunkt klarwerden. Zu vielen Dingen haben wir eine Einstellung, die man als «tolerant» bezeichnet, enthalten uns eines Urteils, obwohl wir sie für uns persönlich ablehnen würden. Bei sehr vielen anderen Dingen verhalten wir uns abwartend, wir haben entweder keine Meinung, oder unsere Meinung ist sehr vorläufig, sehr abstrakt, sehr unsicher. Unser Standpunkt zur Prostitution fällt in keine dieser beiden Kategorien, sondern ist sehr klar. Wir lehnen sie ab.

In der genaueren Formulierung unseres Standpunktes können wir keine neuen Ansichten bieten, sondern schließen uns anderen Autoren an. Prostitution, schreibt z. B. Friedrich Engels,

> «demoralisiert die Männer noch weit mehr als die Frauen. Die Prostitution degradiert unter den Frauen nur die Unglücklichen, die ihr verfallen, und auch diese bei weitem nicht in dem Grad, wie gewöhnlich geglaubt wird. Dagegen erniedrigt sie den Charakter der gesamten Männerwelt.»[40]

Im Verlauf unserer Gespräche mit betroffenen Frauen und intellektualisierenden, Unbetroffenheit demonstrierenden Männern näherte sich unser Standpunkt immer mehr dem von Lillian Robinson, wie sie ihn in ihrem Buch «Sex, Class and Culture» formuliert: «Ich habe Schwestern, die Prostituierte sind», schreibt sie, «kein Mann, der eine Frau kauft, ist mein Bruder.»[41]

Wir kennen viele linke Männer, die Prostitution ehrlicher finden, als, z. B., Pornographie. Sie «finden es konsequenter», und sie werfen den Verdacht des Spießbürgertums auf all jene, die Prostitution ablehnen. Sie erzählen von den unkomplizierten, jovialen Beziehungen, die sie mit großherzigen, verständnisvollen Prostituierten hatten. Ihr geistiger Vater, Karl Marx, hat genau diese Einstellung, diese Romantisierung von Ausbeutung, in der Heiligen Familie attackiert.

Prostitution ist die Bestimmung eines Menschen als Ware. Welche Seite, der Bestimmende oder der Bestimmte, dadurch mehr degradiert wird, ist letztlich gleichgültig, eine Tatsache, die weder das Patriarchat noch seine Kritiker bislang begriffen haben. Der Verrat an der Solidarität, der daraus folgt, ist Grundlage einer entfremdeten Gesellschaft, in der zwar einige das Privileg haben, Käufer zu sein, in der aber alle bezahlen. Und dieser Verrat an der Solidarität, der in der Prostitution seinen exemplarischen Ausdruck findet, wird von amtlichen Instanzen begünstigt, vom Gesetz sanktioniert, am deutlichsten in Amerika, wo nur die Frau gerichtlich belangt wird, während ihr Kunde gegen sie aussagt und straffrei bleibt,[42] prinzipiell aber überall: die Polizei verhaftet die Frauen, nicht ihre Kunden und nur selten die Männer, die als Kapitalisten über die Instrumente dieses Tauschhandels verfügen, die Zuhälter.

Prostitution übt auch auf viele Männer, die für die Praxis dieser Institution aus persönlichen oder ideologischen Gründen nichts übrig haben, eine Faszination aus. Daß Bordellszenen und Schilderungen ehrlicher und gutherziger Prostituierter (zugleich Beweisstück für die wesenhafte Käuflichkeit und Morallosigkeit der Frau und Gelegenheit für eine Gegenüberstellung mit der vom Autor verachteten, als unaufrichtig und opportunistisch gesehenen «anständigen Frau») in den Romanen von Autoren wie Henry Miller einen zentralen Platz einnehmen, ist bekannt, aber die Attraktion dieser Institution beschränkt sich nicht auf die Männlichkeitsideologen, sondern reicht weit über sie hinaus. Autoren wie Briffault oder Henriques[43] überlegen anhand ihrer umfangreichen Sammlungen historischen und ethnologischen Materials, was die Ursprünge und Bedeutung von Prostitution sein könnten, ohne zu sehr schlüssigen Thesen zu kommen: es hat etwas mit Religion zu tun, stellen sie fest, mit Fruchtbarkeitsriten und der magischen Funktion von Frauen; es hängt zusammen mit der Unfreiheit der Mehrheit von Frauen in der Gesellschaft und der korrespondierenden Heranbildung einer kleinen Gruppe gebildeter Frauen, die den Männern in kultivierten Gesprächen, der Ausübung schöner Künste wie Dichtung, Philosophie, Musik und Erotik Gesellschaft leisten (das Wort «geisha» z. B. bedeutete ursprünglich nur jemanden, der eine hohe Fertigkeit besitzt, und beschrieb sowohl Männer, die gut Fechten oder Reiten konnten, als auch talentierte Tänzerinnen: die Hetären des antiken Griechen waren die einzigen Frauen, denen der Zugang zu Bildung und der Öffentlichkeit wenigstens partiell gestattet wurde). Briffault und Henriques stellen ferner fest, daß in Gesellschaften, in denen die Prostitution eine religiöse Bedeutung besitzt und in denen oft auch die religiöse Institution hier Verwaltungsaufgaben übernimmt, die Prostituierten häufig einen hohen gesellschaftlichen Rang besitzen. Wo hingegen der Staat die Prostitution verwaltet, werden die Prostituierten meist verachtet, bestraft und verfolgt. Rom z. B. hat in seinem mächtigen Verwaltungsapparat auch an die Prostituierten gedacht, die kontrolliert und besteuert wurden.

Die Faszination von Prostitution für diejenigen Männer, die sich für die Idee dieser Institution abstrakt interessieren, ohne selbst Konsumenten des Angebots zu sein, kann jedoch, wie wir glauben, durch archaische Erinnerungen an Tempelprostituierte im alten Babylon oder an Philosophenrunden in der griechischen Antike, an denen kluge und wortgewandte Hetären teilnahmen, nicht hinreichend erklärt werden, man muß weiter forschen. Einen Hinweis gibt die Autobiographie von

Hannah Tillich. Ihr Mann, schreibt sie ohne zu kritisieren, hatte die Gewohnheit, in jeder neuen Stadt als erstes den Strich ausfindig zu machen und seine Frau dann hinzuführen:

«In Paris führte mich Paulus in eine Straße, die zunächst aussah, als sei sie geräumt von den Auslagen der Warenhäuser, wie die Fifth Avenue in New York. Aber die verschieden ausgestatteten und dekorierten Schaufensterpuppen waren Menschen. Diese Szene verfolgte mich. Hier war die Traumstraße der männlichen Begierde und der weiblichen Unterordnung. Es gab das einfach gekleidete ‹Mädchen von nebenan›, es gab ein Dornröschen in rosa Schleiern; die Frau mit hohen Lederstiefeln und einer Peitsche und die Dame in violettem Samt; es gab Mädchen, die sich nach Mißhandlung sehnten. Es waren Schaufenster, in denen verdrängte Wahrheiten ausgestellt waren.»[44]

Was aber sind diese Wahrheiten? Warum geht ein Theologe, einer der kritischen Denker seiner Zeit, der dem Kreis von Karl Mannheim, Theodor Adorno, Max Horkheimer, Karl Witfogel und Erich Fromm angehört, mit so großer Begeisterung in Prostituiertenviertel, warum liest er Pornographie im geheimen, versteckt hinter den Deckeln seiner philosophischen, politischen, ökonomischen, theologischen Texte? Warum sieht er Prostitution als ästhetische, faszinierende Exotik, statt als einen klaren Tauschhandel, der die psychische Schwäche der einen Seite gegen die materielle Schwäche der anderen ausspielt?

Während wir dieses Kapitel schreiben, berichten die Wiener Tageszeitungen vom Mord an einer jungen Prostituierten, die im «Kurier» annoncierte unter «Modelle, Hostessen». Ein Kunde hat sie getötet, in einem «Blutrausch», berichtet genüßlich die Boulevardpresse, getötet durch Fußtritte gegen ihren Hals. Der Verkauf von Phantasien an Männer ist ein wenig attraktives Unterfangen.

Sie sind sehr teuer, diese Phantasien; sind es überhaupt Phantasien? Ist es nicht eher regressiv, ein gemeinsamer Rückfall in das Alter von Zirkus und Mahlzeiten, die aus Zuckerwatte und Himbeereis bestehen, und in eine Welt, in der man versorgt wurde, ohne selbst für andere zu sorgen; ein kindlicher Karneval, in dem die anderen «alles tun, was du willst», ohne selbst Bedürfnisse zu haben und Empfindungen und Rechte.

Jameson schreibt über die Pornographie, daß sie stilistisch und inhaltlich eine regressive Qualität besitzt, eine Art auf den Kopf gestellte Sentimentalität; «die Darsteller sind aufgeblasen wie Zirkusfiguren, sie erbleichen ständig, sind getrieben von Gefühlsregungen . . .»[45], keinesfalls sind sie echt.

Wenn Prostitution zumindest teilweise aus dem kindlichen Bedürfnis entsteht, weibliche Verfügbarkeit zu bekommen, ohne etwas Persönliches dafür hergeben zu müssen, dann ist es nur eine logische Fortführung einer nicht seltenen Tendenz männlichen Verhaltens in Beziehungen: des Wunsches, geliebt, umsorgt und gepflegt zu werden, ohne selbst ein gleichwertiges emotionales Engagement aufzubringen. Frauen nehmen Männern die lästigen Pflichten und Sorgen des Haushalts, des Alltags, der eigenen Versorgung ab, damit sie besser arbeiten können; sie gehen mit dem Kind spazieren, damit der Mann sich ungestört konzentrieren kann; sie sind nett zu seiner Skat-Runde; sie kaufen, sofern die Werbung ein Indikator ist, seine Hemden und Socken; sie bemuttern ihn. Wie oft kommt es vor, daß Männer bereit sind, in ähnlicher Weise ihre Frauen zu versorgen (es sei denn, diese sind nicht nur krank, sondern bettlägerig und in kritischem Zustand)? Welcher Mann tippt die Manuskripte seiner Frau, weil er daran glaubt, daß sie wichtig sind, hört ihr stundenlang zu, wenn sie über ihre Probleme spricht, lächelt nachsichtig über ihre Eskapaden mit Freundinnen . . . Viele Frauen heiraten ältere Männer, aber die chronologische Relation ändert nichts daran, daß Männer in der Regel aus ihren Frauen ihre Mütter machen, daß weibliche Liebe für viele Männer immer identisch bleibt mit Fürsorge, Altruismus, Rücktritt, Großzügigkeit, Nachsicht.

Beim Gedanken an die Frauenbewegung und die «Emanzipation» fühlen sich viele Männer daher schon halb als Waisenkinder.

Unser Modellfall Paul Tillich gab in den ersten Jahren seiner Emigration, als die Familienfinanzen knapp waren, mehr für seine Weine aus, als er seiner Frau für das Essen der Familie gab. Über seine Frauenfreundschaften log er so konsequent und nachdrücklich, daß seine Frau zum Schluß jedesmal eher bereit war, ihm zu glauben, als den Tatsachen, die sich vor ihren Augen abspielten. Wenn sie ihn mit diesen Tatsachen konfrontierte und er nicht mehr leugnen konnte, «warf er sich auf den Boden und tobte und schrie, weil er diesmal nicht entkommen konnte. Danach war er reumütig und zerknirscht.» (Seite 187)

Sie wußte nicht, woran sie glauben sollte: an seinen Intellekt, seine politischen und moralischen Positionen, oder an das Verhalten, das er trotz allem aufwies, trotz seiner Prinzipien und trotz seines großen Wissens. Die völlige Getrenntheit zwischen dem intellektuellen und akademischen Mann einerseits und dem lügenden, selbstsüchtigen unbeherrschten Mann andererseits war für sie verwirrend, und auch für ihn. Es ging um mehr als nur um Widersprüchlichkeiten, die Bestandteil des menschlichen Lebens sind; es ging um Unvereinbarkeiten, und zwar nicht dehalb, weil seine Lebensführung seinem Anspruch nicht gerecht werden konnte, sondern weil er hinter der aggressiv und rechtschaffen verteidigten Fassade des Anspruchs die Widersprüchlichkeit verbarg, und sein gefälschtes Selbstbild gegen andere verwendete, Macht daraus schöpfte, das Selbstbild seiner Frau unterminierte.

Nach seinem Tod wurde seine Frau erstmals konsequent mit dieser Spaltung in einem Mann konfrontiert, der sie immer in Spannung gehalten hatte, zwischen dem Vertrauen in seine Erscheinung und der Angst vor deren Unwahrheit. Sie sah seinen Schreibtisch durch und fand in schriftlicher Form das vereint, das er in seiner Selbstdarstellung immer so sorgfältig getrennt hatte:

«Die Mädchenfotos fielen heraus, die Briefe und Gedichte, die leidenschaftlichen Bitten und die Abscheu. Sie waren vermischt unter die Ordner, die seinen vermeintlichen geistigen Nachlaß enthielten, die Bücher und die unveröffentlichten Manuskripte. Ich spürte den Drang, die obszönen Zeichen seines wirklichen Lebens zwischen die heiligen Seiten seines so hoch geachteten Lebenswerks zu stecken, ihn bloßzustellen als Alchimisten, der versuchte, aus dem einen das andere zu machen. Ich fand das Schriftstück, das er verfaßt hatte, als seine Tochter lebensgefährlich krank war. Er hatte sie nicht in seine Arme nehmen und ihr Liebe geben können. Er mußte sie in Worte umsetzen und in die Welt hinausschicken.» (Seite 241)

In solchen Reaktionen von Frauen klingt die Enttäuschung durch, daß die bewunderten Männer nicht so sind, wie sie vorgeben; liebevolle Nachsicht vermischt sich mit einem bitteren Ressentiment, daß man im Glauben an einen unmöglichen Menschen mit einer großen Aufgabe sowohl die eigenen Entwicklungs- und Leistungschancen nicht genutzt als auch die Möglichkeit einer realistischen Beziehung zwischen widersprüchlichen, versagenden Personen verloren hat, daß man sogar dazu gebracht wurde, sie freiwillig aufzugeben, sie gar nicht als einen Verlust wahrzunehmen.

Große Männer und solche, die es gerne wären, demonstrieren ihre Wichtigkeit meist durch einen Verfremdungs- und Destillationseffekt, in dem die menschlichen Regungen und Probleme entweder ins heroische verzerrt oder ganz getilgt werden.

Eine öffentliche Auseinandersetzung mit der populären Verbreitung sexueller Leit- und Illusionsbilder findet meist dann statt, wenn es um eine aktuelle Streitfrage geht, um die Verfilmung des Romans «Geschichte der O» beispielsweise (was ist politisch richtiger: Bekämpfung sadistisch-frauenfeindlicher Filme oder prinzipieller Widerstand gegen die Zensur?). Die Gegenwart legt Zeugnis ab für die Ambivalenzen und Verzerrungen sexueller Einstellungen. Es ist die Zeit des 25jährigen Jubiläums von «Playboy», einer Zeitschrift mit einer Erstleserschaft von ca. 5 Millionen, von der behauptet wird, sie werde von 75% aller männlichen amerikanischen College-Studenten und 50% aller amerikanischen Männer unter 30 mit einiger Regelmäßigkeit gelesen. Es ist auch die Zeit des Gerichtsprozesses «Emma» gegen «Stern», der die Fragen nach der Definier- und Kontrollierbarkeit von sexistischen Darstellungen der Weiblichkeit aufbrachte. Die Ereignisse sind paradox. Feministischen Gruppen werden faschistoid-repressive Haltungen vorgeworfen, sie werden der Sexual- (zumindest Heterosexual-)feindlichkeit bezichtigt, weil sie «Verbote aussprechen» und «Verweigerungen praktizieren» wollen. Andere wichtige feministische Autorinnen werden als Begründerinnen einer neuen erotischen Literatur gefeiert; manche unterliegen dabei selbst der Zensur und sogar der Inhaftierung, so z. B. in Portugal die mittlerweile legendären «Drei Marias.»[46] «Emma»-Leserinnen wenden sich in einem Sturm der Empörung gegen eine (sehr lukrative) Zigarettenreklame, nicht weil sie an sich (oder: auch) gegen die in ihr enthaltene Karikatur von Männlichkeit sind, sondern um «ihre» Zeitschrift von Abbildungen der «macho»-Kultur des Männlichkeitswahns reinzuhalten. Sich als links verstehende Zeitschriften (« Neues Forum», «Pardon», «Konkret») versuchen sich in Mischungen von kritischer Politik und dargebotener Weiblichkeit.

«Pornographie ist die Theorie und Vergewaltigung die Praxis», schrieb einst, in den polemischen Tagen des Feminismus, Robin Morgan;[47] eine wenig befriedigende Formel. Wir können annehmen, daß der angesehene Theologe Paul Tillich, wenn er seine pornographische Literatur vor seiner Frau im Schreibtisch versteckte und hinter den Deckeln theoretischer Werke Pornographie las, nicht als stolzer Agent des Patriarchats handelte, im Bewußtsein, Macht auszuüben, sondern teilweise unter dem Zwang von Bedürfnissen, deren Kontrast zu seinen ethischen und intellektuellen Haltungen spüren mußte. Ein weltberühmter Theologe, der in seinem Schreibtisch Aktbilder von «gekreuzigten Frauen» versteckt, ist nicht (nur) ein Sexist, Sadist und Heuchler, sondern auch ein Opfer.

Dem entfremdeten Alltag der eigenen Gesellschaft muß man sich gezielt nähern; er blendet, wehrt ab, versteckt sich unter den Tarnungen seiner Selbstverständlichkeit. Vor allem dann, wenn einem die Normalität nicht ganz normal vorkommt, wenn man also noch Hoffnungen hat, gestaltet sich der methodische Zugang schwierig. Nicht nur von den Personen, auch von den Themen her muß man Stichproben machen, sammeln. Im Bereich der Prostitution und Pornographie liegen in großer Anzahl sozialwissenschaftliche Untersuchungen vor. Diese Untersuchungen bedienen sich meist einer von drei Methoden: a) eine bestimmte, verfügbare Population (z. B. Häftlinge in einer Strafanstalt) wird befragt, um etwaige Zusammenhänge zwischen Sexualdelikten und Abhängigkeit von pornographischer Literatur festzustellen, oder b) «Konsumenten» pornographischen Materials (Besucher einschlägiger Filmvorführungen und Buchläden) werden auf ihre Alters-, Schicht- und Berufsgruppenzugehörigkeit untersucht, und c) Kunden von Prostituierten werden in ihrem Verhalten und in ihrer sozialen Zugehörigkeit analysiert.

Die Mängel dieser Vorgangsweise liegen auf der Hand. Nicht die gesellschaftliche Funktion der zu untersuchenden Einrichtungen wird erfaßt, sondern eine bestimmte Personengruppe, die zum Objekt der Analyse herausgelöst wird; nicht die Allgegenwärtigkeit des Angebots, sondern bestimmte Kreise von Nachfragenden werden untersucht. Die Hauptschwierigkeit in der Beschäftigung mit dem öffentlich zugänglichen Material liegt jedoch in der Notwendigkeit, gerade diesen *Zusammenhang* zwischen Angebot und Nachfrage zu beleuchten. Offensichtlich glauben Zeitschriftenredakteure und Werbemacher, mit halbpornographischen Bildern und Inhalten Auflagen zu steigern und Produkte abzusetzen. Mit Angeboten einer illusionären weiblichen Sexualität lassen sich andere Dinge – Waren, Meinungen, Mitteilungen, sogar politische Parteien – leichter an den Mann bringen. Über die zugrundeliegenden (erzeugten? deformierten? kanalisierbaren? realen?) Bedürfnisse sagt das noch nicht sehr viel aus.

Unter der Rubrik «Modelle, Hostessen» bringt die Wiener Tageszeitung «Kurier» Inserate für Prostitution. Diese Inserate sind aus verschiedenen Gründen interessant: sie illustrieren erstens dadurch, daß sie in einer vollkommen bürgerlich-biederen Tageszeitung erscheinen, die vielfältigen Seiten des Normalitätsbilds von Sexualität in der gegenwärtigen Gesellschaft; zwischen der «Seite der Frau», wo traditionelle weibliche Tugenden und Interessen wie Häuslichkeit, kosmetische Attraktivität und Kindeserziehung angesprochen sind, und den verschiedenen Bildern erstrebenswerter Männlichkeit in Sport und Politik, in Leistung und Macht, werben durchschnittlich 150 bis 200 Frauen (und 3 bis 5 Männer) um Kundschaft. Zweitens versuchen die Texte, in sehr knapper Form das Interesse der potentiellen Kunden zu wecken; eine stichwortartige Verständigung zwischen den Frauen und ihren Klienten, die auf den Überlegungen und Erfahrungen der Prostituierten in ihrer Eigenschaft als Experten begründet ist und sich offensichtlich am Markt bewährt. Das heißt, daß Annoncen dieser Art in hochkondensierter Form Ausdruck von bestehenden Bedürfnissen und Angebote ihrer Befriedigung sind, und damit, wie Robert Stoller in Zusammenhang mit Pornographie ausführt, eine methodisch wertvolle Informationsquelle für den Sozialwissenschaftler.

Der Hersteller von «normaler» Pornographie (d. h. von Pornographie, die sich in ihren verschiedenen Schattierungen an das allgemeine

Publikum richtet und nicht an die Extremgruppen seltener Perversionen) muß, schreibt er, einen «Archetyp» herstellen:

«Wenn er seine Pornographie verkaufen will, muß er in quasi-intuitiver Weise die Eigenschaften zusammenstellen, die seines Wissens den Angehörigen seines Publikums gemeinsam sind . . . Pornographie ist für den Sozialwissenschaftler eine Art statistische Studie der Psychodynamik sexueller Beziehungen . . . die meiste Literatur dieser Art richtet sich an heterosexuelle Männer. Da es so viele Kunden und eine so große Verbreitung dieser Art von alltäglicher (im Gegensatz zu «harter», Anm.) Pornographie gibt, kann man sagen, daß solche Literatur im statistischen Sinn ‹normal› ist, das heißt, daß sie der Mehrheit von Männern zusagt.»[48]

Nun richten sich die Annoncen im «Kurier» nicht an den Durchschnittsleser, sondern an ein spezielles Publikum, nämlich an Männer, die Klienten oder potentielle Klienten von Prostituierten sind (obwohl die Männer, sofern man annimmt, daß der «Kurier» als «Familienzeitung» sich eher an die Durchschnittsbürger richtet als an die Psychopathen, und wenn man bedenkt, daß sexuelle Extremgruppen eigene Informationsquellen und Publikationen haben, vermutlich eher «durchschnittlich» sind). Da diese Annoncen in meist 2 bis 4 Zeilen Text eine Verständigung zwischen Nachfragenden und Anbietenden herstellen und sich daher einer formelhaften Mitteilungsweise bedienen müssen, bieten sie einen Einblick in verschiedene, quasi «idealtypische» Kategorien männlicher sexueller Bedürfnisse und Erwartungen. Faßt man die Beobachtungen zusammen, die man bei einem Durchlesen dieser Annoncen machen kann, so wird die «Normalität» des Angebotenen klar: die Eigenschaften und Leistungen, die angeboten werden, entsprechen denen, die für Werbung, linke Zeitschriften und Männerzeitschriften wie «Playboy» ebenfalls charakteristisch sind. Der einzige Unterschied liegt in dem direkten Angebot, diese Bedürfnisse zu befriedigen, nämlich durch Inanspruchnahme der Prostituierten; was diese Kategorie von den anderen unterscheidet, ist lediglich der Versuch, illusionäre Erwartungen in Realität umzusetzen. Worüber andere Männer nur Bilder ansehen, Geschichten lesen oder phantasieren, versuchen die Kunden dieser Frauen zu erleben.

Wie auch aus der Werbung oder aus Zeitschriften wie «Praline» ersichtlich ist, hat kulturelle, rassische oder nationale Fremdheit einen besonderen Reiz. Bei vielen Annoncen ersetzt die Angabe der Nationalität die sonst übliche Schilderung angebotener Dienstleistungen oder körperlicher Vorzüge. In einer Ausgabe von 174 Annoncen z. B. befanden sich eine «Russin», eine «Australierin», eine «Israelin», eine «Eurasierin», mehrere «Thaimädchen», eine «Münchnerin», eine «Ungarin», eine «Schwedin», eine «Italienerin» und etliche «Negerinnen», darunter eine, die mit dem Slogan der schwarzen Bewegung, «black is beautiful», warb. Auch die Herkunft aus den fernen Bundesländern genügt offensichtlich, um einen Hang nach Exotik (oder aber Heimweh) anzusprechen: es annoncierten «Tirolerinnen» und viele «Salzburgerinnen».

Die körperlichen Angebote entsprechen dem selbstverständlich gewordenen weiblichen Schönheitsideal: «schlank, langbeinig, vollbusig». Auch die Selbstbeschreibung «niveauvoll», als Bestätigung von Qualitätsware, wird häufig genannt. Die Formulierungen sind direkt von anderen Werbetexten übernommen; «vorher anschauen kostet nichts», wirbt eine der Frauen. Aus dem durchgängigen Angebot von «Jugend» (»jung», «neunzehn», «Teenager», «Teenager hat schulfrei!» etc.) ragen einige Annoncen heraus, die auch durch ihre weit überdurchschnittliche Länge auffallen. In 9 bis 15 Zeilen bieten «charmante, reife Frauen» eine weniger abenteuerliche als häusliche Atmosphäre: «Für Senioren, Playboys und Genießer» hat eine von ihnen «ein gemütliches Zuhause eingerichtet. Ich möchte dich bei Kerzenlicht und Kaffee verhätscheln». Auch die überraschend vielen Texte, die mit «Schaumbad» locken, wirken eher mütterlich als verführerisch.

Wie in der Werbung allgemein und in den im «Stern»-Prozeß kritisierten Titelbildern steht auch in den Annoncen die Verfügbarkeit der Frau im Vordergrund. In den Kurztexten prädominieren Ausdrücke wie «willig», «erfülle jeden Wunsch», «erfülle gern Ihre Wünsche», «mache alles», «erwarte Sie Tag und Nacht», «warte auf Sie», «für Dich» – Angebote einer Sexualität und Aufmerksamkeit, die frei ist von jeder Wechselseitigkeit, die außer der finanziellen keine Verantwortung für den Mann bedeutet, von der Frau aber trotzdem gerne geleistet wird. Das sind die Bedingungen, die in allen Zeitaltern den Reiz – und die Lüge – der Prostitution ausmachten, und die wir für die griechische Antike in immer noch aktueller Weise beschrieben finden:

> «Vielleicht fühlst du dich nicht in Form, vielleicht bedrückt dich etwas. Aber ihre (der Prostituierten) Türen stehen offen. Preis, 1 Obol, geh hinein! Keine Prüderie, kein Unsinn, sie zieht sich nicht zurück von dir, sondern direkt los, wie du willst und in der Weise, die du wünschst. Du gehst wieder weg; du kannst sie zum Teufel schicken, sie bedeutet dir nichts ...»[49]

Die Verwendbarkeit der Frau als Ware ist ein wichtiges Element dieser Sichtweise, aber auch ihre Funktion als Quelle sexueller Energie; an sich zwei widersprüchliche Dinge. Nur auf den ersten Blick wirkt die käufliche oder als käuflich (in der Werbung für andere Produkte: als mitkäuflich) dargestellte Frau als das Objekt des Mannes. Bei näherer Überlegung wird erkenntlich, daß die Verhältnisse von Macht und Kraft innerhalb der gebotenen Moment-Beziehung ambivalenter sind. Die Prostituierte definiert in den Annoncen die Art der Beziehung durch die Stichworte: sie ist «zärtlich und anschmiegsam», «lasterhaft», sogar «geldgierig», aber auch «streng und dominant» und bestimmt damit die Auswahl ihrer Klienten. Sie ist gekauft und damit in der Position der Dienstleistenden, aber zugleich nimmt sie damit an einer Transaktion teil, in der auch der Mann unausweichlich der Betrogene ist, der naive Konsument, der glaubt, daß die Inszenierung «nur für dich» stattfindet, der anspricht auf «kostenlose Drinks», der bezahlt für das Privileg, seine Illusionen vorgespielt zu bekommen. Diese Ambivalenz ist dieselbe, die sich in der Werbung und auf den Titelseiten von Zeitschriften ausdrückt: die Frau ist zwar vergegenständlicht und dargeboten und somit degradiert, aber ihre Verfügbarkeit ist zugleich eine fiktive. Der Mann, der die Ware kauft, für die Frauen mit ihrer Sexualität werben, bekommt die Ware, aber niemals die Frau, die sexuelle Befriedigung, die Attraktivität, das Glück, das gute Leben, die für ihn mit ihrem Bild assoziiert waren und versprochen wurden. Die Frau ist seinem Blick dargeboten, und ist es zugleich nicht.

Wählt man eine der Telefonnummern, die im «Kurier» angeführt sind, so hört man ein Tonband, auf dem eine stereotyp rauchige Stimme verkündet: «Ich weiß, daß du bis jetzt die wirkliche Befriedigung noch nicht finden konntest, und ich habe ein Zimmer eingerichtet, nur für dich», und trotz der Absurdität und Unmöglichkeit dieses Satzes findet er offensichtlich in den Hoffnungen mancher Männer eine Resonanz; sind das die mächtigen, konspirierenden Träger des Patriarchats, das uns unterdrückt?

Stoller unterscheidet zwischen erotischer Literatur und Pornographie, indem er meint, in der Pornographie gäbe es immer ein Opfer (auch ein «williges», oder ein mittels Voyeurismus unwissend zum Objekt gemachtes, nicht nur ein unmittelbarem Zwang ausgesetztes). In den Alltagsbildern von Sexualität sind die Unterscheidungen zwischen «Opfern» und Unterdrückern variabel, stets ambivalent; nirgends ambivalenter als bei der Art von Prostitution, die sich stichwortartig als «dominierend» bezeichnet. Im «Kurier» annonciert diese Spezialisierung mit Texten wie «Absolut neu! Die herrliche Dominanz des Weibes bietet phantasievolle, vielseitig erfahrene DOMINA aus Leidenschaft und Überzeugung. Stilecht eingerichtet und ausgerüstet. Absolutes Niveau und Diskretion»; deren Tonbänder begrüßen den Anrufer mit «Hier spricht deine neue Herrin.»[30] Der Kunde ist dann sowohl «Arbeitgeber» als auch Opfer; als Kunde und Bezahlender Herr einer Situation, in der er den Sklaven spielt – eine Rolle, die er freiwillig zu übernehmen glaubt, gemäß demselben «freien Willen», der dem Vertragsdenken der «freien Lohnarbeit», der «freien Wahl», der freien Auswahl an Gütern am «freien Markt» zugrunde liegt.

Nicht zufällig begründet sich die klassische sado-masochistische Beziehung häufig auf einen (oft schriftlichen) Vertrag zwischen den Beteiligten. Das bekannteste Modell für einen solchen Vertrag findet sich in «Venus im Pelz»; der Held besteht selbst auf dem Abfassen eines Vertrages, damit «die Gewalt (seiner Herrin) über mich durch das Gesetz geheiligt ist»; der Text des Vertrags lautet:

> «Frau von Dunajew darf ihren Sklaven nicht allein bei dem geringsten Vergehen oder Versehen nach Gutdünken strafen, sondern sie hat auch das Recht, ihn nach Laune oder nur zu ihrem Zeitvertreib zu mißhandeln, wie es ihr eben gefällt, ja sogar zu töten, wenn es ihr beliebt; kurzum, er ist ihr unbeschränktes Eigentum.»[52]

Um sie rechtlich zu ermächtigen, ihn auch zu töten, unterschreibt der Held zusätzlich einen Selbstmordbrief.

Reiks Analysen masochistischen Verhaltens bei Männern, die er aus seinen Therapien gewann, und Untersuchungen über Prostitution bestätigen, daß der mündliche oder schriftliche Vertrag des Macht- und Abhängigkeitsverhältnisses häufiger Bestandteil solcher Beziehungen ist.[53] Bei der Prostitution kommt hinzu, daß die Ambivalenz des Bedürfnisses noch zusätzlich kompliziert wird; für Geld kauft man sich das Recht auf vorübergehende, rituell vollzogene «Unterdrückung», Unfreiheit und Entwürdigung.

Stein* unterschied in ihrer Untersuchung von 1242 Klienten neun Kategorien von Männern, die Prostituierte besuchen. Die größte Gruppe, 17% der Männer, sahen den «Unterhaltungswert» als primäre Zielsetzung. Sie besuchten Callgirls, weil es ihnen das Gefühl gab, ein Mann von Welt zu sein, ihren Erfahrungshorizont zu erweitern und sich zu amüsieren. Die zweite Gruppe, 14% der Männer, machte von dieser Institution in erster Linie Gebrauch, um ihre sexuellen Bedürfnisse ohne größere Umstände befriedigen zu können. Wiederum 14% der Klienten fielen in die dritte Kategorie; sie romantisierten ihr Verhältnis zum Callgirl, fühlten sich als Liebhaber und verlangten von der Frau, daß sie in ihrem Verhalten den Schein eines nichtkommerziellen Liebesverhältnisses wahrte. Das Geld wurde zu einem «Geschenk» umdefiniert.

Die vierte Gruppe, mit ebenfalls 14%, bildeten Männer, die in der Prostitution eine eher soziale Einrichtung sahen; sie besuchten nicht alleine ein Callgirl, sondern gemeinsam mit Freunden, und verbanden den

* Stein, Martha: Lovers, Friends, Slaves . . . The 9 Male sexual Types. Their Psycho-Social Transactions with Callgirls. G. P. Putnam's Sons, NY. 1974

Besuch mit einer Art Party. Die Callgirls waren nur eine Komponente im geselligen Zusammensein von Männern.

13% der Männer fielen in eine Gruppe, die Stein als «Sklaven» bezeichnete; sie wollten, entweder unmittelbar und körperlich oder verbal und psychisch, bestraft oder gedemütigt werden.

Die nächste Gruppe, bestehend aus 12% der Männer, wollte mit dem Callgirl eine freundschaftliche Beziehung herstellen; wichtigste Rolle der Frau war es, sich die Sorgen und Probleme der Männer anzuhören. Dazu gehörte nicht nur privater Ärger, sondern auch Berufliches; viele Männer vertrauten den Prostituierten Berufsgeheimnisse und Informationen an, die eigentlich nicht für die Öffentlichkeit bestimmt waren. Die Aussprache war in diesen Fällen oft wichtiger als das Sexuelle.

Mit 6% bildete eine Gruppe von Geschäftsleuten die nächste Kategorie, die in den Diensten der Callgirls einen Bestandteil ihrer Werbekampagnen und Geschäftsverhandlungen sahen. Zur Besiegelung größerer Geschäfte gehörte der gemeinsame Besuch von Prostituierten oder eine Party unter Beteiligung von Callgirls mit sexueller Unterhaltung.

Ebenfalls mit 6% bildeten Männer die nächste Gruppe, die sich gegenüber dem Callgirl in der Rolle des väterlichen Gönners sehen wollten. Sie erteilten den Frauen Ratschläge, erwarteten mädchenhafte Bewunderung und betrachteten die Bezahlung der Frau als Art «Taschengeld» oder finanzielle Unterstützung. Die letzte Gruppe schließlich bildete mit 4% das Gegenstück hierzu. Diese Männer verlangten nach einer eher mütterlichen Figur, die ihnen das Gefühl vermittelt, umsorgt, getröstet und beschützt zu werden.

In der Regel hatten die Callgirls eine Stammkundschaft und wußten, welche Rolle sie beim jeweiligen Mann einnehmen sollten, welches Bild er sich von der Beziehung zurechtgelegt hatte. Die wenigsten Männer waren bereit, die Beziehung als rein finanzielle Transaktion zu akzeptieren. Viele Männer riefen die Callgirls «zwischendurch» vom Büro aus an, um sich für die Streßsituation oder ein berufliches Problem bedauern zu lassen. Daß sie für die Beziehung bezahlen mußten, betrachteten die Männer nicht als degradierend, denn «sie sind es gewohnt, für die verschiedensten Dienstleistungen, Güter und Zuwendungen bezahlen zu müssen»; so auch die Dienste von Ärzten, Therapeuten oder Masseuren, Berufsgruppen, die sich ebenfalls um das körperliche und seelische Wohlbefinden dieser Männer kümmerten. Auch die Tatsache, daß Männer Frauen Geld geben, erschien ihnen nicht ungewohnt, da es in ihren Ehen meist genauso war.

Für viele Männer diente die Prostitution einer weitergehenden sozialen Funktion gegenüber anderen Männern; insgesamt 35% der Klienten besuchten die Callgirls entweder zu zweit oder in Gruppen, weshalb auch die Callgirls häufig zu zweit arbeiteten oder zumindest ein regelmäßiges «Arbeitsarrangement» mit Kolleginnen hatten. Stein schließt aus der Geselligkeit dieser Männer, daß «das verbale oder tatsächliche ‹Teilen› sexueller Erfahrungen mit anderen Männern, wie aus Militär, Burschenschaft und Sportclub bekannt ist, für viele Männer offensichtlich nicht nur in der Jugend, sondern auch später wichtig ist» (Seite 90).

Insgesamt 52% der Männer erwarteten von dem Callgirl eine quasitherapeutische Rolle. Sie erwarteten sich neben sexueller Beratung und Therapie, Mitgefühl und Interesse in Problemlagen, Ratschläge bei Beziehungsproblemen mit Freundinnen oder Ehefrauen, eine Ventilfunktion in Belastungszeiten (mehrere Männer sprechen von der Prostituierten als «Beruhigungsmittel» gegen Streß), Aufbau in seelischen Krisen, Bewunderung, Verständnis und aufmerksame Zuwendung. Nur eine Gruppe von Männern war bereit, auch umgekehrt Interesse an den Problemen der Frauen zu zeigen, und zwar diejenigen, die aus der Einnahme einer väterlichen Gönnerrolle Befriedigung gewannen.

Für Stein schienen zwei Aspekte der Untersuchungsergebnisse am wichtigsten zu sein. Das erste war das hohe Ausmaß, in dem Callgirls eine nicht unmittelbar sexuelle, sondern eher therapeutische Bedeutung im Lebenszusammenhang ihrer Klienten hatten. Diese Rolle war den Frauen auch bewußt, die sich ein Verhalten und professionelle Reaktion dafür zurechtgelegt hatten. Sie waren in der Lage, fast so routiniert wie Sozialarbeiter ihre Erwiderungen auf die unmittelbaren Bedürfnisse der Klienten abzustimmen (Aussprache, Ratschläge, moralische Unterstützung etc.).

Zweitens war die Ähnlichkeit in der Logik von Prostitution und anderen Bereichen der Gesellschaft auffallend. Frauen und weibliche Sexualität als Kohäsionsmittel für geschäftliche Verbindungen, Männerfreundschaften, Vermittlung anderer Informationen und Werbung zu verwenden, ist in unserer Gesellschaft gängig. Der Zusammenhalt der Männergruppe, die Weitergabe von «Fakten», der glatte Ablauf eines streßreichen Alltags, werden allesamt gewährleistet durch die Dekorations-, Beruhigungs- und Vermittlungsfunktion von Frauen. Interviews mit den wichtigsten Staatsmännern, Kurzgeschichten der begabtesten Autoren unserer Zeit («Playboy») lassen sich leichter lesen, wenn sie mit Abbildungen weiblicher Körperteile verziert sind. Harte Männergespräche und Verhandlungen mildern Kaffee-reichende, lächelnde Sekretärinnen. Über die bedrückenden Ereignisse des internationalen Alltags trösten Frauen in winzigen Bikinis mühelos hinweg.

Die paradoxen Gleichzeitigkeiten der untergeordneten Rolle von Frauen und der zentralen Rolle von Frauen und der notwendigen Rolle von Frauen zeigen sich bei der Prostitution nicht anders, sondern lediglich deutlicher als in anderen Zusammenhängen.

In vielen Gesellschaften war der Schmied eine lebenswichtige Figur.

Landwirtschaft und Alltag lassen sich ohne seine Dienste nicht aufrechterhalten. Zugleich galt er als unrein und verachtet, am Rande der Gemeinde führt er ein geächtetes Dasein. Die Metalle, die er verarbeitet, kommen aus finsteren und schmutzigen unterirdischen Höhlen. Die Gegenstände, die er anfertigt, dienen nicht nur zum Pflügen der Felder, sondern auch, als Waffen, dem Tod.

Die gesellschaftliche Rolle von Frauen im allgemeinen und von Prostituierten im besonderen erinnert an diese Widersprüchlichkeit. In Kunst, Dichtung und Moralkodex werden sie verehrt, als «Mutter» erhoben in die Verklärung. Als Personen, die sich mit den düsteren Aspekten der männlichen Psyche beschäftigen, werden sie zugleich verachtet.

Männer haben kein hohes Bild von Männern.

Sonst würden sie eine Frau, die Umgang mit vielen Männern hat, nicht als unrein betrachten.

Wiener Nächte: Ein Exkurs

Wir haben zwei Führerinnen gefunden, die uns auf der Expedition in die Bereiche der nächtlichen Männer begleiten werden. Sie sollen uns helfen, die Bräuche, Sprache und Regeln zu verstehen und festzuhalten, die hier vorherrschen. Der Bekannte, der sie uns vermittelte, arbeitet in einer Bar hinter der Theke. Entweder, weil er unsere Zielsetzung mißverständlich formuliert hat, oder weil er sich einen Spaß erlauben wollte, glauben Alix und Bea, wie sich in ihren Äußerungen zeigt, daß wir uns für Stellen im Nachtklubgewerbe interessieren und daß sie uns als Kolleginnen ein paar Tips geben sollen. Sie halten uns für Studentinnen, die ihr Stipendium aufbessern wollen. Es ergibt sich während des Gesprächs keine Gelegenheit, um den Irrtum aufzuklären, ohne den Eindruck zu erwecken, daß wir ihren Beruf mißachten. Wir sprechen daher erst später während unserer Bekanntschaft mit den beiden über die Sozialwissenschaft. Sie finden die Soziologie dann noch lustiger als den Gedanken, daß wir ihre Lehrlinge werden wollen.

Das erste Mal treffen wir Alix und Bea im «Caroussel», einem Lokal in der Krugerstraße. Alix ist 24, blond, schmal und schnell in ihren Bewegungen; Bea ist jünger, dunkel, weich, sie schaut mit großen Augen in die Welt und wirkt oft überrascht über das, was sie dort sieht. Die beiden sind Freundinnen und arbeiten im «Chez Monika», einer Bar «mit Separee.». «Alix geht nicht mehr ins Separee, sie serviert nur», fügt Bea nachdrücklich hinzu, um die Tugendhaftigkeit der Freundin selbstlos zu unterstreichen.

Bea erzählt uns, wie sie zu ihrem Beruf gekommen ist. Mit 19 begann sie, als Buchhalterin zu arbeiten. Da verdiente sie 7000 Schilling (ca. DM 1000.–) im Monat. Drei Jahre blieb sie im Büro, bis ihr ein Freund sagte, daß sie ungeschickt sei: als Bardame könne sie es in einer Nacht auf 3000 Schilling bringen. Also ging sie sich bewerben; zuerst ins «Casbah», ein vornehmeres Lokal in der Innenstadt. Da hätte man sie zwar genommen, aber sie hätte ein Abendkleid gebraucht. Um sich das Startkapital für die Karriere zu verdienen, ging sie zuerst in ein schäbigeres Lokal, das «Chez Monika». Da blieb sie. Denn es war unendlich schwer, sich einzugewöhnen, und geholfen hat ihr dabei nur die Freundschaft zu Alix. Ohne Alix kann sie überhaupt nicht mehr leben. Sie und Alix sind unzertrennlich.

Im «Chez Monika» brauchte sie keine Abendgarderobe, da trägt man ganz normale Kleider. Sie mustert uns besorgt: so etwas, was wir anhaben, allerdings nicht. Nicht so modisch, das mögen die Männer nicht. Eher etwas Mädchenhaftes. Mit Blumenmuster.

Bea erzählt uns ausführlich von ihren Problemen und Empfindungen als «Anfängerin»: selbst wenn man nicht ins Separee geht, sondern nur in der Bar als Animierdame arbeiten will, ist die Arbeit am Anfang sehr schwierig. Jetzt arbeitet Bea schon ein Jahr im «Chez Monika» und hat eine gewiße Routine erworben, aber trotzdem braucht sie jeden Abend «zuerst einen doppelten Whisky». Am Anfang genügte auch der nicht, weil sie einfach nicht wußte, wie sie sich verhalten sollte. In der Bar geht alle Initiative von den Frauen aus, und Bea schaffte es wochenlang einfach nicht, zu einem Mann hinzugehen und ihn anzusprechen. Die Angst davor, von ihm weggeschickt zu werden, weil sie ihm nicht gefiel, und zu ihrem eigenen Platz zurückgehen zu müssen, vor den Augen all der anderen Frauen, die Peinlichkeit einer Abweisung, lähmte sie völlig. Wochenlang saß sie nur da – für 200 Schilling pro Abend – und schaute den anderen Frauen zu. Was sie da lernte, will sie uns gern beibringen, meint sie großzügig. Es ist gar nicht schwer, sagt sie ermutigend, mustert uns dabei aber etwas zweifelnd. Unsere Zurückhaltung werden wir halt überwinden müssen und uns drauf konzentrieren, drauflos zu plaudern, während «der Typ» so viel wie möglich an Alkohol in sich hineinschüttet, während er von seinem Kummer erzählt oder auch gar nichts sagt und schweigend in sein Glas starrt. «Also», sagt sie resolut. «Man geht einfach zu einem Mann hin und fragt (artiger Ton) ‹Darf ich mich zu Ihnen setzen?› Wenn er nein sagt, darf man nicht einfach lockerlassen und weggehen, sondern man sagt dann: ‹Was ist denn, haben Sie heute einen schlechten Tag gehabt?›» Sie nickt uns aufmunternd zu. «Das könnt ihr doch ganz leicht. Ist ja bei anderen Männern auch nicht anders. Dann beginnt man eine Unterhaltung. Wie man das macht? Man redet einfach, es ist ziemlich egal, worüber, man fragt ihn nach seiner Arbeit, seiner Familie, seinem Sternzeichen, das geht dann schon. Dann fragt man,

‹Darf ich etwas trinken?› Und wenn er ja sagt, fragt man (ostentative Höflichkeit): ‹Darf ich einen Armagnac bestellen, der kostet aber 250 Schilling, muß ich Ihnen noch sagen.›»

Alix unterbricht ihre Freundin, um uns das Lohnschema dieser Arbeit zu erläutern. Für jedes bestellte Getränk bekommt man Prozente, für die körperliche Anwesenheit im Lokal abendlich 200 Schilling, diejenigen die auch ins Separee gehen, bekommen die 200 Schilling nicht, verdienen aber ohnehin reichlich – für jede Flasche Sekt 10% und was sie sonst noch vom Mann bekommen können. Ausbezahlt wird der Lohn jeden Abend, weil die Belegschaft ständig wechselt; man hat keine Stunden, sondern kommt, wann man will und geht weg, sobald man möchte.

Der Aufenthalt im Separee ist ebenfalls geregelt. Jede halbe Stunde kommt Alix und fragt, «Möchten Sie noch was bestellen?» – wenn nichts bestellt wird, muß der Mann das Separee verlassen. Die Frauen trinken nicht, nur zwei Wodka und dann Orangensaft. Beim Sekt muß man lernen, das Glas oder, bei besonderer Begabung, auch die Flasche auszuschütten, in den Kübel hinein, damit man nüchtern bleibt und die Flasche schneller leer wird. Zu diesem Zweck arbeitet man am besten zu zweit: eine küßt den Mann, während die andere als Serviererin die Getränke ausleert. «Schütten», wie diese Technik genannt wird, allerdings kann man nur bei Zufallskundschaft: die Stammkunden achten auf solche Manöver.

Bei der Schilderung der Möglichkeiten, den Männern durch Betrug und Geschicklichkeit, Schauspielkunst und Täuschung möglichst viel Geld mit dem absoluten Minimum an Gegenleistungen abzunehmen, wirken beide Frauen heiter und selbstbewußt. Ihre Kunden beschreiben sie als zwischen 40 und 50 Jahre alt, der oberen Mittelschicht angehörend, vornehmlich aus Industrie und Geschäftswelt kommend; da das Lokal neben einem großen Hotel ist und der Portier dieses Hotels vom Lokal Provision bekommt, gehören zur Kundschaft auch viele deutsche Geschäftsleute.

Erfolgreich kann man in diesem Beruf nur dann sein, erzählen uns die Frauen, wenn man die Männer kalt und unpersönlich betrachten kann; als Vorbild wird uns hier Alix vorgehalten, die einem Kunden 6000 Schilling abnahm, sein ganzes Bargeld, und ihm nicht einmal Geld für ein Taxi gab: «weil wenn er so blöd ist, dann soll er nur zu Fuß nach Mödling gehen» (Mödling ist ein Vorort von Wien). Aber das kann man nicht immer, fügt Alix hinzu. Wenn sie so von ihren Problemen und ihrer Familie und so weiter erzählen, kann man nicht immer feindselig bleiben, manchmal tun sie einem eben doch leid. Das ist ihrer Ansicht nach auch das Fatale an dem Beruf: man soll stundenlang zuhören, nur zuhören – die Kunden, die ins Separee gehen wollen, sind wieder eine andere Gruppe – und dabei einzig den Zweck verfolgen, möglichst viel

Getränke zu bestellen. Selbst wenn die Männer im Bewußtsein ihrer bezahlten Zuhörerinnen zu einer im Nebel des Zigarettenrauchs verschwimmenden Masse männlichen Leids und männlichem, beschädigtem Selbstgefühl zerschmelzen, kann man jedoch nicht völlig unbeteiligt bleiben. Aber auch Mitleid ist nicht angebracht, denn zugleich stellen die Männer Forderungen und Ansprüche, muß man auf Aggressionen gefaßt sein. «Leicht sadistisch sind die meisten», erklärt Bea. «Oder ich weiß nicht, grob jedenfalls. Wenn sie dich am Arm oder beim Handgelenk packen, dann immer so fest, daß du gleich blaue Flecken hast. Ich weiß nicht, warum die das machen. Du darfst dann auch nicht streiten oder dich beschweren, sondern du mußt sagen (schmollend): ‹Geh, sei doch ein bißchen zärtlich!›»

Beas Mimik ist perfekt. Vor unseren Augen verwandelt sie sich von einer Sekunde zur nächsten von einer jungen, sympathisch und intelligent wirkenden Frau in eine aufreizend schmollende, dümmlich kokette Puppenfigur; auch ihre Stimme wird ein paar Oktaven höher, geziert. Uns wird bewußt, daß diese Bars eine Art Transvestitenshow bieten, in der Frauen die Maskerade stereotyper Weiblichkeit tragen. Daß viele Männer, wenn sie sich hier in einer Welt wiederfinden, in der Frauen ihren Erwartungen und Bildern viel exakter entsprechen als in der Alltagswelt, ihre Vernunft verlieren, bereitet den Frauen eine unübersehbare Genugtuung; hinter der höflich interessierten, nach Schablonen sexueller Attraktivität geschminkten Frau spielt sich die kalkulierte Ökonomie des Betriebs ab, in der viel Geld für wenig Zuwendung, hohe Preise für weggeschüttete Getränke verlangt werden, und jede halbe Stunde der Schein einer Liebespaarintimität durch eine unerbittliche kassierende Alix gestört wird. Alles ist nur Schein: das Interesse ist geheuchelt, die persönlichen Nachfragen nach Familie und seelischem Zustand eine Formel, der Wodka Orangensaft. Sogar im Separee kann man unter Umständen noch mit Bluff durchkommen. Alix z. B. überzeugte einmal einen Mann, daß sie ihn unsterblich liebe; schließlich machte er ihr einen Heiratsantrag. Zwei Monate lang saß sie Woche für Woche mit ihm im Separee und machte Zukunftspläne. Wenn er sie anfassen wollte, sagte sie immer nur traurig und vorwurfsvoll: «Du kannst doch nicht hier mit deiner Braut . . .» «Nein, nein, natürlich nicht», hat er dann gesagt. Rosen hat er ihr gebracht und einen Ring geschenkt und eine Skiausrüstung. «Die glauben alles», erklärt Alix kopfschüttelnd.

Bea erörtert für uns die Hierarchie der Frauen in diesem Berufszweig. Ranghöchste sind die Callgirls, die monatlich zwischen 60 und 70000 Schilling verdienen: sie arbeiten nur vormittags, fünf Männer und fertig. In der Nebenwohnung wohnt zum Schutz der «Strizzi»; sehr viele Frauen arbeiten auch zu zweit, statt einen «Freund» zu haben. Danach kommen die Frauen, die in den vornehmen Lokalen arbeiten, im «Moulin

Rouge» oder im «Casanova». «Das sind die Schönen, die Damen», erzählt uns Bea mit neidloser Bewunderung. Dann folgen, abgestuft, die anderen Kategorien von Lokalen, und ganz unten sind die Straßenmädchen; «die machens schon um 500 Schilling, auch 300 Schilling, was sie halt kriegen, aus Liebe zu ihrem Alten, oder aus Angst, wenn sie nichts zum Abliefern haben.» Die Lage dieser Frauen ist hoffnungslos, meint Alix; selbst wenn sie aufhören wollen, ist es ihnen meist nicht gestattet. Eine Bekannte von ihr wurde sogar in einer anderen Stadt, wo sie als Friseurin untertauchen wollte, von ihrem «Strizzi» gefunden. Er hat ihr das Gesicht mit Zuckerwürfeln zerschnitten und sie wieder auf den Strich geschickt.

Diese Geschichte scheinen die Frauen schon oft erzählt zu haben, im Vergleich mit ihr ist ihre eigene Stellung eingegrenzt und erscheint privilegiert: die Gefahr des Absinkens in die tiefere Kategorie soll mittels dieser Abschreckung geschwächt werden. Denn die Gefahr, unentrinnbar in «das Milieu» hineingezogen zu werden, ist den Frauen stets bewußt. Die Bindung an den falschen Mann, die Gewöhnung an die Lebensweise schneller Verdienste und unregelmäßiger Arbeitszeit, der Verlust anderer Beziehungen wie z. B. zu Eltern, berufsfremden Bekannten und der restlichen Welt, können dazu führen, daß die Entfernung zum «normalen Leben» zu groß wird. Schon jetzt, meint Bea mit Besorgnis, wäre ihr die Integration in die Büroberufswelt beinahe unmöglich; mit einem Monatslohn auszukommen kann sie sich nicht vorstellen. Von den 20000 Schilling, die sie meist verdient, bleibt irgendwie auch nichts übrig. Das Gefühl, relativ leicht viel verdienen zu können, macht sie unvorsichtig in ihren Ausgaben; das Image des «Luxuslebens», das ihre Arbeitverhältnisse rechtfertigt, verlangt zu seiner Aufrechterhaltung viele Investitionen. Während unserer Bekanntschaft beschließen sie jeden Monat unwiderruflich, im nächsten Monat endgültig aufzuhören und langsam wieder in der Normalwelt Fuß zu fassen.

Sie wechseln aber letztlich nur das Lokal. Zum Zeitpunkt unseres letzten Gesprächs arbeiteten die beiden in einem «Oben ohne»-Lokal. Bea wollte nicht mehr ins Separee, und das war die einzige Möglichkeit, ohne Verdienstverlust aufzuhören. Nach der Arbeit gingen sie meist noch einen Kaffee trinken, im Lokal «Pik 4». Das ist ein Lokal für Schwule und Lesben und damit eines der wenigen, in das dic zwei Frauen ohne männliche Begleitung (und, natürlich, ohne dort angestellt zu sein) gehen dürfen.

Bei unserem letzten Gespräch mit Alix und Bea geht es um die Männer. Alix, die mittlerweile in vier verschiedenen Lokalen gearbeitet hat, und Bea, mit einem geringeren Erfahrungshorizont von nur zwei Bars, dachten über die Zusammensetzung ihrer Kundschaft nach. Sie wußten inzwischen, daß wir uns sozialwissenschaftlich mit dem Gegenstand befassen wollten und wollten uns helfen, Einblicke in die soziale Herkunft und Persönlichkeit ihrer Kundschaft zu gewinnen. Nach langem Nachdenken und Diskutieren gaben sie auf. «Die sind ganz verschieden», meinte, entschuldigend, Bea. «Und zugleich sind sie ganz, wie soll ich sagen, ganz normal.» Sie wirkte nachdenklich, fast enttäuscht. Am Anfang hat sie sich manchmal die Jüngeren angeschaut und die Erfolgreicheren und hat sich gedacht, warum kommt der eigentlich hierher. Der hat das doch gar nicht nötig. Inzwischen weiß sie: abnormal oder Versager sind das nicht. «Die sind eben ganz normale Männer, so wie früher im Büro, oder wie die, die da vorübergehen.» Sie deutet auf die Straße hinaus. «Die sind verheiratet, haben gute Posten, ich weiß wirklich nicht, warum die kommen. Das kostet für die viel Geld, und die meisten bekommen nicht einmal was dafür. Du redest mit denen, und du denkst dir – der hat eine Frau, die sitzt jetzt wahrscheinlich allein herum und fragt sich, wo der steckt.»

Hannes, 56 478 43, stand im «Kurier» unter der Rubrik «Modelle, Hostessen». Er ist einer von drei Männern, die in dieser Ausgabe neben 167 Frauen annoncieren; die anderen beiden Männer sind noch verschwiegener, man erreicht sie überhaupt nur schriftlich und über den Verlag. Das ist ein großer Gegensatz zu den Annoncen der Frauen, die selbst wenn sie nur einzeilig sind, doch offen Reklame machen («Neu! Susanne, Tel . . .», oder «Für Anspruchsvolle, Tel . . .»).

Wir rufen an; als wir erzählen, daß wir ein sozialwissenschaftliches Projekt über Männer machen, lacht er und findet es auch amüsant genug, um uns auf eine Stunde im Kaffeehaus zu treffen. Wir verabreden uns für den nächsten Nachmittag, halb vier im Kaffee «Klinik» gegenüber vom Allgemeinen Krankenhaus; sein Vorschlag, denn er wohnt «ums Eck». Zwei Freunde, denen wir davon erzählen, reagieren mit Entsetzen. Unsere Freundin Mandana erzählt besorgt und vorwurfsvoll Schauergeschichten von Frauen, die leichtfertig mit der «Unterwelt» spielten und von denen man nie wieder etwas hörte, bis schließlich vier Jahre später eine verzweifelte Postkarte aus Bagdad eintraf. Auch B., selbst Wissenschaftler, erkundigte sich kopfschüttelnd und genau nach Ort und Zeit des Termins. Als die Zeit des Gesprächs naht, verläßt auch uns zunehmend der Elan. Am Telefon sachlich und kühl zu sein, ist ja nicht allzu schwierig. Der Gedanke, dem sicherlich abgebrühten vielleicht gefährlichen «Hannes» gegenüberzusitzen und ihm auch noch Fragen zu stellen, die er vielleicht als impertinent betrachten wird, vorausgesetzt – was zunehmend zweifelhaft erscheint –, daß wir sie überhaupt über die Lippen bringen, ist etwas ganz anderes.

Wegen dieser Zweifel mit etwas Verspätung im Kaffeehaus angelangt und in der Absicht, zuerst kritisch die Männer «an der Theke» (von denen nach Abmachung einer Hannes sein wird) zu besichtigen und dann erst zu entscheiden, ob wir uns zu erkennen geben wollen, erwartet uns die nächste Überraschung. Im ohnehin sehr kleinen Kaffee «Klinik» sitzt in einem Eck, finster hinter einer Zeitschrift hervorblickend und mit kampfbereitem Blick die anwesenden Männer keine Sekunde aus den Augen lassend, Mandana. Mit seltsamen Gesten macht sie uns im Versuch, ermutigend zu wirken, auf ihre ohnehin unübersehbare Anwesenheit aufmerksam. Bald darauf betritt mit unbesorgter Miene der dramatisch begabtere B. das Lokal, sieht sich um, und setzt sich ganz zufällig an einen Tisch, der ihm einen hervorragenden Überblick über die Gesamtszene bietet. Wie Spione blicken die beiden hinter ihren Melangen und Zeitungen hervor.

Nachdem nun mehr als hinreichend für unsere körperliche Sicherheit gesorgt ist, bleibt noch unsere zweite große Sorge: wir haben Angst, daß Hannes für das Gespräch sein übliches Stundenhonorar verlangen wird; wir wissen zwar nicht, wieviel es beträgt, vermuten jedoch, daß wir es uns nicht leisten können.

Es ist ein Samstag, und das Café, sonst ein Stammlokal der Krankenschwestern, Medizinstudenten und Ärzte, ist fast leer. Hannes steht schon an der Bar. Er ist circa 30, sonnengebräunt, nicht sehr auffällig. Er hat eine gewisse stereotype Lässigkeit, eine Reihe von Goldketten mit Medaillen und Anhängern um den Hals und einen Blick, der uns leicht aggressiv vorkommt; letzteres können wir uns aber auch einbilden, denn wir fühlen uns etwas unsicher bei diesem Gespräch. Andererseits hat er ein sehr gewandtes Auftreten; die ersten zehn Minuten unterhalten wir uns über den Unterschied zwischen Soziologie und Politikwissenschaft, und er erzählt von seinem Studium der Chemie und der Elektrotechnik. Früher, erzählt er, war er Lehrer an einem Erwachsenenbildungsinstitut, dem WIFI. Er hat nicht einmal schlecht verdient; natürlich nicht so viel wie jetzt. Aber es hat ihn nicht befriedigt: immer wieder denselben elementaren Stoff und Prüfungen abhalten und stur auf die Regeln achten. Z. B. hätte er Anwesenheitslisten führen sollen und das bei erwachsenen Menschen. Er hat das sabotiert, er hat z. B. Leute in die Listen eingetragen, obwohl sie gefehlt haben, wenn sie ihm gesagt haben, daß sie mit ihrer Familie eine Woche wegfahren wollen, und bei der letzten Sitzung des Semesters ist er mit den Leuten immer zum Heurigen gegangen. Die Leistungen waren in seinen Klassen höher als der Durchschnitt, trotz Abweichung vom geforderten Unterrichtsstil. Aber auf die Dauer hat er es dort nicht ausgehalten; die vielen Vorschriften und immer das gleiche. Er zählt auch noch seine anderen Ausbildungen auf, die Rhetorikkurse, die Vorlesungen, die er besucht, die Bücher, die er in letzter Zeit gelesen hat. Am meisten interessiert er sich für Mathematik, sagt er, aber für theoretische, nicht für praktische; die ist langweilig. Soziologie sagt er, hat ihn nie besonders interessiert; mit der Theorie der kognitiven Dissonanz hat er sich ein bißchen beschäftigt. Unsere Überraschung über seine vielfältigen Interessen registrierend sagt er, ja, er sei ein «Dilettant im Goetheschen Sinn».

Wir formulieren gedanklich mehrere Einleitungen in «das Thema» und verwerfen sie wieder, aber Hannes hilft uns: Ja und jetzt, stellt er fest, ist er im «Wohnungsstrich» tätig. Seine Kunden sind Männer und Frauen, beide; die Frauen sind alle verheiratet und meist in einer Ehekrise. Hauptsächlich wollen sie sich bei jemandem ausreden. Die Männer sind auch fast alle verheiratet, aber «bisexuell veranlagt», und da ist es für sie natürlich praktischer, ihn anzurufen, als eine Beziehung zu einem Mann zu haben. Das wäre für diese Männer viel zu gefährlich, erklärt Hannes, sie würden alles aufs Spiel setzen. Denn daß einer neben seiner Frau noch eine Freundin hat, finden alle in Ordnung, aber wenn er eine Männerbeziehung hätte und das würde bekannt, könnte er schlagartig alles verlieren: seinen Posten, seine Frau, seine Freunde. Das ist ein völliges Verbot.

Es ist schwierig zu sagen, wie viele Anrufe er bekommt. Oft ist er ja nicht zu Hause; vielleicht 40 Anrufe am Tag, schätzt er. Ein sehr großer Teil davon sind nur Neugierige, die sich einen Spaß erlauben; zu dieser Kategorie gehören die jungen Mädchen, die ihn anrufen. Manchmal blödelt er mit ihnen dann eine halbe Stunde am Telefon, manchmal legt er auf; je nachdem, wie gerade seine Laune ist. Viele fallen weg, sobald sie seine Preise hören; er verlangt 1000 Schilling für die Stunde. Außerdem sortiert er selbst aus; man erkennt ja meist an der Stimme, am Dialekt und den Formulierungen, um welche Personen es sich handelt. Und letztlich kommen vier von fünf Leuten, die einen Termin mit ihm ausmachen, dann doch nicht; entweder weil sie im letzten Augenblick Angst bekommen, denn eine gewisse Schwellenangst gibt es ja immer, oder weil sie es nie ernst gemeint haben. Es gibt ja auch sehr viele Telefonfetischisten, die «begeilen» sich am Anruf; meist erkennt man sie daran, daß sie ganz genau nachfragen, so nach seinen Qualifikationen und seinem Aussehen; am intensivsten fast schon klinischen Interesse an anatomischen Details erkennt er sie in der Regel und legt einfach auf.

Die Frauen, die zu ihm kommen, wollen hauptsächlich eine Aussprache; sie wollen sich ausweinen. Sicher, er schläft auch mit ihnen, aber wichtig ist das Reden. Denn wenn sie nur mit wem schlafen wollen, dann wäre nichts leichter als das; sie müßten nur in eine Discothek oder so was ähnliches gehen, da findet man ja wirklich mühelos jemanden. Aber die Leute, die man da findet, die sind entweder sehr jung, oder es sind ältere Männer, die selber Probleme haben und selber reden wollen, da kämen dann die Frauen erst recht wieder nicht zu Wort. Bei ihm hingegen haben sie jemanden, der einfach zuhört; Rat wollen sie gar nicht, außerdem könnte er ihnen keinen geben, «das kann ja nicht einmal ein Psychologe». Die Männer hingegen, die er als Kunden hat, haben kein Interesse am Reden, sie erzählen auch nichts von ihren Problemen. Am Anfang, als er zuerst annonciert hat, hat er sich auf Frauen beschränkt, denn, betont er mit großem Nachdruck, er selbst ist nicht gleichgeschlechtlich veranlagt. Zwar glaubt er, daß alle Menschen zu einem kleinen Teil auch bisexuell veranlagt sind, aber bei ihm, sagt er, muß diese Veranlagung ungewöhnlich gering sein. Das erste Mal mit einem Mann hat er sich vorher regelrecht betrinken müssen, sonst hätte er es überhaupt nicht machen können. Aber es ist unvermeidbar, denn nur von den Frauen als Kunden kann man nicht leben; es sind zu wenige, und selbst die wenigen haben nicht das erforderliche Geld. Von einigen seiner weiblichen Kunden nimmt er überhaupt kein Geld, und Fixpreise hat er nur für Männer; den Frauen sagt er am Telefon, «darüber können wir noch reden». Und dann sieht er, je nachdem. Wenn die mit einem Nerzmantel ankommt, dann kann sie schon zahlen, aber sonst ist er nachsichtig, weil er ja auch was hat davon, mit Frauen.

Einen männlichen Kunden hat er, der ist regelrecht verliebt in ihn; er lacht. Der ist wie in diesen alten Filmen, so ein Alter mit einer jungen Freundin, der er jeden Wunsch von den Augen abliest. Genauso ist der, mit ihm. Der beschenkt ihn dauernd, und ist rasend eifersüchtig. Aber für die meisten ist es keine emotionale Beziehung, sondern ein Geschäft, genau wie für ihn. Seine Kunden kommen eigentlich fast alle aus der oberen Schicht, überlegt er und geht im Kopf die Liste durch; ein paar mittlere Angestellte, aber wirklich nur ein paar. Denn so ein Angestellter, der 10000 Schilling verdient und eine Familie hat, der spürt einen Tausender. Der kann sich das gar nicht leisten, selbst wenn er wollte. Die meisten seiner Kunden kommen aus gehobenen Positionen, leitende Angestellte, Manager; wir würden schauen, sagt er amüsiert, es sind auch welche aus dem öffentlichen Leben dabei, gar nicht wenige. Für die ist ein Tausender nichts, und die Anonymität ist ihnen ja wichtig. Ihre Einstellung ihm gegenüber ist gemischt; manche fühlen sich nach dem Besuch wohl, andere besinnen sich hingegen anschließend auf die Moral und würden ihm am liebsten ins Gesicht springen; sie kriegen eine richtige Wut über das, was sie selber getan haben, und schieben ihm die Schuld zu. Er weiß, daß er allgemein verachtet wird, in der Gesellschaft. Er und andere wie er gelten als sozial tiefste Stufe. Aber er sagt sich, auf der sozial tiefsten Stufe stehen eigentlich seine Kunden, nicht er. Vielleicht ist das eine Selbsttäuschung sagt er, das kann sein, aber ihm kommt es so vor.

Also das mit der sozialen Herkunft, das bestätigen ihm auch andere Bekannte in der Branche. Eine Frau, die er kennt, ist spezialisiert auf

Sadismus-Masochismus; die hat regelrechte Folterkammern eingerichtet, haben wir so etwas schon gesehen? Das ist wirklich erstaunlich. Ganz stilecht, mittelalterlich, mit einem großen Holzkreuz, da lassen sich die gern festbinden daran und mit Daumenschrauben. Die Frauen, die das machen, verdienen sich blöd. Die Frau, die er kennt, die hat eine ganz unglaubliche Kundschaft, zwei Nationalratsabgeordnete sind dabei und Spitzenindustrielle. Er schüttelt den Kopf, als wir ihn fragen, wie er sich das erklären würde. Vielleicht ist das ein Ausgleich, meint er dann, wenn man immer Leute unterdrückt. Vielleicht braucht man das dann als Gegengewicht. «Das ist die Oberschicht», vermutet Hannes. «Die sind abgesättigt. Die suchen einen Ausgleich, weil sie immer am Drükker sitzen. Die wollen auch einmal zu denjenigen gehören, die erniedrigt werden.» Hannes zuckt die Schultern; das Thema interessiert ihn nicht sehr. Nur eine weitere Marotte derer, die sich dann auch noch aufspielen, arrogant sind, auf ihn herabschauen. Er selbst macht so etwas nicht, er hat auch gar nicht die Ausrüstung und findet es irgendwie lächerlich. «Was soll ich denn machen, gehen und mir ein paar Peitschen kaufen?» Manchmal fragen ihn neue Kunden, ob er «auch streng sei». Er tut dann immer so, als ob er sie nicht verstehen würde, und sagt, wie meinen Sie das. Sie wissen dann gleich, daß er in der Richtung nicht bewandert ist.

Die Frau, die das macht, die hat ja vielleicht einen leichten Hang in die Richtung, die ist wohl eine Spur sadistisch. Aber im großen und ganzen ist es wirklich nur ein Job. «Ob sie am Fließband steht und Konserven herunternimmt, ober ob sie auf den Typ ein paarmal mit der Peitsche hinhaut, ist auch schon egal.» Nur verdient sie beim Hinhauen mehr; für jede Spezialleistung einen Tausender dazu, und einen Tausender Grundbetrag für den Eintritt in die Wohnung.

Gegenüber seinen weiblichen Branchenkollegen ist er in gewisser Hinsicht privilegiert, weiß Hannes. Frauen z. B. müssen für sog. «Hostessenwohnungen» astronomische Mieten zahlen, zwischen 4000 und 8000 Schilling; diese Wohnungen gehören einigen wenigen Männern, die ein Monopol damit betreiben. Bei ihm selbst kümmert sich niemand darum, ob ständig fremde Männer und Frauen ein und aus gehen, niemand denkt sich was Besonderes dabei. Und dann die Zuhälter ... das Schlimme ist, die beschützen die Frauen ja nicht in erster Linie vor den Kunden, die Kunden sind in der Regel nicht gefährlich. Sie beschützen sie vor den anderen Zuhältern. «Die machen ein Geschäft mit der Angst.» Eine Bekannte von ihm möchte sich jetzt gern «selbständig machen»; sie rechnet damit, «daß sie erst einmal Hieb kriegt», hofft aber, daß er ihr das Gesicht nicht zerschneidet. Sie hofft, daß er sie nach ein paar Monaten der Mißhandlung gehen läßt, wenn sie nur durchhält.

Unter solchen Problemen hat er als Mann nicht zu leiden; wie in anderen Berufen ist die Frau selbst noch in der Prostitution unterprivilegiert gegenüber ihren männlichen Kollegen. Außerdem hat er einen schwarzen Gürtel in Karate, sagt er. Hannes möchte allerdings nun gern auf eine andere Karriere umsteigen; er möchte ins Filmgeschäft gehen, Pornofilme drehen. Er hat eine Bewerbung geschrieben und nach Schweden geschickt; die Antwort kam aus Deutschland, das zeigt, sagt er, wie zentralisiert diese Industrie schon ist. Und zu den Porno-Filmen, also, er glaubt, es steckt in jedem Menschen ein Voyeur, bei Männern und bei Frauen. Bei Frauen ist das vielleicht durch die Erziehung unterdrückter, außerdem wird es sozial verhindert, Frauen können ja kaum in Porno-Kinos gehen.

Seine Zeit, sagt Hannes, verbringt er («leider») fast ausschließlich in Kaffeehäusern, eben auf nicht sehr sinnvolle Art und Weise. Mit seinen Freunden («Alles gestrandete Existenzen, wie ich auch») trifft er sich immer wieder in denselben Lokalen. «Da sind wir sehr seßhaft», lacht er selbstironisch.

Wir kommen auf unsere letzte Untersuchung zu sprechen, über «Gewalt in der Ehe», weil Hannes uns nun seinerseits nach unserer Arbeit fragt. Er ist schockiert zu hören, daß Gewalttätigkeit in der Ehe ein verbreitetes Problem ist. «Schlagen ist doch kein Argument», findet er. Er selbst, erzählt er, war auch einmal verheiratet. Sie haben sich im Guten getrennt. Er war nicht häuslich genug für die Ehe, es zog ihn immer ins Wirtshaus zu seinen Freunden. Jetzt hat er eine feste Freundin. Heiraten? Nein, in nächster Zeit hat er zuviel vor. Eine neue Karriere beim Film. Die Welt bereisen. Geld verdienen.

In einer amerikanischen sozialwissenschaftlichen Untersuchung[54] finden wir Hannes wieder. Aus Interviews mit 41 männlichen Prostituierten erstellte Neil R. Coombs ein Profil ihrer charakteristischen Verhaltenszüge, das in geradezu gespenstischer Weise auf Hannes zutrifft.

Meist, stellte Coombs fest, sind männliche Prostituierte arbeitslos oder haben überdurchschnittliche Schwierigkeiten, sich dem Rhythmus des üblichen Werktages anzupassen. Sie bestehen darauf, nicht homosexuell zu sein, sondern aus ausschließlich finanziellen Erwägungen sexuelle Beziehungen zu Männern aufzunehmen. Auf diesem Punkt bestehen sie mit Nachdruck, und sie unternehmen große Anstrengungen, um ihre Männlichkeit zu demonstrieren. Meist berichten sie von früheren Ehen oder erzählen, daß sie eine feste Freundin haben und mit ihr zusammenleben. Sie behaupten, gegenüber ihren Klienten großes Desinteresse zu empfinden. Wird ihre absolute Heterosexualität bezweifelt, können sie gewalttätig werden; ihr Selbstbild ist davon abhängig. Aber auch beruflich ist ein männliches Auftreten für sie erforderlich; die Klienten bestehen darauf. Viele der Interviewten, schreibt Coombs, gaben an, in ihrer Freizeit ein Hobby wie Karate, Motorradfahren oder

Sportspringen zu haben. Tendenziell verachten sie ihre Klienten und fühlen sich ihnen überlegen. Diese Verachtung ist häufig gegenseitig; beide Männer in der Beziehung sehen sich selbst als den überlegenen Partner, der Klient, weil er sich einen demonstrativ männlichen Mann kaufen kann, der Prostituierte, weil er den Klienten als abhängig erlebt und von ihm Geld fordern kann.

Auch über die Beweggründe der Klienten gibt es verschiedene Erklärungsversuche. S. Willis kam in seiner Untersuchung [55] zur Schlußfolgerung, daß Männer durch den Besuch bei männlichen Prostituierten «deren Männlichkeit kaufen, an ihrer Stärke und Potenz teilhaben wollen». Sie erwarten daher von den Prostituierten eine stereotyp männliche Erscheinung. Diese Forderung wird von den Prostituierten verinnerlicht; sie können ihre Situation so lange tolerieren, wie sie eine Distanz zu ihr herstellen und sich selbst als «richtige Männer», die in männlicher Durchsetzungsfähigkeit schwächeren Männern Geld abnehmen und über sie Macht ausüben, sehen.

Hannes bestand während des Gesprächs kontinuierlich auf seiner ausschließlich heterosexuellen Einstellung. Von Frauen nimmt er oft nicht einmal Geld, sagt er, weil es für ihn ja auch lustvoll ist, wohingegen die Männer alle den Fixbetrag von 1000 Schilling zahlen müssen, weil er zu ihnen eine ausschließlich materielle Beziehung hat. Unsere Fragen nach seinen Klienten beantwortet er zunächst immer mit dem Hinweis, daß er sich niemals Gedanken über seine Kunden macht, weil sie ihm völlig gleichgültig sind, und er sie anschließend immer sofort wieder vergißt, keine Sekunde des Nachdenkens auf sie verschwendet. Er betont auch, daß er im Gegensatz zu weiblichen Prostituierten selbstverständlich keine Angst vor seinen Kunden hat; die meisten sind ohnehin jämmerliche Gestalten, und selbst wenn einmal ein gefährlicher dabei wäre, kann er ausgezeichnet Karate und könnte den schon erledigen.

Was Hannes und seine Kollegen und Kolleginnen klar sehen, täglich klar zu sehen bekommen, ist die Heuchelei und Verlogenheit des gesellschaftlichen Anstands, sei es der der etablierten Ordnung oder der des kritischen Intellekts. Handelnd unter dem Zwang streng verbotener Bedürfnisse, suchen ihn Männer auf, die ihn anschließend zum Schutz der eigenen Selbstvorstellung verachten. Und er, der die fragmentierten Auftritte von Männlichkeit in ihren Momenten des Zusammenbruchs erlebt, beteiligt sich doch wieder daran, als käufliche Parodie der gesuchten Tugenden: Kraft, Selbstbewußtsein, lässige Gleichgültigkeit gegenüber Emotionen.

Diejenigen, die als Kehrseite und Ergänzung zu ihren Institutionen der Ordnung auch die korrespondierenden Institutionen für den Ausbruch daraus schaffen, sehen sich stets imstande, ihren Anteil an dieser wechselseitigen Beziehung zu leugnen.

Die Vorurteile sind Abtrennungsversuche, künstliche Markierungen nichtvorhandener Grenzen zwischen normal und extrem, Welt und Halbwelt. Die Prostitution existiert, damit die Tugendhaften von ihr Gebrauch machen können; über die Grenzen der Halbwelt schreiten, schleichen sich die Verfasser der Gesetze, die Vollstrecker der Macht. Die Unmöglichkeit einer Unterscheidung zwischen «uns» und «denen» war der tiefgehendste Eindruck nach unseren Gesprächen mit Alix, Bea und Hannes.

Männer und Häschen – die Infantilisierung der Sinnlichkeit

Die Zeitschrift «Playboy» ist gleichbedeutend mit einer Weltanschauung, einem Ideal, einem Stil; in vielen Ländern verboten oder zensuriert, gelesen von Studenten, Geschäftsleuten, Akademikern, mit dem Anstrich des Aktuellen und des Kultivierten (kontroverse Interviews, bekannte Schriftsteller, beste Fotografen), ist der Erfolg dieser Zeitschrift zugleich evident und rätselhaft. Eine beinahe entwaffnend kindliche Realitätsferne, eine irritierend pubertäre Kicherhaltung gegenüber einer Sexualität, die noch sehr bedrohlich, peinlich und ungewiß ist, darüber eine Lackschicht männlicher Dynamik, modischen Chics und sicheren Auftretens – das Verwunderliche an dieser Zeitschrift und ihrer Ideologie ist der anhaltende Reiz, den solche Angebote besitzen.

Wie der Titel ja bereits in einer Offenheit deutlich macht, von der man annehmen könnte, daß der erwachsene und intelligente Mann sich davon beleidigt und abgestoßen, zumindest aber gelangweilt fühlt, handelt es sich bei der Zeitschrift, den «Clubs» und den angebotenen Waren um die Vermarktung von Reminiszenzen, von Erinnerungen an eine erlebte oder archetypische männliche Jugendzeit. Der Titel setzt sich aus den Worten Spiel und Bub zusammen, eine Assoziation, die – von einigen bekannten Perversionen abgesehen – nicht ausgesprochen erotisch wirkt. Die Organisationsstruktur beruht auf einen «Club», dessen «Mitglied» man werden kann, um Zutritt zu den Clubräumlichkeiten zu erhalten; es handelt sich hierbei offensichtlich um ein männliches Grundbedürfnis nach Geheimnamen, Beitrittsriten, Mitgliedschaften, Bünden etc., für das es kein weibliches Äquivalent gibt. Die «Männlichkeit», die hier zum Ausdruck kommt, ist von der Sorte, die mütterliche Nachsicht und die Freundlichkeit der für einen Kindermaskenball zurechtgemachten kleinen Mädchen von nebenan hervorruft; bestimmt jedoch nicht irgendeine sexuelle Identität vermittelt. Durch die Witze, Überschriften und Ausdrucksweisen zieht sich ein unterschwelliger Ton des heiseren Flüsterns verklemmter Jugendlicher, die in Agonien der Peinlichkeit und mit viel gegenseitigem Stoßen von Ellenbogen in Rippen versuchen, einander und sich selbst davon zu überzeugen, daß sie Männer sind oder es zumindest einmal werden. Und zwar dadurch, daß sie die Zöpfe der Mädchen in Tintenfässer tauchen, rudimentäre anatomische Skizzen auf die Schulbänke kritzeln und sich Doppeldeutigkeiten zuflüstern.

Das «Playboy-Porträt», eine jährlich erscheinende Selbstdarstellung, die sich vor allem an potentielle Großabonnenten (für 500 Abonnements erhält man 500 Aktenkoffer, für 100 Abonnements 100 Bierfäßchen mit Zapfanlage) und Inserenten richtet, liefert hier viele Einblicke. Als gelungenen Reportagentitel nennt die «Playboy»-Redaktion z. B. die besonders geistreiche Formulierung «Ein Gin, und sie ist hin». Und als Attraktion für künftige Inserenten zählen die Redakteure ihre bisherigen Vermarktungserfolge auf: «Wir haben den Leuten den Mund wässrig gemacht auf Tonbandmaschinen, Ski, Buggys, Motorräder, Cocktails, Pilze, Schinken und auf vierzig Mädchen.»

Diese Gleichsetzung von «Mädchen» mit anderen Konsumgütern ist durchgängig, so z. B. auch in der Werbung für Kongreßgestaltung durch «Playboy», in der transportable «Playboy-Clubs» auf dem Messegelände «selbst die verwöhntesten und überdrüssigsten Messe-Globetrotter elektrisieren und mobilisieren»; ausgestattet sind diese Clubs authentisch und sachgerecht, heißt es, mit allen Bestandteilen der Playboy-Qualität, «von dem Türschild über die Membership Card bis zur Serviette, den hübschen Playmates und den süßen Bunnies».

Ein Blick auf die Leserstatistik zeigt, daß das Image der Zeitschrift als Manager- und Oberschichtpostille nicht der Realität entspricht. 51% der Leser hat Hauptschulbildung, 15% verfügen über kein eigenes Einkommen, 33% sind nicht berufstätig und/oder in Ausbildung; der typische Leser ist nicht, wie eindrucksmäßig vermittelt wird, «Höhlenforscher in Bayern oder Großwildjäger in Afrika», sondern 20 bis 39 Jahre alt und mittlerer Angestellter oder Beamter mit einem Einkommen von unter 1500 DM (54%), «Playboy» ist die «Brigitte» der Männer, mit einem Flair von großer Welt, Fotos von den Bahamas und badenden Modellen.

Überraschend für Außenstehende ist, wie erfolgreich sich Spielsachen an den Mann bringen lassen. «Playboy» regt an: «Überraschen Sie Ihren Geschäftsfreund oder Händler mit einem kleinen, aber feinen Präsent . . . Vom Schlüsselanhänger bis zum Feuerzeug finden sich im ‹Playboy›-Geschenkkatalog viele reizvolle und nützliche Dinge mit dem aufwertenden Häschen, die in Deutschland größtenteils nicht zu haben sind.»

Wir fahren in der Münchner U-Bahn. Plötzlich wird uns bewußt, daß wir in unseren Taschen den Traum eines jeden Mannes haben: ein schwarzes Notizbuch befindet sich in unserem Besitz, darin die Namen, Adressen und Telefonnummern der Schönsten, der Begehrenswertesten, der Sinnlichsten . . . die direkten Kontakte zu zwölf Playmates der deutschen «Playboy»-Ausgabe.

Im Verlauf unserer Untersuchungen über den «Mann auf der Straße» sind wir auch der männlichen Phantasie auf der Spur. Ein Auskunftgeber ist Herr Spelman; er ist Kenner der «deutschen Erotik» und hat von der Zentrale in Chicago persönlich vor sieben Jahren den Auftrag erhalten, die deutsche «Playboy»-Ausgabe herauszugeben. In die deutsche Sprachwissenschaft wird er eingehen als Erfinder des Begriffs «Fräuleinwunder». Wir erinnern uns an den Vormittag bei ihm: er empfängt uns im 3. Stock eines Wohnhauses in der Münchner Innenstadt. An der Wand hängen Grafiken und Bilder bekannter Maler, viele mit persönlicher Widmung, meinem lieben Freund Franz Spelman. Es gibt auch einen Picasso und ein Beethovenbild. Wir können uns jedoch kaum konzentriert dem Kunstgenuß hingeben, da wir von der Vielfältigkeit der Szenerie gefesselt sind: der elegant gekleidete, über Weiblichkeit und Erotik philosophierende «Kosmopolit» (Spelman), auf dessen Küchentür ein überdimensionales Playmate-Po-Po-Poster klebt, beschäftigt uns. Eine gewisse Widersprüchlichkeit zwischen Intellektualismus und Pubertät ist ihm bewußt; es ist, meint er, Konzept des «Playboy», die intellektuellen und ästhetischen, aber auch die gehemmten, tabubeladenen Bedürfnisse der männlichen Psyche in der momentanen Situation ihrer historischen Entwicklung anzusprechen. Dieselbe Ambivalenz erzeugt die Kriterien für die Frauenbilder: einerseits «virginale Distanz», unberührbare, selbstsichere Schönheit, andererseits eine Zugänglichkeit, wie sie dem Leser in seinem Alltag nicht begegnet, «wahrscheinlich auch nicht in seiner Ehe».

Spelman gibt ein Beispiel für den «Playboy»-Stil; in München soll bald der erste «Playboy»-Club eröffnet werden, mit zwanzig amerikanischen Bunnies, die nach viermonatigem Einsatz in Übersee wieder heimkehren werden, bevor sie nämlich ihre Fremdheit verlieren. Sie sollen nicht Deutsch können, oder nur genug, um die Drinks-Bestellungen entgegenzunehmen. Dieses freundlich blonde Collegegirl-Lächeln hat etwas so erotisch Abweisendes an sich, etwas zugleich Exotisches ... Wenn er Münchnerinnen anstellen würde, sinniert Herr Spelman, würden die dauernd betatscht werden. Das wäre ja wie beim Oktoberfest. Nichts wäre mehr da von dem «refinement», vom leicht erotisch Eleganten, Exklusiven, das den «Playboy» ausmacht. Seltsam, meint Herr Spelman, aber es ist so. Gerade das Emanzipierte, Jungenhafte, etwas Androgyne, fast Sterile an den amerikanischen Frauen macht ihre ungeheure Attraktivität aus.

Insgesamt ist das Konzept von «Playboy» weltweit das gleiche: eine durch perfekt fotografierte Stücke weiblicher Anatomie schmackhaft gemachte Bildung, gute Kurzgeschichten von ungewöhnlichen Autoren, qualitätsmäßiges Höchstniveau der Gesamtausstattung und «ein Schuß Männlichkeit». Ein bißchen Machismo, meint Herr Spelman von seiner Couch herunter, gehört dazu, kann nicht schaden. Nichts Schlimmes, tröstet er uns. So ein bißchen Safari. Bei der «sexploitation» vieler Zeitschriften hat «Playboy» nie mitgemacht. Es muß Grenzen geben. Ein

Mädchen mit der Hand zwischen den Beinen hat er persönlich aus der vorletzten Ausgabe verweisen können. Und was die Konkurrenz macht, «Hustler» z. B. oder auch «Penthouse», das ist schon gar nicht mehr Porno, das ist schon Gynäkologie. «Playboy» hingegen hat Niveau, international. «Playboy» verachtet die Frauen nicht, im Gegenteil. «Wir lieben sie ja», versichert uns Herr Spelman. Das gilt international. Natürlich gibt es Unterschiede. In Brasilien, meint er, kopfschüttelnd über den Rückstand der Entwicklungsländer, gibt es z. B. immer noch kein Schamhaar. Na ja, meint er, auch in Amerika ging das nicht von heute auf morgen. Jahrelang wurden blasse, retuschierte Marzipanmädchen abgebildet. Dann kam «Lui», eine Sensation. Hefner bekam das Heft in die Hand und wußte sofort: Mädchen mit Gänsehaut, das ist die neue Wende.

Die Entdeckung der Frau, initiiert von «Playboy», das war die revolutionäre Leistung unserer Epoche, nach Jahrhunderten, nein, nach Jahrtausenden der Tabuisierung. Zuerst entdeckte man die weiblichen Geschlechtsorgane, berichtet Herr Spelman. Kurz darauf ihre Persönlichkeit. Das sieht man bereits bei den Playmates. Zu jedem Foto ein Text, in dem über das persönliche Leben des Mädchens erzählt wird. «Denn erotisch ist die Frau in der Situation, nicht nur im Wasser.» Wenn die Frau nicht von selbst interessant ist, helfen die Texter von «Playboy» nach. Es muß ja nicht wahr sein. Der Leser braucht ja nur Anknüpfungspunkte für seine Phantasie. Denn Männer, meint seufzend Herr Spelman, sind viel größere Träumer als Frauen. Ach ja, viel größere Träumer. Das ist auch genetisch wichtig, fügt er hinzu, wieder auf die ebenfalls männliche Analytik zurückkommend. Das Voyeurhafte, diese fast schon automatische Tendenz, Frauen mit den Augen auszuziehen, «ist Bestandteil des normalen Perzeptionsprozesses, soziologisch interessant». Bei «Playboy» gibt es viele Intellektuelle, versichert er uns, die denken ständig über Grundsätzliches nach, z. B.: was bedeutet Nacktheit?

Bedenklich findet er nur, daß – wie neue Statistiken über Lesertrends zeigen – immer mehr Frauen den «Playboy» kaufen. Da muß man sehr aufpassen. Es muß doch ein Männermagazin bleiben.

Wir kommen auf die erste Sexismus-Klage Deutschlands zu sprechen, auf den Prozeß «Emma» gegen «Stern». Nach den obligaten, mit bescheidenem Lächeln vorgetragenen Anmaßungen (diese «Emma»-Frauen wollen doch alle nur Männer sein) vertraut uns Herr Spelman an, daß er selbst gerne Lustobjekt wäre, es aber leider viel zu selten ist. Und die Mädchen von «Playboy», die er kennt, denen hat es Spaß gemacht, abgebildet zu werden. Sie haben das gern, wenn viele Tausende Männer sie bewundern. Beim Gedanken an die Playmates wirkt Herr Spelman gedankenverloren und väterlich; lauter liebe Mädchen, lauter geschmackvolle Bilder. Die übrigens, fügt er hinzu, vorwiegend von Frauen ausgesucht und aufbereitet werden. Ungewöhnlich viele Frauen arbeiten in der «Playboy»-Redaktion. In Frankreich ist eine Frau sogar verantwortliche Herausgeberin.

Später besuchen wir Herrn Spelman in der Redaktion, die eher aussieht wie eine Galerie und tapeziert ist mit Kunst, neuer Realismus. Wir lernen zwei der Bildredakteurinnen kennen, die für den Playmate-Teil verantwortlich sind. Gemeinsam mit ihnen überlegen wir, was das wohl den Männern geben mag, Monat für Monat unsere unverbindlich lächelnden, entkleidet hindrapierten Geschlechtsgenossinnen zu überblättern. Sie wissen es auch nicht. «Die schreiben sogar Leserbriefe, ganze Berge, über die Fotos», erzählen sie. «Bringt doch endlich wieder eine mit mehr Busen. Bringt doch eine mit weniger Busen. Die haben Energien», lachen sie. «Unglaublich.»

Man schenkt uns alte Nummern des «Playboy», die wir zum Entsetzen der männlichen Mitfahrer auf dem Heimweg in der U-Bahn lesen. Einer starrt uns von Hauptbahnhof bis Unterföhring entgeistert an. Beim Aussteigen dreht er sich noch einmal nach uns um. Herr Spelman hat uns erzählt, daß vor etwa einem Jahr «einige Entgleisungen» im «Playboy» vorkamen, man hatte die eigene Linie irgendwie verloren, z.T. aufgrund allgemeiner Strömungen in der öffentlichen Meinung. Dann aber hat man beschlossen, die anderen Blätter «überholen» zu lassen und zur eigenen Konzeption zu stehen. Kein Sadomasochismus. Nur Ästhetik, Illusion. Das Heft vom Juli 1978 dürfte eine dieser Entgleisungen darstellen. Eine bis auf Stöckelschuhe und schwarze Strümpfe entkleidete Frau kniet in einer Seifenlauge am Boden, in dem grellen Licht der Strafgefangenenlager, darunter der Text: «Warum zwingt er mich, ihm den Boden zu schrubben? Lieber würde ich ihm übers Haar streichen und ihn küssen. Doch meine Hände sind naß, und auf den Lippen brennt Salmiak. Als ich klage, bindet er mich an die Heizung: Ich soll erst mal trocknen und richtig heiß werden.» Bei der Lektüre solcher Textstellen fühlen wir uns dem, wie Herr Spelman meint, «träumerischen Geschlecht» immer besonders zärtlich zugeneigt.

Beschäftigt mit solchen Überlegungen sind wir nun unterwegs zu den ersten Playmates. Unsere Erwartungen und Vorstellungen verunsichern uns: sie werden aufgedonnert und arrogant sein, exotisch, erhaben und schön, und sie werden uns verachten. Vergeblich tragen wir vor dem Handspiegel noch eine Schicht Maskara auf: wir sehen immer noch nicht ätherisch aus.

Gar nicht glamourös, ohne abfällige Musterung unserer Erscheinung, statt dessen schüchtern und herzlich, steht sie uns dann gegenüber, unser erstes «Centerfold». Zierlich, hellblond, gerade erst 17. Wir setzen uns in ein Gasthaus am Rathausplatz. Ursula bestellt sich einen Apfelsaft und holt ihre Mappe heraus, sie will uns den Verlauf ihrer Karriere erzählen.

Der Beginn von allem war «Playboy». Sie saß in einem Biergarten, vor einem Jahr, und ein Mann kam auf sie zu; er sei «Playboy»-Fotograf, sagte er, ob sie nicht gerne Modell stehen würde. Zuerst hat sie nein gesagt. Er hat gesagt, kennen Sie überhaupt diese Zeitschrift? Sehen Sie sich ein paar Ausgaben an, und rufen Sie mich an, wenn Sie es sich anders überlegen. Das hat sie auch gemacht. Sie fand die Art von Bildern nicht schlimm, und Leute, die sie fragte, meinten, es sei eine gute Zeitschrift. Die 4000 Mark, die sie für die Aufnahmen bekam, bedeuteten für sie das Äquivalent von 16 Monatsgehältern als Bäckerlehrling. Ihre Eltern mußten für sie unterschreiben, weil sie noch minderjährig ist. Kontakt hatte sie zu ihnen ohnehin schon lange nicht mehr. In Ursulas Erzählungen mischt sich eine rührende, fast naive Begeisterung über die Abenteuer, die so unerwartet in ihr Leben gekommen sind, mit einer verfrühten Klarsicht. Was sie mit ihrem Leben machen will, ist ein Spiel mit dem Feuer, ein prekärer Balanceakt zwischen Karriere und Abstieg, und sie weiß es.

«Playboy» hat sie nach Amerika geflogen, nach Chicago. Sie soll das erste deutsche Playmate werden, das in die amerikanische Ausgabe übernommen wird, denn bisher war es immer nur umgekehrt. Dort hat ihr eine andere Männerzeitschrift 30 000 Dollar angeboten, für ein paar Tage fotografieren, aber sie hat abgelehnt. Das war nicht «Playboy»-Niveau, das war schon harte Pornographie; wenn man einmal so etwas macht, ist man für immer abgestempelt in der Branche, dann bekommt man nur mehr solche Angebote. Uberhaupt muß man sehr aufpassen. Im Moment ist sie sehr gefragt als Modell, oft rufen Firmen und Fotografen an. Das ist nicht ungefährlich, man weiß ja oft nicht, mit wem man es genau zu tun haben wird. Zum Glück wohnt sie im selben Mietshaus wie ihr Onkel, er übernimmt alle Telefonate und ist sehr vorsichtig. Ja, sagen wir, das ist er wirklich; auch uns hat er, als wir einen Termin mit ihr ausmachen wollten, mißtrauisch befragt. Ein Glück, daß sie ihren Onkel hat, sagt sie. Freundinnen hat sie eigentlich keine. Unter den Frauen in ihrem Beruf herrscht kämpferische Konkurrenz, und Ursula kann sich an keine Zeit erinnern, in der es anders gewesen wäre. Einmal, erzählt sie, war sie z. B. mit einer Freundin in einer Discothek, und die Männer haben immer nur sie aufgefordert. Nachher hat die Freundin gesagt, mit dir geh ich nicht mehr weg. Und vor den anderen Modellen hat sie anfangs schreckliche Angst gehabt. Das ist nämlich furchtbar: man geht zu einem Termin, um sich vorzustellen, und 10 oder 12 andere

Frauen sind auch da und warten schon. «Die schauen dich dann so von oben nach unten ab, ganz hochnäsig, und sagen dann (sie nimmt einen gedehnten, freundlichen Tonfall): «Ach, du bewirbst dich auch, ja glaubst du, daß sie dich nehmen?» Am Anfang hat sie sich dann immer ganz klein gefühlt. Jetzt nicht mehr, jetzt ist sie viel selbstsicherer geworden. Denn fast immer, wenn sie sich vorstellen geht, wird sie auch genommen. Sie steht sehr gut im Kurs und muß sich vor den anderen nicht mehr fürchten.

Während Ursula redet, blättern wir ihre Mappe durch. Unsere Gefühle dabei sind sehr gemischt. Sie ist überhaupt nicht wiederzuerkennen, weder vom Aussehen noch von der Ausstrahlung. Zwischen dem fast noch kindlichen Mädchen, das mit uns spricht, und der kühlen manchmal verklärt, manchmal arrogant aussehenden Frau auf den Bildern besteht kein erkennbarer Zusammenhang. Auf den Bildern ist sie immer wieder anders, immer aber fremd. Sie liegt in unnatürlichen Verrenkungen auf Betten, Tischen und einmal auf dem Fußboden, fast zugedeckt von Federn. Auf diesem letzteren Bild sieht sie fiebrig aus, fast keuchend liegt sie vor dem Leser. «Das waren die Federn», kommentiert sie sachlich. «Die haben wahnsinnig gebrannt in den Augen. Nach einer Stunde hat man kaum mehr atmen können. Es war schrecklich.» Die Männer, die das Bild sehen, werden das für Leidenschaft halten. Meine Herren, es war nur eine allergische Reaktion auf Gänsefedern.

«Ich seh nicht gut aus auf diesem Bild», sagt Ursula. «Meine Augen sind ganz rot geworden.» Unsere Bemerkung, daß die wenigsten auf ihre Augen schauen werden, schlucken wir hinunter.

Auf anderen Bildern sitzt unsere kleine Ursula mit aggressivem Blick und sadistischem Dekor auf Motorrädern, lehnt wie Venus im Pelz auf einem Stab und wirft der Kamera eisige Blicke zu. («Das war eine Reklame für diesen Gehstock», erzählt sie uns. «Der Knopf ist ganz aus Silber gewesen», fügt sie, leicht staunend, hinzu.) Auf vielen Bildern wird auf ihre Vergangenheit angespielt, einmal sogar breitgewälzt: Ursula mit Nudelwalke und Teig. Die Texter können sich austoben: «Das Süßeste in der Konditorei war Lehrling Ursula», «süße Ware», «die Zuckerpuppe aus der Backstube». Für Ursula war diese Zeit damals weniger amüsant. Sie verdiente 250 Mark, 150 davon brauchte sie als Miete für ihr Zimmer. Jetzt geht es ihr gut, aber auch das hat seinen Preis. «Ich komm aus einem armen Stadtteil», sagt sie uns. «Räuber und Betrunkene und Arbeitslose gibt es da.» Jetzt wohnt sie in der Innenstadt, aber sie geht öfter nach Hause, um ihre neun Geschwister zu besuchen. Von den Nachbarn wird sie beschimpft, auch öffentlich. Die Nutte, sagen sie zu ihr. Am Anfang hat sie nächtelang geweint, darüber, daß die Leute so über sie denken. Am meisten weh getan hat es ihr, daß ihre Großmutter die Meinung der Leute teilt. Ihre Oma war früher immer auf ihrer

Seite. Ihre Eltern haben sie oft geschlagen, dann ging sie immer zu ihrer Großmutter, und die hat sich auch für sie eingesetzt. Sie schweigt kurz. Ein Erlebnis, sagt sie, hat sie besonders traurig gemacht. Sie war zu Hause auf Besuch, und ist gerade die Straße entlanggegangen, als ihre Großmutter und ihre zwei jüngsten Geschwister von der anderen Richtung kamen. Ein paar Schritte hinter ihnen ging der Pfarrer. Die zwei Kinder haben ihr von der Ferne schon zugerufen, Ursula, Ursula! Da hat die Großmutter fürchterlich mit ihnen geschimpft. Sie hat gesagt, wie könnt ihr vor dem Pfarrer den Namen von der Ursula rufen, wenn doch alle wissen, was die macht, wie die ihr Geld verdient und daß die sich nackt auszieht.

Sie hat versucht, mit ihrer Großmutter darüber zu reden. Denn sie muß sich wirklich keine Vorwürfe machen, ihr Leben ist so tadellos, wenn die Leute das wüßten ... Fotografieren findet sie keine Schande, und außer Fotografieren tut sie nichts, wirklich. Sie ist fast schon braver als überhaupt vorstellbar ist, sagt sie. Und beim Fotografieren, das ist eine völlig sachliche Angelegenheit. Meist sind die Leute, mit denen man zusammenkommt, sehr freundlich. Für die ist das ein Beruf. Sie lacht; der «Playboy»-Fotograf, der hat am Ende des Tages zu ihr gesagt, gut, daß du jetzt gehst, ich kann heute keine Frau mehr sehen. Ich muß jetzt in die Kneipe, hat er gesagt, mit ein paar Männern ein Bier trinken.

Natürlich gibt es Ausnahmen. Es gibt auch Fotografen, die sich mehr erwarten. Und das ist fatal für die Modelle, denn wenn man einmal mit einem Fotografen schläft, kann alles aus sein. Manche Modelle, bei denen die Karriere nicht mehr so gut aussieht, die tun das. Die schlafen mit dem Fotografen, weil sie hoffen, daß er ihnen hilft, daß er sie schöner aufnimmt oder ihnen Kontakte vermittelt. Das ist aber ein Irrtum, sagt Ursula. Danach helfen sie einem erst recht nicht.

«Der erzählt das weiter», sagt sie uns vertraulich, und wir wissen nicht, ob es sich um ein Berufsgeheimnis handelt oder um eine Legende, mit der Modelle geschreckt werden.

Glücklicher wirkt sie, wenn sie von ihren Chancen spricht. Seit sie in «Playboy» erschien, hat sie schon in zwei Filmen mitgespielt. «Popcorn und Himbeereis» hieß der eine, und der zweite heißt «Cola, Candy, Schokolade». Sie wurden auf den Philippinen gedreht und waren sehr lustig, sie lacht. Es waren ein paar Szenen dabei, die ihr nicht so sehr gefallen haben, die sie lieber nicht gemacht hätte, aber nichts wirklich Schlimmes.

Beim zweiten Film ist etwas Lustiges passiert, sagt sie, und holt die letzte Nummer der Zeitschrift «Quick» heraus. Sie lag am Schwimmbad, und ein japanischer Tourist hat sie ganz höflich gefragt, ob er sie fotografieren dürfe, nackt. Er hatte das Filmteam beobachtet. Der Regisseur war dabei, der sagte, ja, laß dich fotografieren, aber nicht umsonst.

Verlang 20 Pesos. Sie haben hin und her verhandelt, halb im Scherz, und schließlich haben sie vereinbart, daß für 200 Pesos die ganze japanische Reisegruppe sie fotografieren dürfe. Und zuletzt hat der Filmfotograf die ganze Szene abgebildet und zu «Quick» geschickt: Ursula nackt auf dem Strand liegend, um sie herumgeschart eine verlegen lächelnde Gruppe von etwa 25 japanischen Touristen, alle mit Kamera, in bunten Hawaii-Hemden in die Kamera blinzelnd.

Wir fragen sie, wie sie selbst zu diesen Bildern stehe. Ursula zögert nur kurz, denkt nach. Also, auf den meisten Fotos erkennt sie sich gar nicht so richtig, sie sieht ja in Wirklichkeit ganz anders aus. Die Fotografen staunen selbst oft, wenn sie zum erstenmal hinkommt und ihnen die Mappe zeigt. Mit so jungen Mädchen arbeiten sie in der Regel nämlich nicht gern, die haben noch keine richtige Ausstrahlung, irgendwie. Eigentlich freut sie sich über jedes Bild, sie kann es meist kaum erwarten, bis die Zeitschrift erhältlich ist. Sie findet die Bilder schön. Von Männern gibt es keine entsprechenden Bilder, weil Männer eben nicht so schön sind, findet sie. Irgendwie sieht man sich die gar nicht gern an. Nein. Sie denkt noch einmal kurz darüber nach, verzieht dann aber vielsagend das Gesicht.

Was sie schon stört, worüber sie gar nicht nachdenken will, ist, daß ihre Bilder, na ja, daß sich manche Männer halt vielleicht, sie sucht nach einem Wort, nun, daß sie sich – sie zögert – «aufgeilen» mit ihren Bildern. «Das ist ein häßliches Wort», sagt sie entschuldigend. Darüber will sie gar nicht nachdenken, obwohl sie natürlich weiß, daß es so ist. Aber sie denkt sich, das ist nicht ihr Problem, sondern das Problem der betroffenen Männer. Wir stimmen ihr zu.

Und dann, überlegt sie, muß man darauf vorbereitet sein, daß man nur bis höchstens 28 in diesem Beruf arbeiten kann. Sie ist spezialisiert auf Nacktfotos, und da ist 28 die absolute Grenze. Als sie uns gerade erklärt, daß sie bis dahin hofft, Karriere gemacht zu haben, für den Notfall aber daran denkt, Fremdsprachen zu lernen, kommt ein Akkordeonspieler vorbei. Sobald sie sich seiner Gegenwart bewußt wird, klappt sie entsetzt die Mappe zu, er redet ihr zu, sie soll doch die Mappe noch einmal aufschlagen, warum versteckt sie denn die Fotos, er hat sie ja noch gar nicht sehen können. Ursula sieht weg, es ist ihr sehr peinlich; wir rufen nach Elfi, der riesigen Kellnerin, in der Hoffnung, daß er dann weggeht. Die Tatsache, daß er ihre Bilder draußen am Kiosk kaufen und so lange ansehen kann, wie er will, ist uns ebenso gegenwärtig wie ihre hilflose Abwehr seiner unmittelbaren Invasion. Endlich geht er, kopfschüttelnd über so viel Prüderie. Elfi kommt kassieren, wir fragen sie nach der Adresse unseres nächsten Termins. Vier Männer am Nebentisch, leicht angeheitert, bieten sich an, uns dorthin zu begleiten. «Ja ja», ruft ihnen Elfi zu, «des det euch scho passen.»

Lisa, 24 Jahre, unsere zweite Verabredung, treffen wir im Foyer des Hotels «Vier Jaheszeiten». Sie sieht aus wie eine typische Studentin, in Cord-Jeans und langem Pullover, nur das gekonnte Make-up verrät den Beruf: Lisa ist Modell für die Werbung. Ihre Agentur, sagt sie gleich, war über den «Playboy»-Auftritt entsetzt. Sie mußte versprechen, so etwas nie wieder zu tun; normalerweise kann das fatal sein, die Firmen nehmen einen dann nicht mehr. Warum sie es überhaupt gemacht hat, also, sie überlegt . . . daß sie entdeckt wird oder so etwas, hat sie bestimmt nicht geglaubt. Sie hat nicht einmal ihren richtigen Namen angegeben, alle persönlichen Angaben waren frei erfunden, vom Namen angefangen bis zur Lebensgeschichte. Meist wird man ja nicht erkannt, die Bilder verändern einen total; in einer normalen Umgebung sieht man ganz anders aus, es kommt also niemals vor, daß man z. B. auf der Straße erkannt wird als Playmate. Bis auf ganz wenige Freunde weiß niemand, daß sie so etwas jemals gemacht hat. Ihre Eltern wissen es schon gar nicht, die würden entsetzt sein. Sie wohnen in einer Kleinstadt, und ihre Mutter war einmal schon entgeistert, als sie bei einer Werbeaufnahme ein bißchen zu dekolletiert war, obwohl es nur ihr Rücken war, den man sah und ihr Gesicht nicht gezeigt wurde. Ja Kind, hast du das notwendig, würden ihre Eltern lamentieren und überzeugt sein, daß sie in München im Sumpf der Armut und Verzweiflung gelandet ist.

«Playboy» war nur eine kurze Episode für sie, ohne irgendwelche bleibenden Wirkungen. Was sie lustig fand, waren die Briefe, ganze Berge davon, die sie nach Erscheinen ihrer Fotos von Lesern bekam. Die meisten Zuschriften waren von 17- bis 20jährigen, aber es waren eigentlich Männer aus allen Alters- und Berufsgruppen dabei. Die Briefe waren komisch, gar nicht irgendwie sexuell oder so, sondern ganz lieb und verschüchtert. Sie habe auf den jeweiligen Autor einen tiefen Eindruck gemacht, hieß es in vielen Briefen, weil sie so lieb ausschaut und so ein nettes Mädchen ist – was auf *den* Bildern ja nun wirklich nicht der Fall war, fügt sie kopfschüttelnd hinzu –, und weil er sich immer schon nach gerade einem solchen Mädchen gesehnt hat; er weiß ja, hieß es oft, daß sie selbst für so jemanden wie ihn keine Zeit hat, aber ob sie nicht vielleicht eine Freundin hat, die so ähnlich aussieht wie sie selbst und die gerne jemanden kennenlernen würde . . .

Irgendwie sind die arm, fügt Lisa hinzu, und denkt an die Briefe. Vorstellungen haben die . . .

Ihre «Playboy»-Erfahrung ist ihr heute eher gleichgültig. Es war ganz amüsant, sie wurde für die Aufnahmen nach Tahiti geflogen, aber letztlich war es nicht besonders bedeutend. Sie hat die üblichen Filmangebote bekommen, von dieser Firma, die «Eis am Stiel» gedreht hat, die leben davon, daß sie regelmäßig Playmates auf die Philippinen fliegen und mit ihnen einen Streifen drehen, nicht direkt pornographisch, aber so halb und halb, und viele Mädchen machen da gerne mit, weil es halt abenteuerlich ist. Das kann nicht ungefährlich sein für die Mädchen, denn man gewöhnt sich an den Lebensstil, und viele finden dann nie in die alltägliche Routine zurück. Die meisten sind relativ jung und haben keine richtige Ausbildung. Sie waren Sekretärinnen, hatten irgendwelche Bürojobs, oder arbeiteten als Verkäuferinnen in Lebensmittelläden . . . jetzt werden sie plötzlich auf die Malediven geflogen, sind im Zentrum der Aufmerksamkeit, lernen, wie man sich anzieht und schminkt und mit Leuten redet; die können dann nicht mehr zurück in die Obstabteilung vom Tengelmann. Oft machen sie dann Filme, die schon in Richtung Porno gehen; üblicherweise bietet man ihnen an, daß die Filme überall veröffentlicht werden, nur nicht in ihrem eigenen Land. Meist kommt es aber doch heraus, und als Modell ist man dann erledigt; man muß dann entweder bei Pornos bleiben, oder versuchen, wieder ins normale Arbeitsleben zurückzukommen.

Die haben ja wirklich ein extrem einfaches Weltbild, bei «Playboy», meint Lisa mit einem Anflug von Zynismus. Die glauben, «ihre» Mädchen machen so was nur einmal, weil es so aufregend ist, von den niveauvollen Fotografen dargestellt und den kultivierten Lesern bewundert zu werden. Die sehen sich in einer Klasse ganz für sich allein. Das ist ja die Ideologie: daß es ganz normale Durchschnittsmädchen sind, die mit der Branche nichts zu tun haben, sondern aus allen möglichen Lebensbereichen kommen und entdeckt werden für einen einzigartigen Auftritt im «Playboy», nach dem sie wieder zurückkehren in ihr Leben. Also, urteilt sie, ich hab da meine Zweifel. Ob das grad so aufregend ist, bei irgendeinem Lastwagenfahrer hinter dem Sitz zu hängen und angeglotzt zu werden . . .

Trotzdem, persönlich würde sie sich dadurch nicht betroffen fühlen. Daß es eine Beleidigung für alle Frauen ist, wenn einige so abgebildet werden, wie es z. B. im «Stern»-Prozeß hieß, glaubt sie nicht. Durch das, was Männer denken, würde sie sich überhaupt nicht beleidigt fühlen. «Keine Frau muß sich ärgern, wenn sie auf der Straße belästigt oder abgetatscht wird», meint Lisa. «Sie soll sich denken, letztlich haben wir doch mehr drauf.» Mit einer Handbewegung entläßt sie das männliche Geschlecht aus der Kategorie der ernst zu nehmenden Gegner. «Die kriegt man immer noch rum», meint sie, «die wissen ja nichts.»

Wovor sie allerdings in ihrer eigenen Beziehung Angst hat, ist, ein Kind zu bekommen. Das verändert die Verhältnisse völlig, befürchtet sie, denn das Verantwortungsgefühl liegt dann eben doch bei der Frau, der Mann macht sich's leicht. Beim Haushalt geht das ja noch, dann ist es eben unordentlich, aber mit Kindern kann man das nicht machen, da muß zumindest einer voll da sein, und ob man selbst dem nettesten

Mann da noch trauen kann, daß er seinen Beitrag leistet . . . Die Väter wollen meist nur die schönen Seiten vom Kinder-Haben.

Lisa erzählt uns von ihrem Beruf, zu dem sie eigentlich zufällig gekommen ist. Ursprünglich hat sie Chemie studieren wollen, aber es gab keine Studienplätze, und um die Wartezeit zu überbrücken, hat sie sich ein paarmal von einem Bekannten fotografieren lassen, für Werbung. Jetzt hat sie ihre Studienpläne aufgegeben, obwohl ihr gesamter Freundeskreis eigentlich aus Studenten besteht. Der «Arbeitstag» als Modell hat Vorteile, man ist halt viel flexibler als bei einem Bürojob. Sie hat einmal kurz für einen Arzt gearbeitet, aber diese Monotonie – Tippen, Aktenordnen, Termine vereinbaren – war sehr unbefriedigend. Als Modell hat man zumindest Abwechslung, und wenn man einen Tag nicht arbeiten will, kann man sich frei nehmen; man muß nur der Agentur sagen, daß man nicht verfügbar ist.

Ideal ist das Leben natürlich nicht, fixe Aufträge sind selten, und der Rest ist «go and see», was bedeutet, daß man sich mit einer Schar anderer Frauen bei der jeweiligen Firma meldet. Man ist also sehr viel unterwegs, und wenn man sich einmal drei Tage hintereinander umsonst beworben hat, kann man ziemlich verzweifeln. Man weiß auch nie, an wen man geraten wird; die meisten Fotografen sind sehr gewissenhaft und sachlich, aber ein paar sind eben doch dabei, die sich mehr erwarten; vielleicht 20%, und das ist dann äußerst unangenehm. Wenn man dann nicht einsteigt, behandeln sie einen richtig schäbig, sie rächen sich eben. Manche spinnen auch ein bißchen, die setzen sich irgendeinen Plan in den Kopf und halten daran fest, egal was kommt. Einmal hat sich der Fotograf darauf versteift, daß er die Bademoden unbedingt im Englischen Garten und nirgends sonst, schon gar nicht in einem Studio oder in einem Hallenbad, fotografieren kann. Es hat einen vollen Tag gedauert, denn es war ein bewölkter Tag, die Modelle mußten bei jedem Sonnenstrahl in heitere Posen verfallen. Alle Frauen hatten Angst, daß sie sich verkühlen würden; das sind etliche Tage Arbeitsausfall, was teuer kommt. Wenn man sich nicht sehr gut auskennt, wird man auch unheimlich ausgebeutet, erinnert sich Lisa an ihre Anfangszeit. Z. B. wurde sie einmal als Mannequin angeworben für eine Tour durch vierzehn Städte in ebenso vielen Tagen. Sie mußten den ganzen Tag auf den Beinen sein, und geschlafen haben sie im Bus, der sie zur nächsten Kleinstadt transportierte. Die letzten fünf Tage sahen alle schon grauenhaft aus, riesige Ringe um die Augen und völlig betäubt von den Aufputschmitteln, die sie schluckten. Als sie wenigstens einen Sonntag freihaben wollten, hat der Organisator nur gesagt, lesen Sie im Vertrag nach, steht da irgendwas von einem freien Sonntag?

Natürlich macht man so was kein zweites Mal, aber das ist auch nicht notwendig, die finden immer wieder Anfängerinnen, die darauf hereinfallen.

Für Lisa war das «Playboy»-Erlebnis eine Episode, die sie realitätsgetreu einschätzen konnte. Für Ursula hingegen war es schicksalhaft. Unsere Gefühle nach dem Gespräch mit ihr sind sehr gemischt, sehr ambivalent. Selten war uns jemand nach einem kurzen Treffen so sympathisch. Wir finden ihren Standpunkt restlos einsichtig. Die Begriffe, mit denen er üblicherweise charakterisiert wird, treffen einfach nicht zu; ihre Situation besticht durch ihre Normalität. Kalkulierte Einsätze dessen, was man zur Bewältigung des Lebens in dieser Gesellschaft aufzubieten hat, bestimmen das Verhalten von uns allen. Der Illusionserzeugung anheimfallend, hatten auch wir erwartet, daß Playmates eine abgehobene, exotische Frauenart seien. Wie sehr ihre Situation dem allgemeinen Arbeitsleben entspricht, stellte sich rasch heraus. Die Freude, sich selbst in Druck zu sehen, ist z. B. die narzißtische Währung vieler Berufsgruppen. (Ohne sie wäre auch unsere sozialwissenschaftliche Welt nicht möglich. Die Mitglieder unseres Standes drucken begeistert und unentgeltlich Schriften, die fast niemand lesen will, an die der jeweilige Autor vielleicht selbst nicht glaubt, die er aus Zwang verfaßt [«publish or perish»]. Die Verrenkungen seiner Sprache, seines Denkens und seiner Überzeugungen sind nicht extremer als die Verrenkungen des Körpers von Ursula auf den diversen Szenerien in den Ateliers der Fotografen.) Man könnte sogar sagen, daß Ursula viel genauer weiß als die meisten Menschen, was sie von sich verkauft, nämlich nur absolute Äußerlichkeiten, nicht einmal ihren Körper, sondern nur Bilder ihres Körpers, und das wenigstens zu Preisen, die sie bei dem vielleicht intensiveren Verkauf ihrer Zeit, ihrer Möglichkeiten, ihrer Hoffnungen, ihrer Denkweisen in anderen Berufszweigen nie erzielen könnte. Wie käme ein Mädchen wie Ursula, neun Geschwister, keine Ausbildung, jemals zu Weltreisen, zu Kontakten mit aufregenden Personen, zu einer schönen Wohnung, zu finanzieller Unabhängigkeit? «Freilich», schreibt Musil, «wenn man es durchaus Prostitution nennen will, wenn ein Mensch nicht, wie es üblich ist, seine ganze Person für Geld hergibt, sondern nur seinen Körper . . .»

Ausbeutung ist es selbstverständlich, und es ist ein sehr riskantes Unterfangen, aber das sind Merkmale, die auf jeden Aspekt der weiblichen Sexualität in dieser Gesellschaft zutreffen, die das Angebot von Frauen als grundlegenden Bestandteil ihrer Ökonomie hat.

Eigentlich unterliegen Männer wie Frauen einer grundlegenden Täuschung; ihre jeweiligen Hoffnungen werden gegen sie eingesetzt. Die Männer lassen sich täuschen durch ein Scheinangebot an Weiblichkeit;

ihre Briefe an die Playmates zeugen davon, daß sie den Illusionscharakter der Bilder nicht erkennen. Die Frauen sind infolge der ihnen vorgehaltenen Hoffnungen auf Aufstieg, Karriere und einen besseren Lebensstil bereit, auf die Bedingungen ihrer Vermarktung einzugehen. Jeder angebotene Vorteil hat dabei schon seine Kehrseite, die die Frau wieder zur Ware macht oder im System ihres Verkaufs einfängt. Es wird ihr zwar ein Ausbruch aus ihrem meist perspektivenlosen Beruf geboten, aber nur ein befristeter, der Abstieg ist voraussehbar. Der größte Erfolg bei «Playboy» ist, von den Lesern als «Playmate des Jahres» gewählt zu werden und so einen Sportwagen zu gewinnen; Bedingung ist jedoch, daß die riesigen Bunny-Markenzeichen auf dem Auto nicht entfernt werden dürfen. Die Frau gewinnt zwar das Auto, aber «Playboy» gewinnt sie zugleich als lebende Reklame.

Illusionen sind teuer, für ihre Hersteller lukrativ, und ihr Verlust erhöht nur die Nachfrage.

Überlegungen zur Pornographie – Geschichten von O und Emmanuelle

«Und die Erotik, meine Herren, wo bleibt die Erotik? In keinem der sogenannten erotischen Bücher, die heutzutage so verbreitet sind, gibt es freie Frauen. Es gibt nur Frauen, die den Männern frei ausgeliefert sind.»

Die 3 Marias
Neue Portugiesische Briefe
(von der portugiesischen Regierung 1974 als freizügig beschlagnahmt)

«Zensur gerecht auszuüben wäre wirklich nicht sehr schwierig. Man kann Pornographie sofort erkennen an der Verletzung, die sie der Sexualität und, darüber hinaus, der menschlichen Würde zufügt.»

D. H. Lawrence
(Autor von Lady Chatterly's Lover, Women in Love, etc.)

Männliche Herrschaft in primitiven Gesellschaften wird durch die Existenz von Riten und Mythen gefestigt, die zur Herabwürdigung und Einschüchterung der Frauen dienen und den Kastenstatus der Geschlechter bestätigen. Frauen und die weibliche Sexualität sind wichtige Inhalte männlicher Ritualpraktiken, während zugleich ihr sanktionierter Ausschluß grundlegender Bestandteil der Kohäsion von Männerbündnissen und ihre Abwertung wesentliche Komponente der männlichen Identität ist. Die Ideologien, die Inhalte der mythischen Erzählungen, die von der Entstehung männlicher Dominanz über die Frauen handeln und sie von göttlichen Anordnungen ableiten, werden den Frauen nur indirekt vermittelt in Form diffuser Androhungen sexueller Gewalt bei Verstößen gegen die Regeln der Geschlechterverhältnisse oder beim Versuch, in männliche Bereiche und Tätigkeiten einzudringen, sich männliches Wissen anzueignen.[56]

Die Frauen wissen, daß sich die Männer – auch ihre Männer – regelmäßig zu Versammlungen zurückziehen, bei denen es in irgendeiner Form um sexuelle Kultpraktiken und Riten geht, die sich (auch) auf Frauen beziehen, von denen alle Frauen aber strikt ausgeschlossen sind. Diese Versammlungen sind vom normalen Tagesablauf abgehoben und haben einen Ausnahme- und Extremcharakter; zugleich sind sie fester Bestandteil der gesellschaftlichen Organisation und Ordnung.

Wir erkennen hierin Parallelen zum Stellenwert von Pornographie und den damit verbundenen männlichen Versammlungs- und Verhaltenspraktiken in unserer Gesellschaft. Die Existenz solcher Phänomene als Bestandteile des Alltags wird geleugnet, obwohl die demonstrative Zurschaustellung konsumierbarer weiblicher Körper zum Straßenbild gehört. Die Frauen sollen diese Erscheinungen jedoch nicht beachten; als dem «männlichen Bereich», zugehörig sollen z. B. «Männerzeitschriften», auf deren Titelblättern Frauen in allen erdenklichen Posen sexueller Bereitschaft dargeboten werden, von der «Frau auf der Straße» nicht bewußt wahrgenommen werden; ihr Blick hat sich abzuwenden.

Männer und Frauen werden sehr verschiedene Bilder von Sexualität angeboten: den Männern eine kraß genitalisierte Sexualität, durch das Angebot weiblicher Körperteile und durch Brutalität gekennzeichnet, den Frauen ein entsexualisiertes, romantisiertes Kulissenbild mit Kerzenlicht. Diesen Bildern entspricht die Trennung in männlich = Lust, Begierde, weiblich = Liebe, Verklärtheit. In den Boulevardblättern wie der deutschen «Bild» oder der österreichischen «Kronenzeitung» erhalten beide ihre jeweilige Illustration: neben den Nacktfotos für die männlichen Leser gibt es rührselige Tier- und Kinderbilder – Pornographie und Sentimentalität, geschlechtsdifferenzierter Sexualitätsersatz für eine Gesellschaft ohne Erotik.

Dieser Prozeß ist die Voraussetzung für die industrielle Produktion und Vermarktung von sexuellen Waren, zu denen die Pornographie gehört, und für die Einsetzbarkeit sexueller Assoziationen in der Werbung für beliebige Produkte. Die Industrie funktioniert über die Erzeugung und Reproduktion von Bedürfnissen, was im Bereich der Sexualität bedeutet, daß 1. Befriedigung nicht vorgesehen ist und 2. das positive Begehren zwischen Personen nicht stattfinden darf. Die Industrie muß zwischen die Geschlechter geschaltet werden, um die Bedürfnisse der Möglichkeit gegenseitiger Befriedigung zu entziehen und sie in Nachfrage für produzierbare Güter umzufunktionieren. Sexualität als Interaktion muß transformiert werden in einseitige, sich gegenseitig ausschließende Erwartungen, deren Erfüllung nicht in Beziehungen, sondern nur am Markt gesucht wird und nie eintreten darf.

Die Diskussion um Pornographie kreist um drei zentrale Fragen.

- Was ist Pornographie und wie kann man sie erkennen, bzw., wie kann man sie von erotischer Literatur unterscheiden? (Kann man es überhaupt?)
- Wer liest Pornographie und warum?

- Welchen Effekt hat Pornographie auf Verhalten und Einstellungen?

Die Diskussion über Zensur, Verbote, literarische Freiheit kann nur auf der Grundlage dieser drei Fragen stattfinden.

Gegner von Zensur erinnern immer an die Bücherverbrennungen im Dritten Reich, bezichtigen ihre Befürworter des latenten Faschismus, der bürgerlich-spießigen Prüderie und Doppelmoral und der Rückständigkeit. Als Belegstücke holen sie «ihre vergilbten skandinavischen Statistiken» hervor (Robin Morgan), um zu beweisen, daß Freigabe von Pornographie nicht zur explosionsartigen Zunahme von Triebverbrechen führt. Selbst krasse und drastische Texte und Bilder, glauben sie, haben keine Auswirkung auf Verhalten und Einstellungen ihrer Konsumenten.

Sprecher der Gegenseite sind anderer Auffassung. Ernest van den Haag[57] z. B. findet es «merkwürdig, die Freiheit der Literatur mit dem Argument zu verteidigen, daß sie keinen Einfluß hat». Das Argument, daß sadistische Pornographie zur Aggressionsabfuhr dient und sozusagen ein Ersatz für «die Tat» ist, steht dem Argument gegenüber, daß sie zur Anregung und Anleitung dient und besonders bei Jugendlichen zu Verbildungen der sexuellen Entwicklung führen kann. Dr. Wertham z. B. merkt an: «Man gibt ja Kindern und Jugendlichen auch nicht deshalb einen Elektronik-Kasten oder ein Spielzeug-Mikroskop, damit sie ihr Interesse an den Naturwissenschaften abreagieren und hinter sich bringen können.»

Im groß angelegten Bericht über Pornographie, der von Präsident Eisenhower in Auftrag gegeben worden war, fragten sich die Verfasser: «Warum würden wohl die Industriefirmen jährlich Milliarden Dollar für die Werbung ausgeben, wenn nicht allgemein davon ausgegangen würde, daß vermittelte Botschaften auch eine Wirkung auf menschliches Verhalten und menschliche Bedürfnisse haben?»[58] Der Soziologe Harold Nawy ging der Frage nach, welche Art von Personen zu den «Konsumenten» von Pornographie gehören. Unter Pornographie verstand er in diesem Zusammenhang nicht die alltäglichere Variante, die in «normalen» Kinos oder Buchläden erhältlich ist, sondern nur die explizit pornographischen Texte, die in «Sex-Shops» verkauft werden[59], und die Filme, die in eigenen Porno-Kinos gezeigt werden. Die Untersuchung wurde 1970 in San Francisco durchgeführt.

Das resultierende Profil des typischen Konsumenten besticht durch seine Durchschnittlichkeit. Nawy schreibt: «Der durchschnittliche Porno-Kino-Besucher ist ein verheirateter Mann mittleren Alters, gut gekleidet und aus einem qualifizierten Beruf.» 60 % sind zwischen 26 und 45 Jahre alt, 55 % gehen vor 5 Uhr nachmittags in die Vorstellung, und zwar wochentags. Daraus läßt sich schließen, daß es ihnen möglich ist, tagsüber ihren Arbeitsplatz zu verlassen. 77 % gaben an, regelmäßig in solche Vorführungen zu gehen. Die Sexualgewohnheiten der meisten entsprachen den gesellschaftlichen Normalvorstellungen. Nur 6,8% hatten keine Freundin oder Frau. 62% hatten mindestens zweimal wöchentlich Geschlechtsverkehr. Der Einkommensdurchschnitt war der der Mittelschicht oder oberen Mittelschicht. Nawy faßt seine Ergebnisse folgendermaßen zusammen: «Der durchschnittliche Konsument ist nicht irgendein Angehöriger der gesellschaftlichen Randgruppen, sondern ist verheiratet, mittleren Alters, hat einen Mittelschul- oder Hochschulabschluß, ist mittlerer oder höherer Angestellter und verdient mindestens 12000 Dollar jährlich. Demographisch gesehen ist er ein Durchschnittsbürger, das Rückgrat der Nation.» (Seite 160)

Der Psychoanalytiker Masud Khan unterscheidet zwischen Pornographie und Erotik mittels der Pervertierung menschlicher Beziehungen, die Bestandteil der Pornographie ist. Diese Pervertierung zeigt sich daran, daß es in der Pornographie immer ein Opfer gibt, daß eine oder beide Beteiligten degradiert, Zwang ausgesetzt oder in ihrem Willen der Kontrolle unterworfen werden.

Am Beispiel von zwei populären «Standardwerken» der neueren, «gehobenen» Pornographie können die Inhalte vermachteter Sexualität dargestellt werden.

«Emmanuelle oder Die Schule der Lust»* hatte mit vierzehn Auflagen im Januar 1979 eine Leserschaft von 610000 im deutschen Sprachraum erreicht und war in zehn Sprachen übersetzt worden. «Emmanuelle oder Der Garten der Liebe»** war innerhalb eines einzigen Jahres von 300000 Lesern erworben worden. Diese Texte geben sich eine philosophisch-aufklärerische, auch politisch-theoretische Note. Zitiert werden u. a. – und zwar nicht im unmittelbaren Kontext – Mallarmé, Ovid, Pascal, Tennyson, Isabella die Katholische von Kastilien, Muhammad Ipbal, Goethe, Baudelaire, Nietzsche, Hosea, der Koran, das Tao, Augustinus, Paulus, Bataille und Konfuzius auf einer Seite, Teilhard de Chardin und Genet. Das Rationalisieren der Lektüre wird den Lesern, die nicht angeben können, eine sozialwissenschaftliche Analyse pornographischer Texte durchführen zu wollen, durch den Anstrich «kultureller Qualität» und einer vermittelten Weltanschauung erleichtert: neben dem Koitus wird auch Philosophie und Theorie geboten.

Die Texte sind außerordentlich heterogen; neben langen Passagen vulgärliberaler Sexualtheorie gibt es banale Orgienszenen, touristische Landschaftsbeschreibungen und Stereotypisierungen der Geschlechter-

* Arsan: Emmanuelle oder Die Schule der Lust. Rowohlt Taschenbuch Verlag, Reinbek 1974.

** Arsan: Emmanuelle oder Der Garten der Liebe. Rowohlt Taschenbuch Verlag, Reinbek 1976

rollen, die beinahe das Ausmaß von Parodien annehmen. Der Irrealität der Darstellung von Geschlechtsverkehr und sexuellen Reaktionen entsprechen massive anatomische und biologische Fehlinformationen. So wird z. B. behauptet, daß «in der Tiefe ihrer (Emmanuelles) Scheide der Mund ihrer Gebärmutter sich fest um den Phallus schließt und ihn . . . in sich hineinzieht» – eine physiologische Absurdität.[60]

Die Frau wird im Sexualakt als hilflos und erniedrigt, willig und hörig dargestellt, während der Mann kühl, überlegen und intellektuell bleibt. Quer durch zwei Bände (den dritten Band, liebe Leser, haben wir nicht mehr geschafft; mit zwei Bänden «Emmanuelle» und der «Geschichte der O» hatten wir bereits unsere Toleranzschwelle überschritten!) «fleht», «schluchzt», «röchelt» und «stammelt» Emmanuelle; sie ist «betäubt», «gezähmt», «jäh besiegt», «passiv», «ergeben», «benommen» und «kindlich gehorsam»; sie «stoßt Klagerufe aus», «fiebert», ihr Gesicht ist «tränenschimmernd». Der Mann ist «lässig und distanziert» (Band I, Seite 23), bleibt «kühl wie immer», «empfindet Mitleid mit ihr» oder ist «gnadenlos» – er beobachtet sie schließlich in ihrer von ihm erwirkten Auflösung; während Emmanuelle «zerknittert», «verwirrt» und «ohnmächtig» in Ruinen liegt, ist «sein Anzug makellos, sein Hemd so sauber ... und seine Krawatte so korrekt gebunden wie vorher». (Band I, Seite 25)

Diese Demonstration überlegener Nichtbetroffenheit wurde auch von Kate Millett als wichtiger Bestandteil «sexualpolitischer» Stereotypen erkannt. Sie zitiert in ihrer Analyse der Sexualitätsbilder moderner amerikanischer Literatur zahlreiche Beispiele «männlicher Dominanz über schwache, willige, hilflos fleischlichen Begierden ausgelieferte Frauen».[61] In den sieben von uns analysierten Texten fanden sich so gut wie nie Beschreibungen einer männlichen sexuellen Reaktion. Während Emmanuelle «lange, geradezu herzzerreißend, schreit und endlich keuchend zurücksinkt», beschränkt sich der Mann darauf, ihre Reaktionen kritisch zu beobachten, intellektuell-analytische Belehrungen und Interpretationen zu erteilen oder wortlos und ungerührt von dannen zu schreiten. Die Beteiligten sind niemals gemeinsam in den Akt involviert; die körperliche Intimität wird negiert durch Komplexitäten psychischer Distanz. Wie in einem Spiegelkabinett äußert sich in den Texten ein sekundärer, tertiärer, sich immer wieder vervielfältigender Voyeurismus: der Leser beobachtet einen Mann, der eine Frau beobachtet, die diesem Mann zusieht, wie er sie betrachtet. Geschlechtsverkehr wird zu einer sich immer weiter verdoppelnden Entfremdung, Entfernung: der Mann erfährt die sexuelle Reaktion nur über die der Frau, in distanzierter, rationaler Überlegenheit und Kontrolle; die Frau erlebt ihre eigenen sexuellen Empfindungen nur vermittelt über den Blick des Mannes. Die Steigerungen des Voyeurismus führen zu immer neuen Verschlungenheiten; Ungleichheiten der sozialen Schicht, der «moralischen Werte», des Alters müssen dazugefügt werden, indem Diener, schockierte Nachbarn und Kinder zu Zeugen des Geschlechtsverkehrs werden, oder er muß unter männlichem Blick zwischen Frauen stattfinden, oder als Schattenspiel, in silhouettenhaften Tableaus auf einer Bühne, hinter seidenen Vorhängen und vor großem Publikum in stilisierten Bewegungen vorgeführt (Band 2). Der Voraussetzung beobachtender Blicke steht die Gesichtslosigkeit der Beteiligten gegenüber (indem z. B. die Frauen Masken tragen, die es den Männern gestatten, «gesichtslose Wesen in ihren Armen» zu halten), die dem Voyeur das Objekt seiner Beobachtung wieder entzieht, um dann wieder die Publizität zur notwendigen Vorbedingung zu machen («Ihre Unterwerfung war erst dann hundertprozentig, wenn sie öffentlich war . . . Sie sagte, ‹Ich wäre sehr geschmeichelt, wenn Sie Ihren Kameraden erzählten, Sie hätten mich gehabt.›» Band II, Seite 53)

Das Vokabular operiert konstant mit Begriffen von Macht, Besitz und Unterwerfung. Kommunikation findet nicht statt, der Geschlechtsakt stellt keine Beziehung her; er ist entweder völlig bedeutungslos, oder er dient der Bestätigung weiblicher Unterordnung. Ungleichheit, die über Andersartigkeit hinausgeht und in den Bereich des Machtgefälles tritt, ist die Voraussetzung für sexuelle Beziehungen; ein nicht impliziter, sondern ausdrücklich formulierter Satz dieser Texte: «(Mario sagte), ‹Hier treffen Sie auf ein zweites Gesetz der Erotik: Sie bedarf der *Asymmetrie*.›» (Hervorhebung im Original)

Distanz, Fremdheit, Herrschaft und Schweigen sind die Merkmale sexueller Beziehungen in dieser Literaturgattung. Äußerer Ausdruck für Distanz ist die formale Anredeform; die Beteiligten reden einander als «Sie» an, oder der Mann duzt die Frau in einem charakteristischen Ungleichheitsverhältnis:

«‹Hat es dir gefallen?› fragte er.
. . . ‹Ich liebe Sie›, flüsterte sie.
Dann: ‹Wollen Sie mich noch einmal nehmen?›
Er lächelte. ‹Gleich›, sagte er. ‹Ich werde wiederkommen. Zieh dich jetzt an.›» (Band I, Seite 36)

Es gibt keine Gespräche, sondern nur Belehrungen, «Lektionen» und Befehle. Sogar die Anordnungen werden verfremdet um kommunikative Beziehungen (selbst in Form von Herrschafts/Knechtschaftsstrukturen) auszuschließen: «Kurze Befehle erschallen in einer fremden Sprache» (Band II, Seite 48). Die Sprachlosigkeit der Situation gibt ihrem Machtcharakter Ausdruck; die Frau:

«lächelt höflich, ist wieder stumm. Er fährt fort, sie mit seinen kritischen Blicken zu durchbohren. Sie überlegt, was sie sagen oder tun kann, um das Urteil abzuwenden. Aber der Gastgeber macht ihr ein Zeichen . . . Sie gehorcht, immer noch wortlos.» (Band II, Seite 47)

In ihrer Freud/Lacan-Analyse schreibt Hélène Cixous,

«Bei Freud/Lacan heißt es, die Frau sei ‹ausgeschlossen aus dem Symbolischen›, . . . d. h. aus der Sprache . . . Aber glücklicherweise gibt es den Mann . . . Und es ist der Mann, der die Frau lehrt (denn der Mann ist immer auch der Meister), der sie lehrt, den Mangel zu fühlen . . . Er wird sie das Gesetz des Vaters lehren. Etwas von der Rangordnung des ‹ohne mich-den-absoluten-Vater› . . . ‹ohne mich, du würdest nicht existieren, ich bin es, der dir das beibringt›. Ohne ihn würde sie in diesem Zustand des ängstigenden und geängstigten Agglomerats verbleiben, da ohne Grenzen, nicht eingewiesen; nicht organisiert, nicht ‹heimgesucht› vom Phallus . . . sondern inkohärent, chaotisch und dem Imaginären verhaftet in ihrer Unwissenheit über das Gesetz des Signifikanten.»[62]

Diese Betrachtungsweise, die Cixous in den Texten von Freud und Lacan erkennt, ist ebenso charakteristisch für «Emmanuelle» oder die «Geschichte der O»; die Frau wird eingeordnet in männliche Denk- und Organisationssysteme («Die Erotik» in «Emmanuelle», «Roissy» in «Geschichte der O») mittels männlicher Gesetze und Erklärungen, deren Logik oder Begründung für die Frau nicht nur nicht einsichtig, sondern auch irrelevant sind: ihre Begründung liegt darin, daß sie vom Mann kommen. In endlosen Vorträgen, Ermahnungen und Belehrungen wird Emmanuelle von Mario in die «Gesetze der Erotik» (deren Zusammensetzung aus Mischungen von Positivismus, Fortschrittsideologie und säkularisiertem Kult noch zu untersuchen sein wird) eingewiesen. Während sie sprachlos ist, verfügt der Mann über Sprache als Kontroll- und Sanktionsmoment – verbale Potenz als Geschlechtsvorrecht: «Marios Sprache war so kraftvoll, daß es Emmanuelle war, als fielen seine Sentenzen wie Schläge auf sie herab» (Band I, Seite 164), eine Ausdrucksweise, die in den Texten üblicherweise im Kontext des Sexualakts verwendet wird. Besitz des Phallus und Besitz der Sprache in offensichtlichem Zusammenhang. Die Stimme der Frau verfügt nicht über die Sprache; wo sie spricht, stellt sie hauptsächlich Fragen, oder sie bittet, fleht, stammelt, flüstert. Die hauptsächliche Verwendung ihrer Stimme ist das Äußern sexueller Reaktionen: sie «klagt», «stöhnt», «schreit»; anschließend «verstummt sie plötzlich»: Sinn und Existenz werden ihr – und zwar sexuell – durch den Mann vermittelt:

«Dann hört er, wie sie in sein Ohr keucht: ‹Ich bin tot?›
‹Nein. Du lebst durch mich.›» (Band I, Seite 70)

Selbst die Belehrungen nehmen nicht die Form eines Dialogs, einer Frage-Antwort-Interaktion an. Die Frau fragt, muß aber keine Antwort erhalten: «Statt einer Antwort küßte er sie» (Band I, Seite 71). Der Mann doziert, aber die Vermittlung und das Verständnis müssen nicht erfolgen: «‹Ich verstehe kein Wort›, verkündete sie. Mario zog überrascht die Augenbrauen hoch und erklärte, ‹Das macht nichts›.» (Band I, Seite 149)

Aus der Einseitigkeit der Kommunikation und auch der sexuellen Reaktion werden Herrschaftsansprüche abgeleitet:

> «Emmanuelle fand es ganz natürlich, daß er so (befehlend) mit ihr redete. Schließlich hatte ein Mann das Recht, einem Mädchen, dem er Lust bereitet hatte, Befehle zu erteilen.» (Band II, Seite 105)

Die Fremdheit zwischen den Beteiligten entspricht nicht nur einer Feindseligkeit, sondern zugleich immer auch einem Machtgefälle. Die Gegnerschaft läuft in vorgesehenen Mustern ab: der Mann besiegt die Frau im Sexualakt. Der Mann wird demgemäß beschrieben als «schonungslos», «gebieterisch», als «ihr siegreicher Gegner». Es gibt keine Szene, in der eine genuine Interaktion zwischen gleichwertigen Personen beschrieben wird; auch lesbische Kontakte finden zwischen einer überlegenen, erfahrenen, distanzierten und belehrenden dominanten Frau und einer untergeordneten, gehorchenden Freundin statt. Die Ungleichheit ist im Sexualakt inhärent und ist als solche nicht unbedingt und notwendig an Geschlecht gebunden: auch männliche Unterordnung und weibliche Dominanz sind denkbar, wenngleich äußerst selten. In einer Szene, die eine Umkehrung der üblichen Machtverhältnisse schildert, ist Emmanuelle der Aggressor:

> «(Der Mann) unterwarf sich, fand sich mit ihrer Herrschaft ab, und sollte es sein Leben kosten.» (Band II, Seite 100)

Geschlechtsverkehr als existentielles Drama ist charakteristisch für die Darstellungsweise dieser Texte; banale und klischeehafte Beschreibungen sexueller Akrobatik wechseln sich ab mit Passagen mystischer Spekulation. Damit verbunden ergibt sich das Phänomen einer sehr starken Prägung der Texte durch christliche Diktion und religiöse Gedankenbilder. Ein sofort evidenter Indikator hierfür ist bereits die Namensgebung: in «Emmanuelle» wie auch in «Geschichte der O» heißen zentrale Figuren Ann-Maria, Marie-Anne und Anne-Marie; es handelt sich hierbei jeweils um besonders bedrohliche, besonders unschuldige und besonders belehrende Gestalten der Geschichten.

In exakter Umkehrung christlicher Lehre wird eine mit Opfer- und Missionsinhalten verknüpfte Sinnlichkeit zur Heilsbotschaft, ein Glaubenskonstrukt, in dem die Frau zur Auserwählten, Erwarteten, Gekreuzigten wird.

Männer haben die Funktion, als Propheten oder Jünger, der Frau ihre Aufgabe deutlich zu machen; die Frau ist eine Mischung aus männlichen Zielen – geopferte Iphigenia und dornengekrönte Astarte.

So heißt es von den Instrumenten, mit denen O gefoltert wird, sie seien

> «so wohl abgestimmt wie das Rad und die Zungen auf den Abbildungen der heiligen Märtyrerin Katharina, wie Hammer und Nägel, Dornenkrone, Lanze und Geißeln auf den Darstellungen des Kreuzwegs». (Seite 130)

Das Ziel des weiblichen Opfers ist bei «O» undifferenziert und nicht näher ausgeführt: die Liebe. Bei «Emmanuelle» hingegen gibt es ausführliche Passagen der Erörterung. Mario, in seiner Eigenschaft als eine Art Johannes der Täufer, hat die Aufgabe, Emmanuelle ihre Sendung bewußtzumachen. Er erklärt ihr, daß sie die Erotik durch ihr Vorbild eines freien Lebens befreien muß:

> «Wenn der Erotismus erst die Herrschaft übernommen hat und ebenfalls eine Religion geworden ist, mit ihren Kulten, Kirchen, Bischöfen und Teufeln, mit ihrem Latein und ihren Tabernakeln, ihren Exkommunizierungen und ihrem Ablaß, ihrer Kurie und ihren heiligen Kriegen, eine Religion, die ihrerseits vorgibt, auf alles eine Antwort zu wissen, und wenn die Erde dann unter ihren Gesetzen und Scheiterhaufen wieder traurig wird, dann wird der Mensch so viel gelernt haben, daß er zu neuen Revolten fähig ist. Im Augenblick liegt es an Ihnen, die falschen Götter, ihre trostlosen Tempel und ihre Riten ohne Glauben zu vernichten. Emmanuelle, befreien Sie uns von unserem Übel!» (Band II, Seite 18)

Im darauffolgenden Geschlechtsakt heißt es in der Beschreibung Emmanuelles, sie wirke «beinahe wie eine Gekreuzigte».

Die Vermischung von sexuell-sadistischen Inhalten mit religiösen Vorstellungen ist eine in der judäo-christlichen Kultur tief verankerte; die Hexenverfolgungen und die damit einhergehenden Hexenprozesse liefern den massivsten Beleg dieser Tatsache.

In den untersuchten Texten beherrscht christliche Symbolik die Beschreibungen und Erklärungen, wie in christlichen Texten, Märtyrerlegenden und Selbstkasteiungsdarstellungen sexuelle, meist sadistisch-masochistische Elemente unterschwellig oder auch direkt Bestandteil der Denk- und Handlungsbilder sind. Sünde, Scham, leidende Liebe, Opfer, Buße, Bestrafung, Geißelung sind Kernbegriffe für beide Systeme:

Religion und Pornographie. Sie treffen sich an den verschiedensten Punkten. Der Begriff einer Transzendenz weltlicher und «fleischlicher» Realität durch Opfer und Schmerz, mystische Ekstase und Entrücktheit und eine übermenschlich verklärte Liebe sind ebenso Bestandteil beider Richtungen, wie die Gefahr des Abgleitens in das nur Profane.

Die göttliche Liebe wird in der Bibel und der Lehre des Christentums mit Prüfungen, Kasteiungen, Sühne und Qalen verbunden. Zu den undurchsichtigen und willkürlichen Gewaltakten des alttestamentarischen Gottes kommen im Neuen Testament die extravaganteren Formen von Märtyrertum und Unterwerfung. In der «Geschichte der O» wird die Frau «aus Liebe» gequält, und sie läßt sich als Liebesbeweis foltern und mißhandeln. Ihre Verhaltensweisen erklärt sie unter Hinweis auf christliches Denken. Als O z. B. von ihrem Geliebten verlassen wird, meint sie:

> «Sie war schuldig. Wer Gott liebt, und wen Gott verläßt in der finsteren Nacht, ist schuldig, weil er verlassen ist . . . Als Kind hatte sie . . . einen Bibelspruch gesehen . . . ‹Schrecklich ist es, lebend in Gottes Hand zu fallen›. Nein, sagte sie sich jetzt, das stimmt nicht. Schrecklich ist es, lebend von Gottes Hand verstoßen zu werden.»

Während sie diese Kontemplationen betreibt, sitzt ihr Geliebter und Gott als bürgerliches Mitglied in einer Vorstandssitzung; eine Dissonanz, die jedem Leser (oder zumindest jeder Leserin), der durch die vielen vorangegangenen Hinweise noch nicht aufgeklärt ist, den wirklichen Charakter des Texts bewußtmachen müßte. Denn «Geschichte der O» ist, ob bewußt oder unbewußt, kann von uns nicht festgestellt werden und ist auch von sekundärer Bedeutung, nichts anderes als eine sehr massive, sehr vernichtende Spottschrift gegen die Ideologien und Strukturen, die das Verhältnis zwischen den Geschlechtern bestimmen. Die Autorin führt die Werthaltungen der Gesellschaft zu ihrer logischen Konsequenz oder schildert sie auch nur mit ungewohnter Präzision: die Verdrängungsmechanismen sind so wirksam, daß bereits diese Darstellungsweise sie unkenntlich werden läßt. Nichts wird von Pauline Réage geschildert, was nicht irgendwo und irgendwann im Patriarchat zum «Normalzustand» für die Mehrheit der Frauen gehört hätte; trotzdem wird ihr Buch als «phantastischer Roman» beschrieben.

In «Geschichte der O» ist der Mann für die Frau eine gottähnliche Gestalt, und zwar aufgrund ihrer Liebe zu ihm und seiner zu ihr; diese Liebe verpflichtet die Frau zum Gehorsam. Was in diesem pornographischen Text als Phantasieprodukt auftritt, weicht nicht sehr von der christlichen Lehre ab, denn in der Bibel wird der Ehemann seiner Frau gegenüber mit Christus verglichen, und ihre Gehorsamspflicht leitet sich vom göttlichen Willen und der Analogie Mann/Frau gleich Christus/heilige Kirche ab. Demut und Hingabe als christliche Tugenden finden wir in diesen Texten wieder auf den Sexualbereich übertragen und begegnen der «mit der Unterwerfung gewonnenen inneren Ruhe.» («Emmanuelle» Band I, Seite 11)

Die Schilderung der Empfindungen von O unterscheiden sich kaum von denen von Mystik und Märtyrertum:

> «Die Ketten und das Schweigen, die sie an sich selbst hätten fesseln sollen, sie ersticken, sie erwürgen, hatten sie im Gegenteil von sich schon befreit». (Seite 42)
>
> «(Die Erniedrigungen und Qualen) versetzten sie in einen rauschhaften Zustand der Selbstvergessenheit, der wieder in die Liebe mündete, sie vielleicht sogar in die Nähe des Todes führte» (Seite 43).

Die «Säkularisierung» gestattet erst die Erkenntnis des Gewalt-, Herrschafts- und Unterdrückungscharakters der Zustände; ihre Verlagerung nach Roissy und ihr gesammelter Einsatz in der Gegenwart verfremdet die Formen der Gewalt gegen die Frau genügend, um sie bewußtzumachen, wenngleich diese Bewußtmachung wieder nur der Fortsetzung ihres Objektcharakters dient.

Selbst für die extremsten Mißhandlungen, die an O verübt werden, gibt es Analogien in Geschichte und interkulturellem Vergleich; die gesamte Skala, von manifest-physischer bis zu symbolisch-ritualisierter Unterdrückung, ist nicht der Phantasie von Réage, sondern der Realität weiblicher Unterordnung entlehnt. Infibulation, Klitoridektomie, Frauentausch, durch Gesetz und Normen sanktioniertes Recht des Ehemannes, seine Frau zu «züchtigen», Gesundheitsschäden und Verkrüppelung der Frauen durch eingebundene Füße, geschnürte Taillen[63], Einschränkung der Bewegungsfreiheit der Frauen durch soziale und physische Maßnahmen wie Einschließen und Verschleierung bis zum Verbot, Männer anzusehen oder in ihrer Gegenwart zu sprechen (ebenfalls ein christlich verankertes Gebot: «Das Weib soll schweigen in der Gemeinde») – alles was Réage unter der Bezeichnung phantastische Pornographie beschreibt, ist nichts anderes als eine Kollektion der Erscheinungsformen weiblicher Existenz im Patriarchat. Die Abhandlungen über Os Kleidung und Kostümierungen entsprechen im Stil und Inhalt fast wörtlich Modezeitschriften: seitenlange Traktate über den Reizwert verschiedener Ver- und Enthüllungsmöglichkeiten, die Verbindung von bewegungshemmenden Kleidungsstücken und erotischer Attraktion (O trägt als Kennzeichen «hochhackige Schuhe», die von der Autorin geschildert werden, als wären sie eine besonders raffinierte Erfindung und nicht die Standardbekleidung vieler tausend Frauen).

«Geschichte der O» ist – was immer es sonst noch sein mag – vor allem eine Satireschrift, um so bösartiger, weil ihr Publikum nicht einmal in der Lage ist, sie als solche zu erkennen. Denn die Weltanschauung, von der O geleitet ist, ist eine manifest absurde und dadurch, daß diese Grundwerte ins Absurde gesteigert werden, sowohl die Liebe, die Hingabe, die Selbstlosigkeit als auch die Träger dieser Werte, die Ehe, die Kirche, lächerlich. Die Eisenringe, die O zuerst an der Hand und an den Gelenken und später durch ihren Körper gebohrt trägt, sind karikierte Eheringe; ihr Schönheits- und Modeideal ist genau das der wirklichen, gegenwärtigen Gesellschaft, nur daß die Oberflächen dieses Ideals bei O mit Strukturen der absoluten Herrschaft, der Brutalität, der weiblichen Erniedrigung verbunden sind, so daß die Werbebilder, die hier übernommen sind, zu Schreckensgrimassen werden.

Wollte jemand die Gesellschaft nicht nur einer radikal-rationalen, sondern zugleich einer giftigen, zersetzenden Kritik unterziehen, könnte das nicht besser geleistet werden als durch dieses Instrument. Wie die schwarze Messe die Werte des christlichen Glaubens verkehrt, vollbringt auch Réage in perfider und makabrer Weise einen Tiefschlag gegen Glaubensinhalte. O glaubt daran, daß sie in liebender Hingabe die Seligkeit finden kann; ihr Schicksal verhöhnt die Begriffe Hingabe, Liebe und Seligkeit, denn wenn Hingabe die Aufgabe des eigenen Willens im Namen der Liebe bedeutet, dann liegt darin potentiell auch die Unterwerfung unter Perversion, Mißhandlungen, Unmenschlichkeit. Verhindert werden könnten diese Folgen nur durch die Fähigkeit einer vernunft- und moralgemäßen Entscheidung; diese aber wird denjenigen genommen, die sich «hingeben» sollen: einem anderen Menschen, aber auch einer Lehre oder Ideologie. René, der O liebt und quält, ist die Gestalt des monotheistischen Gottes: eines Gottes, der zärtlich oder grausam, vergebend oder rachsüchtig sein kann. Er kann sie quälen als Prüfung, bekanntlich eine Hauptbeschäftigung des alttestamentarischen Gottes, oder kann ihr sanft und liebend beistehen in den Qualen, die sie im Namen der Liebe erleidet. Ob die Logik seiner Befehle und Gebote schlüssig und «sittlich» ist, steht dem/der einzelnen zu entscheiden nicht zu. Die Bezugnahme auf christliches Denken ist bei Réage unmittelbar und direkt; über Os Reaktion auf Demütigung schreibt sie:

> «Sie war glücklich, ihm so viel zu bedeuten, daß es ihm Freude machte, sie zu kränken, so wie die Gläubigen Gott dafür danken, daß er sie erniedrigt.» (Seite 73)

Masochismus wird als notwendige Begleiterscheinung selbstloser Liebe dargestellt. Die Bewußtseinsverwirrungen zwischen Sexualität, Persönlichkeit und Gesellschaft könnten nur gegen den Hintergrund einer durchgehenden Analyse geschlechtsbezogener Machtordnungen, kultureller Aspekte, ökonomischer Entwicklungen und Interessen und Wahrnehmungsweisen untersucht werden. Die Verbannung der relevanten Fragestellung in die Schattenbereiche des individuellen Gewissens verhindern diese Untersuchung; die Charakteristika des Gesamtsystems erscheinen als die Perversionen einzelner.

Für die Witwe des großen Theologen Paul Tillich war es kaum zu bewältigen, daß sie in seinem Nachlaß neben erhabenen geistigen Leistungen auch ein reiches Sortiment pornographischen Materials fand; in ihrer Autobiographie beschäftigt sie sich mit der Tatsache, daß ihr Mann sich in seiner Phantasie «gekreuzigte nackte Frauen, die geschlagen wurden» vorstellte.[64] Solche Schizophrenien erscheinen als individuelle Abartigkeit, weil sie nicht auf ihre Entstehungsgründe zurückgeführt werden können.

Die Unmöglichkeit, einzelne Erscheinungsformen losgetrennt vom Kontext verstehen zu können, wird besonders bei einer Beschäftigung mit populären pornographischen Texten deutlich. Die Realität als Zerrbild der gesellschaftlichen Ideale ist der hauptsächliche Eindruck, der nach einer Lektüre dieser Texte bleibt.

Die boshafteste Aussage über die Gesellschaft liegt jedoch in den Begleittexten, den Kommentaren, den Reaktionen, in der «Karriere» vom Buch «Geschichte der O» selbst.

Nachdem O in Band I stirbt bzw. Selbstmord begeht, darf sie aufgrund des großen Massen- und Verlagserfolgs wieder auferstehen, um in einem Band II («Rückkehr nach Roissy») erneut verkauft zu werden; wieder ins Leben gerufen durch den Kapitalismus, Lazarus durch Gott.

Die Linke, jederzeit mobil, um rassistische Erscheinungen zu bekämpfen, antisemitische Äußerungen prompt auszumerzen, entdeckt bei «Geschichte der O» nun plötzlich, daß sie eigentlich «gegen jede Zensur» ist; statt dessen bekämpft sie die «politisch verirrten Feministinnen», die gegen den Film vorgehen wollen.[65]

Der Taschenbuchtext schließlich wird mit dem Vorwort eines gewissen Jean Paulhan («von der Académie Française») versehen, der einleitend in einem Stil, der sich als verbindlich-kunstvoll-intellektuell präsentiert, bemerkenswerte Äußerungen von sich gibt; Äußerungen, von denen man gerne annehmen würde, daß es sich hier um Satire handelt – wenn man nur den geringsten Hinweis hierfür entdecken könnte. Herr Paulhan schreibt,

> «In der Familie (heute) hat das Oberhaupt kaum mehr das Recht, über Leben und Tod zu entscheiden, in den Schulen und in der Ehe ist die körperliche Züchtigung verpönt, und Männer, die man in früheren Jahrhunderten stolz auf öffentlichen Plätzen enthauptet hat, läßt man heute jämmerlich in Kellern verfaulen. Wir martern nur noch anonym, und Leute, die es nicht verdienen. Deshalb sind diese Martern

auch tausendmal grausamer, der Krieg röstet auf einen Schlag die gesamte Bevölkerung der Stadt. Die exzessive Nachgiebigkeit des Vaters, des Lehrers oder des Liebhabers wird mit Bombenteppichen und Napalm und Atomexplosionen bezahlt. Alles geht vor sich, als existiere in der Welt ein geheimes Gleichgewicht der Gewalttaten . . .» (Seite 14)

Was ist mit solchen Ausführungen anzufangen? Sollen wir glauben, daß der Autor («von der Académie Française») diese Ansichten, aus denen sich konsequenterweise die Bejahung z. B. politischer Folter in Chile oder Argentinien ableiten läßt, ernsthaft vertritt; wenn ja, weshalb sieht sich ein großer Verlag in der Lage, diese Ansichten kommentarlos zu verbreiten? Kann jemand ernsthaft meinen, daß körperliche Züchtigung und Brutalität verstreut auf viele Einzelfälle die Summe der menschlichen Gewaltbedürfnisse erfüllen und damit Kriege verhindern würde? Im Text des Autors finden sich keine Hinweise dafür, daß er lediglich durch übersteigerte Formulierungen Kritik üben will.

Flughafen Wien-Schwechat, Februar 1979

Viele Männer mit Maschinengewehren gehen auf und ab. Wenn man am Zeitungsstand vorübergeht, verlieren die vertikal aufgestellten Frauenpostkarten zuerst ihre Kleider und bekommen sie dann wieder zurück. Ein Japaner kauft 16 Stück davon, à 7 Schilling. Schlechtgelaunte Stewardessen diskutieren mit Geschäftsleuten. Zwei Nonnen streiten um einen gelben Plastiksessel. (Wer hat ihn zuerst gesehen?) Die Klofrau sitzt zwischen den Türen der beiden Geschlechter vor einem Aschenbecher, in den man Schillingstücke, aber auch andere Münzen legen kann. Unabhängig von Währung oder Geschlecht bekommt man dafür ein kleines Stück Seife. Auf dem Plakat von Rent-A-Car kauert eine nackte Frau vor einem Spielzeugauto. Ein schwerbewaffneter Sicherheitsbeamter fragt mich lächelnd: «Na, Mäderl, wo woll ma denn hin? In die weite Welt?» Ein Trupp von Jugendlichen in Bundhosen trägt Fahnen durch die Abflughalle. Die Tafel sagt Flüge an nach: Kairo, Constanta und Johannesburg. Zwei Stewardessen, vertieft in ein Gespräch, lehnen eine Einladung auf ein Glas Wein ab und lassen zwei beleidigte deutsche Fluggäste zurück.

«Er hat gesagt, wie er meinen Brief gekriegt hat, wollt er sich aus dem Fenster stürzen», erzählt eine von ihnen ihrer Freundin. Die Freundin sagt: «Ein Wahnsinn.» Sie beschließen, Erdbeeren essen zu gehen. Die Schlagzeilen der «Bild»-Zeitung berichten: «Khomeini befiehlt, Farah Diba soll Schah töten.»

Ein Blick in den Alltag läßt die Bedeutsamkeit von Geschlecht unklar, aber allgegenwärtig erscheinen. Das Geschlecht ist oft das erste, was wir über Unbekannte erfahren. «Sie» oder «er» wissen wir, bevor wir irgend etwas anderes wissen; es ist die primäre linguistische Zuordnung. Bei direkter Ansprache ist es nicht mehr erwähnenswert; «du» oder «Sie» sagt man dann, unabhängig von dem Geschlecht. Im Arabischen ist das anders; da unterscheidet man noch ein Du/weiblich und ein Du/männlich.

Das Bewußtsein der Polarisierung und der Hierarchisierung ist überall. Kein Gespräch, keine Zeitung, keine Vorstellung, in der es nicht enthalten wäre. Sprachlich gesehen sind Frauen ungeladene Gäste. Wenn es um die Allgemeinheit, die Menschen, die Gesamtheit geht, dann gehören sie manchmal dazu, manchmal nicht. «One man, one vote», war die Devise demokratischer Wahlreform, und in den darauf folgenden Verwirrungen verwechselte man das Wahlrecht der Männer dann auch folgerichtig mit dem «allgemeinen Wahlrecht».

Ein Mann, ein Wort, ist die Garantie für Verläßlichkeit. Arbeitgeber suchen den richtigen Mann für den Posten.

Selbst noch in ihren Stunden des Kummers müssen Frauen linguistisch zurücktreten; sie sind dann übermannt vom Schmerz.

Den Männern gehört nicht nur die Welt, sie sind auch Männer von Welt, während Frauen nur hoffen können, eine bescheidene Hälfte davon abzubekommen, und selbst dann leidet ihr Ruf darunter: «demimondaines» sind sie dann.

Die großen Gedanken, Ideen und Staaten haben allesamt nur einen Elternteil; Demokratie, die Verfassungen der meisten Republiken und fast alle Philosophien sind Halbwaisen und haben nur Väter.

Tüchtige Menschen sind Manns genug, um Herr der Lage zu sein und ihren Gegnern den Herrn zu zeigen.

«Fraulich» dagegen heißt in erster Linie, daß man etwas zu dick geworden ist und in Spezialgeschäften einkaufen muß, «Mode im fraulichen Stil».

Auch geographisch/räumlich wirkt sich das aus. Herren haben eine Runde, Damen hingegen nur ein Kränzchen.

Alte Männer sind distinguierte Herren der alten Schule, alte Frauen erzählen nur unsinnige und abergläubige Altweibergeschichten.

Maskulin ist eine Lebensweise, feminin hingegen bestenfalls eine Duftnote in der Parfümerie.

Beleidigt wird man in seiner Mannesehre. Zum Mond fliegt man in bemannten Raumschiffen.

Zur Psychologie der Männlichkeit – der männliche Masochismus angeboren oder anerzogen?

«Geschichte der O» ist, vor allem deshalb, weil es angeblich von einer Frau verfaßt wurde, als Belegstück für den «weiblichen Masochismus» aufgefaßt worden; so auch von unserem geschätzten Verlag Rowohlt, der im Kurztext das Buch folgendermaßen kommentiert:

> «O wird von ihrem Geliebten in einem geheimnisvollen Schloß abgeliefert und dort mit Kette und Peitsche gezwungen, sich ganz diesen Männern zu unterwerfen. Sie erlebt alle möglichen Formen der Entwürdigung und des Schmerzes, doch je heftiger sie gequält wird, um so mehr wird sie zum femininen Symbol . . . bis zur völligen Selbstaufgabe. Gibt es also in den Tiefen der Frauenseele etwas, das auf Unterwerfung und Selbstaufgabe besteht? Ist es Natur oder Erziehung durch Jahrtausende?»[66]

Auf diese Frage, meine Damen und Herren, die hier als scheinbar abstrakt und unlösbar gestellt wird, kann Österreich eine Antwort liefern, und die Antwort lautet: weder noch. Denn Österreich ist nicht nur die Heimat von Kunst und Musik, ein lebendes Museum von Sehenswürdigkeiten aus der k. u. k.-Zeit, nein, Österreich ist auch die Wiege des Masochismus, bzw. die Heimat des Vaters des Masochismus, Leopold von Sacher-Masoch.

Selbst in Kennerkreisen dürften seine Werke in Vergessenheit geraten sein, obwohl sein Name fortlebt, denn sonst wäre diese populäre Erörterung der Frage nach dem Masochismus in der Frauenseele nicht möglich. Im Gegenteil: man könnte, wenn man wollte (und wenn man boshaft wäre, was ja nicht der Fall ist), die These eines naturgegebenen männlichen Masochismus sehr überzeugend und umfangreich belegen. Man könnte empirische Untersuchungen männlicher Sozialwissenschaftler anführen, theoretische Werke männlicher (und sehr renommierter) Psychiater zitieren, auf Literatur und sogar auf die Geschichte zurückgreifen, um eine hieb- und stichfeste Beweisführung (betreffend der Tiefen der Männerseele) anzutreten. Da unser Ziel jedoch nicht eine militante Abrechnung zwischen den Geschlechtern ist, sondern eine Abrüstung, werden wir im folgenden lediglich unsere Waffen vorführen. Waffen, von denen – diese sanfte Anmerkung sei uns gestattet – Männer nie gezögert haben, Gebrauch zu machen, um mit weniger Berechtigung und mehr leerer Drohung gegen uns Angriffe zu starten. Mit sehr schweren Geschossen seid ihr in den Kampf gezogen, oh männliche Wissenschaftler, oh Philosophen, oh Theoretiker. Flächenbombardements waren das, gegen friedliche Zivilbevölkerungen; kein Grashalm sollte je mehr zaghaft emporkeimen aus dem vernichteten weiblichen Selbstgefühl. Es genügte nicht, Schmerz zuzufügen, nein, ihr mußtet auch noch behaupten, daß uns nichts anderes zustand, daß wir es sogar wollten. Es genügte nicht, jahrhundertelang über unsere Minderwertigkeit, über die Abwesenheit unserer Seele und die Mangelhaftigkeit unseres Wesens und Körpers zu dozieren, nein, ihr mußtet uns auch noch verbieten, diesen Vorträgen zu antworten; nicht zugelassen habt ihr uns zu den Versammlungsräumen, Universitäten, Vereinen, Parteien. Ihr habt uns beleidigt, gefangengehalten und verletzt, dann habt ihr noch aus den Beleidigungen, Einschränkungen und Verletzungen Lust gewonnen, und dann habt ihr noch versucht, uns für diese Verhältnisse selbst verantwortlich zu machen. Und wenn jetzt endlich, langsam, eine Stimme des Protests sich erhebt, richtet ihr euch empört auf und fragt in peinlich berührtem Ton, «Warum seid ihr so aggressiv?»

Warum sind diese Feministinnen bloß so aggressiv?

Ja, warum?

Im folgenden Kapitel, meine Herren, betreiben wir ein wenig von dem, was wir von euch gelernt haben. Es heißt in der Diplomatensprache: «gunboat diplomacy». Das bedeutet, daß man seine Flotte vor der Küste des Staates, mit dem ein potentieller Konflikt existiert, vorüberfahren läßt, mit polierten Kanonen und flatternden Fahnen. Die Botschaft ist: überlegt es euch, auf uns zu schießen. Wir schießen dann nämlich zurück.

Wenn wir Männer wären, würden wir den Ausdruck «weiblicher Masochismus» sehr vorsichtig in den Mund nehmen. Wir würden ihn am liebsten ganz aus unserem Vokabular streichen.

Denn wenn wir über Masochismus wirklich diskutieren wollen, liebe Freunde, werden alle möglichen Dinge ans Licht kommen. Ein schwesterlicher Rat: laßt das Thema lieber ruhen.

Auf den folgenden Seiten könnt ihr unsere Armada zu dieser Thematik besichtigen. Sie fährt langsam und friedlich, aber mit polierten Kanonen, an eurer Küste vorbei.

Leopold von Sacher-Masoch war ein Mann und wurde als Mann geboren im Jahre 1836 in Lemberg. Sein Vater war Polizeiinspektor. Er selbst wurde Akademiker und unterrichtete an der Universität Graz, wo er Vorlesungen über Geschichte hielt. Hier heiratete er auch seine erste Frau. Seinen eindringlichen Forderungen, daß sie ihn schlagen sollte, leistete sie zunächst erschrocken Widerstand. Als sie ihm schließlich den Gefallen tat, «nahm seine literarische Kreativität erst Aufschwung».[67] Ob sein berühmtes Buch «Venus im Pelz»[68] halbautobiographisch ist oder ob er umgekehrt versuchte, seine Theorien auch konsequent nachzuleben, muß ungeklärt bleiben. Jedenfalls war die Ähnlichkeit zwischen seinen eigenen Gewohnheiten und den Schilderungen seines Romanhelden Severin im wahrsten Sinn *schlagend* oder eigentlich *geschlagen*.

In Stil und Inhalt ist «Venus im Pelz» sehr instruktiv:

In der ersten Szene des Buchs liest der Erzähler gerade Hegel, was passend ist, und schläft dabei ein (ebenfalls passend). Er träumt von einem Dialog zwischen Vertretern der beiden Geschlechter; es geht dabei um die Frage, ob zwischen ihnen eine wesenhafte Feindseligkeit existiere. Der Sprecher der Männer glaubt, daß «der Mann der Begehrende, die Frau die Begehrte ist . . . Die Natur hat ihr (der Frau) den Mann durch seine Leidenschaft preisgegeben.»

Diesen Traum erzählt er seinem Freund Severin, der davon sehr bewegt ist und ein Bild herzeigt. Auf dem Bild liegt eine schöne Frau mit Peitsche auf einer Ottomane,

> «während ihr bloßer Fuß sich nachlässig auf den Mann stützte, der vor ihr lag wie ein Sklave, wie ein Hund; und dieser Mann . . . der mit den schwärmerischen, brennenden Augen eines Märtyrers zu ihr emporsah, dieser Mann, der den Schemel ihrer Füße bildete, war Severin . . .»

Severin vertraut seinem Freund die Geschichte seines Lebens an; er gibt ihm das Tagebuch zu lesen, in dem seine schicksalhafte Verbindung zu einer dominanten Frau und die Reisen und Erlebnisse, die er mit ihr unternahm, festgehalten sind. Dieses «Tagebuch» macht den Text des Buches aus.

Severin befindet sich in einem einsamen Kurort in einem entlegenen Haus, wo er im Buche Judith liest und den Helden beneidet, weil er von einer so schönen und königlichen Frau getötet wurde. «Gott hat ihn gestraft und ihn in eines Weibes Hände gegeben, wiederholte ich für mich. Nun, was sollte ich denn anstellen, damit er mich straft?» Dann sieht er eine junge Frau, die ebenfalls Gast ist in dem Haus, das er bewohnt, und verliebt sich in ihr «dämonisch aber doch liebliches» Aussehen. (Diese Verbindung von Eigenschaften, der Brutalität, die die Attraktivität steigert, kennen wir übrigens auch von der Beschreibung James Bonds in den «007»-Büchern.) Zwischen Severin und der Frau beginnt eine Kommunikation, die alle typischen Züge beinhaltet, die wir mittlerweile aus «Emmanuelle» und «O» kennen, nur umgekehrt: sie lacht, er stottert. Sie spricht, er bringt nur wieder «das dumme, eselhafte Stottern» hervor (Seite 27).

Er erörtert schließlich (stammelnd) seine Weltanschauung, daß man «nur das wahrhaft lieben kann, was über uns steht, eine Frau, die uns durch Schönheit, Temperament, Geist, Willenskraft unterwirft, die unsere Despotin wird» (Seite 45); eine Sichtweise, die sie befremdend findet und ablehnt. Sie versucht, ihn davon abzubringen, und erklärt ihm, daß sie diese Ansicht als Perversion und als Produkt des Christentums ansieht. Sie sagt: «Durch das Christentum – dessen grausames Emblem, das Kreuz, etwas Entsetzliches für mich hat – wurde erst etwas Fremdes, Feindliches in die Natur und ihre unschuldigen Triebe hineingetragen.»

Es gelingt ihr jedoch nicht, ihn von seiner Einstellung abzubringen; er will unbedingt ihr Sklave sein und wünscht sich «eine physische Unterwerfung». Sie ist zunächst ratlos («Was soll ich mit Ihnen anfangen»), aber selbst ihre Weigerung, seine Vorstellungen zu akzeptieren, bereitet ihm schon den ersehnten Schmerz: er «leidet täglich mehr» und entwickelt die charakteristischen Symptome dieses Genres: er ist «beschämt, vernichtet», fährt fort zu stottern, und «steht im Winkel wie ein Kind, das seine Strafe erwartet». (Seite 35)

Die theologischen Erörterungen, die, wie wir in «Geschichte von O» sahen, unweigerlich Bestandteil dieser Texte sind, fehlen auch in diesem Prototyp der pornographischen Literatur nicht, sondern machen einen zentralen Teil der Erörterungen aus. Severin erzählt von seiner Beziehung zur Kirche, wie sie sich in seiner Kindheit herausbildete:

Die Kirche selbst mied er, sagt er, denn sie bereitete ihm Angst, «Dagegen schlich ich heimlich . . . zu einer Venus aus Gips (die in der Bibliothek des Vaters stand), kniete nieder und sprach zu ihr die Gebete, die man mich gelehrt hatte, das Vaterunser, das Gegrüßt-seist-du-Maria und das Credo . . . Ich warf mich vor ihr nieder, küßte ihre kalten Füße, wie ich es bei unseren Landsleuten gesehen hatte, wenn sie die Füße des toten Heilands küßten.» (Seite 47).

Auch hier wird eine Parallele gezogen zwischen einem sexuellen Empfinden bei körperlichen Mißhandlungen und den Geschichten der christlichen Märtyrer, die immer in sehr bildlicher Weise ihre Qualen darlegen. Severin erinnert sich:

«Als ich mit 10 Jahren etwa die Legenden der Märtyrer in die Hand bekam; ich erinnere mich, daß ich mit einem Grauen, das eigentlich Entzücken war, las, wie sie im Kerker schmachteten, auf den Rost gelegt, mit Pfeilen durchschossen, an das Kreuz geschlagen wurden, und das Entsetzliche mit einer Art Freude litten. Leiden, grausame Qualen erdulden, erschien mir fortan als ein Genuß, und besonders durch eine schöne Frau . . .»

(Übrigens war es für die Kirche ein Problem, daß sie immer wieder verhaltensgestörte Individuen an sich zog. Durch sado-masochistische Heiligenlegenden inspiriert, versuchten Gläubige häufig, deren Selbstquälereien zu imitieren. Zwei Päpste, Hadrian IV. im 8. und Clemens VI. im 13. Jahrhundert mußten die Verbote gegen Selbst-Peitschung eindringlich wiederholen, um dieser Gewohnheit Einhalt zu gebieten.)

Wie in den «Emannuelle»-Texten stilisiert sich die Erotik (oder was die jeweiligen Verfasser darunter verstehen) zu einem Transzendentalfaktor. Severin führt aus: «Ich sah in der Sinnlichkeit etwas Heiliges, ja das einzig Heilige, in der Frau und ihrer Schönheit etwas Göttliches . . .»

Auch die kulturellen Ansammlungen und Anspielungen fehlen nicht; Severin führt an, er habe als Student folgende Texte gelesen: Homer, Virgil, Ossian, Schiller, Goethe, Shakespeare, Cervantes, Voltaire, Molière, den Koran, den Kosmos und Casanovas Memoiren. Und, um die Frau zu seiner Weltanschauung zu bekehren, führt er noch zahlreiche historische Präzedenzfälle an, um die männliche Unterordnung unter dominierende und sinnliche Frauen als traditionell erscheinen zu lassen: Katharina die Große, Samson und Delila, Holofernes etc. Schließlich willigt sie ein, sein Beziehungsmuster durchzuführen, aber nur, um ihn didaktisch von der Irrigkeit seines Glaubens zu überzeugen.

In den Schilderungen der folgenden Szenen wird klar, daß wir in ihr das Modell für Os Geliebten vor uns haben. Die Verbindung von Brutalität und Zärtlichkeit ist dieselbe, so etwa wenn sie Severin «peitscht und dann zärtlich fragt, ‹Habe ich dir weh getan?›» Nach ekstatischen Beschreibungen des Peitschens, der Streifen an seinem Körper etc. spürt Severin entzückt «die Hingabe an sie». Und seine Empfindungen beim Geschlechtsverkehr waren offensichtlich Vorbild für die späteren «Emmanuelle»-Texte: auch ihm «vergehen dabei die Sinne» und auch er «kommt erst nachher wieder zu Bewußtsein» (S. 65). Nun fehlt Severin zu seinem Glück nur mehr die Legitimierung seines Zustands, und er bittet die Frau, ihn vertraglich zu ihrem Sklaven zu machen: «Ja», sagt er, «ich will, daß deine Gewalt über mich durch das Gesetz geheiligt, daß mein Leben in deiner Hand ist, daß nichts auf dieser Welt mich vor dir schützen oder retten kann» (S. 75). Sie versucht, ihm die Konsequenzen seines Anliegens zu verdeutlichen, und warnt: «Bedenke, Mann, du bist ja dann nicht viel besser als ein Hund, ein lebloses Ding; du bist meine Sache, mein Spielzeug, das ich zerbrechen kann, sobald es mir eine Stunde Zeitvertreib verspricht.» Severin jedoch ist dadurch nicht abgeschreckt, sondern im Gegenteil in den Tiefen seiner Männerseele ergriffen; es faßt ihn ein «Taumel der Leidenschaft», in dem er «kaum mehr klar denken oder frei entscheiden kann», er unterwirft sich und kniet vor ihr.

> «Wie schön du jetzt bist», ruft sie, «deine Augen wie in einer Verzükkung halb gebrochen, begeistern mich, reißen mich hin; dein Blick müßte wunderbar sein, wenn du totgepeitscht würdest, im Verenden. Du hast die Augen eines Märtyrers.» (Seite 78)

(Den angewiderten Leser dürfen wir an dieser Stelle daran erinnern, daß er als progressiver Mensch gegen jede Zensur ist.)

Die entsprechenden Stellen bei «Geschichte der O» haben wir eingangs schon erörtert; auch in «Geschichte der O» wird schließlich das Sterben als logischer Zielpunkt der völligen Selbstaufgabe und als erotisches Erlebnis dargestellt. In Severins Vertrag ist dementsprechend enthalten, daß Frau von Dunajew ihn auch töten kann. Seine Bereitschaft zum Tod wird in einen großen Zusammenhang gestellt; die Frau sagt, sie bewundere seine Unterwerfung, denn

> «es liegt Stärke darin . . . Unter den ersten Kaisern wären Sie ein Märtyrer, zur Zeit der Reformation ein Anabaptist, in der Französischen Revolution einer der begeisterten Girondisten geworden . . . so aber sind Sie mein Sklave.»

Der Drang zur Selbstaufgabe unter größere Ziele wird dargestellt als existentielles Bedürfnis, das sich äußern kann in religiöser Fanatik, politischem Engagement, aber auch in sexueller Leidenschaft; worauf es im wesentlichen ankommt, ist nicht das Sexuelle, sondern die Hingabe der individuellen Person, das Selbst an ein größeres Anderes, sei es ein Glauben, ein Gott, eine andere Person, eine Bewegung.

Nach Vertragsschließung bilden sich zwischen Severin und der Frau die Verhaltensmuster und Rituale heraus, die auch in den «Emmanuelle»-Texten und in «Geschichte der O» ihre Entsprechung haben. Frau von Dunajew sagt du zu ihm, er sagt Sie zu ihr. Seine eigene Kleidung wird ihm genommen und durch eine Uniform ersetzt. Schließlich wird er, wie «O», zum Zeichen des Übergangs in ein neues Leben einen Monat lang alleingelassen, in einen dunklen Keller gesperrt. (Dieser Brauch ist übrigens den Ethnologen bekannt als mythische Form, bei Pubertäts- oder Eintrittsritualen die «Geburt» in eine neue Persönlichkeit oder einen neuen gesellschaftlichen Status zu verdeutlichen. Zu diesen Riten gehören häufig auch körperliche Qualen oder «Operationen», entweder als Prüfung oder als Markierung der neuen Gruppenzugehörigkeit.)

Die Parallelen zwischen «Venus im Pelz» und «Geschichte der O» könnten beliebig fortgesetzt werden; ob es sich bei «Geschichte der O» um ein bewußtes Plagiat handelt oder um eine zufällige Korrespondenz, muß offen bleiben. Auch Severin wird z. B. ausführlich und mit System gefoltert und findet darin Freiheit von den Grenzen seiner eigenen Person. Auch Severin wird zusätzlich als Diener eingesetzt und wird abwechselnd mißhandelt und zärtlich mit Liebesbeteuerungen überschüttet. Auch Severins Qualen haben bisweilen einen exotischen Rahmen, z. B. als «drei schwarze Dienerinnen ihn festbinden wie einen, der hingerichtet werden soll». Auch Severin erfährt Demütigungen und durchdachte Entmenschlichungen, z. B. wenn er «als Tier den Acker pflügen» muß. Auch Severin fühlt sich durch diese Erfahrungen spiritualisiert und geläutert. (Können wir hierin eine Aussage über das tiefste Wesen des Mannes erkennen? Nicht? Na also.)

Gerechtigkeitshalber muß angemerkt sein, daß auch «Venus im Pelz» sich unschwer als Satire interpretieren läßt. Durch die radikale Konsequenz, mit der bestimmte Denkhaltungen zu ihrem Ende geführt werden, werden sie zugleich in der Ablehnungswürdigkeit ihrer Logik kritisierbar gemacht. Für eine solche Interpretation spricht auch der einleitende Verweis auf Hegel in «Venus im Pelz»: Sacher-Masochs Text ließe sich lesen als Persiflierung, als besonders einprägsame Widerlegung der Dialektik von Herr(in) und Knecht.

Und das Fazit seiner Ausführungen lautet, daß die Feindschaft zwischen den Geschlechtern erst ein Ende finden wird, wenn Frauen «in Bildung oder Arbeit» den Männern gleichgestellt sind, ihre Rechte wahrnehmen können und die gegenseitige Tyrannisierung aufgehoben ist in Gleichheit.

Weitere Einblicke in den männlichen Unterwerfungsdrang gewinnen wir aus einem historischen Exkurs in die Zeit der Troubadours des europäischen Mittelalters. Beginnend im 11. Jahrhundert in Südfrankreich entwickelte sich eine Literaturgattung und ein Verhaltensideal, das später in verdünnter Form weite Verbreitung fand. Es handelte sich um eine Theorie der Kultur und der Kreativität, die sich um einen neu umschriebenen Begriff der Liebe bildete. Dieser neue Liebesbegriff entlehnte sein Vokabular und seine Empfindungsweise der Sprache der Theologie und den Denksystemen der Religion. Die sozialen Beziehungsmuster übertrug er von den gesellschaftlichen Strukturen seiner Zeit, dem Feudalismus. Die Eigenschaften eines Lehnsherren und die Empfindungen eines Gläubigen gegenüber Gott wurden übertragen auf die «Dame»; eine eigentümliche Leistung, da Frauen im militaristischen Mittelalter keine besonders günstige Stellung einnahmen, wenn ihr Status und ihre Lebensbedingungen auch keinesfalls so untergeordnet und so finster waren, wie es in gängigen Texten dargestellt wird.* Bekanntlich handelte es sich bei den Liebesbeziehungen der Troubadours um relativ hoffnungslose Fixierungen auf verheiratete oder aus anderen Gründen unerreichbare Damen, in deren «Dienst» der Verliebte sich stellte, um, inspiriert durch die Frau und durch die Aussichtslosigkeit seiner Liebe, große literarische Werke zu ihren Ehren zu verfassen.

Im 11. Jahrhundert fand eine Wende statt in den männlichen sexuellen Einstellungen, zumindest auf der Ebene populärer Lieder und Er-

* – Die ökonomische Stellung der Frauen war in vieler Hinsicht «gleicher» als beim Übergang zum Bürgertum, und für die Relevanz ihres politischen Potentials zeugen die scharfen Maßnahmen, die dagegen aufgeboten wurden.

zählungen. Neben den eher unmittelbaren Bezugnahmen auf sexuelle Fragen, mit denen die Höfe der Fürsten amüsiert wurden, entstand eine neue Gattung der verklärten, spiritualisierten Sexualität, und neben der Heldenfigur des erfolgreichen Liebhabers fand die neue Figur des unglücklichen, leidenden, sich aufopfernden und hingebenden Liebhabers Popularität. Diese neue Figur bestand aus einer Mischung aus noblem Vasallen eines edlen Fürsten und Märtyrerfigur in Anlehnung an christliche Texte. In seiner Untersuchung der Lieder der Troubadours kommt Frederick Goldin zur Schlußfolgerung, daß in Form und Inhalt unübersehbare Parallelen zu kirchlichen Texten bestehen. In Form und Klang «imitieren die Lieder die Troubadours häufig die kirchlichen Litaneien. Biblische Andeutungen kommen oft vor. Auch die Strophenform läßt sich auf religiöse Vorbilder zurückverfolgen».[69]

Die Lieder der Troubadours stellten eine säkularisierte Fassung religiöser Bezüge dar, adaptiert für eine feudale Gesellschaft und übertragen auf die Frau als zentraler Orientierungspunkt; in den Liedern nannten die Troubadours ihre Geliebte oft sogar «mein Herr». Christliche Tugenden und Wertvorstellungen wurden in umgewandelter Form übernommen und fanden ihren wichtigsten Ausdruck in der Vorstellung, daß «die Liebe der höchste ethische Zustand sei, und Freude aus der Unterordnung unter ihre Gesetze kam».[70] Aus der Liebe zu Christus wurde die – ideelle – Liebe zu einer «Dame». (Gelegentlich wurde in einer mehr als säkularisierten Instrumentalisierung oder besser, «Humanisierung» der Religion ein Gebet an die Mutter Gottes verfaßt, sie möge bei der erfolgreichen Herstellung einer außerehelichen sexuellen Beziehung Hilfestellung leisten, z. B. indem sie die Abwesenheit der Frau vom Ehebett unentdeckt bleiben ließ.) Diese Gedankengänge setzten voraus, daß die Liebe einen Wert erhielt, der über ihre profaneren Aspekte der Triebbefriedigung oder Fortpflanzung hinausging, daß die Liebe als ethische Beziehung zwischen einzelnen also ein Leitbild wurde. Da jedoch die einzigen Vorbilder für zwischenmenschliche Beziehungen Ungleichheit vorsahen und auf Machtverhältnisse begründet waren, gelang es den Troubadours auch nur, ihre idealisierte Beziehung als Herrschaftsverhältnis zu konzipieren, in dem sie zur Abwechslung nicht die über-, sondern die untergeordnete Position einnahmen. Die Tradition von Ritter und Dame beschreibt Briffault:

> «Dem Ritter genügte es, daß die Dame seine Dienste akzeptierte und ihn als ihren Diener nahm. Wenn es ihr beliebte, ihn sterben zu lassen, dann wollte er glücklich in den Tod gehen und seinem Schicksal danken, das es ihm gestattete, sein Martyrium durch ein so seliges Ende zu beschließen ... Die Unterwerfung und Resignation des Liebhabers ist ein Thema, das von zeitgenössischen Dichtern und Troubadours endlos dargelegt und geschildert wurde. Das Leiden des

Liebhabers steigerte sich zur Erniedrigung; seine Tränen flossen in einem steten Strom; die Texte schildern ausgiebig die Gnadenlosigkeit und Herzlosigkeit seiner schönen Herrin . . . Das Schwergewicht lag hier immer auf der Unterwerfung, der Selbstaufgabe und der Ergebenheit des duldsamen Liebhabers.»[71]

Die Beziehung zu einer Frau als gleiche blieb unvorstellbar, es wurde lediglich dem Muster männlicher Dominanz und weiblicher Entrechtung, wie es für die Ehe bestimmend war, ein alternatives Muster weiblicher Dominanz und männlicher Unterwerfung entgegengesetzt. Die Zuschreibung von Eigenschaften an die Geliebte war durchweg irreal und angstbesetzt; bei Guillaume IX. (1071–1127) hieß es z. B.,

«Ihre Freundlichkeit kann einen kranken Mann gesund machen
Ihr Zorn bringt einem gesunden Mann den Tod
Den Weisen kann sie in ein Kind verwandeln
Den Schönen auf der Stelle verunstalten . . .»

Die Lieder der Troubadours sind voll von Verzweiflungsrufen und Dramatik; sie beteuern, daß sie «sterben wollen, wenn sie mich nicht als ihren Sklaven nimmt» (Cercamon, ca. 1135), sie lassen ihr die Nachricht bringen, daß sie «in Schmerz und Kummer leiden und gerne für sie sterben wollen», sie entsenden Botschafter mit der Mitteilung, daß sie «mich töten soll, wenn es ihr Wille ist, ich würde mich mit keinem Wort beklagen», sie freuen sich darüber, daß die Frau sie «völlig ihrem Willen unterworfen hat». (Bernart de Ventalorn, ca. 1150)

Das Bild, das sie von ihren Geliebten zeichnen, ist furchterregend.
«Sie bringt mich zum Weinen und Seufzen», berichtet Peire Vidal um 1180. «Sie wünscht sich, daß ich leide, und ich weiß nicht warum, aber ich liebe sie mehr als mich selbst.
Sie hat das Herz eines Drachen
Denn sie sagt zu mir nur harte Dinge
Und zu allen anderen lächelt sie freundlich.
Durch ihre Brutalität
Hat sie aus mir einen Pilger gemacht
und kein Mann auf einer heiligen Pilgerfahrt hat je mehr gelitten.»

Viele Jahrhunderte vor Sacher-Masoch bezogen sich auch diese Männer häufig auf ihren Ahnen, Samson, um die Härte und Gefährlichkeit der Frauen angstvoll zu erörtern.

«Meine Dame will nur, daß ich leide», erzählt auch der mißhandelte Chatelain de Couci (ca. 1203).

«Sie haßt mich und kann es nicht ertragen, daß es mir gutgeht.
Und da mein Schmerz ihr Freude bereitet
Hasse ich mich auch selbst und wünsche mir Schmerz.»

Der bedauernswerte Gace Brule jedoch ist in der Lage, sein trauriges Schicksal nicht einmal mehr artikulieren zu können, denn

«sie ist so hartherzig, daß sie nicht einmal auf die Stimme meiner Qualen hört
Daher muß ich schweigen
Um nicht etwas zu sagen, was sie ärgern könnte.»

In diesen Texten finden wir alle Elemente vor, die später in «Geschichte der O» wieder eingebracht werden: Lust in der Erfahrung von Schmerz, Verlust des selbständigen Verstandes, eine (sehr eloquente) Sprachlosigkeit, die Vorstellung von der Allmacht der/des Geliebten, die Bejahung selbstschädigender Erfahrungen und die freiwillige Unterordnung unter ein halb-gespieltes, ritualisiertes Herrschaftsverhältnis. Die Erhebung der geliebten Person zu überdimensionalen Proportionen, meist in Verbindung mit einer christlich-religiösen Ausdrucksweise, ist seit dem 11. Jahrhundert bis zur Gegenwart überliefert. Bei Thibaut de Champagne (1201–1253) stehen Sätze wie,

«Sie ist so schön, daß Gott selbst sie lieben muß, das weiß ich.
Es ist ein großes Wunder, daß er sie entbehren kann.»
Oder auch
«Meine Augen haben nicht die Kraft
Daß ich es wagen könnte dich anzublicken.
Und ich wage es nicht, den Mund zu einem Gebet zu öffnen, daß du mir deine Liebe schenkst.»

Beliebt waren auch Geschichten mit der abschließenden Moral, daß Frauen jeden Mann, und sei er noch so klug, wichtig oder mächtig, demütigen und unterwerfen können, weil die Liebe die Männer zu denkunfähigen Sklaven macht. In vielen Versionen tauchte eine Erzählung über Aristoteles auf, die in Liedern, Gedichten und Sagen eine weite Verbreitung fand. Das «Lied des Aristoteles», wie Frederick Goldin in seiner Untersuchung belegt, genoß im 13. Jahrhundert große Popularität als «Schlager». Die Geschichte hatte folgenden Inhalt: Im Zug einer seiner Kriegszüge verliebte sich Alexander der Große in eine Inderin und vernachlässigte in seinem Liebestaumel die militärische Aufgaben völlig. Sein Lehrer, Aristoteles, versuchte, ihm ins Gewissen zu reden und ihn wieder zur Vernunft zu bringen; er solle diese Frau verlassen, mahnte er ihn. Die Frau belauschte dieses Gespräch und beschloß, sich an Aristoteles zu rächen. Sie ging stark verschleiert vor seinem Fenster auf und ab, Liebeslieder singend, bis auch Aristoteles sich in sie verliebte. Sie jedoch sagte, daß sie ihn nur erhören würde, wenn er als Liebesbeweis für sie einen Esel spielte. Völlig außer sich vor Liebe willigte er ein und ließ sich mit Zügeln und Sattel ausstatten. In dieser Aufmachung entdeckte ihn Alexander der Große, der damit Zeuge der Demütigung seines großen Lehrers wurde.

Auf diese Geschichte berief sich Adam de la Halle (ca. 1260) und schrieb,

«Aristoteles war sehr weise
Und selbst ihn brachte die Liebe so weit
Daß er sich wie ein Tier satteln ließ
Von der Frau, die er als Geliebte wollte
Und am Ende doch nicht bekam . . .
Aber es kann nicht unrecht sein, sich der Schande auszusetzen
der Entehrung oder dem Schmerz, solange es im Namen der Liebe geschieht.»

Diese Einstellungen leben fort. Sie finden sich in den Texten heutiger populärer Schlager und sind auch in den allgemeinen Sprachgebrauch übergegangen, in den Beteuerungen moderner Männer, wie «ich kann ohne dich nicht leben», «ich bete dich an» etc.

Die wichtigste Aussage ist, daß männliche Bemühungen im Bereich einer Theorie und eines Verhaltensmodells der zwischengeschlechtlichen Beziehungen sich stets in extremen Gegensätzen bewegen. Sie produzieren Pornographie oder Selbstzüchtigungen, sie dominieren oder wollen dominiert werden, sie verachten die Frauen oder verherrlichen sie, eine realitätsgetreue Haltung ist selten. Der Drang nach Selbstzerstörung, nach Macht in Form eines positiven oder negativen Werts, erscheint stets in sehr ausgeprägter Form.

Überspringen wir nun einige Jahrhunderte bis in das Zeitalter des viktorianischen England, so finden wir in professionalisierter, theoretisch untermauerter und moralisch kodifizierter Form einen institutionalisierten Sado-Masochismus vor. Die Institutionalisierung erfolgte auf drei Ebenen:

- auf der offiziellen, indem körperliche Züchtigungen als pädagogisches Prinzip zu Respektabilität gelangt waren,
- auf der literarischen, indem ein neues und blühendes Genre entsprechender Romane, Zeitschriften und Kurzgeschichten entstanden war,
- auf der Ebene der Freizeitkultur für die gehobenen Schichten, die sich eigene Etablissements unter Leitung einer «strengen Gouvernante» für die Befriedigung ihrer nunmehr solide gewordenen Bedürfnisse eingerichtet hatten.

Die körperliche Züchtigung an englischen Bubenschulen als Disziplinarmittel und wichtigstes didaktisches Instrument beinhaltete mehrere Merkmale einer echten Perversion. In der Willkür der Bestrafung, die dazu noch in der Öffentlichkeit stattfand, war der Demütigungs- und Machtaspekt vorrangig. Die Begleitumstände des Züchtigungsrituals brachten ihre sadistisch-sexuelle Komponente (Entblößung, Spott etc.) deutlich zum Ausdruck. Und schließlich vermuten viele Autoren in der Verbreitung masochistischen Verhaltens bei englischen Erwachsenen (was so weit ging, daß dieses Bedürfnis auf dem europäischen Kontinent als «englisches Laster» bekannt wurde[72]) eine Folgeerscheinung der Erfahrungen im Schüleralter.

In seinen Bekenntnissen schreibt Rousseau über die Prügel, die er im Alter von acht von seiner Gouvernante erhielt:

> «In den Schmerzen und sogar in der Demütigung dieser Erfahrungen fand ich ein Element der sinnlichen Erregung, die mich mit mehr Lust als Angst erfüllte, beim Gedanken, daß sich diese Strafe, vollstreckt von derselben Hand, wiederholen sollte. Zweifellos vermischte sich hier mit diesen Empfindungen bereits ein verfrühtes sexuelles Gefühl, denn dieselbe Bestrafung, hätte ich sie durch ihren Bruder erfahren, wäre mir nicht so angenehm vorgekommen.»

Die Gouvernante stellte ihre Bestrafungen ein, als sie den Effekt merkte, und Rousseau war gezwungen, mit gleichaltrigen Mädchen «Lehrerin» zu spielen, wobei die Mädchen immer als Demonstration ihrer Autorität Schläge austeilen sollten. Als Erwachsener phantasierte er nurmehr von Mißhandlungen und Schlägen, da er sich schämte, seinen Partnerinnen seine Neigung zu gestehen.[73]

Wenn dieser Rousseau also später, und ausgerechnet in seinen pädagogischen Traktaten («Emil oder Über die Erziehung») boshafte Bemerkungen über das Wesen der Frau macht, so müssen sie unter diesem Aspekt interpretiert werden, als Kompensation für die nie überwundene Begierde, von einer strengen Lehrerin gezüchtigt zu werden.

Dieses Problem war Rousseau selbst auch durchaus bewußt; in seinen Memoiren klagt er darüber, daß «seine Wünsche, seine Neigungen und seine Leidenschaften» für den Rest seines Lebens geprägt wurden durch die masochistischen Erfahrungen in seiner Kindheit.

Dasselbe Muster zeigte sich, auf breiterer Basis, am Beispiel des englischen Schulsystems. Der Historiker Ronald Pearsall schreibt,

> «Ursprünglich als Bestrafung intendiert, wurde die Züchtigung für mehrere Generationen von Schuljungen eine Form der sexuellen Befriedigung; später schrieb man ihr sogar einen medizinischen Wert zu.»[74]

Die Praxis der Züchtigung traf die englische Jugend nicht beliebig, sondern beschränkte sich auf bestimmte Kreise. In Institutionen wie dem Militär war sie zwar eine beliebte Art der Bestrafung für diverse Missetaten (im Jahr 1863 wurden 518 straffällige Soldaten ausgepeitscht); als organisiertes erzieherisches Mittel an den Schulen traf sie in ritualisierter und regelmäßig vollzogener, mit didaktischen Texten untermauerter Form jedoch nur die Söhne der besseren Schichten, die die exklusiveren Schulen besuchten. Der große Staatsmann Gladstone, der selbst gerne von seinen jugendlichen Züchtigungen erzählte, war einer der eloquenteren Befürworter dieser Praxis. Am renommierten Eton College gab es einen Klub, dessen Mitglied man nur werden konnte, wenn man mindestens aus drei Anlässen mit dem Stock geprügelt worden war. Und Pearsall schreibt über die sich zu einer Ideologie hochstilisierende Disziplinierung,

> «Körperliche Züchtigung an den Schulen war eine Art Beitrittsritual, ein Brauch, der mit brutaler Präzision die oberen Klassen von den anderen abgrenzte. Es war eine Stammes-Rite, die den Übergang von einem Status in den anderen fast ebenso zum Ausdruck bringen sollte, wie in anderen Gesellllschaftsformen das Zeremonial der Beschneidung.» (Seite 411).

Die Popularität exklusiver sado-masochistischer Etablissements, wo sich die Herren der besseren Gesellschaft von eigens spezialisierten Damen mißhandeln und auspeitschen lassen konnten, scheint nach verschiedenen Studien im 19. Jahrhundert besonders groß gewesen zu sein.[75]

Der Verleger Cannon schrieb 1838, daß «diesem Trieb, der den Männern seit Urzeiten innewohnt, heutzutage so ausgiebig nachgegangen wird, daß allein in London nicht weniger als zwanzig Nobel-Etablissements zu seinem ausschließlichen Zweck erhalten werden».

Die Stammkundschaft dieser Häuser setzte sich laut einem zeitgenössischen Bericht zusammen aus

> «zahlreichen alten Generälen sowie auch anderen Offizieren, aber auch Bischöfen, Richtern, Anwälten, Lords, Ärzten, die regelmäßig die Dienste der Häuser aufsuchen, um ihr Blut in Wallung zu bringen und ein wenig Aufregung in ihr Leben zu bringen, nachdem sie die Fähigkeit zu anderen Formen sexueller Tätigkeit verloren haben. Ebenso gehören zu den Kunden Hunderte von jungen Männern, die ausgebildet wurden an Schulen, deren Lehrer mit dem Stock Disziplin ausübten, und die dadurch eine Leidenschaft für diese Erfahrung gewonnen haben und sich wünschen, dieselbe Bestrafung von den Händen einer schönen Frau zu erhalten.»[76]

Die publizistischen Bemühungen auf diesem Gebiet waren für all jene, die sich dieser Tätigkeit lieber literarisch als physisch aussetzen wollten, in großem Umfang erhältlich. Zu den beliebtesten Werken dieser Literaturrichtung gehörten folgende Titel:

«Frauenherrschaft». Eine Erzählung der Abenteuer und Psychologischen Erlebnisse von Julian Robinson unter der Dominanz des Weibes. Verfaßt von Demselben. (3 Bände), 1893.
«Die Dominanz der Röcke, oder Die Rache der Frauen», 1890
«Die Herrin und der Sklave», 1903
«Die Romantik der Züchtigungen», 1866.

Trotz strenger Zensur erlebten diese Werke hohe Auflagen und genossen eine weite Verbreitung.

Die Leidensbereitschaft, Hingabe und Aufopferung, die wir schon in den Texten der Troubadours als emotionales Begleitstück zur Liebe vorfanden, zeigt sich als konstantes Merkmal der männlichen Gefühlswelt. In der deutschen Romantik erlebte sie eine neue Blütezeit, und Goethes Briefroman «Die Leiden des Jungen Werthers»[77] ist ein typischer Ausdruck dieser Epoche. Schon zu Goethes Lebzeiten war dieses Buch äußerst populär; eine ganze Generation junger Männer vergoß darüber Tränen.

Der seelische Zustand des Titelhelden ist bereits zu Beginn der Erzählung ein äußerst bedauernswerter. Hin und her getrieben von der Stärke seiner Empfindungen, leidet er sich durch die Seiten seiner Briefe, versinkt, verstummt, ist dem Tode nahe, wird übermannt von seinen Gedanken und muß zu diversen Anlässen mit dem «Schnupftuch vor den Augen die Gesellschaft verlassen»! Anlaß dieser Verhaltensstörungen ist seine Liebe zu Lotte, Braut eines anderen Mannes. Diese Lotte wird nun das Projektionsobjekt seiner masochistischen Phantasien. Ständig wirft er sich vor ihr nieder «wie vor einem Propheten, der die Schulden einer Nation weggeweiht hat», fällt bei einer zufälligen Berührung ihrer Hand beinahe in Ohnmacht und ist generell ein strapaziöser Gefährte ihrer Spaziergänge und Abendgesellschaften. Bei ihrem Anblick «wird's (ihm) so schwindlig vor allen Sinnen»; er quält sich durch die Tage hindurch; er leidet. Und trotzdem «war (er) noch nie glücklicher», noch nie waren seine Empfindungen «voller und inniger», vor seiner «Seele schwimmt und schwankt alles so». Am glücklichsten ist er, wenn er ihr dienen kann, wenn sie ihm kleine Aufgaben zuteilt. In sein Tagebuch vermerkt er: «Ja, liebe Lotte, ich will alles besorgen und bestellen; geben Sie mir nur mehr Aufträge, nur recht oft.»

Er wünscht sich nur, daß seine Unterwerfungsgesten durch nichts gestört werden: «Um eins bitte ich Sie: keinen Sand mehr auf die Zettelchen, die Sie mir schreiben. Heute führte ich es schnell nach der Lippe, und die Zähne knisterten mir.»

So tugendhaft und vorbildlich Lotte ist, so taktvoll sie diese schwierige Situation zu glätten versucht, sosehr sie ihren Bräutigam anhält, mitleidig mit seinem befallenen Geschlechtsgenossen umzugehen, trotzdem ist sie in den Augen Werthers eine Femme fatale, die ihn magnetisch anzieht und in sein Unglück treibt. Sie ist für ihn sowohl eine dämonische als auch eine göttliche Gestalt. Auch in diesem Text finden wir wieder die theologische Ausdrucksweise, die Deutung von Empfindungen in religiösen Kategorien. «Sie ist mir heilig», schreibt Werther zu Beginn seines Tagebuchs noch halbwegs umgangssprachlich; später heißt es dann aber schon, «Ich habe kein Gebet mehr als an sie.» Wenn er nicht bei ihr ist, leidet er entsetzliche Qualen; in ihrer Gegenwart jedoch scheint es ihm nicht viel besser zu gehen. Er fühlt sich dann so, als hätte «ein Meuchelmörder» seine Gurgel im Würgegriff, sein «Herz schlägt wild» und es wird ihm «düster vor den Augen». Lotte, der diese Szenen offensichtlich peinlich sind, «erlaubt ihm dann den elenden Trost», «auf ihrer Hand (seine) Beklemmung auszuweinen». Trotzdem aber überkommt ihn der Drang, sich «zu verletzen», und wie bei den bisher zitierten Texten anderer Epochen spürt auch er das Bedürfnis, sein Leiden in institutionalisierter Form fortzusetzen, etwa als Märtyrer: «Die einsame Wohnung einer Zelle, das härene Gewand und der Stachelgürtel wären Labsale, nach denen meine Seele schmachtet.»

Wie in den Liedern der Troubadours spielt der Gedanke an den Tod, der nicht – wie z. B. in den Gedichten der Shakespeare-Zeit – als Erinnerung an die Kurzfristigkeit und daher Dringlichkeit irdischer Freuden erscheint, sondern als ein erstrebenswerter Zustand der Erlösung, eine permanente Rolle in den Ausführungen Werthers. Und, genau wie «Geschichte der O», endet die Affäre mit dem «freiwilligen» Tod des Hauptdarstellers. Werther begeht Selbstmord, wobei er folgenden Brief hinterläßt:

> «Es ist beschlossen, Lotte, ich will sterben, und das schreibe ich Dir ohne eine romantische Überspannung, gelassen, an dem Morgen des Tages, an dem ich Dich zum letzten Male sehen werde. Wenn du dieses liest, meine Beste, deckt schon das kühle Grab die erstarrten Reste des Unruhigen, Unglücklichen, der für die letzten Augenblicke seines Lebens keine größere Süßigkeit weiß, als sich mit Dir zu unterhalten.»

Daß er sich umbringen will, erleichtert ihn, bedrückt ihn nicht, schreibt er, denn «ich opfere mich für Dich». Und dieses Opfer wird, wie in «Geschichte der O», ohne unmittelbaren Anlaß dargebracht; als sich anbietende Geste der Selbstauflösung, nachdem die anderen Formen, die Hingabe des Selbst an die geliebte Person nicht mehr hinreichend erscheinen, oder um sie zu vervollkommnen, wie in «Venus im Pelz».

Weniger romantisch-verklärt, dafür aber um so überraschender, finden wir ähnliche literarische Masochismustraktate bei dem Chauvinismus-

Literaten unserer Zeit, Henry Miller. Die Analogien zwischen seinen Büchern und den oben angeführten ließen sich ausführlich erörtern, interessieren uns an dieser Stelle aber nicht vordringlich. (Das ganze Tun und Streben seiner Hauptfiguren richtet sich mit stetiger Monotonie auf eine oder mehrere Frauen, auf die Rückgewinnung einer abhanden gekommenen Potenz oder auf die Erörterung der metaphysischen Bedeutung von Geschlechtskrankheiten, in ihrer Monomanie, in der ausführlichen Schilderung seelischer Leiden und in der phantastischen Übersteigerung physischer und psychischer Empfindungen entspricht sie genau dem Genre.) Millers Bücher sind als frauenfeindlich und sexistisch bezeichnet worden; die diesbezügliche Kritik seiner Werke ist interessant,[78] geht aber an zentralen Aspekten seiner Psychopathologie vorüber.

Denn gerade dieser Verteidiger männlicher Geschlechtsmacht, dieser Stammtisch-Chronist eines Patriarchats, das sich drohend und aufgeplustert aufbaut vor einem imaginären männlichen Herausforderer, wie der wild um sich schlagende Don Quixote vor der Windmühle, gerade dieser Henry Miller gehört (möglicherweise unbeabsichtigt) zu den eloquentesten Sprechern des männlichen Masochismus. Gelegentlich ist er sich dessen bewußt; so z. B. in «Sexus», wenn er schreibt, «Wie ungern geben wir zu, daß wir nichts lieber möchten, als der Sklave sein!»[79] Er versucht in der Folge, diese blitzartige Einsicht wieder zu relativieren. An einer späteren Stelle kehrt er jedoch darauf zurück. Über den Sinn von Leben, Liebe und anderen Grundsatzkategorien rätselnd, fragt sich Miller: «Warum war es so belebend, wieder von dem giftigen Apfel zu kosten, flehentlich zu Füßen einer Frau aus der Bibel zu knien?». Er mythologisiert weiter, wobei er seine tatsächlichen Erfahrungen mit pseudo-religiösem Vokabular mischt; die Frau, idealisiert und dämonisiert, wird in typischer Weise zum Projektionsobjekt seiner Unterwerfungsphantasien gemacht. Im folgenden Absatz etwa unterscheidet sich der sonst so profane Miller in keinem Detail von seinen mittelalterlichen Ahnen:

> «Ich hatte mich noch nicht ganz aus meiner Benommenheit gelöst . . . (Ich) kniete zu ihren Füßen nieder und murmelte etwas über ihre strahlende Schönheit. Ein paar Minuten lang machte sie keine Anstalten, mich hochzuziehen. Sie hielt meine beiden Hände in den ihren und lächelte auf mich herab – dieses strahlende, leuchtende Lächeln, das sich wie ein Heiligenschein ausbreitet und dann verschwindet, um nie wieder zu erscheinen. Es war das seraphische Lächeln des Friedens und des Segenspendens . . . Es war ein Sakrament und die Stunde, der Tag und der Ort wurden in goldenen Lettern in dem Legendenbuch aufgezeichnet, das am Fuß des Lebensbaumes lag . . . Nie mehr würde diese Stille, diese Endgültigkeit eintreten – vielleicht bis zum Tode.» (Seite 319)

Bemerkenswert an dieser Passage sind vor allem das dem Feudalverhältnis entlehnte Bild eines knienden Vasallen, der seine Hände in die des Lehnsherrn legt (im Mittelalter das Ritual zur Besiegelung eines Lehnsverhältnisses) und die den Heiligenlegenden nachempfundene mystische Kommunikation zwischen Gläubigen und Göttlichem.

Die Übertragung solcher Verhältnisse auf die Beziehung zu einer Frau schildert Miller schon in den einleitenden Absätzen seines Buchs. Der Erzähler, der zu diesem Zeitpunkt verheiratet ist, verliebt sich in eine gewisse Mara. Sein Zustand ruft in ihm die Überlegung hervor, daß «sich bedingungslos der Frau auszuliefern, die man liebt, heißt alle Fesseln abzustreifen außer dem Verlangen, sie nicht zu verlieren – die schrecklichste aller Fesseln». (Wir erinnern uns an ein identisches Zitat in «Geschichte der O».) Die Hauptfigur sinniert über die Liebe und «ist nur noch besessen von dem Wunsch, «mich ihr völlig auszuliefern». Er wünscht sich nichts mehr, als ihre Stimme einmal täglich am Telefon zu hören; selbst dann will er nicht einmal mit ihr sprechen, nein, er «wagt es nur zu erhoffen», ihre Stimme «Hallo» sagen zu hören. «Wenn sie bereit war, mir das zu gewähren, und es auch wirklich tat, mochte geschehen, was wolle.»

Er versucht, sie anzurufen, aber sie ist nicht zu Hause. Diese Katastrophe stürzt ihn in den Abgrund existentieller Verzweiflung. Er fürchtet, zu «krepieren wie eine vergiftete Ratte» (wir sehen, daß die männliche Dichtung seit Goethes «Werther» in der Fähigkeit, ihren Zustand zu artikulieren, große Fortschritte gemacht hat). Wie die Philosophen, die erörterten, daß die Welt nur deshalb existiert, weil Gott sie sieht, überlegt Millers Held, daß er keine Existenz hat, wenn Mara ihn nicht wahrnimmt: «Ihre Abwesenheit löscht mich aus.»

Die romantische Verklärung seines Zustands ist jedoch selektiv; Mara gegenüber ist er ein kranker und verzweifelter Mann, anderen Frauen gegenüber hingegen ist er ganz er selbst. Seiner Frau, z. B., die ihn beim Abendessen vermißt (er ist ja unterwegs auf der Suche nach Mara), erteilt er eine telefonische Zurechtweisung. Noch während er in holden flötenden Tönen seine Ehrerbietung an Mara formuliert, zischt unser Troubadour seiner Gemahlin zu, «Erstick dran, du Miststück. Du kannst mir tot oder lebendig gestohlen bleiben.»

Den Schluß des Buchs (der verschiedentlich interpretiert worden ist als gesellschaftskritisches Gleichnis) bildet eine Traumszene.

Millers Held träumt, daß er ein Hund ist und von einem Mann mit einer Peitsche verprügelt wird. Abschließend wird er, winselnd und bellend, von einer Frau davongetragen. Hier können wir erkennen, daß die in jahrhundertelanger Entwicklung erfahrenen psychischen Schäden an der männlichen Identität nicht von heute auf morgen überwunden werden können.

Wenden wir uns nun den Gesellschaftswissenschaften zu, so zeigt sich eine erneute Bestätigung des festgestellten Verhaltensmusters.

Ethnologisches und psychologisches Material liefert Belege für die Hypothese masochistischer Neigungen im männlichen Wesen. Die bekanntesten Forscher auf dem Gebiet, Malinowski, Briffault, Reed, Bettelheim[80], weisen alle darauf hin, daß Pubertätsrituale und Beitritts- oder Initiationsriten bei Männern viel ausgeprägter sind als bei Frauen. Selbst der Männlichkeitsideologe Ardrey führt aus, daß gewalttätige Bräuche, in denen die Beteiligten einander oder sich selbst Verletzungen und Qualen zufügen, ein charakteristisches Merkmal des Männerbundes sind. Da der Übergang vom Kindes- in das Frauenalter für Mädchen relativ eindeutig ist, sind die diesbezüglichen sozialen Bräuche bei den meisten Völkern mit wenig Dramatik versehen. Männliche Jugendliche hingegen werden häufig mit gespenstischen Masken halb zu Tode erschreckt, ausgehungert, in finstere Höhlen eingeschlossen oder in die Wüste geschickt, es werden ihnen körperliche Verletzungen und nicht selten sogar Verstümmelungen zugefügt.

Diese offensichtlich teilweise instinkthafte (möglicherweise hormonell bedingte? Hier werden die Naturwissenschaftler erklärend tätig werden müssen) Vorgangsweise von Männergruppen reproduziert sich bekanntlich auch in anderen Breitengraden, nicht nur bei den Naturvölkern. An Militärakademien ist es Brauch, daß die jüngeren Lehrgänge von den älteren Studenten oder Schülern ausgiebig gequält und gedemütigt werden; eine Gewohnheit, die in Mädchengruppen kein Äquivalent hat. Selbst erwachsene Männer vollziehen beinahe zwanghaft solche Verhaltensweisen nach. In Organisationen wie dem Ku-Klux-Klan oder dem CV* z. B. ist es üblich, sich mit geheimen Formeln zu begrüßen, einen geheimen Namen anzunehmen und die Solidarität unter den Mitgliedern mittels verschwörerischer Zusammenkünfte zu stärken. Auch dieses Verhalten ist den Frauen fremd, die deshalb auch in der «Politik» erheblich benachteiligt sind. In seinem Buch «Männer in Gruppen»[81] weist Ardrey darauf hin, daß die Gemeinschaft der Männer bei Stammtisch und maskulinem Gespräch (Sport, gemeinsame männliche Bekannte etc.) die Funktion erfüllt, Frauen auszuschließen; in politischen Situationen, in denen Vorentscheidungen oftmals in informellem Rahmen getroffen werden, hat also die sado-masochistische Männerverbindung eine «konstruktive», zumindest jedoch exklusive Folge.

Infolge einer Betrachtung der Hauptbereiche männlicher Aktivität und Lebenserfahrung (Militär, extremer Leistungssport etc.) sind manche Autoren so weit gegangen, ein grundlegendes Schmerz- und Erniedrigungsbedürfnis bei Männern zu postulieren.[82] Auch die Tatsache, daß

* CV = Cartellverband, österreichischer konservativer Männerverein.

die wirklich abstoßenden Verbrechen in allen Zeitaltern von Männern vollbracht wurden (Massenmörder, die aus psycho-pathischer Motivation Dutzende von Menschen umbringen, etc.) hat zu Spekulationen geführt. Die Experimente, die vorwiegend an Ratten vorgenommen wurden und z. B. zeigten, daß unausgeglichenes und sozial störendes Verhalten dann eintritt, wenn die Tiere zusätzliche Injektionen männlicher Hormone erhalten, haben bislang zu keinen sehr dienlichen Ergebnissen geführt. Aufschlußreicher sind hier die oben angemerkten ethnologischen Studien, die allesamt zum Ergebnis kamen, daß die bewußte und systematische Inszenierung gewalthafter, schmerzverbundener und demütigender Situationen exklusive Kulturleistung des männlichen Geschlechts ist. Die Lebenserfahrungen, die für Frauen schmerzverbunden sind (Geburt etc.) sind im Gegensatz dazu punktuell und physisch determiniert; sie sind unvermeidbare Begleiterscheinungen natürlicher Prozesse, niemals aber Selbstzweck und meist nicht freiwillig hergestellt, sondern als notwendig akzeptiert. Ethnologen haben nun den interessanten Tatbestand zutage gefördert, daß in vielen Gesellschaften die Männer neiderfüllt vor diesen weiblichen Erlebnissen stehen und bemüht sind, sie nachzuvollziehen. In ritualisierter Form reproduzieren sie für sich selbst die spezifisch weiblichen biologischen Erfahrungen.

In seiner Untersuchung «Symbolische Wunden: Pubertätsrituale und der Neid der Männer» führt Bruno Bettelheim eine ganze Reihe solcher männlicher Imitationsversuche an. Im geographisch und kulturell weitverbreiteten Ritual der «Couvade» z. B. winden sich Männer stöhnend in imitierten Geburtswehen am Boden, während ihre Frauen sich im Nebenraum stillschweigend und mit der angebrachten Disziplin der Arbeit des Geburtsvorgangs widmen. Und in der Überzeugung, daß die Menstruation ein eingebautes Reinigungs- und Entgiftungsmittel ist, das sie infolge ihrer biologischen Fehlkonstruktion und Benachteiligung entbehren, stellen sie durch Schnitte an ihrem Geschlechtsorgan eine künstliche Menstruation her.[83]

Wie die anderen Sozialwissenschaften (Soziologie, Psychologie) zeigen, handelt es sich bei der bewußten Suche nach Leiden und Demütigung um ein beinahe ausschließlich männliches Verhalten, eine Tatsache, die – wenn wir diese Korrelation im sozialen und nicht im genetischen Sinn interpretieren wollen – einen Zusammenhang vermuten läßt zwischen geschlechtsspezifischer Machtausübung im Patriarchat und dem Bedürfnis nach ihrer Kompensation in Situationen von Machtlosigkeit oder Bestrafung.

Der Psychoanalytiker Theodor Reik hat sich in seiner Arbeit «Masochism in Modern Man» mit der Tatsache auseinandergesetzt, daß – wie seine therapeutische Praxis ihm durch viele Jahre hinweg einprägsam bewiesen hatte – Masochismus eine fast ausschließlich männliche psychische Erscheinung ist. Nach seiner Erfahrung und seinen systematischen Beobachtungen zu schließen, schrieb Reik, könne man bei Frauen in der Regel kein masochistisches Verhalten finden. Zwar erlebten Frauen Situationen des Schmerzes, man könne aber nicht davon sprechen, daß sie solche Situationen absichtlich herstellten oder wünschten. Im Masochismus aber, schrieb Reik, *sucht* der Betreffende nach Schmerz, Erniedrigung oder Schmach. Es sei sogar erstaunlich, meinte Reik, daß dies bei Frauen nicht der Fall ist, denn die weibliche Erziehung in unserer Kultur «fördert eine Art milden Masochismus, während die Erziehung der Buben darauf angelegt ist, ihn zu unterdrücken».

Reik sieht sich nun vor die Aufgabe gestellt, diese Situation zu erklären, ohne seine grundsätzliche Überzeugung von der Überlegenheit des männlichen Geschlechts (denn er ist, wie es sich für seinen Berufsstand gehört, ein überzeugter Chauvinist) zu verlieren. Dies leistet er in wirklich vorbildlicher Weise durch eine der gedanklichen Verdrehungen, die wir auch aus anderen ideologischen Bereichen patriarchaler Theorie kennen. Wenn Frauen des masochistischen Verhaltens bezichtigt werden, dann gilt das in den theoretischen Schriften ja bekanntlich als Beweis für die Richtigkeit ihrer Unterordnung und als Entschuldigung für Gewalttaten und Mißhandlungen. Zeigt sich hingegen, daß Männer und nicht Frauen masochistisches Verhalten aufweisen, dann gilt das wieder einmal als Beweis für männliche Überlegenheit: sogar bei Verhaltensstörungen und sexueller Devianz, lautet dann die Logik, können die Frauen nicht mithalten. Reiks Überzeugung, daß Männer insgesamt begabter, kreativer, ambitionierter usf. sind als Frauen, führt ihn zur Hypothese, daß Männer auch die «besseren» Masochisten sein müssen. Ihre masochistischen Phantasien müssen extremer und erfindungsreicher, ihre Demütigungen noch erniedrigender, ihre Unterwerfung noch vollständiger sein als es Frauen jemals zustande bringen könnten. In allen Lebensbereichen, und daher auch bei Perversionen, müssen laut Reik die Männer überlegen sein: überlegen selbst noch in der Erzielung größerer Unterlegenheit. Streckenweise muten Reiks Ausführungen satirisch an, wie Karikaturen eines Kampfes zwischen den Geschlechtern, der jeden Bezug zur Vernunft verloren hat. Er schreibt z. B.:

> «Der weibliche Masochismus in seiner sexuellen und seiner sozialen Form kommt selten dem männlichen gleich . . . Die Fähigkeit der Frau für Selbstaufgabe zielt weniger als die des Mannes auf abstrakte, idealisierte, egofremde Inhalte. So hat auch die Religionsgeschichte weniger weibliche als männliche Märtyrer hervorgebracht . . . Die weibliche Loslösung von der Realität wird selten mit dem gleichen Drang ins Phantastische und mit der gleichen Konsequenzbereitschaft vollzogen. Im allgemeinen sind Männer viel idealistischer und romantischer als Frauen. Sie empfinden den Drang, Helden zu sein, sei es in

aktiver oder in passiver Weise. Der Grund hierfür liegt darin, daß Männer ambitioniert sind, Frauen hingegen eitel . . . Die Beethovenhafte Rebellion männlicher masochistischer Phantasien ist bei Frauen nicht zu finden. Der stolze Kampfgeist eines Prometheus erscheint bei Frauen nur in Form einer milderen, sanfteren Sehnsucht nach Leiden. Der männliche Drang nach Folterung weist in seiner spezifischen Form heroenhafte Züge auf; die Frau hingegen neigt mehr zum Dulden. Sie kennt nicht die geheime Revolte gegen alle irdische und himmlische Macht, die dem Masochismus des Mannes seine Triebkraft gibt.» (Seite 348)

Dieser Absatz ist eine vollkommene Illustration sexistischer Logik; selbst noch beim Masochismus muß der Frau die Gleichwertigkeit ihrer «Leistung» abgestritten werden, während die weniger erhebenden Züge der männlichen Persönlichkeit (hier z. B. ihre erwiesene größere Neigung zu sexuellem Masochismus) ihnen trotzdem zur Ehre und zum Heldenhaften gereichen.

(Der Text von Reik deutet auf einen wichtigen Unterschied zwischen den Geschlechtern in der Rezeption der Masochismus-These; wie die Masochismus-Diskussion in der Frauenbewegung zeigt, sind Frauen nicht mehr bereit, sich zu solchen Eigenschaften zu bekennen. Selbst Anna Freud oder Helene Deutsch, Psychoanalytikerinnen, die an die Existenz einer solchen Eigenschaft bei Frauen glaubten, sahen sie in Verbindung mit grundlegenden Tätigkeiten wie der Geburt von Kindern. Reiks theoretische Leistung, in einem Mann, der einer Prostituierten 2000 Schilling zahlt, um von ihr gefesselt und verprügelt zu werden, einen Prometheus, einen Helden, eine epische Figur zu sehen, ist in feministischen Texten unerreicht.)

Virginia Woolf hat die permanente Wettbewerbshaltung sexistischer Theorien kritisiert; in den ewigen Bemühungen, die «eigene Seite» als überlegen und als besser darzustellen, sieht sie pubertäre Züge einer unreifen Menschheit. Sie schreibt:

«Diese Gegenüberstellung der beiden Geschlechter als seien sie Fußballmannschaften; dieses Aufwiegen von Eigenschaft gegen Eigenschaft; diese Inanspruchnahme von Überlegenheit und ihr Gegenstück, die Zuweisung von Unterlegenheit, gehören allesamt dem Schulalter der Menschheit an. Da gibt es Mannschaften und da ist es notwendig, daß die eine Mannschaft die andere besiegt, und das Höchste ist es, auf die Plattform gerufen zu werden und vom Schuldirektor einen sehr dekorativen Pokal überreicht zu bekommen. Wenn Menschen sich weiterentwickeln, glauben sie nicht mehr an Mannschaften, an Schuldirektoren oder an dekorative Pokale.»[84]

Seit Theodor Reik den Masochismus-Pokal an die Männlichkeit vergab, haben sich zunehmend auch Angehörige der Nachbardisziplin, der Soziologie, mit diesem Phänomen auseinandergesetzt. Auch die neueren empirischen Untersuchungen dieses Fachs bestätigen die große Verbreitung masochistischen Verhaltens bei Männern, und zwar vor allem bei Männern gehobener sozialer Schicht.

M. Stein[85] untersuchte über einen Zeitraum von vier Jahren 1242 Männer, die Kunden bei Callgirls in New York waren. 64 Callgirls gaben über ihre Beobachtungen und Erfahrungen mit dem oberen Mittelschicht-Klienten Auskunft. Der durchschnittliche Kunde war ein Geschäftsmann, Arzt, Anwalt oder Politiker. 58% der Klienten waren verheiratet und 42% waren zwischen 40 und 49 Jahre alt. Nach Motivation, Verhalten und gewünschten Leistungen ließen sich die Männer in neun Kategorien einordnen. Auf diese Typen kommen wir später zurück; an dieser Stelle für uns von Interesse ist die Gruppe 7, die Stein als «Sklaven» bezeichnet. 17% der Kundschaft bevorzugte regelmäßig diese Sklavenrolle gegenüber dem Callgirl; bei 13% war diese Rolle begleitet von physischer Umsetzung (körperliche Züchtigungen, Fesseln etc.) und nicht nur von Befehlen oder verbalen Erniedrigungen. Stein schreibt dazu,

> «Diesen Männern bereitete es Lust, körperlicher Mißhandlung ausgesetzt zu werden; Fesselung und Disziplinierung steigerten ihr Gefühl der Hilflosigkeit und Unterwerfung. In Grenzen gehalten, trugen Schmerzen auch zu ihrer sexuellen Stimulierung bei.» (Seite 244)

Nach Ansicht von Monique Van Cleef, einer Fachkraft in diesem Bereich, «ist die emotionale Erniedrigung hier das wichtige, nicht die körperliche Empfindung von Schmerz».[86]

Die masochistische Begegnung hatte bei den meisten Männern eine ritualisierte Form und war in ein ganzes Szenarium eingewoben. Häufig nahm das die Form an, daß Callgirl und Kunde ein vorher abgesprochenes Spiel mit verteilten Rollen inszenierten, das immer mit der «Bestrafung» des Mannes enden mußte. Daß diese Art des Bedürfnisses am häufigsten bei Politikern, hohen Beamten oder Richtern aufzutreten scheint, bestätigt eine zweite, sehr breit angelegte Untersuchung eines amerikanischen Sozialwissenschaftlerteams. Gerade die Berufsgruppen, die am direktesten mit politischer oder gesellschaftlicher Macht beruflich handhaben, scheinen am stärksten zu masochistischem Verhalten hingezogen zu sein.

In ihren Laienaufführungen mit den Callgirls wollen sie am häufigsten untergeordnete Rollen spielen, oftmals mit Kostümierung. Hier stellt sich die Frage, aufgrund welcher Bedürfnisse oder psychischen Belastungen Männer, die in der Gesellschaft und am Arbeitsplatz eine übergeordnete, manchmal sogar sehr wichtige Stellung einnehmen, in regelmäßigen Abständen viel Geld dafür bezahlen (die Kurse standen nach letzter Meldung in den USA bei mindestens 75 Dollar, in Österreich bei mindestens 2000 Schilling), um eine Stunde lang eine abgewertete soziale Rolle spielen zu dürfen (bevorzugte Rollen: Schuljunge, Sklave, Dienstmädchen, Haustier) und anschließend beschimpft und geschlagen zu werden. Der Gedanke, daß einige unserer Volksvertreter vom Parlament direkt in die Folterkammer eines Callgirls eilen, oder daß manche unserer Richter den Talar ablegen, um ihn gegen die Fesseln einer Prostituierten einzutauschen, ist weniger beunruhigend als die Tatsache, daß dieselben Personen aus Verwirrung und unbewältigtem Schuldgefühl am nächsten Tag zur Kompensation doppelt hart vorgehen werden gegen die Verstöße anderer, doppelt repressive Gesetze verabschieden werden zur Stärkung eines Sittenkodex, der ihre persönlichen Schwächen und Entgleisungen überdecken soll. Die Untersuchung über amerikanische Politiker nämlich «A Sexual Profile of Men in Power»[87] hat ergeben, daß gerade diejenigen unter den Regierenden, die in ihren privaten Stunden am meisten vom Pfad der bürgerlichen Rechtschaffenheit abweichen, zu den erbittertsten Gegnern fortschrittlicher Gesetzgebung gehören: daß sie am lautesten gegen Homosexualität wettern, am engagiertesten gegen die Abtreibung eintreten und fortschrittliche Gesetzgebung zur rechtlichen Gleichstellung von Frauen am schärfsten ablehnen.

Die weite Verbreitung masochistischen Verhaltens bei Männern an der Macht erklärt Stein mit vier Thesen:

- Die Vortäuschung einer Zwangssituation gestattet es den Männern, an gewünschten Praktiken teilzunehmen, die sie sonst als unakzeptabel betrachten und unterdrücken müßten (z. B. homosexuelles Interesse). Indem ihnen diese Praktiken «befohlen» werden, können sie ohne Belastung ihren Wünschen stattgeben.
- Viele der Klienten sind in ihrem Berufsleben gezwungen, ohne Unterlaß Selbstbeherrschung, Dominanzverhalten und Aggressivität zu demonstrieren. Die Besuche bei den Callgirls dienen möglicherweise der Kompensation und der Bewältigung von Schuldgefühlen.
- Die Übernahme von infantilen Rollen und Verhaltensweisen deuten darauf hin, daß einige der Klienten das Bedürfnis haben, unbewältigte Kindheitserfahrungen zu rekonstruieren, vor allem die infantile Emotionalität und Sexualität.
- Die risikoreichen und selbstzerstörerischen Elemente in der Lebensorganisation einiger der Männer wurde offenbar in den Spielen mittels masochistischer Inhalte in Lustgewinn konvertiert. (Seite 264)

Selbst die meisten aktuellen Illustrationen eines männlichen Sadismus und weiblichen Masochismus halten einem genaueren Blick nicht stand.

Das «Stern»-Titelbild z. B., das schließlich den (sehr wichtigen) «Stern»-«Emma»-Prozeß mit auslöste, zeigte die schwarze Sängerin Grace Jones in Ketten und wurde als Beispiel für die Popularisierbarkeit sadistischer Szenerien mit Frauen als Opfer angeführt. Nun ist jedoch gerade Grace Jones, die bei ihren Auftritten unweigerlich die Auditorien füllt und daher ein gewisser Indikator für die Stimmungen der Mode und des öffentlichen Geschmacks ist, alles andere als ein Opfer. Einen ihrer typischen Auftritte, vom Publikum in Florida enthusiastisch aufgenommen, beschreibt die amerikanische konservative Kulturzeitschrift «Ebony» ihrem Leserkreis, der vorwiegend aus der schwarzen Mittelschicht kommt, wie folgt:

«Grace Jones stöckelt auf die Bühne. Eine rote Lederpeitsche schwingend marschiert sie von der einen Bühnenseite zur anderen; dabei singt sie ihren großen Hit ‹I Need a Man› und inspiziert mit aggressivem Blick zwei halbnackte männliche Tänzer, als wären sie Tiere in einem Käfig. Ein Peitschenhieb, und die lockeren Hosen der Tänzer fallen zu Boden. Grace tritt einen Schritt zurück und betrachtet die Waren, wobei sie gelegentlich ihre rote Peitsche auf das nackte Hinterteil der Männer sausen läßt. Sie ist noch immer nicht zufrieden. Verärgert schickt sie die zwei nackten Tänzer weg und packt einen Mann aus dem Publikum beim Kragen . . . sie schleppt ihn auf die Bühne und verlangt, daß er sich auszieht . . .»[88]

Grace Jones mag geschmacklos sein, aber ein unterworfenes Opfer männlicher Gewalttätigkeit ist sie nicht. Das Publikum, das ihren Demütigungen der entblößten Tänzer begeistert zujubelte, zeigte kein Zeichen, daß es eine umgekehrte Gewaltausübung eher erwartet und mehr genossen hätte.

Ein theoretisches Friedensangebot zur Beilegung der Masochismus-Diskussion

Nach diesem Überblick über die Geschichte männlicher Emotionen fragen wir uns mit dem Klappentextverfasser des Verlages Rowohlt: «Gibt es also in den Tiefen der Männerseele etwas, das auf Unterwerfung und Selbstaufgabe besteht? Ist es Natur oder Erziehung durch Jahrtausende?»

Unsere These, die vorläufigen Charakter hat, glaubt einen Zusammenhang zu erkennen zwischen der Verteilung gesellschaftlicher Macht und den Formen emotionaler Bewältigung sozialer Ungleichheit. Masochismus, glauben wir, ist eine pervertierte Form überindividueller Identitätssuche in Zuständen extremer Entfremdung.

Der Zusammenhang zwischen den Randbereichen religiösen Empfindens, romantischer Liebe und ideologischer Hingabe ist optisch auffallend. Geisteshaltungen und Verhaltensweisen, die wir als masochistisch klassifizieren würden (Bejahung von Schmerz, Leiden und Demütigung, freiwillige und totale Unterwerfung, Bereitschaft zum Tod), sind sowohl aus der Mystik bekannt als auch aus der Romantik und dem politischen Fanatismus. Der scheinbare geschlechtsspezifische Aspekt ist trügerisch; die geschlechtsmäßig verschiedenen Erscheinungsformen haben ihre Ursache im unterschiedlichen sozialen Verhältnis zur Macht und nicht in der Biologie der Seele. Textstellen aus «Geschichte der O» sind beinahe wortgleich mit «Venus im Pelz», männliche und weibliche Märtyrer und Mystiker litten in ähnlicher Weise, Männer wie Frauen warfen sich in historischen Momenten der Verzweiflung mitunter vor die Füße eines Führers und schwärmten vor nicht allzu langer Zeit unter der Flagge einer amazonen-bedrohlichen Germania von Blut und Boden und Opferbringung für die Nation.

Die wesentlichen Merkmale von Masochismus in all seinen Spielarten sind Hingabe, Entbehrungen, Leiden, die das individuelle Subjekt in einen Zustand der Entrücktheit versetzen, und die Existenz genau vorgegebener Muster für die ungleiche Beziehung.

Nicht zufällig ist der *Vertrag* so oft grundlegender Bestandteil einer masochistischen Beziehung; die Ungleichheit und das Herrschaftsverhältnis wird kodifiziert und zum System erhoben wie, auf höherer Ebene, der Gesellschaftsvertrag, der Vertrag zwischen Arbeitgeber und Lohnarbeiter, oder – historisch – des Feudalherren und seinen Vasallen. In der Regel erfolgt die masochistische Szene nicht ohne eine vorgegebene tiefere Bedeutung; sie soll nicht Selbstzweck sein und auch nicht unmittelbar der verzerrten Triebbefriedigung dienen, sondern einem höheren Ziel (Liebesbeweis, Läuterung etc.); sie soll nicht willkürlich sein, sondern «logisch» (die Mißhandlung erfolgt nicht grundlos, sondern als «Bestrafung» oder «Belehrung»). Das masochistische Verhältnis ist ein – gesteigertes, verdrehtes, aber erkenntliches – Zerrbild der gesellschaftlichen Autoritäts- und Herrschaftsverhältnisse. Als sexuelle Perversion entspricht es der sozialen Perversion, die alle menschlichen Verhältnisse in Herrschaftsordnungen prägt (warum also nicht, dies ist die Aussage des Masochismus, auch die erotischen). In dieser Hinsicht ist Masochismus eine Form des Protests gegen die Ungleichheit. Indem er es gestattet, Situationen der Machtlosigkeit oder Machtumkehrung selbst herzustellen, zu steuern (zu kaufen) und daraus auch noch Lust zu gewinnen, stellt der Masochismus die Intaktheit und Autonomie des Subjekts scheinbar (wenn auch trüglich) wieder her. Wie Robert Stoller ausführt, sind Perversionen häufig Versuche des Individuums, traumatische Momente der sexuellen oder persönlichen Entwicklung zu kompensieren und zu bewältigen:

> «Die (sexuelle) Phantasie wählt den Moment des größten Traumas und transformiert ihn in den Moment der größten Erregung. Die Fähigkeit, aus erniedrigenden Situationen Lustgewinn zu erzielen, ist eine Form von Rache.»[89]

Gemäß der gesellschaftlichen Hierarchisierung sind also zwei Typen des Masochismus zu unterscheiden. Er könnte einerseits auftreten als Methode, um tatsächliche Situationen von Unterordnung erträglich zu machen und zumindest partiell und subjektiv umzukehren, indem er aus dem Aufgezwungenen das Gewollte macht und den Willen des Subjekts damit wiederherstellt. Und er könnte andererseits eine Reaktion dagegen sein, daß man selbst in der widerrechtlichen Position ist, Herrschaft auszuüben und Dominanz zugeschrieben zu erhalten. Entsprechend den gesellschaftlichen Machtverhältnissen wäre die erste Form ein eher «weiblicher» Masochismus und würde eher im sozialen Bereich auftreten, und die zweite ein eher «männlicher» Masochismus und würde sich im sexuellen Bereich manifestieren, um als Kompensation für Machtausübung und eine aggressive Arbeits- und Lebenssituation zu dienen. Das würde erklären, warum fast ausschließlich Männer dieses Verhalten zeigen, die zwar durch ihre berufliche Teilhabe an der Macht dem Männlichkeitsbild gerecht werden, andererseits aber durch Kenntnisse liberalerer Wertbilder und Bewußtsein des entfremdeten Zustands ein nicht ungestörtes Verhältnis zur männlichen Geschlechtsrolle haben.

Wir könnten also Masochismus deuten als unzulänglichen, unpolitischen und letztlich selbstdestruktiven Protest gegen Zustände der Ungleichheit. Da der männliche Masochismus eine Umkehrung der Machtverhältnisse zwischen den Geschlechtern bewirkt, können wir ihn als kritische Reaktion auf die Zwänge der eigenen Herrschaftsrolle sehen. Wir können auch erkennen, daß er in seiner fraglosen Reproduktion von Gewalthaftigkeit und Autoritarismus, diesmal nur unter umgekehrtem Vorzeichen, kein positives Potential besitzt. Und wir können schließen, daß geschlechtshierarchisierte, auf Über- und Unterlegenheit konzentrierte Gesellschaften zwangsläufig zu Pathologien führen, sei es in Richtung Anpassung oder in Richtung eines eigenständigen, aber perversen masochistischen Protests. Wir können abschließend folgern, daß Dominanzverhältnisse der menschlichen Natur widerstreben und zu Verhaltensstörungen führen.

Aber, wie die mittlerweile jahrzehntealte Diskussion über den «weiblichen Masochismus» zeigt, müssen wir es nicht in dieser Weise interpretieren.

Wir können uns auch fragen: sind Männer vielleicht doch in den Tiefen ihrer Männerseele geborene Masochisten?

Ein gemachter Mann – Erinnerungen an die Erziehung zur Männlichkeit

Wir fragten uns, wie Männer ihr Leben sehen. Wie sie die Welt und die Frauen sehen, ist der Öffentlichkeit ja hinlänglich bekannt. Dagegen herrscht bedrückendes Schweigen über die männliche Psyche, ihre inneren Antriebskräfte, ihre Selbstzweifel (gibt es solche?). Im folgenden Kapitel erzählen sechs Personen von ihrer Entwicklung zum Mann. Die Berichte sind authentisch, unzensiert und ohne Interpretation wiedergegeben.

Wir gingen bei der Auswahl von den folgenden Kriterien aus: wir versuchten, mit Männern zu sprechen, die wir vorher nicht gekannt hatten und die alters- und berufsmäßig gestreut waren. Es waren weder Männer, die sich in einer Krise befanden, noch Männer, die sich für die Geschlechtsrollenproblematik sonderlich interessierten, sondern relativ wahllos herausgegriffene Personen, deren Schilderung wahrscheinlich nicht nur Schlüsse über ihre individuelle Persönlichkeit zulassen, sondern auch über die Umstände, unter denen sie als Männer erzogen wurden und als Männer leben.

Johann F., 38 Jahre alt, Arzt

Ich bin sehr abgeschieden aufgewachsen, am Land. Durch meine um zwei Jahre jüngere Schwester bin ich schon früh viel mit Mädchen zusammen gewesen. Mit ca. 9 oder 10 Jahren, als feststand, daß ich ins Gymnasium gehen sollte, bin ich aufgeklärt worden, von meinem Vater. Ich kann mich noch gut daran erinnern: Er hat mich ins Bad gerufen und gefragt: «Dein Schwanz da, wozu hast du den?» Ich war völlig perplex, weil ich wirklich keine Ahnung hatte und hab nichts drauf gesagt. Er hat mir einen langen Vortrag gehalten über die Funktion der männlichen und weiblichen Geschlechtsteile. Ich hab mich dann nicht sehr ausgekannt, aber das Thema wurde noch öfters von ihm angeschnitten.

In diesem Punkt hat er mir eine widersprüchliche Einstellung in seinem ganzen Denken vermittelt. Einerseits war er autoritär und äußerst konservativ in Fragen von Politik, Zeitgeschehen und den meisten aktuellen Grundsatzfragen eingestellt, andererseits äußerte er in solchen Gesprächen mit mir immer ganz explizit Ansichten wie: «Im Geschlechtsleben muß man auf die Gefühle der Frau eingehen, da gibt es Unterschiede, die man unbedingt beachten muß, damit es eine gute Sache wird.» Er hat immer eine faire Einstellung gegenüber Frauen gehabt; ich kann mich erinnern, daß er auch sehr nützliche und sinnvolle Hinweise gegeben hat und sich nicht davor scheute, auch über Techniken zu sprechen, wie zum Beispiel, daß sich der Mann nicht bloß bei der Frau abreagieren soll und sich danach umdrehen. Diese Haltung meines Vaters hat meine Einstellung zu Frauen sehr geprägt, und ich entwickelte in frühen Jahren eine sehr idealistische Vorstellung gegenüber Frauen. Das war gerade die Zeit, als durch Kolle Sexualität in die Offentlichkeit kam; alles, was für andere in meinem Alter eine Sensation war, war für mich schon längst selbstverständlich.

Meine erste Verliebtheit war sehr abgehoben, ich bin fast gestorben vor Schüchternheit. Das hat sich bis heute noch erhalten, in abgeschwächter Form natürlich.

Mit 15 oder 16 war ich wahnsinnig verliebt und hab ihr schließlich auch meine Liebe gestanden. Es war schon irrsinnig, ich hatte solche Angst, daß ich mich auf einer Party einmal sogar überwinden mußte, mit ihr zu tanzen. Dann wurde es noch ärger, ich war nicht einmal mehr fähig, mit ihr richtig zu reden und habe einen Klassenkollegen als Nachrichtenübermittler eingeschaltet, obwohl ich sie jeden Tag in der Schule sah. Schließlich hat er sie mir weggeschnappt, der war klüger.

Im Laufe der Jahre habe ich mich nach Frauen gesehnt, aber gleichzeitig Schiß gehabt. Die anderen Typen, die das konnten, habe ich sehr bewundert. Verhältnismäßig spät, mit über 20, habe ich erst Geschlechtsverkehr gehabt, wahrscheinlich ist das auch darauf zurückzuführen, daß ich mich einschüchtern ließ, weil alle so angegeben haben. Ich habe nie aktiv Frauen aufgerissen, da mußte ich mich schon ganz sicher fühlen. Für mich war es immer wichtig – und das ist heute noch so –, daß der Mensch, für den ich mich interessiere, sich umgekehrt auch von mir angesprochen fühlt. Ich bin kein Risiko eingegangen, auch wenn ich innerlich schon ganz scharf war, eine bestimmte Frau zu treffen.

Diese Situation habe ich immer mit Überlegenheit überspielt und den anderen, z. B. den betreffenden Frauen ein Gefühl der Wurschtigkeit vermittelt.

Jeder redete davon, so daß ich schließlich mit einer Frau schlafen mußte. Einerseits spürte ich schon auch den Drang danach, aber der soziale Druck war ziemlich groß. Andererseits war diese riesige Erwartungsangst da, und ich habe mich als Person ziemlich unvollkommen gefühlt. Oft dachte ich von mir selber: «Du mußt a ordentliche Flasch'n sein.» Wenn ich mit der Hauruck-Methode losgegangen wäre, hätte es schon eher geklappt. Mädchen kannte ich immer viele, es waren Ferienfreundschaften. Durch mein ewiges Zögern ist es aber nie zu einer engeren Beziehung gekommen.

Meine Kumpels wußten natürlich nichts davon, daß ich solche Schwierigkeiten hatte. Wenn ich Statements zu dieser Sache abgegeben habe, habe ich hauptsächlich sekundäres Wissen reproduziert. Ich habe nie so dahergeredet, daß sie auf die Idee hätten kommen können, die Frage aufzuwerfen: hast du oder hast du nicht? Trotz der äußeren Gelassenheit habe ich genau gewußt, daß ich mich auf dieser Ebene mit anderen nicht messen konnte. Zum ersten Geschlechtsverkehr hat mich meine Freundin fast getrieben. Wir waren beide etwas betrunken, es war eine einzige Katastrophe. Alle längjährigen Ratschläge meines Vaters konnten in keiner Weise umgesetzt werden, es war in ein paar Sekunden vorbei, ein Mordsdurcheinander. Ich habe sie sehr gern gehabt. Später habe ich eine andere getroffen und dieses Thema in allen Variationen mit ihr erforscht, wir haben miteinander sozusagen Neuland betreten.

Ich glaube rückblickend, daß ich Frauen deshalb voll akzeptiere, weil mir – zumindest früher – der Zugang zu ihnen nie so richtig gelungen ist, obwohl ich den Kontakt suchte. Aus diesem Grund habe ich auch nie die Einstellung entwickelt: Ich pfeif auf die Weiber. Die Muster, die man in der Familie erlebt, sind letztlich sehr bestimmend; für mich war sicher entscheidend, daß mein Vater zu meiner Mutter immer sehr fair war – allerdings, was ich abschreckend fand und was ich in meinen Beziehungen immer zu vermeiden suchte –, es wurde viel und laut gestritten. Sie hat mir dabei immer sehr leid getan und ich hab mir damals geschworen, so wie mein Vater möchte ich nicht sein. Bei der Mutter habe ich mich viel mehr geborgen und verstanden gefühlt, wahrscheinlich haben mich deshalb die Angriffe auf sie so sehr gestört. Sie hat sich immer passiv und geduldig verhalten, ihm und uns aber zu verstehen gegeben, wenn sie sein Verhalten nicht richtig fand. Meine Sehnsucht in bezug auf Frauen ist immer darauf gerichtet, verstanden zu werden. Äußerlichkeiten sind mir schon wichtig, aber letztlich wollte ich immer eine Frau, die ebenso verständnisvoll ist wie meine Mutter. Wenn ich zum erstenmal eine Gruppe Frauen treffe, richtet sich das erste Checken schon auf das Äußere. Die Größe war mir immer wichtig, weil ich selber so lang bin, und das Gesicht, alles weitere wie Busen und Popo eher sekundär, ins Gesicht schaut man am häufigsten. Ein ausgeprägter Busen hat mich immer eher abgeschreckt.

Einer der wichtigen Einschnitte in meinem Leben war sicher der Wechsel vom Land in die Stadt, als ich aufs Gymnasium kam, ich war völlig desorientiert und habe plötzlich erlebt: da gibt es Menschen, die wollen dir ein Haxl stellen. Meine Eltern waren im Vergleich zu den Familien meiner Mitschüler arme Schlucker, ich habe mich meist nur geduldet gefühlt bei gemeinsamen Unternehmungen, den sozialen Unterschied habe ich immer stark empfunden. Ich glaube, daß ich dadurch aber ein starkes soziales Gefühl bekommen habe, Gerechtigkeitssinn überhaupt. Es gab dann eine Umschulung, meine schlechten Schulleistungen haben mich sehr deprimiert. Beim Militär habe ich wieder Selbstvertrauen getankt, weil ich endlich weg war aus der Schule und von der Familie. Die ersten Wochen war ich noch eher konform, später habe ich mich zunehmend konträr zu den Vorstellungen der Autoritäten verhalten und endgültig die Nabelschnur abgetrennt.

Die Auseinandersetzung mit dem Marxismus hat mich sicher intellektuell am meisten geprägt. Der Anfang der Beziehung mit meiner Frau fällt in diese politisch aktive Zeit der 60er Jahre. Damals war ich in dem Dilemma gefangen – daß ich bestimmte ästhetische Forderungen an Frauen habe, gleichzeitig hirnmäßig erfaßte, daß diese Ansprüche ein Quatsch sind. In der Linken legte man keinen großen Wert auf Äußeres, meine Wünsche konnte ich aber nie ablegen. Mit Ursula hat dann alles gestimmt, wir haben uns gemeinsam entwickelt, sie war vor allem gesellschaftlich genauso sensibel wie ich. Jetzt leben wir seit 10 Jahren zusammen, es ist schon viel Vernunft in dieser Beziehung, die ich nicht mehr aufgeben möchte, die aber auch kein Panzer werden soll, in dem man unbeweglich ist. Im emotionalen Bereich bin ich weniger flexibel als Ursula, sie pocht sehr auf gegenseitige Freiheit in der Beziehung, was ich auch richtig finde. Vor einem Jahr haben wir in diese Richtung einen Anfang gemacht, was sehr schwierig war. Früher habe ich immer Angst davor gehabt, sich Freiheit zu lassen. Man lernt dann doch, daß es für einen auch Vorteile hat und gewöhnt sich. Die gegenseitigen Verlustängste möglichst gering zu halten, finde ich schon wichtig dabei. Die politische Phase in meinem Leben hat – ich glaube nicht, daß ich die Zeit idealisiere – dazu beigetragen, daß ich eine weniger aggressive Einstellung zu Frauen habe als andere Männer. Die argen Witze gegen Frauen, vor allem beim Militär, sind mir immer auf die Nerven gegangen. Daß die Linken generell Chauvis waren, glaub ich nicht. Das politische Bewußtsein allein hat eine Toleranz beinhaltet, die auch die Einstellung zu Frauen prägte. In den Diskussionen haben die Wortmeldungen der Frauen immer genausoviel gezählt. Sicher haben sie dann aufräumen müssen, die Abziehmaschine putzen etc. Es ist schon richtig, daß sie in Auseinandersetzungen schneller gekuscht haben und so abstimmten wie ihre Freunde. Im Reden habe ich die Frauen aber als Partner erlebt, das war ein entscheidendes Erlebnis für mich, weil es vorher bei meinen früheren Bekanntschaften nicht der Fall war. Ich habe bis zu diesem Zeitpunkt Frauen immer als Kumpel betrachtet, mich im Geistigen immer total überlegen gefühlt. Die Mädchen aus den früheren Phasen haben bei den Diskussionen nie mitgemacht, der intellektuelle Bereich war Männersache. Durch die politischen Gruppen habe ich festgestellt, es gibt in den Hirnregionen ja auch Frauen.

Ganz spontan würde ich sagen, ich mag Frauen grundsätzlich lieber, ich habe das Gefühl, sie haben in allem mehr Verständnis. Ich habe nie mit Männern eine so intensive Freundschaft gehabt wie mit Frauen. Klar, das Sexuelle macht Frauen irrsinnig interessant. Es kann auch daran liegen, daß ich meinen Vater immer strafender erlebt habe als meine Mutter.

Ich hätte ganz gern Kinder, eine Tochter würde ich vor allem vor der Ausnutzung durch die Männer zu bewahren versuchen, gerade in der Zeit, wo sie anfängt, dem anderen Geschlecht zu begegnen, weil ich aus Erfahrung weiß, daß 90% der Männer in dieser Phase Mädchen als Ausdruck ihres Status einsetzen. Männern gegenüber habe ich ein Mißtrauen, einfach aufgrund der Männer, die ich gekannt habe; sie mögen nette Menschen sein, aber ich finde, daß sie sich immer ausnützerisch verhalten. Ich bin in einem Skiort aufgewachsen, dort war während meiner ganzen Jugend prinzipiell nur vom «Aufreißen» die Rede. Ich habe nicht das Gefühl gehabt, daß Burschen im Alter um die 20 eine echte Beziehung gesucht haben, daß sie die Mädchen nett fanden; sie gingen einfach auf «Aufriß», weils dazugehört. Da muß man ganz schön brutal sein, wenn man da mithalten will mit diesem Standard. Mit einer etwas idealistischeren Haltung kommt man in die Zwickmühle, das war mein langjähriger Konflikt.

Felix R., 20 Jahre, Student

Ich möchte das, was mich persönlich und politisch prägte und prägt, getrennt behandeln, wenn das auch jetzt nicht mehr geht:

Bis ca. 17: antiklerikal (zunächst emotional seit der Scheidung meiner Eltern, als ich 10 war, die mich hart traf und die von «Gott zugelassen worden war», später wegen der Unlogik, die mir für die Religion typisch erschien), emotional antikommunistisch, leistungsorientiert im negativen Sinn (also unkollegial, um die eigenen Leistungen nicht teilen zu müssen).

Mit 17 Eintritt in eine linke Jugendorganisation: «über den Kopf» politisiert («Komm. Manifest», Lenin etc.), keine praktische Arbeit und dementsprechendes Theorie-Praxis-Verständnis.

Mit 18 auf der Uni, in einem politischen Verband endlich die Möglichkeit, etwas praktisch zu tun, schneller «Aufstieg» in der Organisation. Politische Unsicherheit durch um so stärkeres Engagement übertüncht. War damals schon von der Sinnlosigkeit meiner Tätigkeit überzeugt und verstand sie als eine Art Beschäftigungstherapie.

Erkannte dann vor allem nach einem Gruppendynamikseminar, das im Rahmen der Vorbereitung zu Tutorials gehalten wurde, den Widerspruch zwischen Anspruch und Realität innerhalb der Linken, wo man einem Mädchen nicht erzählt, was für schöne blaue Augen es doch hat (das verbietet die Frauenemanzipation, deren Anhänger man selbstverständlich ist), sondern wie emanzipiert sie ist oder wie großartig ihr letzter Artikel über den Eurokommunismus doch gewesen sei etc. Daß in der Linken nicht nur bürgerliches Bewußtsein und Denkschemata weiter herrschen und als normal und nicht änderbar empfunden werden. So sagte mir ein Mädchen, in das ich verliebt war (bin) und zu dem ich auch jetzt noch guten Kontakt habe (sie ist 4 Jahre älter und in der linken Hierarchie «über» mir), daß sie mich zwar auch sehr gern habe, aber der Altersunterschied und soziale Stellung eine solche Beziehung verunmöglichten, daß die «Genossen» sie dann nicht mehr für voll nehmen würden, und auch ich das spüren würde, was ich zunächst nicht glaubte, bis ich das Verhalten der «Genossen» und die Gerüchte bemerkte, als sie nur glaubten, daß wir mitsammen «gehen». Da aber alle privaten und psychischen Konflikte hinter der «politischen Arbeit» zurückzustehen haben, war es auch nicht möglich, mit ihnen über diese Dinge zu sprechen. Ich reagierte darauf mit dem Rückzug aus der politischen Arbeit, so daß ich jetzt einer dieser frustrierten, organisationsfeindlichen, etwas indifferenten Linken bin.

Persönliches Verhältnis zu Frauen:

In der Volksschule hatte ich drei «Freundinnen», trug zu einem gewissen Selbstbewußtsein bei, brauchte aber damals schon lange, um das Ende einer Freundschaft zu überwinden. In der Mittelschule hatte ich bis zum 16. Lebensjahr keinen Kontakt zu Mädchen. Dann in einem Sommer gleich zwei «Einfahrer», zu deren Überwindung ich ein gutes Jahr brauchte, seit damals bin ich auch komplett verunsichert. Bereits damals wurde mir ein Umstand zum Verhängnis, der mich bis heute verfolgt. Ich hatte fast immer ältere Freunde und lernte dadurch auch immer ältere Mädchen kennen, die mich zwar intellektuell akzeptierten, aber nicht emotional. Ich wiederum interessierte mich nur für ältere Mädchen, da ich mit gleichaltrigen Burschen und Mädchen nichts anzufangen wußte (das ist nicht überheblich gemeint, auch wenn es sich wahrscheinlich so liest). Was dann noch dazu kam war, daß ich aus der Angst heraus, wieder zu scheitern, gar nicht mehr in der Lage war, meine Gefühle zu zeigen und als emotionslos und gefühlskalt bekannt wurde, was Kontakte zu Mädchen weiter erschwerte. Ich stürzte mich dann in die politische Arbeit, nur ab und zu unterbrochen von einem neuen Anlauf, verbunden mit dem unvermeidlichen Scheitern, für das ich immer meine persönlichen Fehler verantwortlich machte, bis ich das erste Mal sozusagen nicht persönlich scheiterte, sondern daran, daß ich nicht fünf Jahre älter war und sozial höherstehend war, sonst hätte es geklappt, und das bei meiner, wie ich es empfand, bis dato «größten Liebe» (und noch immer empfinde). Ich war damals 18 (jetzt bin ich 20) und bin noch immer in das Mädchen verliebt, wir treffen uns oft und verstehen uns auch sehr gut, aber mehr ist nicht drin. Ich hätte nicht gedacht, daß ich noch weine, ist mir jetzt aber passiert, schreibe aber trotzdem weiter, auch wenn's wahrscheinlich wirrer wird, es ist schwer, aber auch für mich befreiend, das endlich einmal niederzuschreiben. Ich kann das Ende dieser sinnlosen Liebe noch nicht absehen, ich weiß auch nicht, wie sehr ich es wünsche, da immer noch Hoffnung vorhanden ist und sie mich vor dem nächsten Reinfall bewahrt. Wahrscheinlich ist auch noch interessant, was ich sonst mache: Ich gehe nicht in Diskotheken (erschwerend), bin kein Freund von «Small talk» (ebenfalls erschwerend), diskutiere gern, wenn ich auch in Gruppen Angst habe, spiele gern Karten, höre gern Musik (ausgefallene), betrinke mich manchmal (bewußt) und spiele Tischtennis (Klub) und lese viel (wenn auch nicht mehr so viel wie früher). Mein Verhältnis zu Frauen ist weiters erschwert durch die Frauenemanzipation (ist schon wieder nicht so gemeint, wie es sich liest). Dadurch, daß ich versuche, auch mich selbst zu emanzipieren, sind mir die konventionellen Arten des «Aufreißens» genommen (auch der Emanzipationsschmäh), andererseits steigen eben auch die linken Frauen auf diese Methode ein, das heißt, wenn nicht ich anfange, fängt auch das Mädchen nicht an, also fängt niemand an. Dieses Dilemma kann ich bisher nicht lösen.

Bin zur Zeit also politisch frustriert, persönlich habe ich panische Angst vor Frauen (sosehr ich mich auch nach einer Zweierbeziehung sehne, da ich noch nie eine hatte), gepaart mit einer Art Torschlußpanik, da ich auch noch nie mit einem Mädchen geschlafen habe, was ich gleichzeitig will und wovor ich mich auch gleichzeitig, aus Angst zu versagen, fürchte (ich hatte auch noch nie die Gelegenheit). Was ich beinahe vergessen hätte, war das Gruppendynamikseminar, ohne das es mir wahrscheinlich unmöglich wäre, das niederzuschreiben. Das Bild, das ich von mir hatte, wurde auf diesem Seminar gründlich vernichtet. Ich hielt mich immer für sehr beherrscht und dachte nicht, daß es mir etwas ausmachen würde, wenn die anderen Teilnehmer aus sich herausgehen, während ich nur beobachte. Trotzdem drehte ich am letzten Tag durch, versuchte zusammen mit einem Freund unser Zimmer zuzusperren (von innen) und den Schlüssel hinauszuwerfen (beim Fenster), es waren meine große Liebe und noch ein Freund im Zimmer, die dies nur durch Gewalt verhindern konnten. Ich starrte nachher noch einige Wochen oft vor mich hin (mir fehlten oft einige Stunden) und begann langsam, das Bild, das ich von mir hatte, zu revidieren und erkannte auch, daß dieses Beherrscht-sein-um-jeden-Preis nichts bringt, da ich mich aufgrund der fehlenden Ventile eben unkontrolliert entlade (glaube ich zumindest). Noch mal zu Frauen: Unter Zweierbeziehung verstehe ich nicht die Beziehung, die meine Eltern hatten oder wie sie auch etwas anders zwar unter der Linken verbreitet ist, sondern eine Beziehung ohne den üblichen Besitzanspruch auf den Partner, ob ich eine offene Beziehung aushalten würde, weiß ich nicht, wo es auch möglich ist, daß man getrennt den jeweiligen Interessen nachgeht, ohne daß der andere beleidigt ist (so gesehen in vielen «fortschrittlichen Beziehungen»).

So, das wärs glaube ich in groben Zügen, daß es immer wirrer geworden ist, tut mir leid, aber auch ich bin immer wirrer geworden, obwohl ich nicht glaubte, daß es mir noch immer weh tut.

Toni, 24 Jahre, ist an der Wirtschaftsuniversität im letzten Semester und arbeitet halbtags als Angestellter einer Exportfirma.

Im Kindergarten und in der Volksschule waren mir Frauen bzw. Mädchen noch total gleichgültig, ich kann mich nicht einmal an ein einziges Gesicht von Mädchen aus meiner Klasse erinnern. Ich war immer mit Hadji zusammen, bis ich nach Wien an die Uni ging, er war quasi mein Mädchen. Wir sind gar nicht auf die Idee gekommen, daß es Mädchen auch gibt, waren vollauf beschäftigt mit Tunnel erforschen, Krieg spielen und uns gegenseitig zu besuchen, um zu übernachten und heimlich im Bett zu rauchen. Mit 15 haben die Spielereien sukzessive aufgehört, und wir sind gemeinsam in Discotheken gefahren. Unser enger Kontakt löste sich so nach und nach, weil wir durch die Aktivitäten in größere Gruppen kamen. Ötschi war mein anderer wichtiger Freund, er war zwar auch klass, irgendwie reifer, überlegter, aber ich habe mich meinem inneren Übermut entsprechend eher zu Hadji hingezogen gefühlt. Wir haben eine Menge unvernünftiger Aktionen gestartet und waren in vieler Hinsicht kindliche Typen. In der Mittelschule, in der 3. Klasse, habe ich zum erstenmal ein Mädchen geküßt, oder richtiger: sie mich. Es war grausig. Ich wollte ihr eigentlich nur ein Bussi geben, so ganz romantisch-erwachsen, wie ich's im Fernsehen gesehen habe. Vom richtigen Küssen hatte ich mit 13 noch keine Ahnung, mich hat das Entsetzen gepackt, und ich habe sie nie wieder angeschaut. In den nächsten paar Jahren bin ich den Mädchen immer ausgewichen, wenn ich den Verdacht hatte, daß sie mir zu nahe kommen könnten. Öfters habe ich mir schon Gedanken gemacht in Richtung, daß vielleicht alle denken: Der muß ein Depp sein, wenn er nicht einmal küssen kann, weil ich mir nicht sicher war, ob das Mädchen, das damals zwei Jahre älter war als ich, bei den anderen sich beschwert hatte. Ich hab dann wieder zögernd Kontakte zu Mädchen geknüpft. Wenn man eine einmal richtig geküßt hat, ist man ihr Freund gewesen, und alle aus der Gruppe, vor allem ihre Freundinnen, wußten Bescheid. Falls man so ungeschickt war, einmal die Freundin zu küssen, hat sie die Meldung gleich weitergegeben, und man war out. Die Jahre zwischen 13 und 20 waren eine einzige Konfusion, ich glaube, ich habe immer alles grundsätzlich mißverstanden, wenn es um Mädchen ging. Am schlimmsten war, daß alle sagten, Mädchen sind blöd, solange bis man's selber glaubte; das änderte sich aber, wenn eine in Sicht war und die ganze Selbstsicherheit war flöten, übrig blieb nur die Angst, ob sie einen für einen Volltrottel halten und ihren Freundinnen alles erzählen.

Als ich mit 19 in einer Firma zu arbeiten anfing, das erste Mal allein wohnte und von mir erwartet wurde, ein eigenes Leben zu führen, war ich einerseits begeistert von der neuen Freiheit, andererseits verängstigt, als Mann auftreten zu müssen, als der ich mich absolut nicht fühlte. Meine Selbsteinschätzung hatte sich seit der Schulzeit nicht wesentlich geändert, ich sah mich immer noch als kindischen, leichtlebigen Luftikus. Andererseits spürte ich schon Qualitäten in mir, die ich bei anderen Burschen in meinem Alter vermißte. Daß ich mit Frauen gern stundenlang diskutierte und mehr nach Geborgenheit und Verständnis suchte als nach einem flotten «Aufriß» für eine Nacht. Zu Mädchen in der Firma hatte ich keinen engeren Kontakt, da traute ich mich nie, ich hab mir meist gedacht: wenns irgendwie schiefgeht, mußt du sie trotzdem noch jeden Tag sehen, da war es mir schon lieber, mich anderswo umzuschauen. In den ersten zwei, drei Jahren war ich viel mit Cora zusammen, von der ich glaubte, daß sie in einem Geschäft arbeitete; erst später hat sich herausgestellt, daß sie Animiermädchen ist in einer Bar. Mir hat das in unserer Beziehung wenig ausgemacht, für mich hat sich dadurch wenig geändert, nur daß mich manchmal doch Zweifel gepackt haben in der Richtung: was hat Cora von mir, so einer halben Portion. In die Bar kamen so Typen wie Piloten, Geschäftsleute und Politiker. Sie hat mir sehr geholfen, mich innerlich von meinem Elternhaus etwas abzusetzen, ich hab gewußt, meine Eltern und Freunde von früher würde der Schlag treffen, wenn sie wüßten, welchen Umgang ich habe, das hat mich irgendwie mit Genugtuung erfüllt und ich habs manchmal bedauert, daß sie wahrscheinlich nie davon erfahren werden. Freiwillig hätte ich nie etwas erzählt, das ist eine Seite meines Lebens, die niemanden etwas angeht. Ich habe mit Cora gern geschlafen, aber wichtiger war mir das Gefühl, mit ihr reden zu können und für meine Ängste jemand gefunden zu haben, der mich aufgrund meiner Unzulänglichkeiten nicht verachtete. Sonst muß man bei Frauen mehr den starken Mann spielen, vor dieser Rolle hab ich immer versucht, mich zu drücken.

Trotzdem war ich irgendwie in dem Dilemma gefangen, eine Freundin haben zu wollen, die auch andere Leute akzeptieren könnten. Mit 21, 22 hatten schon alle ein Mädchen, von dem sie erzählen konnten, und ich kam mir dann sehr im Abseits vor und immer in so dunkle Geschäfte verwickelt. Die Leute, die ich in der Bar kennenlernte, wie der Geschäftsführer und die anderen Mädchen, die dort arbeiteten, haben mich sehr gemocht, ich habe aber nie zu ihnen gehört, konnte und wollte ja gar nicht.

Ich bin daraufhin dazu übergegangen, sogenannte «brave Mädchen» als Freundinnen zu haben und war am Anfang sicher verliebt und ganz begeistert, mir wars nach wenigen Wochen aber schon lästig, das Verhältnis in der anfänglichen Intensität fortzusetzen. Der Grund ist wahrscheinlich der, daß es bei den Gesprächen meist um Probleme ging, die mich langweilten, wie Konflikte mit den Eltern, das Bedürfnis, sich daheim durchzusetzen und endlich anerkannt zu werden, obwohl ich zugeben muß, daß ich diese Fragen für mich selbst bis heute ja auch nicht gelöst habe. Gerade deshalb haben sie mich wahrscheinlich so genervt, und das Mädchen hat dann immer erwartet – oder ich habs mir zumindest eingebildet, daß sie so denkt –, daß ich als überlegener und weiser Ratgeber auftreten soll.

Ich hab meist einen ungeheuren Druck gespürt von beiden Seiten, von meiner jeweiligen Freundin und deren Eltern, ob ich's auch ernst meine mit der Beziehung, das hat in mir oft einander entgegengesetzte Gefühle hervorgerufen: ich bin mir ungeheuer wichtig vorgekommen in so einer Art Beschützerrolle, überlegen und gescheit, jedenfalls gescheiter als meine Freundin, weil ich ja quasi den Auftrag hatte, auf sie aufzupassen und alle davon überzeugt schienen, daß ich dazu imstande bin. Andererseits habe ich mich nicht wohl gefühlt dabei, ich bin mir vorgekommen wie in einer Falle, habe gedacht, daß ich letztlich nicht auf meine Rechnung kam. Mir hat sich bei diesen Mädchen der Eindruck verstärkt, daß sie mich mehr brauchen, ohne mich hilflos sind oder so tun als ob, daß ich schließlich keine Lust mehr hatte, mit ihnen über meine eigenen Probleme zu reden.

Der Gedanke an eine Frau, die sich durchsetzt, jagt mir aber auch Angst ein, ich denk mir, die durchschaut mich und nimmt mich nicht ernst. Wenn ich ehrlich bin, den Ton angeben tu ich ganz gern. Ich glaube, das größte Problem mit Frauen ist, daß sie uns ein Theater vormachen, genauso wie die Männer, und wenn man draufkommt, daß beide alles anders wollten und nur aus irgendwelchen Vorstellungen, wie man sein soll, eine Show abziehen, ist's meist schon zu spät; das ist mir in meiner letzten Beziehung klargeworden. Elfi ist Lehrerin und wohnt 30 km von mir entfernt, wir haben uns deshalb nur am Wochenende gesehen, worauf ich mich immer sehr freute, dann war ich ausgelassen und überschwenglich, anders als ich sonst bin. Die Arbeit und die Stadt lagen hinter mir, wenn ich sie besuchte. Als sie mir so aus dem Blauen auf den Kopf zusagte, daß sie sich wünscht, ich wäre ein paar Jahre älter und dann hoffentlich vernünftiger, hat mich fast der Schlag getroffen. Ich hab gemerkt, daß sie die Kritik an mir ernst meint, sie hat sich alles ganz genau und allein überlegt und war so sicher in ihrer Meinung, daß ich ganz perplex war. Sonst war ich derjenige, der eine Beziehung aufgab, mit fast denselben Argumenten, mit denen sie sich von mir abseilt. Ich wußte keinen Ton, den ich darauf sagen konnte zu meiner Verteidigung und habe dann alle Fotos zurückgeschickt mit einem Brief, daß ich sie nicht mehr in meinem Zimmer aushalte. Erst nachher habe ich gemerkt, daß sie das wieder als kindliche Aktion auslegen kann, sie hat sich aber nicht provozieren lassen und hat nicht geantwortet. Ich denk mir schon, jetzt, wo ich durch den Schock darüber nachdenke, daß ich mich ihr gegenüber oft blöd verhalten habe, aber ich krieg es nicht fertig, ihr gegenüber das zuzugeben, ich hätte den Eindruck, «zu Kreuze zu kriechen». Dann fallen mir immer so Floskeln ein: ein Mann läßt sich nicht unterkriegen, die Frauen wollen mit einem herumspringen und einen zum Narren machen, aber insgeheim denke ich mir, daß sie recht hat und mehr über mich weiß, als ich wahrhaben wollte.

Martin L., 41 Jahre, Personalreferent einer Marketingfirma

Ich bin in einer Kleinstadt aufgewachsen, meine Kindheit war durch eine sehr strenge Erziehung bestimmt, vor allem seitens meines Vaters. Er hatte eine brutale Art, und mit Schlägen wurde nicht gespart. In unserem Haus wohnten eine Etage höher auch zwei Mädchen, ich kann mich noch erinnern, daß ich viel mit ihnen zusammen war, mit 6, 7 Jahren. Wir waren hauptsächlich mit Doktorspielen beschäftigt, es waren immer eine Menge Kinder dabei, leider auch einmal ein jüngeres, das zu Hause diese Spiele an ihren Puppen fortsetzte, und unsere Aktivitäten sind aufgeflogen. Das war ein typischer Anlaß für meinen Vater, hart durchzugreifen, ich mußte dann auf mein Zimmer und hatte den Auftrag, dort eine halbe Stunde lang mit entblößtem Hosenboden auf ihn bzw. die Hiebe zu warten. Gerade, wenns um Sexualität ging, hatte er keine Einsicht.

Irgendwie haben wir es trotzdem geschafft, diese Spiele weiterhin zu organisieren, um unsere Neugier zu befriedigen. In den nächsten Jahren haben wir angefangen, ein bißchen zu schmusen, herumzuprobieren und haben nicht so recht gewußt, wie das mit dem Geschlechtsverkehr funktioniert. Zur selben Zeit war ich Mitglied eines Turnvereins, da haben wir Buben oft miteinander gespielt, uns angegriffen, was mich aber nicht sonderlich reizte. Mit 13 habe ich mit unserem Dienstmädchen geschlafen, ohne zu wissen, wie mir geschieht. Ich habe damals noch nicht einmal Schamhaare gehabt, und ich kann mich erinnern, daß ich mich furchtbar für diesen Mangel genierte. Mein stärkster Eindruck ist jedoch, daß sie völlig passiv war und ein Romanheft gelesen hat, während ich an ihr herumfummelte. Mir war überhaupt nicht klar, was ich tun sollte, was in dieser heiklen Lage von mir als «Mann» verlangt wird. Eigentlich war ich ziemlich infantil und neugierig, wollte einfach spielen. Meine Eltern sind zurückgekommen, so daß meinen Handlungen ein plötzliches Ende gesetzt war, zum Glück haben sie uns nicht erwischt. Schon in der Volksschule hat die Gruppe von Freunden, mit denen man seine Zeit verbrachte, eine große Rolle gespielt. Unser gemeinsames Hobby war zum Beispiel, im Schwimmbad durch die Astlöcher der Damenumkleidekabinen zu glotzen, das war ein richtiger Sport – dann konnte man angeben, was man alles gesehen hatte, obwohl nie was dahinter war; das Prinzip war, daß derjenige, der am meisten auftrumpfte, von den anderen die meiste Anerkennung kriegte. Die Sache mit dem Dienstmädchen habe ich niemandem erzählt, nicht einmal meinem besten Freund, ich wollte auch etwas für mich haben, ein Erlebnis, das ich nicht mit den anderen teile. Mein Freund hat immer irgendwelche Mädchen um sich gehabt, ich durfte auch dabei sein, so gnadenhalber, und war einerseits froh, wenn die Mädchen mit mir von sich aus redeten, ich hätte ohnehin nie den Anfang geschafft, gleichzeitig jedoch total erschrocken.

Mit 14 kam ich aufs Priesterseminar, ich war ein Jahr lang tiefreligiös, mit täglichen Messen, Kommunion und allem, was dazugehörte. Im Seminar hat sich zwischen den Burschen eine Menge bezüglich Homosexualität abgespielt, als mir ein Freund in der Dusche auf den Penis griff, war ich total sauer; der Pfarrer hat mich auffallend häufig in den Arm genommen und mich gestreichelt, nach einem Jahr nahmen mich meine Eltern aus dem Seminar. Mit Mädchen hat sich wenig abgespielt in dieser Zeit. Ich weiß noch, wie wir uns in der Gruppe klass fühlten, wenn wir es zusammen gebracht haben, mit einem Mädchen zu reden. Mit 16 besuchte ich eine gemischte Schule, damals sind wir in den Pausen immer die Mädchen der Parallelklasse anschauen gegangen, haben aber selten einen Ton herausgebracht, Kontakt kam also keiner zustande.

Als wir in der Gruppe anfingen, Animierlokale zu besuchen, haben wir uns gefühlt wie die Helden, in erster Linie, weil wir uns gegenseitig und den anderen, die nicht dabei waren, etwas zum Erzählen hatten. Typisch für mich war, daß ich mich immer in Situationen wohl fühlte, in denen von mir nicht erwartet wurde, eigenständig Initiative zu entwikkeln. Mit meinem älteren und für Mädchen anziehenderen Freund war es ähnlich wie mit den Animiermädchen: ich war präsent, was passierte, lag bei den anderen. Vor allem in den Animierlokalen sind alle Hemmungen und der ganz Stress: wer fängt wie an, weggefallen. Wir haben gewußt, wenn wir dort hineingehen, werden wir nicht abgewiesen; die Mädchen haben sich zwar schon lustig gemacht über uns, wir waren irgendwie schüchtern und ganz zufrieden, sie angreifen zu dürfen, ohne aufs Ganze zu gehen, obwohl das sicher auch möglich gewesen wäre. Mir ist es in meiner Entwicklung noch lange nachgehängt, daß die Erziehung daheim ziemlich sexualfeindlich verlief, Sexualität wurde nie abgehandelt, höchstens bestraft.

Als ich mit 18 nach Wien kam, ging ich zum erstenmal zu einer Prostituierten. Die Idee ist bei einem Mittagessen mit Arbeitskollegen entstanden, da wurde über Prostituierte geredet, und ich war neugierig, wie das ist, weil ich immer wieder Männer von Erlebnissen mit Prostituierten berichten hörte. Ich hatte den starken Eindruck: alle reden davon, du mußt auch mithalten können. Anschließend hat's mir hauptsächlich ums Geld leid getan, es war eher wie Selbstbefriedigung.

Mit den Frauen, denen ich im Lauf der Jahre begegnete, habe ich dann geschlafen wie mit dieser Prostituierten, ohne eine Beziehung herzustellen, sie waren beliebig austauschbar. Was ein «Vorspiel» sein sollte, kannte ich nur aus halb anzüglichen Andeutungen von Freunden, wie man das alles so hinkriegt, da war ich total blank und unbefangen. In meiner Erziehung habe ich auch wenig von Gefühlen mitgekriegt, mein Vater hat sich als Supermann präsentiert, der alles kann, aber nie da ist. Er ist eigentlich völlig ausgefallen in meiner Erziehung. Mit meiner Mutter war ich viel und eng zusammen. Die Eltern haben vor mir weder gestritten, noch jemals Zärtlichkeiten ausgetauscht, alles war harmonisch und gefühllos. So habe ich es dann auch über Jahre gehalten. Mir war meine Freundesgruppe in der Regel wichtiger als das Mädchen, mit dem ich eine Beziehung hatte, weil das Leistungsdenken, das in diesen Bubengruppen meist über Jahre vorhanden ist, nicht so schnell abzulegen ist: man ist ein Chef, wenn man mit einem Mädchen schläft, auf eine weitere Beziehung kommt es überhaupt nicht an. Mir war es ungeheuer wichtig, daß ein Mädchen gut aussieht, daß sie vor allem den Schönheitsvorstellungen meiner Freunde entspricht, ob sie mir gefällt, war für mich erst in zweiter Linie interessant.

Als ich anfing, ernsthaftere Freundschaften mit Frauen zu entwickeln, kam ich zunehmend in innere Konflikte: die Beziehung mit meiner Mutter war mir wichtiger als die zu meiner jeweiligen Freundin, ich bin zum Beispiel lieber heimgefahren als zu meiner Freundin. Das erkläre ich mir heute damit, daß ich mit meiner Mutter im Lauf der Jahre viele positive Erfahrungen aufgebaut hatte, die wollte ich nicht riskieren, sie waren das Stabilste in meinem Leben, gerade in den kritischen Phasen, wenn mir mein Vater schon allein durch seine Nähe ein schlechtes Gewissen einflößte.

Mitte 20, als ich zunehmend mehr Frauenfreundschaften hatte als Beziehungen zu Männern, verdrängte ich jeden möglichen erotischen Aspekt, der hätte aufkommen können. Vor bestimmten Frauentypen hatte ich echt Angst, vor allem die Angst, abgewiesen zu werden; ich habe mich ihnen gegenüber als lieb, klass und freundlich dargestellt. Es handelte sich um Frauen, die eher abweisend wirkten, wußten, was sie wollten, nicht männlich, aber in gewisser Hinsicht haben sie mich an meinen Vater erinnert. – Lange Zeit habe ich in Freundschaften mit Frauen das Kumpelhafte gesucht und alles andere abgelehnt, ich wollte mit ihnen genau das tun, was ich mit meinen Freunden machte. In jüngeren Jahren ging es hauptsächlich darum, eine zu haben; hatte man es endlich geschafft, wußte man nicht, was man mit ihr anfangen sollte. Diese Unsicherheit hat sich bei mir fast bis zum 30. Lebensjahr durchgezogen. Zum Glück sind die Anstrengungen des «Aufreißens» schon Vergangenheit, mich hat es furchtbar genervt, immer mit demselben Schmäh irgendwo Mädchen aufzugabeln, und bessere Tricks sind mir nie eingefallen, als diejenigen, die sich schon einmal bewährt haben.

Meine erste Ehe war eine Katastrophe, ich war noch in der Ausbildung, sie arbeitete als Schreibkraft und war ziemlich pedantisch, was Sauberkeit und Ordnung in der Wohnung anlangte. Zu meiner Ausbildung gehörten auch Gruppendynamik-Seminare, nach einer dieser Veranstaltungen fand meine kurze Ehe ein rasches Ende. Als ich heimkam, setzte ich mich in die Badewanne und habe mir unter fließendem Wasser den Kopf gewaschen, ein Horror für sie, das hat sie immer gestört, wenn ich das Wasser rinnen ließ. Ich hab mir gedacht: heut bist stark und gibst nicht nach. Es kam zu einem Wortwechsel, sie fing zu weinen an, was ich sonst nie durchstand. Dieses eine Mal war's mir egal, in dem Seminar hat immer irgendwer geheult, nach diesem Training war ich etwas abgehärteter. Sie hat dann – mehr im ersten Impuls – die Trennung vorgeschlagen, und ich hab gewußt, wenn ich drauf einsteig, ist es für allemal überstanden. Diese erdrückende Beziehung habe ich natürlich auch mitgebastelt, mir war es ganz recht, versorgt und bemuttert zu werden, ich konnte es mir leisten, mich passiv zu verhalten. Diese Konsumentenhaltung habe ich erst nach und nach angefangen abzubauen, als ich meine jetzige Frau kennenlernte, war wieder sie diejenige, die viel mehr in die Beziehung investierte, bei ihr ging alles so selbstverständlich. Wir lebten die ersten beiden Jahre unserer Freundschaft 150 km voneinander entfernt, sie ist jedes Wochenende gekommen und mußte dafür schon sehr zeitig aufstehen, ich hingegen hab es nur zweimal geschafft, sie zu besuchen. Natürlich ist sie mir in meiner Bequemlichkeit entgegengekommen, indem sie über lange Zeitstrecken so handelte.

Heute ist das anders, wir setzen uns viel auseinander, sie meldet ihre Bedürfnisse an, und ich bin schon noch ab und zu geneigt, mich um meinen Anteil der Arbeit und des Aufwands um die Beziehung zu drücken, aber so unwidersprochen wie in meinen früheren Zeiten würde das sicher nicht mehr durchgehen.

Friedrich H., 65, Universitätsprofessor

Ich komme aus einer streng katholischen Familie, ein Onkel war Theologe, ein anderer Prälat. Als Kind war ich Ministrant. Ich wurde autoritär, aber nicht streng erzogen; wenn ich darüber nachdachte, fand ich meine Eltern lieb. Ich habe sie verehrt. Mein Vater hatte seine Sorgen mit mir. Er hat immer gesagt, wenn ich noch einmal einen Fünfer heimbringe, muß ich Schuster werden; das war das Tiefste, das ihm einfiel. Mein um zwei Jahre älterer Bruder wurde immer vorgezogen. Strümpfe, Krawatten, Unterwäsche und so weiter bekam ich immer von ihm, das machte mir aber nichts aus. Ich habe immer sehr schlecht abgeschnitten, vergleichsweise. Ich war immer schlampig, verschmiert, schlimm, dumm; mein Bruder adrett, gescheit, sauber. Mir hat das damals nichts gemacht, aber Bekannte der Familie sagten mir später, hast du das gar nicht gemerkt, wie sehr er bevorzugt wurde?

Ich kann mich nur erinnern, daß z. B. der Mann der Haushälterin immer mit meinem Bruder gebastelt hat. Ich war der, der zuschaut, der alles kaputtmacht.

Mein Bruder mußte, bis er vier Jahre alt war, Mädchenkleider tragen, weil die Mutter lieber eine Tochter gehabt hätte. Später hat er dann nie einen Beruf ausgeübt. Er ist verschroben, brüllt herum, spielt um 2 Uhr früh Cello; er ist zwar sehr intelligent, aber in seiner persönlichen Entwicklung im Alter von 15 steckengeblieben. Er lebt mit seiner Haushälterin wie verheiratet; sie ist ganz untergeordnet. Sein Studium hat er auch nicht abgeschlossen; daran war eigentlich mein Vater schuld, er hat es nicht erlaubt, daß der Karli die Prüfung wiederholte, nachdem er einmal durchgefallen war. Mein Bruder hat nach der gescheiterten Prüfung seine Bücher in den Coloniakübel geschmissen.

Wenn ich nicht der Sohn meines Vaters gewesen wäre, hätte ich die Matura nie geschafft. Ich habe alles abgeschrieben. In meiner Schule waren alle Nazis. Es gab einen einzigen Sozialisten, der wurde verachtet. Mit ihm habe ich mich angefreundet. Dann gab es noch einen Halbjuden, sonst waren alle entweder Schwarze oder Braune. Die Nazis haben mir falsche Rechenbeispiele ins Klo gesteckt, damit ich durchfalle. Der Sozialist hat dann alles ausgebessert, sonst wäre ich nie durchgekommen.

Damals gab es große Tumulte wegen Weltanschauungen. Mein Onkel, der Prälat, sagte damals zu mir, «Friedl, du darfst nicht falsch denken. Wenn ich nicht der Sohn eines katholischen Pfarrers wäre, sondern der Sohn vom Lenin, wäre ich heute nicht Prälat, sondern führender Kommunist.» Das relativierte für mich sehr viel, ausgerechnet von ihm einen solchen Satz zu hören.

Meine Mutter war eine sehr geduldige Frau. Wie glücklich die Ehe war, kann ich nicht sagen. Ich kann mich nur erinnern, daß ich als Kind einmal unerwartet in ein Zimmer kam und sah, wie meine Mutter einen Geistlichen küßte. Diesem Geistlichen, mit dem sie eng befreundet war, mußte ich öfters Briefe überbringen. Liebes- oder Verzweiflungsbriefe, das weiß ich nicht. Im Alter zeigte meine Mutter dann psychotische Reaktionen. Ihr Verhalten schockierte die ganze Familie; sie wurde sehr ausfällig, meine stille Mutter, und hat sogar das Kruzifix angespuckt. Diese Zustände gaben sich von einem Tag auf den anderen, als mein Vater starb.

Auch ich dachte als Jugendlicher ausschließlich in traditionellen Kategorien. Mit 17 verliebte ich mich zum erstenmal, ganz wahnsinnig. Sie hat sich in mein Zimmer geschlichen, und wir haben geschmust. Es kam damals zu keiner sexuellen Beziehung, ich hatte auch gar nicht das Bedürfnis. Ich war glücklich, wenn ich ihren Busen berühren durfte. Ich war dann der seligste Mensch.

Von der Sündhaftigkeit dieser Vorgänge war ich restlos überzeugt. Ich war so beeindruckt von meiner Sündhaftigkeit, daß ich sehr viel Zeit in der Kirche verbrachte. Einmal blickte ich dabei zu einer Madonna auf, und sie hat ihre Augen bewegt. Ich weiß nicht, durch irgendwelche Halluzinationen oder Lichtreflexe; das hat mich tief beeindruckt. Ich habe auf der Stelle versprochen, für jede Sünde für die armen Heidenkinder einen Schilling zu spenden. Natürlich sah ich die Unmöglichkeit dieses Gelübdes ein und war in schrecklichen Konflikten. Durch den Lustgewinn beim Onanieren habe ich meinen Schwur immer wieder vergessen.

Dann habe ich mich verliebt, Bärbel hieß sie. Ich habe sie so geliebt, daß mir das Leben ohne sie sinnlos vorkam. Ich hatte zu ihr überhaupt keine Beziehung, ich war nur verliebt. Solche Geschichten hatte ich in der Folge mehrere. Die Bärbel ist vor einem Jahr als dicke alte unmögliche Frau gestorben.

Dann verliebte ich mich in ein Mädchen, meine spätere Frau, das damals mit meinem Bruder verbandelt war. Der aber hat sich nicht sehr bemüht, er kam nie pünktlich zu den Rendezvous, die Freundschaft hat sich zerschlagen. Sie hat mich dann erhört, aber nicht erotisch, sondern mehr aus Verzweiflung. Wir haben geschmust; ich kann mich noch an das Beichten erinnern. «Ich habe Unkeuschheit getrieben.» Der Beichtvater fragte dann immer: «Hatten Sie auch Geschlechtsverkehr?» Und ich antwortete mit fester Stimme: «Nein.»

Als ich auf die Universität ging, war meine Mutter zutiefst enttäuscht. Also kein Priester unter meinen Kindern, hat sie traurig gesagt.

Als Hitler kam, wurde ich eingezogen; aufgrund meiner Ausbildung wurde ich rasch Offizier. Mein Vater wurde von den Nationalsozialisten verhaftet. Ich erinnere mich heute noch daran, wie ich ihn in meiner Offiziersuniform im Gefängnis besuchte. Mein Vater kam mir im Gang entgegen, mit einem Mistkübel in der Hand, er hat mich umarmt und geküßt. Die Wärter wußten nicht, ob sie mich anspucken oder salutieren sollen. Damals mußten die Juden vom Trottoir heruntersteigen und den Hut ziehen, wenn Offiziere vorübergingen, und wehe, wenn wir zurückgegrüßt hätten. Ich habe immer einen großen Bogen um jeden Juden gemacht, um das zu verhindern, mir war das unerträglich. Ich habe später nie darüber geredet, über diese Zeit. Meine Kinder haben mich erst im Alter von 26 und 27 danach gefragt, nach «Holocaust». Sie haben mich sehr genau befragt, sie wollten alles wissen. Hast du wirklich nie jemanden getötet, haben sie gefragt. Hast du bestimmt solche Sachen nicht getan? Während des Krieges habe ich geheiratet; ich bekam für die Hochzeit zwei Tage Urlaub. Die Ziviltrauung kam zuerst, die kirchliche erst am nächsten Tag. Eine Hochzeitsnacht nach dem Standesamt kam für meine Frau nicht in Frage. Sie wohnte in einem anderen Hotel, und ich durfte nicht zu ihr ins Zimmer. Der Portier ließ mich nicht hinauf, und sie hätte es auch nicht erlaubt. Die Hochzeitsnacht brauch ich nicht schildern, es war ein Desaster. Ich war so unglücklich, so am Boden zerstört, total gestreßt, ich kann's nicht beschreiben. Meine Frau war seit ihrem 6. Lebensjahr im Pensionat. 15 Jahre Klosterschwestern, was das damals bedeutete, brauch ich euch nicht zu erzählen. Ihre Einstellungen zu Sexualität, Ehebruch, Scheidung sind heute noch unverändert. Nach der Hochzeit hat meine Frau gesagt, ich bin brutal und hab von Zärtlichkeit keine Spur. Das hat wahrscheinlich auch gestimmt. Damals habe ich es aber als Gemeinheit und Ungerechtigkeit gegen mich empfunden, daß sie so reagiert. Ich habe gedacht, sie ist verzärtelt, wenn sie sich zusammennehmen würde, würde es schon gehen. Ich hatte damals die Einstellung, daß man Liebe befehlen kann, nach der Ehe. Auch später haben wir dauernd über diesen Punkt gestritten. Da ist viel Meissener Geschirr kaputtgegangen, ich war damals sehr jähzornig. Türenschlagend habe ich oft die Wohnung verlassen. Meine Frau behauptet heute, ich hätte einmal sogar die Hand gegen sie erhoben. Geschlagen habe ich sie nie, aber das Gefühl, diese Frau gehört verprügelt, hatte ich schon. Richtig gesprochen haben wir über unsere sexuellen Probleme nie. Noch heute weicht sie jedem Gespräch darüber aus. Wenn ich mit ihr essen gehe, sage ich manchmal zu ihr, Sophie, ist dir klar, daß wir 4 Kinder haben und nur 4 mal im Bett waren? Ich sag das im Spaß, aber mit einem Anteil von Ernst. Sie ärgert sich jedesmal drüber.

Nach dem Hochzeitsurlaub mußte ich damals gleich zurück nach Klosterneuburg. Dort verliebte sich ein junges Mädchen in mich oder meine Uniform. Auch ich war ja von der Uniform tief beeindruckt. Spätabends sah ich sie manchmal an, wie sie so am Nagel hing, und dachte ganz ehrfürchtig, «das zieh *ich* an». Gerade, daß ich nicht in der Unterhose beim Anblick salutierte. Das Mädchen war auch beim Heer beschäftigt; ich seh sie noch vor mir, sie war entzückend in ihrer Schwesterntracht. Ich habe zu ihr gesagt, nur halb ernst, «Kommst du heute Nacht?» Es war totale Verdunkelung, sie klopfte und kam wirklich zu mir. Sie hat sich sofort ausgezogen, es war ein einmaliges Erlebnis ohne negative Seiten. Ich habe nicht gewußt, wie mir ist. Ich dachte mir, ist das möglich, daß man so etwas Schönes erleben kann. Wir waren nur fünf-, sechsmal zusammen, dann kam der Abmarsch.

Im Lauf von 40 Jahren hatte ich drei bis vier lang andauernde und intensive Liebesbeziehungen. Aber wirklich, ganz intensiv. Die eine ist heute 70 und immer noch reizend. Ich dachte damals, ohne sie kann ich nicht leben. Nach einem weiteren ehelichen Versuch wurde meine Frau schwanger; als sie das erfuhr, war meine Freundin so enttäuscht, daß sie mit mir gebrochen hat.

Ich hatte immer auch nicht-sexuelle Freundinnen. Ich lasse mir das nicht nehmen, mit einer Frau so befreundet zu sein wie mit einem Mann. Das lehne ich in unserer Gesellschaft ab, ich sehe das nicht ein. Gleich wird man verdächtigt, eine Affäre zu haben.

Meine wichtigste Freundin ist eine sehr gescheite Frau. Meine Beziehung zu ihr dauert nun schon 20 Jahre. Sie ist Chefsekretärin eines multinationalen Konzerns, die letzten Jahre hat sie aber de facto den ganzen Betrieb geleitet; das ist eine Frau von Format. Die Verbindung zu ihr führte zum Skandal. Ungewollt deckte der Tennislehrer meiner Tochter diese Beziehung auf; er hat gesagt, du wohnst ja gleich ums Eck von mir, in der Habsburggasse. Sie sagte nein, wie kommen Sie drauf? Und er sagte, ich sehe das Auto deines Vaters jeden Tag dort stehen. Das war ein Drama. Meine Frau und meine Schwiegermutter haben die Telefonnummer meiner Freundin ermittelt und anonym bei ihr angerufen. Meine Kinder haben mir Vorwürfe gemacht. Ein Rechtsanwalt wurde eingeschaltet, um die Scheidung vorzubereiten. Ich blieb standhaft. Ich habe gesagt, das laß ich mir nicht nehmen, ich brauche diese Frau. Allerdings habe ich abgestritten, daß die Beziehung auch sexuell war; das konnte mir auch niemand beweisen. Denn komischerweise war das für alle der wichtigste Punkt; alles andere war akzeptabel, nur nicht die Liebesbeziehung. Jetzt hat meine Familie diese Freundin akzeptiert. Es ist so weit, daß ich bei Tisch zu meiner Frau sagen kann, du, das ist interessant, in dem Punkt denkt die Gitti genauso wie du. Ich darf jetzt ganz offiziell mit ihr weggehen, mit dem Auto. Man geht sich aus dem Weg, aber man weiß voneinander.

Einmal gab es eine skandalöse Begegnung im Burggarten. Ich verabschiedete mich nach einem Konzert von Gitti mit einem Wangenkuß, plötzlich stand meine Frau vor uns und sagte zynisch, «Grüß Gott, grüß Gott, grüß Gott». Ich dachte, ich versinke in den Boden. Der Weg nach Haus dauerte zwei Stunden. Ich wußte nicht, wie ich das erste Wort wählen soll. Du weißt doch, hab ich schließlich gesagt, das war die Gitti, mit der bin ich befreundet. Aber ich hab nie was mit ihr gehabt. Ich habe alles abgestritten. Ich weiß, man könnte sagen, daß das verlogen und feig war, aber für mich ging es um meine Existenz. Meine Familie hätte mich verlassen. Der Gitti verdanke ich alles, sie hat mich zu dem gemacht, was ich heute gesellschaftlich bin. Als ich sie kennenlernte, war ich total am Verkommen, das ist nicht übertrieben; daß ich etwas geworden bin, verdanke ich dieser Frau. Ich lernte sie bei einem Heurigenbesuch kennen. Es war eine große Gesellschaft, und ein Freund hat mich gebeten, sie nachher nach Hause zu bringen. Sie war damals 40 Jahre alt und sehr schön, ich war mir sehr klar, daß ich an dem Abend keine Attraktion war. Meine Schuhe waren geflickt, ich war unrasiert, ich habe furchtbar ausgesehen. Was mir heute noch unerklärlich ist: sie hat mich eingeladen, in ihrer Wohnung noch ein Glas Wein zu trinken. Beim Hinfahren war ich mir meines Eindrucks in peinlicher Weise bewußt. Ich habe gedacht: mit dieser Frau ins Bett gehen, wird mir nie gelingen. Dann dachte ich: der muß ich jetzt zeigen, wer ich bin. Ohne den geringsten Grund schleppte ich sie an mein Institut, ich wußte, der Portier würde den Hut ziehen und mir ein «Guten Abend, Herr Professor» zurufen. In meinem Zimmer habe ich mich auch entsprechend in Szene gesetzt, als das Telefon läutete – eine völlig lapidare Anfrage –, überlegte ich lang und laut: Ein schwieriges Problem, ja, das Konzept muß neu durchdacht werden. Ich habe mich gewichtig zurückgelehnt im Drehsessel. Alles nur, um Eindruck zu schinden. Ich dachte mir: jetzt hat sie doch gesehen, daß ich mehr bin als dieser eine Aspekt meines herabgekommenen Erscheinens. Wir sind dann in ihre Wohnung gegangen, eine sehr gepflegte Wohnung, ich hab überhaupt nicht hineingepaßt. Diese Frau hat mich völlig umgemodelt. Sie hat mir das Trinken abgewöhnt, das Rauchen abgewöhnt, mich neu gekleidet. Noch heute kaufe ich keine Krawatte ohne sie. Zu Hause habe ich immer gesagt: Die Sekretärinnen haben mir das geschenkt. Die Beziehung zu dieser Frau ist so intim geworden. Seit zehn Jahren haben wir kein sexuelles Verhältnis mehr, aber wir lieben uns so, es hat sich konsolidiert. Mit ihr bin ich mehr verheiratet als mit meiner Frau. Ich konnte immer ganz offen mit ihr reden. Sie hat mich so an sich gekettet. Wenn ich eine junge Frau gesehen habe, hat sie gesagt, wenn sie dir gefällt, kannst du ruhig mit ihr ins Bett gehen, aber betrügen, anlügen, darfst du mich nicht.

Natürlich hat sie gehofft, daß ich meine Frau verlasse und sie heirate, obwohl sie am Anfang oft gesagt hat, den ganzen Tag einen Mann um mich haben, das würde ich nicht aushalten. Über dieses Thema gab es sehr hitzige Auseinandersetzungen. Aber ich wollte meine Frau nicht verlassen. Nur weil ich mit ihr nicht ins Bett gehe, das war mir als Grund zu wenig. Die Familie wäre kaputtgegangen. Die Gitti hat meine Frau einmal in der Oper gesehen, nachher hat sie gesagt, das muß ich zugeben, sie war die schönste Frau an diesem Abend. Und eine Assistentin im Institut hat gesagt, die Frauen von den anderen Professoren sind Gänse neben ihr. Ihre Frau ist eine wirkliche Dame. Gitti hatte vor mir 18 Männer, wir haben das einmal im Spaß ausgezählt. Seit mir hatte sie keine Liebschaften mehr, sie hat für mich alles aufgegeben. Manchmal haben wir uns gesagt, wer weiß, letzten Endes, wenn wir verheiratet wären, ginge es vielleicht nicht so gut. Jetzt ist sie 70 und eigentlich allein. Ich bin quasi ihr einziger Verwandter.

Die Beziehung zu meiner Frau ist jetzt ruhiger geworden. Ich war in meine Frau wahnsinnig verliebt. Ich habe Liebesbriefe geschrieben, ganze Bene-Ordner könnte man füllen. Sie hat mir auch geschrieben, aber keine Liebesbriefe. Sie hat mich geheiratet, wie das damals halt so war. Sie hat gedacht, sie muß mich nicht lieben, das kommt dann schon nach der Ehe. Ihr Vater hat sie auch gedrängt, mich zu heiraten, er sah das als sozialen Aufstieg. Ich habe mich lange bemüht, eine richtige Ehe daraus zu machen, wahrscheinlich mit den falschen Methoden.

Walter M., Mitte 30, Handelsreisender

Ich heiratete im August, und zwar die Maria, mit der ich ohnehin schon seit fünf Jahren zusammenlebe. Irgendwie habe ich das Gefühl, ich bin's ihr schuldig, sie hat ein Recht darauf, mich zu heiraten, zum Teil ist's auch eigener Antrieb. Mir bringt eine Verehelichung wahrscheinlich nichts, was ich nicht schon ohnehin habe. Es ist zu befürchten, daß sie einige Nachteile wird einstecken müssen. Vielleicht schlägt einmal die Einstellung bei mir durch: jetzt hast eh alles von mir, ich habe dich geheiratet und kann erwarten, daß du zu einigen Gegenleistungen bereit bist. Ähnlich verhält es sich mit Frauen, die nicht arbeiten: in der Regel wird der Mann zwar sagen, daß er ihr nie vorhalten wird, daß sie von seinem Geld lebt, in einem Streit ist der gute Vorsatz dann schnell dahin. Ich glaube aber, daß ich mit Frauen recht gut auskomme, mich vor allem in sie einfühlen kann. Von klein auf war es schon so, daß ich bei weitem lieber mit Mädchen zusammen war als mit Buben, ich wollte nie das Gebrüll und die rauhen Töne der Buben, das war mir zu primitiv. Mit meinen Freundinnen habe ich immer mit Puppen gespielt, Eisenbahnen und Autos interessierten mich überhaupt nicht. Von meiner Erziehung her kann ich mir diese Verhaltensweisen eigentlich nicht erklären, ich wurde immer als Bub behandelt, mit meiner kleinen Schwester durfte ich nur bis zum Beginn der Pflichtschule ein Zimmer teilen und zusammen baden, meine Eltern waren sehr bemüht, daß wir nicht zu eng zusammen waren, aus einer gewissen Prüderie heraus, vermute ich heute.

Meine Vorliebe, mit Mädchen etwas zu unternehmen, und mich eher ihren Interessen anzuschließen, hat sich bis heute fortgesetzt und immer einen wichtigen Faktor in meinem Leben ausgemacht. Freundschaftsbeziehungen mit Männern lehne ich ab, mir liegt an dieser Nibelungentreue nichts. Ich bin nicht bereit, über ein alltägliches, unverbindliches Maß hinausgehend Verpflichtungen und Verantwortung einzugehen. Bei Frauen tue ich es lieber, weil ich das Gefühl habe, dafür eine Gegenleistung zu erhalten. Schon allein als Gesprächspartner ist die Frau meist wesentlich interessanter. Frauen sind vielschichtiger, überraschender und flexibler in ihren Überlegungen und Handlungen. Der durchschnittliche Mann ist simpel, sind wir uns doch ganz ehrlich.

Meine hauptsächlichen Interessen sind Autofahren, Sport und Frauen. Über diese Bereiche hinausgehend sind Gespräche kaum möglich, vor allem nicht über Emotionales. Ich habe die Erfahrung gemacht, daß ich eigentlich nur mit einer Frau über Empfindungen reden kann. Ich finde es sinnlos, wie sich Männer oft bemühen, ihre Gefühle mit rüden Bemerkungen zu übergehen, das ist für mich eine Erklärung, daß zwischen Männern keine vernünftigen Beziehungen entstehen können. Es soll auch andere Männer geben, ich hab aber noch keinen getroffen. Wenn private Beziehungen mit Geschäftskollegen anfangen, da läuft das Zusammentreffen meist übers Saufen-gehen. Das bringt letztlich auch nichts außer Kopfweh.

Wenn ich sage, daß ich viel mit Frauen zusammen bin, dann verstehe ich diese Frauen nicht primär als Frauen, sondern als sympathische Menschen. Ich will nicht als «Hallodri» eingestuft werden – die zentrale Beziehung habe ich sicher zu Maria. Zu Hause wurde mir wenig vermittelt, was mir später, vor allem in der Pubertät, hätte weiterhelfen können. Heute vermute ich, daß meine Eltern selber keine Ahnung hatten, am wenigsten mein Vater. Mit viel Unwissenheit und Ratlosigkeit ausgestattet, bin ich mit 17 in mein erstes Liebesabenteuer gestolpert, das Mädchen und ich haben beide gezittert wie die Narrischen, das ist meine stärkste Erinnerung daran. Die nächste Beziehung ist auch daran zerbrochen, daß wir von Monat zu Monat fürchterliche Ängste hatten, daß etwas passiert. Damals war es nicht so leicht, irgendwo hinzugehen und sich Informationen zu beschaffen, vor 15 Jahren war die Welt in dieser Beziehung zumindest ziemlich undurchsichtig. Für die Mädchen war der Zugang zu irgendwelchen hilfreichen Möglichkeiten sowieso versperrt, die Verantwortung lag im Grunde allein bei mir, es war eine unerträgliche Situation. Dieses Thema wurde weder in der Öffentlichkeit diskutiert noch zwischen den Betroffenen besprochen.

Damals habe ich schon dazu tendiert, bei einer Frau zu bleiben, und bin immer mit dem Vorhaben in eine Liebesbeziehung gegangen, die Frau zu heiraten, wenn wir uns gut verstehen. Der Streß mit der Sexualität war meist zuviel für die Beziehung. Ich habe nicht viele Freundinnen gehabt und bin – was die Anzahl der Frauen betrifft – anderen Männern sicher unterlegen, aber es stört mich kaum. In diesem Wunsch zu heiraten war auch die Sehnsucht enthalten, der Welt zu zeigen, ich besitze eine Frau, und das Bedürfnis nach Sicherheit und Geborgenheit, zu demonstrieren, daß man zusammengehört.

Ich gebe offen zu, daß ich äußerst besitzergreifend bin. Heute stehe ich nicht mehr so unbedingt darauf zu heiraten, ich wäre in meiner Beziehung auch so glücklich. Maria ist sehr tolerant, einen Seitensprung würde sie zum Beispiel schon akzeptieren, ohne gleich mit dem Abbruch der Beziehung zu drohen. Ich finde auch, daß ein Seitensprung, solange er keine Konsequenzen irgendwelcher Natur hat, eigentlich nicht zählt. Der Maria würde ich davon selbstverständlich nichts erzählen, warum auch. Man hat dabei üblicherweise ein schlechtes Gewissen und überträgt es mit einem Geständnis nur dem Partner. Das finde ich unfair, sie damit zu belasten und außerdem bringt's nix. Schließlich kann ich selber einschätzen, ob es sich um eine beziehungsgefährdende Angelegenheit handelt; wenn das der Fall wäre, würde ich schon mit Maria offen darüber sprechen, daß ich überprüfen will, bei welcher Frau ich mich wohler fühle. Ehrlichkeit also nur im Ernstfall. Außerdem gehe ich auf so ein «Abenteuer» nur ein, wenn es sich nebenbei ergibt und wenn es für die Person «auch ein nebenbei» ist, ich leg's ja nicht gezielt drauf an. Ich würde nie mit einer Frau ins Bett gehen, bei der ich vorher noch Liebesschwüre leisten muß.

Der Maria billige ich in keinem Fall dasselbe zu, nein, das wäre ausgeschlossen. Ich kann es nicht rational ausführen, obwohl ich schon oft darüber nachgedacht habe, logischerweise ist mein Denken ungerecht. Sie würde mich auf die Palme bringen und ich würde mich wahrscheinlich umgehend scheiden lassen oder irgendwelche anderen drastischen Sanktionen setzen.

Für Frauen ist die Sexualität ganz anders zu bewerten, sie verbinden so ein Erlebnis mit viel mehr Emotionen. Frauen sind einfach nicht so schlecht wie Männer, davon bin ich überzeugt.

Früher wollte ich überhaupt nur eine Jungfrau heiraten, jede Konzession wäre mir als Zumutung erschienen. Bei der Maria habe ich mich zwangsläufig damit abfinden müssen und diese Idee aufgeben, ab einem gewissen Alter kann man das halt nicht mehr verlangen. Aber am Anfang hat mich ihr «Vorleben», so begrenzt und akzeptabel es auch war, fürchterlich belastet, ich habe echt gelitten. In erster Linie war's gekränkter Stolz, daß schon jemand meinen Besitz hatte, schon früher da war. Heute würde ich ihr eine andere Beziehung auch deshalb übelnehmen, weil ich mich frage, wozu sie sich für einen anderen Mann interessiert, wenn sie ohnehin mich hat. Ich habe ihr auch deutlich gesagt, daß ich es gar nicht wissen möchte, wenn's doch einmal so weit kommen sollte.

Mann über Bord – einige Anregungen zur Zukunft der männlichen Geschlechtsrolle

Wenn von geschlechtsspezifischer Sozialisation die Rede ist, geht es in der Regel um die Frage der weiblichen Sozialisation, der weiblichen Erziehung, der Erzeugung weiblicher Eigenschaften. Selbst die kritische Literatur verfällt damit oft einer unausgesprochenen Vorentscheidung; sie geht davon aus, daß die Erziehung zum Mann normal oder zumindest normaler ist als die Erziehung zur Frau. Richtiger wäre es, die Erziehung zur Geschlechtsrolle als Devianz in zwei verschiedene Richtungen zu betrachten; was in älteren Texten mit dem Begriff der Komplementarität beschrieben ist, in Wirklichkeit aber eher bedeutet, daß «männlich» und «weiblich» Pervertierungen des menschlichen Wesens in zwei einander gegenüberliegende Richtungen sind.

Die eine Hälfte der Bevölkerung wird abgehärtet, zu Kampfbereitschaft und Abenteuerlust angeregt, ihre Empfindungen und Sensibilitäten werden systematisch abgestumpft, und ihre Bereitschaft und Motivation, die Geschlechtsidentität «männlich» anzunehmen und zu verinnerlichen, wird gefördert durch die Vermittlung der Überlegenheit dieser Rolle gegenüber der anderen. Die andere Hälfte wird auf Sensibilität, Emotionalität und Personenzentriertheit spezialisiert, in ihrer Bewegungsfreiheit beschränkt und auf einen eingegrenzten Tätigkeitsbereich zukünftigen Wirkens vorbereitet; ihre Motivation erhält sie einerseits durch Sanktionen und Bestrafungen bei Überschreitungen, zweitens durch eine diffus vermittelte Drohung seitens des anderen Geschlechts und der Sexualität generell, und drittens durch eine «bessere», d. h. sanftere Behandlung in den Bereichen, auf die sie sich beschränken soll. Mädchen werden mehr getröstet, sie erhalten mehr Körperkontakt und mehr emotionale Zuwendung; Buben erhalten mehr Anerkennung, intellektuelle Beachtung und mehr Ansporn für ihre Interessen. Die resultierende Arbeitsteilung in bezug auf Kompetenzen, Wünsche und Fähigkeiten beschrieb Talcott Parsons mit den Begriffen «instrumental» und «expressiv». Jede Verhaltensrichtung hat ihre eigenen spezifischen Belohnungen und Anforderungen; den Angehörigen der beiden Richtungen wird jeweils vermittelt, daß ihre Aufgabe wichtig ist und nur von ihnen naturgemäß erfüllt werden kann. Die männliche Rolle erfordert eine größere Entfernung von den sozialen und emotionalen Bedürfnissen der Zwischenmenschlichkeit, die kompensiert werden muß durch eine Reihe von Mechanismen: durch Institutionen, die den Überschuß an

Emotionalität auffangen und die männliche Persönlichkeit kurzfristig wieder stabilisieren können (Leistungen, die von Frauen erfüllt werden, entweder in persönlichen oder in professionellen Beziehungen); durch Pseudogruppen, die eine soziale Interaktion mit solidarischer emotionaler Basis vortäuschen sollen (Männerklubs und -bünde etc.); und durch die Vermittlung eines Gefühls der Überlegenheit, das zur Aufrechterhaltung einer unnatürlichen persönlichen Isolation befähigen soll.

Wenn man an den Lebenszusammenhang vieler Männer denkt, wird klar, daß nur unter großen sozialen Anstrengungen eine solche persönliche Isolation aufrechterhalten werden kann: Leistungskampf am Arbeitsplatz, Rivalität mit Kollegen, Autoritätsverhältnisse gegenüber den Vorgesetzten, eine Außenseiterrolle in der eigenen Familie mit sporadischen Auftritten als Disziplinaragent oder als Freizeiterscheinung. Die hohen Sterblichkeitsziffern bei verwitweten Männern können nicht überraschen, denn oftmals war die Ehefrau der zentrale Vermittlungspunkt zu allen Bereichen verbleibender menschlicher Kontaktnahme (Verwandtschaft, Freundeskreis, Nachbarschaft).[90]

Der Familienvater bürgerlicher Tradition ist der Archetyp sozialer Einsamkeit, überall gezwungen, seine Distanz, Autorität und männliche Würde aufrechtzuhalten, in Kleidung, Verhalten, Auftreten, Beziehung zu Kindern und Ehefrau, beruflicher Situation und sexuellem Selbstbild eine korsettiertere Figur als es die Frau derselben Epoche jemals sein konnte, da sie zumindest partiell ihre menschlichen Regungen erleben und mitteilen durfte. Nur das Gefühl, Träger einer biologischen Vorbestimmung, einer sexuell-sozialen Mission zu sein, konnte solche Isolation und Entfremdung erträglich machen. Man könnte sagen, daß die Männlichkeit die verbreitetste und tiefgehendste Form des falschen Bewußtseins in der gesamten politischen Geschichte der Menschheit ist, weit pathetischer als jedes nationale Sendungsbewußtsein es bei all den aufgebotenen Fahnen, Flaggen, Hymnen und Denkmälern je zu sein vermochte.

Was kleinen Kindern männlicher Geschlechtszugehörigkeit schon im Alter von zwei Jahren nachdrücklich eingeprägt worden ist: daß sie Buben sind*, und daß es besser ist, ein Bub zu sein als ein Mädchen, das hält sich wie ein täglich dreimal monoton vorgebetetes Credo, wie ein Fahnenschwur bis ins Erwachsenenalter hinein. Es überdauert Glaubenskrisen und Nihilismus, ideologische Verunsicherungen und jede

* Vgl. die Untersuchung von Rene Zazzo, nach der nur 1% von Buben im Alter von 5 Jahren lieber Mädchen, dagegen 15% der Mädchen lieber Jungens wären, zitiert nach Belotti, Elena: Was geschieht mit kleinen Mädchen? Frauenoffensive, München 1975, Seite 45

Stimme der Vernunft. Es ist gar nicht erforderlich, wie es die orthodoxen männlichen Juden tun, jeden Tag Gott dafür zu danken, daß «er» sie als Männer und nicht als Frauen schuf. Die Glaubensgemeinschaft der Männlichkeit flüstert sich diese Benediktion täglich und in den verschiedensten Weisen zu.

Es ist ein Aberglaube, der sich hält, lange nachdem die Menschheit nicht mehr an Waldgötter, böse Djinn, eine flache Erdkugel und die internationale Sendung der weißen Rasse glaubt.

Sein anhaltendes Nachwirken bedingt die tiefen Ambivalenzen im Denken «rollenkritischer» männlicher Autoren und hat zur Folge, daß die – der expliziten Absicht nach – emanzipatorischen und kritischen Texte zu apologetischen Schriften der Männlichkeitsideologie ausarten.

Ein Beispiel ist der Text von Gerhard Vinnai «Das Elend der Männlichkeit»[91], dessen Autor ansetzt, eine ökonomische und psychologische Analyse der männlichen Geschlechtsidentität zu verfassen und am Ende nur ein widersprüchliches Elaborat chauvinistischer Phantasien zustande bringt. Nach jedem Absatz männlicher Selbstkritik erschrickt Vinnai merklich und fügt einen weiteren Absatz dazu, in dem die Schuld für dieses männliche Fehlverhalten den Frauen zugeschrieben wird: den Müttern, die falsch erzogen haben; den Geliebten, die mit ihrer antisinnlichen Verklemmung die Entwicklung der männlichen Sexualität sabotieren; den Frauen in der Frauenbewegung, die sich nicht zum weiblichen Masochismus bekennen wollen, die sich nicht um die Bedürfnisse der Männer sorgen, usw.

Vinnais Buch ist zutiefst widersprüchlich. Einerseits verurteilt er durch ganze Kapitel die emotionale Verkrüppelung als Bestandteil des traditionellen Männerbilds, die Anforderungen nach Autonomie, Stärke, Unempfindlichkeit als destruktive und falsche Elemente in der Pervertierung des männlichen Menschen. Andererseits jedoch warnt er die Frauen, daß sie an den «weichen und sensiblen Männern, deren Kurse bei ihnen (den Frauen) immer mehr steigen, keine dauerhafte Freude finden werden» (Seite 131); hinter diesem Satz hört man das etwas trotzige «das wird dir noch leid tun» eines Mannes, der sich zugunsten eines sanfteren Nebenbuhlers verschmäht sieht. Seine männliche Selbstkritik ist stets begleitet von Entschuldigungen, Verbeugungen und Anbiederungen an die männliche Galerie, die ja nicht auf die Idee kommen darf, daß hier Geschlechtsverrat begangen wird, daß hier der Männlichkeit eine Absage erteilt wird. In seiner Behauptung, nicht aus «anpäßlerischer Bravheit» gegenüber Frauen seine Kritik zu üben, sondern in männlicher Selbständigkeit, dementiert er die Unterstellung eines phantasierten männlichen Stammtischs: nein, er ist kein Pantoffelheld, ruft er, klopft mit der Faust auf den Tisch und spendiert eine Runde, eine theoretische, in diesem Fall, indem er beschwichtigend große Teile der Kritik an Männlichkeitsposen und Herrschaftscharakter nicht nur zurücknimmt, sondern in ihr Gegenteil umkehrt. Man müsse bedenken, schreibt er, daß die traditionelle Männlichkeit in «ihrer Kälte, die unmittelbaren Beziehungen zu Menschen und Dingen entgegensteht, eine praktische und theoretische Vernunft möglich gemacht hat . . .» (Seite 157).

Warum er sich hier plötzlich dem Urteil seiner philosophischen Vorväter anschließt und in wenig origineller Weise einen Zusammenhang mit Männlichkeit und Vernunft, Weiblichkeit und irrationaler Affinität für Mitmenschliches zu erkennen glaubt, bleibt unerklärt.

Aber es kommt noch mehr. «Die traditionelle Männlichkeit», befindet nun Vinnai, «ist mit Unterdrückung verschwistert» (gerade in diesem Kontext wäre das übliche «verbrüdert» wirklich passender gewesen), «sie hat aber auch den ‹aufrechten Gang› und den ‹Männerstolz vor Königsthronen› hervorgebracht.» Und ohne Zynismus, sondern bisher immer auch die Formel: «Wer ein Mann sein will, kann sich so etwas nicht gefallen lassen!» (Seite 157). Ein Satz, der nicht nur in seinen enthaltenen Unterstellungen extrem frauenfeindlich und bigott ist (da daraus nicht sehr unterschwellig folgt, daß demütig gebückte Unterwerfung als Gegenteil zum Männerstolz die angemessene Körperhaltung der Weiblichkeit ist), sondern manifest unwahr; maßgeblich beteiligt an den gefährlichsten Konfrontationen jeder bisherigen Revolution, sei es die französische, die russische, die antikoloniale, waren stets die Frauen, die nicht an eine biologische Klubmitgliedschaft erinnert werden mußten, um Unterdrückung und Ungerechtigkeit unter Einsatz ihres Lebens zu bekämpfen: das Unrecht.

Wer sich Sozialpsychologe nennt, kann nicht Sätze schreiben wie:

> «Daß die kapitalistische Entwicklung in mancher Hinsicht immer mehr passive Anpassung und Unterwerfung, außengeleitete Formen der Subjektivität, Verständnis für Unterdrücker und privatistischen Rückzug erzwingt, hat eine ‹Feminisierung› des Sozialcharakters zur Konsequenz, die keineswegs besonders positiv bewertet werden kann . . . Das ‹weiche Weibliche› taugt trefflich zum menschlichen Kitt für unmenschliche Verhältnisse, solange es sich nicht mit der ‹männlichen Härte› verbindet, die der Kampf gegen die Unterdrükkung verlangt . . .»

An die Stelle einer politischen, historischen, ökonomischen Analyse von Herrschaft und ihrer Überwindung eine an Schopenhauer erinnernde Spekulation über den «Sozialcharakter» der Geschlechter zu setzen, steht analytisch auf demselben Niveau wie die Logik, nach der Frauen ohnehin schon emanzipiert sind, weil die Mehrzahl der Terroristen Frauen sind.

Diese Vermischung von harter Selbstkritik und abruptem Rückfall in die Cowboy-Klänge des Männerbundes ist bedauerlicherweise für viele Texte der männlichen Ideologiekritik charakteristisch. Herb Goldbergs Buch «The Hazards of Being Male»[92] z. B. präsentiert sich als Entmythologisierung der «Ideologie männlicher Überlegenheit»; eine Lektüre zeigt, daß der Autor jedoch nicht die Ideologie selbst kritisiert, sondern die Tatsache, daß sie die Realität nicht beschreibt; Männer sind gar nicht privilegiert, klagt er, sondern eher benachteiligt. Das Buch wurde in den amerikanischen Medien als großer Durchbruch männlicher Emanzipation gefeiert; die darin enthaltenen Botschaften sind ominös und altvertraut. Die Ausdrucksweise ist der Frauenbewegung entlehnt, das stimmt, aber die Inhalte sind mehr als traditionell. Männer müssen sich solidarisieren, sie müssen eine «männliche Kultur» entwickeln, wie sie früher eine hatten, bevor die Gemeinsamkeit der Männergruppen und -klubs sich auflöste, sie müssen lernen, ihre Schuldkomplexe abzubauen und sich zu behaupten, dies vor allem im Bereich der Sexualität, wo Anforderungen der jüngsten Zeit zu großer Selbstentfremdung geführt haben. In einem diesbezüglichen Kapitel erklärt der Autor, daß sich Männer auch zu den natürlichen Aspekten ihrer Triebstruktur bekennen müssen; z. B. zu Vergewaltigungsbedürfnissen. Ebenso wie die Frauen durch psychoanalytische Kategorien wie «Penisneid», «Anatomie ist Schicksal» und «Frigidität» irregeleitet und unterdrückt wurden, schreibt der Autor, sind auch Männer durch Begriffe wie «latente Feindseligkeit gegenüber Frauen», «Kastrationsangst» und «Impotenz» an der Entfaltung ihrer natürlichen Sexualität gehindert worden. Und zwar vor allem dadurch, daß ihre «spontane Entwicklung» durch die «Intellektualisierung der Sexualität, der sinnlosen Diskussion über ‹Beziehungen› und ‹Symmetrie› und eine destruktive Bewußtheit über die Physiologie von Frauen und Männern» irregeleitet wurde. Die «Infragestellung» der männlichen Rolle, und die Reaktion auf Kritik daran, führt kreisförmig zurück zum Bekenntnis einer angeblich «ursprünglichen» Männlichkeit; aus Unfähigkeit, eine befürwortenswerte alternative Identität zu schaffen, flüchten diese Autoren vor der unakzeptablen Rolle des schuldbewußten Unterdrückers in eine erneute Affirmation traditioneller Manneskraft.

Auch diese Tendenz hat ihr entsprechendes Äquivalent in der Sozialwissenschaft. Für den von Pietropinto und Simenauer herausgegebenen «Abschied vom Mythos Mann»[93] wäre der Titel «Wiederbegrüßung des Mythos Mann» passender gewesen; der Leiter der Untersuchung, der Psychiater Pietropinto, sammelt, begünstigt durch die Art seiner Fragestellungen, auf mehr als 500 Seiten männliche Klischees, Angebereien und Potenzträume. Methodisch hat diese Untersuchung mit dem im Aufbau nicht unähnlichen «Ralf Report» gemeinsam, daß sie in klassischer sozialwissenschaftlicher Manier die Aussagen der übergeordneten Gruppe als Beweis für die Meinung der Untergeordneten verwendet, wo es nötig ist, um ihre Aussage zu belegen. So hat die Betriebspsychologie sich häufig imstande gesehen, die Aussage der Betriebsleitung und des Arbeitgebers als korrekte Information betreffend Situation und Empfindungen der Arbeiter zu akzeptieren. In den beiden Untersuchungen über Sexualität und sexuelles Verhalten, «Abschied vom Mythos Mann» und «Ralf Report», verwenden die Autoren die Aussagen der befragten Männer, um die Ergebnisse der Untersuchung von Hite[94] (die Frauen befragte) zu widerlegen. Daß die befragten Männer eine andere Einschätzung betreffend Art, Häufigkeit etc. weiblicher sexueller Reaktionen haben als die Frauen selbst, ist jedoch, wie eigentlich jedem klar sein sollte, noch keine hinreichende Widerlegung der Richtigkeit von Ergebnissen einer Frauenstudie. Naheliegender wäre die Interpretation, daß hier eine Fehlkommunikation stattfindet. Die Männer als bessere Zeugen dafür zu betrachten als die Frauen selbst, ob Frauen z. B. häufig, selten oder nie einen Orgasmus haben, ist eine etwas dubiose Form der Wahrheitsfindung.

Worin das Neue am neuen Mann, den Pietropinto vorgibt, entdeckt zu haben, liegen soll, bleibt nach Lektüre seiner Untersuchungsergebnisse ein Rätsel. Auch die Vorstellungen einer «Idealfrau», wie sie von den befragten Männern dargestellt wurden, langweilen mit ihrer stereotypen Altvertrautheit. Die von Pietropinto als typisch ausgewählten Schilderungen und Wünsche führen an:

> «92-60-90. Hellbraune Haare. Zur Stelle, wenn man mit den Fingern schnippt.»
> «Schön-sinnlich, intelligent und denkt viel mehr an meine Bedürfnisse als an ihre.»
> «Große Blonde oder Rothaarige – sexy aussehende Figur, würde alles tun, was ich ihr sage – nicht bloß Sex. Sie würde nie eine Meinung äußern.»
> «Sie würde alles tun, was ich will.»
> «Sie müßte eine schöne Sklavin sein.»
> «Blond, 1,65, hübsch, liebevoll, eine Köchin in der Küche und eine Hure im Schlafzimmer.»
> «Gut gebaut und kein Hirn im Kopf.»

Es ist schwierig, hierin das Neue zu erkennen. Es klingt im Gegenteil alles sehr vertraut. Das einzige, von dem man nach Lektüre des Buchs Abschied nehmen kann, ist die Hoffnung auf baldige Verbesserungen im Bewußtseinsstand des männlichen Geschlechts.

Die Einprägung von Denkhaltungen, die an die Stelle zwischenmenschlicher Beziehungen und Kommunikationschancen Barrikaden errichten, mit sorgfältig gezogenen Grenzen, mit Erzählungen von ruhmreichen Vergangenheiten und von großer Zukunft, von einem bewegenden Gefühl der Zusammengehörigkeit, von brustschwellendem Stolz und tiefer Ergriffenheit, ist zählebig. Die Männlichkeit ist die letzte der verbleibenden großen Ideologien. Ihre Verfechter graben sich hinter den Frontlinien ein, die sie selbst gezogen haben. In jedem Appell hören sie ein Ultimatum. In jeder Veränderung wittern sie eine Niederlage. In jeder Verhandlungssituation vermuten sie einen Hinterhalt. Sie erinnern an die Irredenta-Bewegungen, die, voll des aufrechten Glaubens, langverlorene Kaiserreiche wieder etablieren wollen. Sie erinnern, gelegentlich, an die Offiziere des Ku-Klux-Klan, die sich Großvezier nennen, Masken und Roben tragen und im amerikanischen Süden wieder Baumwollplantagen und dienende Negerscharen einführen wollen.
Sie mögen einem leid tun, aber trotzdem ist es nicht angenehm, mit ihnen zusammenzuleben.
Ihre immer gleichen Witze sind langweilig.
Sie sind ständig beleidigt, gekränkt oder zornig.
Sie fühlen sich immer herabgesetzt.
Sie wieder zu beruhigen und psychisch wieder aufzubauen, ist anstrengend und zeitraubend.
In manchen Firmen wird ein Großteil der Arbeitszeit damit aufgebraucht. Das ist ineffizient und unwirtschaftlich.
In manchen Ehen wird für Marionettenspiele und Therapie sehr viel Energie aufgewendet.
Das ist anfangs, vielleicht, unterhaltsam, später aber lästig.
Unter sich sind sie hilflos.
Sie verfallen in hysterische Zustände.
Glotzäugig und heiser starren sie Kellnerinnen nach und brüllen einander an. Ständig reden sie über Busen und Beine.
Sie kaufen sich Bilderbücher, in denen sie selbige anschauen können.
Manchmal stundenlang.
Wenn sie nicht bekommen, was sie haben wollen, klopfen sie auf den Tisch und rufen Sätze wie:
Hier habe immer noch ich die Hosen an!
Diese modischen Hinweise sollen dazu beitragen, eine Konfliktfrage zu lösen.
Oder sie sagen:
Schließlich bringe ich das Geld nach Hause.
Sie sind oftmals sehr unausgeglichen.
Es muß schwierig sein, als Person dieser Art durchs Leben zu gehen.

Wir vermuten, daß auch viele Männer sich unter den gegebenen Verhältnissen unwohl fühlen. Wir vermuten es nur deshalb, weil uns gelegentliche vorsichtige, zurückhaltende Meldungen dieses Inhalts erreichen und weil vieles am Verhalten, an der Ausdrucksweise, an der Lebensrealität von Männern darauf schließen läßt. Die Zwänge der Geschlechtsrolle, die Standards und Anforderungen von Altersgenossen, die Angst, in den Augen der Freunde oder der Frau ein Versager zu sein, Unsicherheit betreffend der eigenen Bedürfnisse und Empfindungen, die Hemmungen, über bestimmte Dinge zu reden . . . wir vermuten, daß Männer unter diesen Umständen leiden. Viel mehr können wir dazu nicht sagen, denn in einer jahrhundertewährenden Zurückhaltung haben sich die Männer selbst zu diesem Thema selten geäußert. Es ist wahr, in den Beschimpfungen und Klagen über das weibliche Geschlecht, über die Falschheit, Minderwertigkeit, Verlogenheit, Raffinesse etc etc. der Frau – wie sie in philosophischen Texten, theologischen Schriften und theoretischen Erörterungen während eben dieser Jahrhunderte auflagen, kommt eine gewisse generelle Beschwerde über die Metaphysik (und die Physik) des Geschlechterunterschieds zum Ausdruck; man gewinnt den unmißverständlichen Eindruck, daß sich die jeweiligen Autoren nicht wohl fühlen in dieser Welt, wie sie aus Frauen und Männern besteht; daß ihnen die Art des Zusammenlebens zwischen Männern und Frauen keine große Begeisterung abringt, daß sie unglücklich und unzufrieden sind. Die Schuld für ihren Unmut suchten sie meist im Wesen der Frau; in der Erbsünde, in der Schwäche ihrer Persönlichkeitsstruktur, in ihrem natürlichen Opportunismus, in ihrer konstitutionellen Untreue usw. Sie suchten ihn nicht in den Strukturen, sondern versuchten, eine Schuldfrage daraus zu machen. Wenn es nicht so recht funktionierte mit Frauen und Männern, so folgerten sie, dann mußte die Schuld entweder bei den Männern liegen oder bei den Frauen. Und da sie selbst Männer waren, bevorzugten sie die letztere Interpretationsmöglichkeit.

Der Gegenstand lebt fort. Wenn Frauen darüber sprechen oder schreiben wollen, dann heißt es oft, er sei trivial. Das kann jedoch nicht wirklich das Urteil der Männer sein, jedenfalls nicht, wenn die Bibliotheken und Archive, die Enzyklopädien und Lebenswerke, die sie zu diesem Thema selbst verfaßt haben (zu den Zeiten, als Frauen noch nicht Autorinnen sein konnten), ein Indikator dafür sind.

Und auch sonst, wenn man die Lebenszusammenhänge von Menschen betrachtet, nimmt die Frage nach dem Zusammenleben mit Angehörigen des anderen Geschlechts keinen geringen Platz darin ein. Als männliche Person verbringt man sehr viel Zeit damit, ein Sohn zu sein, ein Mann zu werden, zu beweisen, daß man auch wirklich ein Mann ist, sich mit Frauen zu beschäftigen, mit einer Frau zu leben, in einer Familie zu existieren, über Frauen zu lesen, Bilder von Frauen anzuschauen, über Frauen nachzudenken, sich mit Freunden oder Kollegen über Frauen zu unterhalten, mit Frauen zu streiten, etc. Weder vom Zeitaufwand noch vom Stellenwert her ist die Frau für den Mann wirklich so geringfügig relevant, wie man glauben könnte, wenn man sich an männlichen Selbstdarstellungen orientiert.

In unseren Gesprächen mit Männern machten wir z. T. merkwürdige Entdeckungen. Wenn z. B. das Thema ihres ersten sexuellen Erlebnisses aufkam, dann schauten sie manchmal nach rechts, dann schauten sie nach links, und dann, als sie sicher waren, daß kein anderer Mann im Zimmer war, sagten sie, sie seien schon unendlich alt gewesen, 20, 21, 22! und schon ganz überzeugt, daß mit ihnen etwas nicht stimmen konnte. Sie hatten fast ihre ganze Zeit damit verbracht, diesen Erfahrungsrückstand eifrig vor Freunden zu verbergen, die ja alle schon seit spätestens dem Alter von 15, 16 als wahre Casanovas durchs Leben gingen, eine Spur gebrochener Frauenherzen hinter sich lassend.

Und viele von ihnen erzählten, daß sie mit ihren Geschlechtsgenossen über persönliche Dinge gar nicht sprechen können, sondern mit ihren Sorgen und Ängsten, ihren wirklichen Erwartungen und Empfindungen zu Frauen gehen.

Die Vermutung, daß Männer in manchen Punkten Artikulationsschwierigkeiten haben, folgt nicht nur aus einem Studium ihrer Veröffentlichungen (spätestens mit der Jahrhundertwende nahm selbst der unbeholfene Versuch aus der Zeit der Romantik, männliche Sensibilitäten oder Gefühle anders als dementierend zu schildern, ein jähes Ende), sondern ergibt sich auch aus anderen Quellen. Prostituierte, Animierdamen und Callgirls verkaufen ihre Dienste als Zuhörer viel vorrangiger als ihre anderen Dienstleistungen.

Über ihre Sorgen und Unzulänglichkeiten, ihre Ängste und ihre Unsicherheit sind Männer sehr schweigsam, zumindest im Bereich des Publizistischen. Nur unter vier Augen sind sie bereit, ihre Seelenlage preiszugeben (das aber dann ausführlich). Ein Dialog kann unter diesen Umständen schwer zustande kommen. In vertraulichen Gesprächen, das muß man leider feststellen, sind Männer in der Rolle des Sprechers meist begabter als in der Rolle des Zuhörers. Hier gibt es nur wenige Ausnahmen. Nach außen dominiert der Bluff. Daß diese männlich/weibliche Einfärbung der gesamten Umwelt vielleicht nicht so attraktiv ist wie bislang angenommen wurde, sind sie zu bedenken nicht bereit. Auf alles muß dieser monotone Überguß drüber: dies ist männlich, das ist weiblich. Hierher gehören die Männer, dorthin gehören die Frauen. Ja, so sind die Frauen. Ja, so sind die Männer. Die angebliche Spannung, die in dieser Teilung liegen soll, ist so beschwingt wie der traditionelle Refrain einer alten, einer sehr alten Operette. Bei der 4000'sten «Fledermaus» schläft man ein. Nach den vielen, immer gleichen Aufführungen sind die jugendlichen Liebhaber ergraut, ihren Text sprechen sie nur mehr monoton, dafür aber um so sonorer. In den Logen döst die bessere Gesellschaft vor sich hin. Es ist höchste Zeit für ein Alternativtheater.

Die sogenannte «Kritik an der männlichen Rolle» steht nach wie vor an. Autoren, die sich als Kritiker ausgeben, erweisen sich als Claqueure. (Manchmal sogar als Souffleure.) Sie «kritisieren» die Inszenierungen von Männlichkeit höchstens so, wie der ängstliche Höfling eine Musikdarbietung des Kaisers Nero: vorsichtig, um dann um so raffinierter zu schmeicheln.

Kurze Passagen der Rollenkritik schlagen meist um in Affirmationen der traditionellen Männlichkeit. Anflüge von Bereitschaft, eine Änderung des eigenen Verhaltens anzustreben, brechen zusammen vor der sofort angemerkten Sorge nicht wieder gutzumachender Schäden. Die aufsehenerregendsten Untersuchungen über «Männer» der letzten Jahre setzten sich ausschließlich aus Sammlungen ihrer Protz-Gespräche zusammen. Sorgfältig, aufmerksam und über Jahre notierten männliche Sozialwissenschaftler, was ihre Geschlechtsgenossen an adoleszenten Meldungen zustande brachten, um das illuminierende Fazit zu ziehen, daß viele Männer sich eine Frau «mit großem Busen und ohne Hirn» wünschen. Die Art der Fragestellungen läßt erkennen, daß die Männer hier bestrebt waren, dem Wissenschaftler hilfreich das zu bieten, was er hören wollte: gängige Banalitäten.

Wir glauben nicht, daß Männer wirklich so unattraktiv und dümmlich sind, wie sie in diesen modischen Untersuchungen wirken. Allerdings *wollen* wir es auch nicht glauben; möglicherweise trübt das unsere Objektivität. Wenn es jedoch eine der Hauptsorgen der Geschlechtsrollenkritiker ist, daß die Frauenemanzipation zu psychischen Schäden der Identität von Männern führen wird, die sich wiederum manifestieren werden in einer grassierenden (die Statistiken sprechen von epedemieartigen Zuständen) Impotenz (auch Vinnai zeigt sich hier bekümmert)[95], dann sorgen wir uns um das analytische Niveau. Bei der Lektüre dieser soziologischen Texte gewinnt man den Eindruck, daß Impotenz die einzige stumme, aber ausdrucksvolle männliche Reaktion auf gesellschaftliche Veränderungen im Bereich des mitmenschlichen Zusammenlebens ist. Der Schreck sitzt ihnen, so könnte man die gängige männliche Geschlechtsrollenkritik resumieren, in den Gliedern.

Aus der politischen Geschichte wissen wir jedoch: vor allem Tyrannen fürchten sich vor Attentaten. Man kann vom Schicksal historischer Ausbeuter viel lernen. Wie die Kolonialisten, die Imperialisten, die Rassisten unserer Tage es zunehmend erleben, ist es unbequem, in Zeiten des historischen Umbruchs auf der falschen Seite zu stehen. Wie die Weißen in Rhodesien ist man tagsüber mit Schießübungen beschäftigt und träumt nachts vom Massaker. Ohne übermäßigen Optimismus kann man dennoch feststellen: manchmal setzt sich doch die Gerechtigkeit durch, letztlich und ansatzweise. Die Zeitalter des Herrenvolks gehen vorüber.

Ein Tip von der feministischen Front: noch ist es Zeit, überzulaufen. Es wäre besser, Partisan auf der Seite einer neuen Gesellschaft zu sein, als Heimwehr auf den Frontlinien der alten.

Anmerkungen

1 Dohm, Hedwig: Die Frau in der Gesellschaft, IV. Frau und Kind. Beitr. u. a. von Bré, Ruth / Dohm, Hedwig. Fischer Taschenbuch Verlag, Frankfurt / M. 1978
2 Badr ol-Moluk Bamdad: Women's Emancipation in Iran. N. Y. 1977
3 Missions-Magazin. Marianhill, März / April 1977, Seite 13
4 Bhasin, Kamla (Hg.): The Position of Woman in Iran. Bombay 1972, Seiten 40 / 41
5 Koran, Sure 24, zitiert nach der Übersetzung von Dawood, Penguin 1968, Seite 212
6 ebenda
7 vgl. Camden, Carroll: The Elizabethan Woman. Elsevier Press 1952, Seite 122
8 vgl. Massell, Gregory: The Surrogate Proletariat-Moslem Woman and Revolutionary Strategies in Soviet Central Asia. Princeton Univ. Press, N. Y. 1974, Seite 100
9 zitiert nach Bartol'd: Islam. Petrograd 1918, Seite 106
10 Amin-Arsala, Betsy: In Iran, to Veil or not to Veil? New York Times, 21. April 1979
11 Robinson, Lillian: Sex, Class and Culture. Indiana Univ. Press 1978, Seite 126
12 Levertov, Denise: zitiert ebenda, Seite 266
13 Tax, Meredith, in: Koedt / Levine / Rapone (Hg.): Radical Feminism. N. Y. 1973, Seite 27
14 Habermas, Jürgen: Erkenntnis und Interesse. Suhrkamp, Frankfurt 1973
15 vgl. Ford, Clellan / Beach, Frank: Patterns of Sexual Behavior, N. Y. 1951
16 Fromm, Erich / Horkheimer, Max: Autorität in der Familie. Verlag O, (undatierter Raubdruck)
Vinnai, Gerhard: Das Elend der Männlichkeit. Rowohlt Taschenbuch Verlag, Reinbek 1977
17 Korda, Michael: Male Chauvinism.
18 Kirkpatrick, Clifford / Kanin, Eugene: Male Sex Aggression on a University Campus. AmSocRev, 22, 1957, Seite 53;
Kanin, Eugene: Reference Group and Sex Conduct Norm Violations. SocQuar, 8, 1967;
Ehrmann, Winston: Marital and Nonmarital Sexual Behavior, 1964, zitiert in: Nye / Berardo: The Family. Its Structure and Interaction. N. Y. 1973, Seite 198ff.
19 Tax, Meredith, in: Koedt / Levine / Rapone (Hg.): Radical Feminism, a. a. O., Seite 73
20 Korda, Michael: Male Chauvinism, Seite 223
21 Steinem, G.: Why we aren't laughing anymore. Nachdruck des US-Magazins «Ms», Herbst 1978, N. Y.
22 Maslow, A. H.: Self-Esteem (Dominance-Feeling) and Sexuality in Woman.

JourSocPsych, 1942; vgl. Allen / Sanders / Wallis: Conditions of Illusion, Feminist Books, Leeds 1974, Kap. 2: Sexuality and Ideology.
23 Brownmiller, Susan: Gegen unseren Willen. Vergewaltigung und Männerherrschaft. S. Fischer Verlag, Frankfurt / M. 1978
24 Carns, Donald: Talking about Sex. Journal of Marriage and the Family, November 1973, Seite 678
25 Lepenies, Wolf: Melancholie und Gesellschaft. Suhrkamp, Frankfurt 1969, Seite 43 ff.
26 übersetzt aus: Woolf, Virginia: A Room of Ones Own; deutsch: Ein Zimmer für sich allein. Gerhardt, Berlin 1978
27 übersetzt aus: Lessing, Doris: A Man and Two Woman. London 1958 (Deutsche Fassung erscheint Herbst 1980 bei Klett-Cotta, Stuttgart)
28 Carns, Donald: Talking about Sex. Journal of Marriage and the Family. November 1973, Seite 677 ff.
29 Berger / Wenger: The Ideology of Virginity. Journal of Marriage and the Family. November 1973, Seite 666 ff.
30 vgl. z. B. Colette: The Cat. Penguin 1958; biographische Anmerkungen des Verlages im Klappentext
31 Woolf, Virginia: A Room of Ones Own; deutsch: Ein Zimmer für sich allein. Gerhardt, Berlin 1978
32 vgl. z. B. Richter, H. E.: Konflikte und Krankheiten der Frau, in: Claessens, D.: Familiensoziologie. Frankfurt 1974
33 Fitzgerald, Zelda: Darf ich um den Walzer bitten. Lübbe, Berg. Gladbach 1976
34 zitiert aus: Mitford, Nancy: Zelda. N. Y. 1970
35 Mead, Margaret: Brombeerblüten im Winter. Rowohlt Taschenbuch Verlag, Reinbek 1978
36 Die Tagebücher der Anaïs Nin 1. Deutscher Taschenbuch Verlag, München 1978
37 übersetzt aus: Maurois, André: The Life of George Sand. London 1953, Seite 282 (deutsch: Das Leben der George Sand. List, München 1977)
38 zitiert nach Maurois, André: Das Leben der George Sand. List, München 1977
39 Maccoby, Michael: Die neuen Chefs. Rowohlt Taschenbuch Verlag, Reinbek 1979
40 Engels, Friedrich: Ursprung der Familie. MEW Bd. 21, Dietz, Berlin / DDR 1972, Seite 76
41 Robinson, Lillian: Sex, Class and Culture. Indiana Univ. Press 1978, Seite 108
42 Bauer, W.: Geschichte und Wesen der Prostitution. Stuttgart 1956
43 Henriques, Fernando: Prostitution and Society. Bd. 1 und 2. London 1962; Briffault, Robert: The Mothers. Bd. 3. N. Y. 1927
44 Tillich, Hannah: From Time to Time. N. Y. 1973
45 Jameson, S.: The Retreat from the Pleasure Principle. In: Holbrook (Hg.): The Case against Pornography. London 1972, Seite 214
46 The Three Marias: New Portuguese Letters. N. Y. 1973
47 Morgan, Robin: Going Too Far. N. Y. 1977
48 Stoller, Robert (Professor für Psychiatrie): Pornography and Perversion. In: Holbrook, op. cit. Seite 124

49 zitiert nach: Henriques: Prostitution and Society, a. a. O.
50 Kurier, 4. Januar 1979, Seite 18/19
51 Sacher-Masoch, Leopold von: Venus im Pelz. Lichtenberg Verlag, München 1968, Seite 75
52 ebenda, Seite 98ff.
53 Reik, Th.: Of Love and Lust. On the Psychoanalysis of Romantic and Sexual Emotions. London 1957
54 Coombs, Neil R.: Male Prostitution: A Psychosocial View of Behavior. American Journal of Orthopsychiatry, 44, Oktober 1974, Seite 782ff.
55 Willis, S.: Understanding and Counseling the Male Homosexual. Little Brown and Co., Boston 1967
56 vgl. hierzu vor allem Bamberger, Joan: The Myth of Matriarchy: Why Men Rule in Primitive Society. In: Rosalio, Michelle / Lamphere, Louise (Hg.): Woman, Culture and Society. Stanford 1974, Seite 263ff.
57 Haag, Ernest van den: Is Pornography a Cause of Crime? In: David Holbrook (Hg.): The Case against Pornography.
58 Johnson, P. H.: Peddling the Pornography of Violence. In: David Holbrook (Hg.): The Case against Pornography.
59 Nawy, Harold: In the Pursuit of Happiness? Consumers of Erotica in San Francisco. In: Pornography: Attitudes, Uses and Effects. Journal of Social Issues, 29. 3. 1973
60 zu den Verbreitungen sexueller Fehlvorstellungen, vgl. Sherfey, Mary Jane: A Theory on Female Sexuality. In: Morgan (Hg.): Sisterhood ist Powerful. N. Y. 1970, Seite 220ff.; vgl. auch Masters / Johnson: Die sexuelle Reaktion. Rowohlt Taschenbuch Verlag, Reinbek 1970
61 übersetzt aus: Millett, Kate: Sexual Politics. Seite 6/7 (In deutscher Übersetzung: Sexus und Herrschaft. Erschienen bei Deutscher Taschenbuch Verlag, München 1977)
62 Cixous, H.: Die unendliche Zirkulation des Begehrens. Merve, Berlin 1977, Seite 24/25
63 Crimes against Women; Proceedings of the Tribunal on Crimes against Women. Millbrae 1976
64 Tillich, Hannah: From Time to Time. op. cit.
65 Clark, E. / Richardson, H.: Women and Religion. N. Y. 1977 (Epheser 5, 22–25)
66 Réage, Pauline: Die Geschichte der O. Rowohlt Taschenbuch Verlag 1979, Seite 2
67 Ward, H. Montgomery: A History of Pornography. Heinemann, London 1964, Seite 124
68 Sacher-Masoch, Leopold von: Venus im Pelz. Lichtenberg, München 1968
69 Goldin, Frederick: Lyrics of the Troubadours and Trouveres. Anchor Books, N. Y. 1973
70 ebenda, Seite 16
71 Briffault: The Mothers. Bd. III, N. Y. 1927, Seite 484
72 Pearsall, Ronald: The Worm in the Bud. The World of Victorian Sexuality. Penguin 1969
73 in: Hyde, Montgomery: A History of Pornography. Heinemann, London
74 ebenda, Seite 404

1964, Seite 127
75 vgl. hierzu auch Hyde, H. Montgomery: A History of Pornography, a. a. O., Seite 127 ff.
76 a. a. O.
77 zitiert nach der Reclam-Ausgabe, Stuttgart 1967
78 Millett, Kate: Sexus und Herrschaft. Deutscher Taschenbuch Verlag, München 1977
79 Miller, Henry: Sexus. Rowohlt, Reinbek 1974
80 Bettelheim, Bruno: Die symbolischen Wunden. Pubertätsriten und der Neid des Mannes. Kindler, München 1975
81 Ardrey, R.: The Territorial Imperatives. N. Y. 1966; vgl. auch: Ardrey, R.: The Hunting Hypothesis. N. Y. 1976
82 Bettelheim, Bruno, a. a. O.
83 Hogbin, Jan: The Island of Menstruating Men. In: Religion in Wogeo, New Guinea. Chandler 1963; vgl. auch: Psycho-Sources. N. Y. 1973, Seite 185
84 Woolf, Virginia: A Room of Ones Own. N. Y. 1963 (1929), Seite 110; deutsch: Ein Zimmer für sich allein. Gerhardt, Berlin 1978
85 Stein, Martha: Lovers, Friends, Slaves . . . The 9 Male Sexual Types. Their Psycho-Social Transactions with Call Girls. G. P. Putnam's Sons, N. Y. 1974
86 Cleef, M. Van, in: Forum: International Journal of Human Relations. Bd. 2, 9. Mai 1973, Seite 50–56
87 Janus / Bess / Saltus: A Sexual Profile of Men in Power. N. Y. 1977
88 Ebony, Chicago 1979, Seite 85
89 Stoller, Robert, a. a. O.
90 Benard, Ch. / Schlaffer, E.: Die Überlebenden. Thesen zum Partnerverlust. In: Zeitschrift für Gerontologie, 11, Darmstadt 1978.
Rosenmayr, L. u. H.: Der alte Mensch in der Gesellschaft. Rowohlt Taschenbuch Verlag, Reinbek 1978
No Longer Young: The Older Woman in America. Occasional Papers in Gerontology. Nr. 11, Michigan 1975
91 Vinnai, Gerhard: Das Elend der Männlichkeit. Rowohlt Taschenbuch Verlag, Reinbek 1977
92 Goldberg, Herb: Der verunsicherte Mann. Rowohlt Taschenbuch Verlag, Reinbek 1979
93 Pietropinto, Anthony / Simenauer, Jaqueline: Abschied vom Mythos Mann. Fischer Taschenbuch Verlag, Frankfurt 1978
94 Hite, Shere: Der Hite Report. Bertelsmann, Gütersloh 1977
95 vgl. auch Feiger-Fasteau, Marc: The Male Machine. N. Y. 1974

rororo aktuell

Herausgegeben von Freimut Duve

Frauen aktuell

Herausgegeben von Susanne v. Paczensky

Baumgartner-Karabak, Andrea/ Landesberger, Gisela
Die verkauften Bräute. Türkische Frauen zwischen Kreuzberg und Anatolien (4268)

Benard, Cheryl/Schlaffer, Edit
Die ganz gewöhnliche Gewalt in der Ehe Texte zu einer Soziologie von Macht und Liebe (4358)

Bick, Martina
Schlankheitsterror. Ein Meinungsbild über die Schrecken der falschen Figur (4729 / Arbeitstitel – in Vorbereitung)

Boßmann, Dieter
Mütterfeindlichkeit. Von der Schande, Kinder zu haben. Frauen berichten (4539)

Däubler-Gmelin, Herta
Frauenarbeitslosigkeit oder Reserve zurück an den Herd! (4183)

Edding, Cornelia
Jede kann helfen. Was tut eine Beratungsgruppe konkret? Ein Arbeitsbuch (4434)

Egidi, Karin/Bürger, Gislind
Das Gefühl der Befriedigung Studie über weibliche Sexualität (4730 / Arbeitstitel – in Vorbereitung)

Häusler, Ingrid
Kein Kind zum Vorzeigen? Bericht über eine Behinderung (4524)

Hering, Heide
Weibs-Bilder. Zeugnisse zum öffentlichen Ansehen der Frau. Ein häßliches Bilderbuch (4536)

Janssen-Jurreit, Marielouise (Hg.)
Frauenprogramm – Gegen Diskriminierung. Gesetzgebung – Aktionspläne – Selbsthilfe. Ein Handbuch (4426)

Jochimsen, Luc
Sozialismus als Männersache oder Kennen Sie «Bebels Frau»? Seit 100 Jahren ohne Konsequenz (4350)

«Wir wollen gleiche Löhne!» Dokumentation zum Kampf der 29 «Heinze»-Frauen. Hg. von Marianne Kaiser (4623)

Novarra, Virginia
Vom Wert der weiblichen Arbeitskraft (4723 / Arbeitstitel – in Vorbereitung)

Paczensky, Susanne v. (Hg.)
Frauen und Terror. Versuche, die Beteiligung von Frauen an Gewalttaten zu erklären (4277)
Wir sind keine Mörderinnen! Streitschrift gegen eine Einschüchterungskampagne (4635)

Perincioli, Cristina
Die Frauen von Harrisburg oder «Wir lassen uns die Angst nicht ausreden» (4719)

Pro Familia Bremen (Hg.)
Wir wollen nicht mehr nach Holland fahren. Nach der Reform des § 218 – Betroffene Frauen ziehen Bilanz (4272)

Thomas, Carmen (Hg.)
Annette/Barbara/Carmen/Carola/ Gabi/Katharina/Magda/Monika/Rosi/ Susanne/Yvette
Die Hausfrauengruppe oder Wie elf Frauen sich selbst helfen (4359)

Weiss, Ruth
Frauen gegen Apartheid Zur Geschichte des politischen Widerstands von Frauen (4351)

Wiegmann, Barbelies
Ende der Hausfrauenehe. Plädoyer gegen eine trügerische Existenzgrundlage (4530)

166/71 h

985/3–3a

985/3–3a

993/3